KB057359

각종 문서

법률서식 작성!

이렇게 하면 됩니다

대한법률콘텐츠연구회

법문북스

머 리 말

"권리 위에 잠자는 자는 보호받지 못한다."라는 법률 격언이 말해 주듯이 모든 인간은 살아가는데 누구에게나 주어진 권리와 의무가 있습니다. 자기에게 주어진 권리나 의무를 알지 못해 손해를 보는 사례를 우리는 주위에서 많이 보고 또 듣고 있습니다. 이제는 법이 전문가들만이 알아야 되는 것이 아니라 누구나 상식적으로 배워두어야 할 때가 되었습니다. 일상생활을 하면서 흔히 발생하는 분쟁을 미연에 방지하기 위해서 기본적인 법률 상식은 익혀둘 필요가 있으며, 법은 우리 모든 생활 속에 살아 숨 쉬고 있어 이를 간과해서는 큰 손해를 볼 수 있습니다.

인간은 사회적인 동물이라 공동생활을 영위하다 보면 개인 간의 다툼이 있게 마련입니다. 지금과 같이 문화가 발달하지 못하였던 옛날의 국가에서는 사권(私權)의 침해에 대한 해결방법은 권리자 자신의 자력구제(自力救濟)에 의존하였습니다. 그러나 현대 국가에서는 사회질서를 유지하기 위해 자력구제를 인정하지 않고 국가기관인 법원에 사권의 보호를 일임함으로써 소송제도가 성립하였습니다. 이러한 제도는 사회가 급속하게 발전되면서 이를 규제하기 위한 법령도 무수히 제정되고 또 개정을 거듭하여 왔습니다. 이에 따라서 법원에 제출하는 소장이나 법률문서도 다양해지고 법률 전문가가 아니면 작성하는데 큰 어려움이 있게 되었습니다.

이 책에서는 이렇게 복잡하고 다양하게 변화된 법률문서들의 작성 실례들을 제1장에서는 민사소송 소장 작성례, 제2장에서는 민사 보전소송 소장 작성례, 제3장에서는 가사소송 소장 작성례, 제4장에서는 행정소송 소장 작성례, 제5장에서는 형사사건 법률문서 작성례, 제6장에서는 헌법소원 법률문서 작성례를 분야별로 세분하여 누구나 쉽게 이해할 수 있도록 정리하였습니다. 이러한 자료들은 대법원의 자료와 법제처의 생활법령 및 대한법률구조공단의 법률서식 등 자료들을 참고하였으며, 이를 종합적으로 정리하고 분석하여 이해하기 쉽게 편집하였습니다,

이 책은 갑자기 각종 법률문제로 억울한 일을 당하여 당황하고 있거나 고통을 받고 있는 분과 법률문서 작성에 도움을 주고자 하는 모든 분들에게 큰 도움이 되리라 믿으며, 열악한 출판시장임에도 불구하고 흔쾌히 출간에 응해 주신 법문북스 김현호 대표에게 감사를 드립니다.

편저자

목차

제2장 민사 보전소송 소장 작성례 **173**

제1장

민사소송 소장 작성례

제1절 민사소송의 종류

1. 확인의 소

① "확인의 소"란 권리, 법률관계의 존재·부존재의 확정을 요구하는 소송을 말합니다. 그 종류는 다음과 같습니다.

   1. 적극적 확인의 소 : '어디 몇 번지에 소재하는 토지 100평은 원고의 소유임을 확인한다.'라고 하는 소송.

   2. 소극적 확인의 소 : '원고와 피고간의 2021년 10월 10일 자의 일금 900만원의 소비대차에 기인한 채무는 존재하지 않는다는 확인을 구함'이라고 하는 소송.

   3. 중간확인의 소 : B가 A의 카메라를 깨뜨린 후 A가 손해배상 청구를 해 소송이 진행되는 동안 A의 카메라가 누구의 것인지에 대해 논란이 생겨 이에 대한 판단을 제기하는 경우와 같이 소송 도중에 선결이 되는 사항에 대한 확인을 구하는 소송.

② 확인의 소에는 ㉠ 채무부존재확인소송, ㉡ 임차권확인소송, ㉢ 해고무효확인소송 등이 있습니다.

2. 이행의 소

① "이행의 소"란 원고가 피고에게 '…할 것(급부)을 요구한다'고 하는 소송을 말합니다.

② 청구를 법원이 인정하는 경우 법원은 '피고는 원고에게 ~(급부)를 지급하라'와 같이 급부를 명하는 형식의 판결을 하는 것이 보통이며 이를 급부판결이라고 합니다.

③ 이행의 소에는 ㉠ 건물명도 청구소송, ㉡ 소유권이전등기 청구소송, ㉢ 손해배상 청구소송, ㉣ 부당이득반환 청구소송, ④ 임차보증금반환 청구소송 등이 있습니다.

3. 형성의 소

① "형성의 소"란 법률관계의 변동을 요구하는 소송을 말합니다. 즉, '원고와 피고는 이혼한다'라는 판결이 확정되면 지금까지 부부였던 원고와 피고 간에는 이혼이라는 효과가 형성되는 것과 같은 효과가 나타나는 소송입니다.

② 형성의 소에는 ㉠ 제3자 이의소송, ㉡ 사해행위취소등 청구소송, ㉢ 공유물분할 청구소송 등이 있습니다.

제2절 소장의 작성방법

1. 필수적 기재사항

① 소장에 기재해야 하는 필수 기재사항은 다음과 같습니다(「민사소송법」 제249조 및 제274조 제1항).

1. 당사자의 성명·명칭 또는 상호와 주소
2. 법정대리인의 성명과 주소
3. 사건의 표시
4. 청구 취지
5. 청구 원인
6. 덧붙인 서류의 표시
7. 작성한 날짜
8. 법원의 표시

② 청구취지

㉠ "청구취지"란 원고가 소송을 제기해 얻길 원하는 판결의 내용을 말하는 것으로서 소의 결론부분입니다. 따라서 청구취지는 판결의 기준이 됩니다.

㉡ 예를 들어, 신청인이 원하는 것이 전세보증금 5,000만원을 돌려받길 원하는 것이라면 '피고는 원고에게 5,000만원을 지급하라.'가 청구취지가 됩니다.

㉢ 또한 판사가 5,000만원을 지급해야 할 의무가 있다고 판단되어도 원고가 청구취지에서 1,000만원의 지급을 구하고 있다면 판결은 1,000만원을 지급하라고 결정됩니다. 때문에 청구취지는 정확하게 기재해야 합니다.

③ 청구원인

㉠ 청구원인은 원고가 주장하는 권리 또는 법률관계의 성립원인으로 소송을 제기하게 된 이유를 자세하게 기재하면 됩니다.

ⓒ 청구원인은 6하 원칙에 따라 일목요연하고, 자세하게 작성합니다.

④ 덧붙인 서류의 표시

　㉠ 입증방법

　　- 입증방법은 소장을 제출할 때 첨부하는 증거서류를 말하는데, 당사자가 주장한 사실을 뒷받침하는 증거자료를 하나씩 기재하면 됩니다.

　　- 증거부호의 표시는 원고가 제출하는 것은 갑 제O호증이라고 기재합니다.

　㉡ 첨부서류

　　- "첨부서류"란 소장에 첨부하는 서류들의 명칭과 통수를 기재하는 것을 말합니다.

　　- 입증방법으로 제시하는 서류의 명칭과 제출하는 통수를 기재하면 되고, 증거방법 등을 열거해 두면 제출 누락을 방지하고 법원에서도 확인하기 쉬우며 후일 문제를 일으킬 염려가 없습니다.

2. 임의적 기재사항

임의적으로 소장에 기재할 수 있는 것은 공격방법에 관한 것입니다. 즉 자신의 주장과 요청사항 등이 정당함을 주장하고 사실상 주장을 증명하기 위한 증거방법도 함께 기재할 수 있습니다(「민사소송법」 제274조 제1항 제4호 및 제2항).

3. 사건의 표시방법

① 사건의 표시는 자신의 요청사항이 한마디로 명확하게 나타나도록 기재하는 것입니다.

② 예를 들어 임금을 청구하는 소송을 제기하려는 것이면 임금청구의 소, 전세보증금을 반환받기를 원해 제기한 소송이면 전세보증금반환 청구의 소 등으로 기재하면 됩니다.

4. 소장입력항목 및 항목별 작성방법

4-1. 당사자

① 소장에는 당사자를 기재해야 합니다. 당사자란 소송의 주체로서 법원의 재판권 행사를 구하는 자와 이에 대립하는 상대방으로서 제1심에서는 원고와 피고로 구분됩니다.

② 당사자의 유형별 작성방법은 아래와 같습니다.

개인인 경우	원고나 피고가 수인일 경우
원고 홍길동(650405-1154923) 　서울 서초구 서초동 1234-32 **피고** 나피고(680622-4746382) 　서울 강남구 역삼동 321	**원고** 1. 홍길동(650405-1154923) 　서울 서초구 서초동 1234-32 2. 박문수(750505-1234567) 　서울 종로구 당주동 1234-32 **피고** 1. 나피고(680622-1746382) 　서울 강남구 역삼동 321 2. 김피고(690722-1454545) 　서울 강남구 역삼동 14
원고나 피고가 법인(주식회사)인 경우	원고나 피고가 법인(비영리법인)인 경우
원고 주식회사 모아 　서울 서초구 서초동 1234-32 　대표이사 김모아 **피고** 주식회사 감영 　서울 강남구 역삼동 321 　공동대표이사 김감영, 김구영	**원고** 학교법인 인천학원 　서울 서초구 서초동 1234-32 　대표이사 이사장 홍길동 **피고** 나피고(690722-1454545) 　서울 강남구 역삼동 321

피고가 국가 또는 지방자치단체일 경우	원고나 피고가 미성년자일 경우(법정대리인)
원고 홍길동(650405-1154923) 　서울 서초구 서초동 1234-32 **피고** 대한민국 　법률상 대표자 법무부장관 박문수 　경기도 과천시 관문로 88	**원고** 홍길동(880405-1154923) 　서울 서초구 서초동 1234-32 　위 원고는 미성년자이므로 법정대리인 　친권자 부 홍순길, 모 김미향 　위와 같은 주소 **피고** 대한민국 　(소관 : 서울중앙지방법원 공탁공무원) 　법률상 대표자 법무부장관 박문수
송달장소가 별도로 있는 경우	
원고 홍길동(650405-1154923) 　서울 서초구 서초동 1234-32 　송달장소 : 인천 부평구 부평동 　77-22 **피고** 나피고(680622-4746382) 　서울 강남구 역삼동 321	

* 유의사항 : 송달주소는 정확히 기재하셔야 합니다. 정확하지 않은 송달주소는 송달지연의 원인이 되어 소송이 진행되지 못할 수도 있습니다. 원고나 피고가 법인인 경우에는 법인등기사항증명서를 확인하여 증명서에 기재된 주소와 대표자를 표시하시는 것이 좋습니다.

4-2. 청구취지

청구취지의 유형별 작성방법은 아래와 같습니다.

① 기본적인 청구취지

　　1. 피고는 원고에게 5,000,000원을 지급하라.

　　2. 소송비용은 피고가 부담한다.

　　3. 제1항은 가집행할 수 있다.

② 약정이자 및 지연이자가 있는 경우

　　1. 피고는 원고에게 5,000,000원 및 이에 대한 2007.10.10.부터 이 사건 소장부본 송달일까지는 연 11%, 그 다음 날부터 다 갚을 때까지는 연 12%의 각 비율에 의한 돈을 지급하라.

　　2. 소송비용은 피고가 부담한다.

　　3. 제1항은 가집행할 수 있다.

③ 지연이자의 이율이 기간별로 각각 다른 경우

　　1. 피고는 원고에게 5,000,000원 및 이에 대한 2007.10.10.부터 2008.10.10.까지는 연10%의, 2008.10.11.부 2009.04.11.까지는 연 18%의, 그 다음 날부터 이 사건 소장부본 송달일까지는 연 11%, 그 다음 날부터 다 갚을 때까지는 연 12%의 각 비율에 의한 돈을 지급하라.

　　2. 소송비용은 피고의 부담으로 한다.

　　3. 제1항은 가집행할 수 있다.

④ 피고가 여럿이고 피고별로 청구금액이 각각 다른 경우

　　1. 원고에게 피고 홍길동은 5,000,000원, 피고 박문수는 1,000,000원을 지급하라.

　　2. 소송비용은 피고들의 부담으로 한다.

　　3. 제1항은 가집행할 수 있다.

⑤ 연대 채무인 경우

1. 피고들은 연대하여 원고에게 5,000,000원을 지급하라.
2. 소송비용은 피고들의 부담으로 한다.
3. 제1항은 가집행할 수 있다.

4-3. 청구원인

① 청구원인의 작성방법은 아래와 같습니다.

1. 피고는 원고로부터 2009.1.1. 금 1,000,000원을 변제기일은 같은 해 8.1.로 정하여 대여받았습니다.
2. 그러나 피고는 원고에게 위 금원을 지급하지 아니하므로 이 사건 청구에 이른 것입니다.

② 사건별 청구원인에 기재하여야 할 사항 및 주요 서증

사건명	기재내용	주요서증(참고사항)
대여금	1.금전소비대차계약(변제기 포함)을 체결한 사실 2.금전을 지급한 사실 3.이자를 약정한 사실	금전소비대차계약서, 차용증, 현금보관증, 이행각서, 은행여신거래약관, 연체이율표 등
양수금	1.채권 양도인이 피고에게 돈을 대여한 사실 2.채권양도인 원고에게 위 대여금을 양도한 사실 3.채권양도인이 피고에게 양도통지를 하였거나, 피고가 승낙한 사실	차용증서, 채권양도양수서, 양도통지서 또는 승낙서 등
임금	1.피고의 근로자로서 일정기간 근무한 사실 2.지급하기로 되어 있는 임금액	근로계약서, 취업규칙, 단체협약, 급여명세서, 임금대장, 퇴직금 규정, 인사기록카드, 출근대장, 체불임금확인서 등
약정금	금전을 지급받기로 한 약정사실	약정서 등
임대차 보증금	1.임대차계약을 체결하고 보증금을 지급한 사실 2.임대차가 종료한 사실 3.지연손해금을 구하는 경우는 임대목적물을 인도한 사실	임대차계약서, 영수증, 내용증명(해지통지서) 등

매매대금	1.매매계약을 체결한 사실 2.지연손해금을 청구하는 경우는 매매 목적물에 대한 소유권이전·인도를 마친 사실	매매계약서, 인수증 등
물품대금	1.물품매매를 한 사실 2.원고와 피고사이에 매매 후 대금을 지급하기로 한 사실 3.지연손해금을 구한다면 매매대상 물품을 원고가 인도한 사실	계약서, 물품공급계약서, 대금 일부지급확인서, 거래장, 내용 증명, 물품하자통보서 등
공사대금	1.도급계약을 체결한 사실 2.공사를 전부 또는 일부 완성한 사실 3.총 공사대금 및 완공시점 그리고 대금지급 조건 등	도급계약서, 견적서 설계도면, 건물인도서, 기성고, 감정서 등
어음금	1.어음행위(발행,배서,보증)를 한 사실 2.어음상 권리가 원고에게 귀속된 사실 (배서의 연속) 3.배서인 : 소구요건(지급제시+거절+거절증서의 작성, 면제)	회사 등기사항전부증명서, 사업자등록증, 약속어음 전면, 이면 사본, 통지서(지급최고서) 등
손해배상 (자)	1.자동차 운행 중 교통사고가 발생하여 원고의 피상 속인이 사망, 상해를 입은 사실 2.피고가 자기를 위하여 그 자동차를 운행한 사실 3.망인이나 원고가 입은 손해액	교통사고사고조사보고서, 교통 사고사실확인원, 자동차등록 증, 치료비지급명세서, 진단 서, 영수증, 신체감정서, 급여 명세서, 가족관계증명서 등
수표금	1.피고가 수표를 발행한 사실 2.원고가 정당하게 수표를 취득한 사실 3.액면금, 지급일, 지급지, 만기 등 수표법상의 요건 사실 등	수표 앞면 뒷면 사본, 법인등 기사항증명서, 사실확인서, 최고서 등
건물명도	1.원고 소유의 부동산인 사실 2.피고가 점유중인 사실 3.차임 상당액(불법점유로인한 손해배상을 부대청구로 구할 때) 4.임대차계약을 체결한 사실 5.임대차가 종료된 사실	등기사항전부증명서, 주민등록 표등본, 대금완납증명서(원고 가 경락을 받은 경우), 도면, 임대차계약서, 해지통고서 등

4-4. 입증방법

① 입증방법이란 소장을 제출할 때 첨부하는 증거서류들을 기재하는 것을 말합니다.

② 당사자가 어떤 사실을 주장하면 그 주장을 뒷받침하는 증거자료를 첨부하게 됩니다. 증거부호의 표시는 원고가 제출하는 것은 갑 제○호증, 피고가 제출하는 것은 을 제○호증, 독립당사자참가인이 제출하는 것은 병 제○호증과 같이 적고, 서증을 제출하는 때에는 상대방의 수에 1을 더한 수의 사본을 함께 제출하여야 하며, 서증 사본에 원본과 틀림이 없다는 취지를 적고 기명날인 또는 서명하여야 합니다.

③ 입증방법의 작성방법은 아래와 같습니다.

입증방법
갑 제1호증 차용증서 갑 제2호증 영수증 갑 제3호증 내용증명

4-5. 첨부서류

① 첨부서류란 소장에 첨부하는 서류들의 명칭과 통수를 기재하는 것을 말합니다.

② 대리권을 증명하는 서면(가족관계증명서 등, 법인등기사항증명서 등), 증거방법 등을 열거해 두면 제출누락을 방지하고 법원에서도 확인하기 쉬우며 후일 문제를 일으킬 염려가 없습니다.

③ 첨부서류의 작성방법은 아래와 같습니다.

첨부서류
1. 소장부본 1통 2. 송달료 납부서 1통 3. 법인 등기사항증명서 1통 4. 소송대리허가신청과 소송위임장

4-6. 소송 제기

소송을 제기하기 위해서는 소장을 관할법원에 제출하여야 합니다. 소송의 진행절차는 소장접수로부터 시작됩니다. 소장이 접수되면 법원에서는 간단한 심사를 하여 특별한 형식적 하자가 없는 한 그 부본을 즉시 피고에게 송달하고 답변서를 제출하도록 요구합니다.

제3절 민사소장 작성례

1. 확인의 소

1-1. 채무부존재확인의 소

[작성례 ①] 채무부존재확인의 소
          (전소유자의 체납관리비채무 부존재 확인)

소 장

원 고   ○○○ (주민등록번호)
          ○○시 ○○구 ○○로 ○○(우편번호 ○○○○○)
          전화.휴대폰번호:
          팩스번호, 전자우편(e-mail)주소:
피 고   ◇◇아파트입주자대표회의
          ○○시 ○○구 ○○로 ○○(우편번호 ○○○○○)
          회장 ◈◈◈
          전화.휴대폰번호:
          팩스번호, 전자우편(e-mail)주소:

채무부존재확인의 소

청 구 취 지

1. 원고와 피고 사이에 별지목록 기재 아파트에 관한 20○○.
   ○. ○.부터 20○○. ○. ○○.까지의 사이에 발생한 관리비
   금 ○○○○원에 대한 원고의 채무는 존재하지 아니함을 확
   인한다.
2. 소송비용은 피고의 부담으로 한다.

라는 판결을 구합니다.

청 구 원 인

1. 원고는 20○○. ○○. ○. 피고가 관리하는 소외 ◉◉◉ 소유의 별지목록 기재 아파트를 소외 ◎◎◎가 신청한 근저당권 실행을 위한 경매절차에서 매수하여 매각허가결정을 받고 매각대금을 전부 납부하여 별지목록 기재 아파트의 소유권을 취득하였습니다.

2. 소외 ◉◉◉는 20○○. ○. ○.부터 20○○. ○. ○○.까지 9개월 동안 관리비 금 ○○○○원을 피고에게 납부하지 않은 사실이 있으므로, 원고는 소외 ◉◉◉가 체납한 위 기간 동안의 관리비 중 공용부분에 관한 관리비만은 피고에게 지급 제시하였으나, 피고는 위 기간 동안의 체납관리비 전액을 납부하여야 한다고 하면서 그 수령을 거절하여 ○○지방법원 20○○ 금 제○○○호로 위 기간 동안의 관리비 중 공용부분에 관한 관리비 금 ○○○원을 변제공탁 하였습니다.

3. 그런데 피고는 지금까지도 위 기간 동안의 관리비 전액을 공탁한 것이 아니므로 원고의 위 변제공탁은 변제로서의 효력이 없다고 주장하면서 계속 위 기간 동안의 관리비 전액인 ○○○○원의 지급을 청구하고 있습니다.

4. 따라서 원고는 원고와 피고 사이에 별지목록 기재 아파트에 관한 20○○. ○. ○.부터 20○○. ○. ○○.까지의 사이에 발생한 관리비 금 ○○○○원에 대한 원고의 채무는 존재하지 아니함을 확인하기 위하여 이 사건 청구에 이른 것입니다.

입 증 방 법

1. 갑 제1호증   부동산등기사항전부증명서

1. 갑 제2호증　　　　　　　　체납관리비청구서
1. 갑 제3호증　　　　　　　　공탁서

첨 부 서 류

1. 위 입증방법　　　　　　　　각 1통
1. 소장부본　　　　　　　　　　1통
1. 송달료납부서　　　　　　　　1통

　　　　　　　　　　20○○.　○.　○.
　　　　　　　　위 원고　○○○　(서명 또는 날인)

○○지방법원　귀중

[별　지]

부동산의 표시

1동의 건물의 표시
　○○시 ○○구 ○○동 ○○ ○○아파트 제5동
　[도로명주소] ○○시 ○○구 ○○로 ○○
전유부분의 건물표시
　　　　건물의 번호 : 5 - 2- 205
　　　　구　　　　조 : 철근콘크리트라멘조 슬래브지붕
　　　　면　　　　적 : 2층 205호 84.87㎡
대지권의 표시
　　　　토지의 표시 : ○○시 ○○구 ○○동 ○○
　　　　　　　　　　　대 9,355㎡
　　　　대지권의 종류 : 소유권
　　　　대지권의 비율 : 935500분의 7652. 끝.

소 장

원 고 　○○○ (주민등록번호)
　　　　○○시 ○○구 ○○로 ○○(우편번호 ○○○○○)
　　　　전화.휴대폰번호:
　　　　팩스번호, 전자우편(e-mail)주소:
피 고 　◇◇◇ (주민등록번호)
　　　　○○시 ○○구 ○○로 ○○(우편번호 ○○○○○)
　　　　전화.휴대폰번호:
　　　　팩스번호, 전자우편(e-mail)주소:

채무부존재확인의 소

청 구 취 지

1. 원고의 피고에 대한, 피고가 20○○. ○. ○. 00:00경 ○○시 ○○길 ○○ 앞길 에서 넘어진 사고로 인한 손해배상 채무는 존재하지 아니함을 확인한다.
2. 소송비용은 피고가 부담한다.
라는 판결을 구합니다.

청 구 원 인

1. 피고는 20○○. ○. ○. 00:00경 ○○시 ○○동에서 원고의 책임으로 부상을 당했다고 주장하면서 배상금의 지급을 요구하고 있습니다.
2. 그러나 원고는 피고의 부상에 기여한 바가 없으며, 이 사건 사고는 원고로서는 전혀 예상할 수 없었던 성질의 것입니다.

3. 이에 원고는 피고에 대하여 그 취지의 확인을 구하기 위하여
   이 사건 소제기에 이르렀습니다.

입 증 방 법

1. 갑 제1호증   내용증명
1. 갑 제2호증   사고경위
1. 갑 제3호증   현장사진

첨 부 서 류

1. 위 입증방법   각 2통
1. 소장부본   1통
1. 송달료납부서   1통

20○○. ○. ○.

위 원고   ○○○ (서명 또는 날인)

○○지방법원 귀중

1-2. 임차권 확인의 소

[작성례] 임차보증금반환채권 부존재확인의 소

소 　 장

원　　고　　○○○ (주민등록번호)
　　　　　　○○시 ○○구 ○○로 ○○(우편번호 ○○○○○)
　　　　　　전화.휴대폰번호:
　　　　　　팩스번호, 전자우편(e-mail)주소:
피　　고　　◇◇◇ (주민등록번호)
　　　　　　○○시 ○○구 ○○로 ○○(우편번호 ○○○○○)
　　　　　　전화.휴대폰번호:
　　　　　　팩스번호, 전자우편(e-mail)주소:

임차보증금반환채권부존재확인의 소

청 구 취 지

1. 피고의 소외 ◆◆◆에 대한 별지목록 기재 부동산에 대한 20
　○○. ○. ○.자 임대차계약에 기한 금 20,000,000원의 임차
　보증금반환청구채권은 존재하지 아니함을 확인한다.
2. 소송비용은 피고의 부담으로 한다.
라는 판결을 구합니다.

청 구 원 인

1. 피고는 원고가 근저당권자로서 소외 ◆◆◆ 소유의 별지목록
　기재 부동산에 대한 근저당권실행을 위한 경매신청을 하여
　귀원 20○○타경○○○○호로 계류 중이던 경매절차에 20○

○. ○. ○.자로 매각대금에 대한 배당요구신청을 하면서 피고가 소외 ◆◆◆와의 사이에 별지목록 기재 부동산에 관하여 임차보증금을 금 20,000,000원으로 한 임대차계약을 체결한 뒤 약정된 임차보증금을 소외 ◆◆◆에게 지급하고 별지목록 기재 부동산 소재지로 주민등록을 옮긴 뒤 거주하고 있으므로 피고가 주택임대차보호법상의 소액보증금우선변제청구권자라고 주장하고 있습니다.

2. 그러나 피고와 별지목록 기재 부동산의 소유자인 소외 ◆◆◆는 숙부와 조카간으로 비록 임대차계약서를 작성하고 주민등록을 전입하였다 하더라도 이제까지 피고는 별지목록 기재 부동산에 거주한 사실이 전혀 없으며, 또한 피고는 별지목록 기재 부동산 소재지와는 아주 먼 다른 시에서 직장생활을 하고 있고, 그곳에 피고의 처 명의로 주택을 임차하여 자녀들과 거주하고 있는 점 등으로 보아 피고가 주장하는 임대차계약은 가공의 허위계약으로서 피고는 위 경매절차에서 근저당권자인 원고에 우선하여 배당금을 수령할 아무런 권원이 없는 사람임에도 피고 주장의 임차보증금채권의 변제를 위하여 매각대금 일부가 배당될 형편에 이르게 되었습니다.

3. 따라서 원고는 피고가 주장하는 소액임차보증금반환채권이 존재하지 아니함을 즉시 확정하여야 할 법률상의 이익이 있어 이 사건 청구에 이르게 된 것입니다.

입 증 방 법

1. 갑 제1호증   주민등록등본(피고의 처)
1. 갑 제2호증   불거주사실확인서

첨 부 서 류

1. 위 입증방법   각 1통

```
     1. 소장부본              1통
     1. 송달료납부서          1통


                   20○○.   ○.   ○.
                 위 원고    ○○○   (서명 또는 날인)


○○지방법원   귀중
```

[별   지]

부동산의 표시

1동의 건물의 표시
  ○○시 ○○구 ○○동 ○○ ○○○아파트 제5동
  [도로명주소] ○○시 ○○구 ○○로 ○○
전유부분의 건물표시
        건물의 번호 : 5 - 2- 205
        구   조 : 철근콘크리트라멘조 슬래브지붕
        면   적 : 2층 205호 84.87㎡
대지권의 표시
        토지의 표시 : ○○시 ○○구 ○○동 ○○
                      대 9,355㎡
        대지권의 종류 : 소유권
        대지권의 비율 : 935500분의 7652. 끝.

1-3. 해고무효확인의 소

[작성례] 해고무효확인 청구의 소

소　　장

원　　고　　○○○ (주민등록번호)
　　　　　　○○시 ○○구 ○○길 ○○(우편번호 ○○○○○)
　　　　　　전화.휴대폰번호:
　　　　　　팩스번호, 전자우편(e-mail)주소:
피　　고　　◇◇주식회사
　　　　　　○○시 ○○구 ○○길 ○○(우편번호 : ○○○○○)
　　　　　　대표이사 ◈◈◈
　　　　　　전화.휴대폰번호:
　　　　　　팩스번호, 전자우편(e-mail)주소:

해고무효확인청구의 소

청 구 취 지

1. 피고가 원고에 대하여 한 20○○. ○. ○.자 해고는 무효임을
확인한다.
2. 소송비용은 피고가 부담한다.
라는 판결을 구합니다.

청 구 원 인

1. 원고는 20○○. ○. ○. 피고와 사이에 급료는 월 금
　1,000,000원씩 매달 20일 지급 받기로 하고 계약기간은 약
　정 없이 근로계약을 맺은 사실이 있습니다.

그런데 피고는 20○○. ○○. ○. 회사의 경영사정이 어렵다는 등의 이유로 원고를 해고한 사실이 있습니다. 그러나 이 해고는 정당한 이유가 없는 무효의 것입니다. 왜냐하면 피고는 종전과 같은 제품을 계속 제조하고 있고 그 판매량에 거의 변동이 없기 때문입니다. 그리고 지난 4월에는 직원을 신규로 1명 더 채용한 사실까지 있습니다.

2. 따라서 원고는 피고에 대하여 위 해고가 무효임의 확인을 구하기 위하여 이 사건 소 제기에 이르렀습니다.

입 증 방 법

1. 갑 제1호증의 1 내지 5   각 급료명세서
1. 갑 제2호증   근로계약서사본

첨 부 서 류

1. 위 입증방법   각 1통
1. 법인등기사항증명서   1통
1. 소장부본   1통
1. 송달료납부서   1통

20○○. ○. ○.

위 원고   ○○○ (서명 또는 날인)

○○지방법원 귀중

2. 이행의 소

2-1. 건물명도 청구의 소

[작성례 ①] 건물인도 및 유체동산인도청구의 소

소 장

원　고　　○○○ (주민등록번호)
　　　　　○○시 ○○구 ○○길 ○○(우편번호 ○○○○○)
　　　　　전화.휴대폰번호:
　　　　　팩스번호, 전자우편(e-mail)주소:
피　고　　◇◇◇ (주민등록번호)
　　　　　○○시 ○○구 ○○길 ○○(우편번호 ○○○○○)
　　　　　전화.휴대폰번호:
　　　　　팩스번호, 전자우편(e-mail)주소:

건물인도 및 유체동산인도청구의 소

청 구 취 지

1. 피고는 원고에게 별지 제1목록 기재 건물 중 별지도면 표시
　 1, 2, 6, 5, 1의 각 점을 차례로 연결하는 (ㄱ)부분 ○○.○
　 ㎡를 인도하고 별지 제2목록 기재 동산을 인도하라.
2. 소송비용은 피고가 부담한다.
3. 위 제1항은 가집행할 수 있다
라는 판결을 구합니다.

청 구 원 인

1. 원고는 20○○. ○. ○. 피고에게 별지 제1목록 기재 건물 중 별지도면 표시 1, 2, 6, 5, 1의 각 점을 차례로 연결하는 (ㄱ)부분을 임차보증금 10,000,000원, 계약기간을 2년으로 임대하고 별지 제1목록 기재 건물 안에 있는 별지 제2목록 기재 동산을 함께 임대한 사실이 있습니다.

2. 그런데 위 임대차기간이 끝난 후 피고는 원고로부터 20○○. ○. ○.자로 임차보증금을 모두 수령하였음에도 불구하고 지금까지 별지 제1목록 기재 건물을 원고에게 인도하지 않고 있으며, 또한 별지 제2목록 기재 동산도 인도하지 않고 있습니다.

3. 따라서 원고는 피고로부터 별지 제1목록 기재 건물 중 별지도면 표시 1, 2, 6, 5, 1의 각 점을 차례로 연결한 (ㄱ)부분 ○○.○㎡를 인도받고, 별지 제2목록기재 동산을 인도받기 위하여 이 사건 청구에 이른 것입니다.

입 증 방 법

1. 갑 제1호증 　　　　　　　건물등기사항증명서
1. 갑 제2호증 　　　　　　　건축물대장등본
1. 갑 제3호증 　　　　　　　임대차계약서

첨 부 서 류

1. 위 입증방법 　　　　　　　각 1통
1. 토지대장등본 　　　　　　　1통
1. 소장부본 　　　　　　　1통
1. 송달료납부서 　　　　　　　1통

20○○. ○. ○.

위 원고 　　○○○ (서명 또는 날인)

○○지방법원 ○○지원 귀중

[별지 1]

부동산의 표시

○○시 ○○구 ○○동 ○○

[도로명주소] ○○시 ○○구 ○○로 ○○ 지상 벽돌조 기와지붕 단층주택 ○○○㎡. 끝.

도　　면

○○시 ○○구 ○○동 ○○ 단층주택 평면도

1　　　　　　　　　　　　　　　2　　　　　　　　　　　　　　　3
4

ㄱ	ㄴ	ㄷ
5　6	7	8
ㄹ	ㅁ	ㅂ

9　　　　　　　　10　　　　　　　　11　　　　　　　　12

[별지 2]

동산의 표시

품　명	제작사	모델명	수　량(대)
T V	(주)○○전자	○○-○○○	1
냉장고	(주)○○전자	○○-○○○○	1
에어컨	(주)○○전자	○○-○○○	1

물건 소재지 : ○○시 ○○구 ○○로 ○○ 내. 끝.

[작성례 ②] 건물인도청구의 소(임대차기간 만료, 아파트)

소   장

원   고   ○○○ (주민등록번호)
          ○○시 ○○구 ○○길 ○○(우편번호 ○○○○○)
          전화.휴대폰번호:
          팩스번호, 전자우편(e-mail)주소:
피   고   ◇◇◇ (주민등록번호)
          ○○시 ○○구 ○○길 ○○(우편번호 ○○○○○)
          전화.휴대폰번호:
          팩스번호, 전자우편(e-mail)주소:

건물인도청구의 소

청 구 취 지

1. 피고는 원고로부터 120,000,000원을 지급받음과 동시에 원고
   에게 별지목록 기재 건물을 인도하라.
2. 소송비용은 피고가 부담한다.
3. 위 제1항은 가집행 할 수 있다.
라는 판결을 구합니다.

청 구 원 인

1. 원고는 피고에게 19○○. ○. ○○. 별지목록 기재 건물을 임
   대차보증금 120,000,000원, 임대차기간 24개월로 정하여 임
   대하였습니다.
2. 위 임대차기간이 만료되기 6개월 전부터 1개월 전인 20○○.
   ○.경 원고는 피고와 위 건물의 임대차기간 연장문제에 관하

여 논의를 하였고, 당시 우리나라가 국제통화기금(IMF)관리체제가 끝나 주변 전세시세가 다소 오른 시점이라 다시 그 기간을 연장하되 금액을 올려달라고 요청하였습니다.
3. 그런데 피고는 금 10,000,000원 이상 그 임차보증금을 올려 줄 수 없다고 하여 원고는 위 임대차계약을 갱신하지 않고 그 기간이 만료하는 대로 위 건물을 비워달라고 하였으나, 피고는 이사갈 곳이 없다는 이유로 아직까지 이를 인도하지 않고 있습니다.
4. 따라서 원고는 피고로부터 위 건물을 인도 받기 위하여 이 사건 소송제기에 이른 것입니다.

입 증 방 법

1. 갑 제1호증 　　　　　　　전세계약서
1. 갑 제2호증 　　　　　　　부동산등기사항증명서
1. 갑 제3호증의 1, 2 　　　각 통고서
1. 갑 제4호증 　　　　　　　사실확인서

첨 부 서 류

1. 위 입증방법 　　　　　　각 1통
1. 건축물대장등본 　　　　　1통
1. 토지대장등본 　　　　　　1통
1. 소장부본 　　　　　　　　1통
1. 송달료납부서 　　　　　　1통

20〇〇. 〇. 〇.
위 원고 〇〇〇 (서명 또는 날인)

〇〇지방법원 귀중

[별 지]

부동산의 표시

1동의 건물의 표시
    ○○시 ○○구 ○○동 ○○○ ○○아파트 가동
    [도로명주소] ○○시 ○○구 ○○로 ○○
    철근콘크리트조 슬래브지붕 7층 아파트
       1층 ○○○.○○㎡
       2층 ○○○.○○㎡
       3층 ○○○.○○㎡
       4층 ○○○.○○㎡
       5층 ○○○.○○㎡
       6층 ○○○.○○㎡
       7층 ○○○.○○㎡
       지층 ○○○.○○㎡
전유부분 건물의 표시
    건물의 번호 가-5-505
    구조 철근콘크리트조
    면적 5층 505호 ○○.○㎡
대지권의 표시
    대지권의 목적인 토지의 표시 ○○시 ○○구 ○○동 ○○
○ 대 ○○○○㎡
    대지권의 종류 소유권
    대지권의 비율 ○○○○분지 ○○.○○㎡. 끝.

[작성례 ③] 건물인도청구의 소(임대차기간 만료, 단독주택)

소 장

원 고 ○○○ (주민등록번호)
　　　　○○시 ○○구 ○○길 ○○(우편번호 ○○○○○)
　　　　전화.휴대폰번호:
　　　　팩스번호, 전자우편(e-mail)주소:
피 고 ◇◇◇ (주민등록번호)
　　　　○○시 ○○구 ○○길 ○○(우편번호 ○○○○○)
　　　　전화.휴대폰번호:
　　　　팩스번호, 전자우편(e-mail)주소:

건물인도청구의 소

청 구 취 지

1. 피고는 원고로부터 95,000,000원을 지급받음과 동시에 원고에게 별지목록 기재 건물을 인도하라.
2. 소송비용은 피고가 부담한다.
3. 위 제1항은 가집행할 수 있다.
라는 판결을 구합니다.

청 구 원 인

1. 원고는 피고에게 19○○. ○. ○. 별지목록 기재 건물을 전세보증금 95,000,000원, 임차기간 24개월로 정하여 임대하였습니다.
2. 위 임차기간이 만료되기 6개월 전부터 1개월 전인 20○○. ○. 경 원고는 피고와 위 임대기간 연장문제에 관하여 논의를 하였

고, 당시 우리나라가 국제통화기금(IMF)관리체제가 끝나 전세 시세가 다소 오른 시점이라 다시 그 기간을 연장하되 전세보 증금액을 올려달라고 요청하였습니다.

3. 그런데 피고는 느닷없이 보일러가 고장났다는 둥, 지붕에 비가 샌다는 둥 엉뚱한 구실을 붙여 전세보증금 95,000,000원과 수리비용 등 7,500,000원을 청구하면서 위와 같은 돈을 모두 주기 전까지는 집을 비워줄 수 없다고 억지를 부리고 있습니다.

4. 따라서 원고는 피고로부터 위 건물을 인도받기 위하여 이 사건 소송제기에 이른 것입니다.

입 증 방 법

1. 갑 제1호증   전세계약서
1. 갑 제2호증   부동산등기사항증명서
1. 갑 제3호증   건축물대장등본
1. 갑 제4호증의 1, 2   각 통고서
1. 갑 제5호증   사실확인서

첨 부 서 류

1. 위 입증방법   각 1통
1. 토지대장등본   1통
1. 소장부본   1통
1. 송달료납부서   1통

20○○.　○.　○.

위 원고　○○○　(서명 또는 날인)

○○지방법원　귀중

[별 지]

부동산의 표시

○○시 ○○구 ○○동 ○○
[도로명주소] ○○시 ○○구 ○○길 ○○ 지상 벽돌조 기와지붕
　단층주택 ○○㎡. 끝.

소   장

원   고   ○○○ (주민등록번호)
          ○○시 ○○구 ○○길 ○○(우편번호 ○○○○○)
          전화.휴대폰번호:
          팩스번호, 전자우편(e-mail)주소:
피   고   ◇◇◇ (주민등록번호)
          ○○시 ○○구 ○○길 ○○(우편번호 ○○○○○)
          전화.휴대폰번호:
          팩스번호, 전자우편(e-mail)주소:

건물인도청구의 소

청 구 취 지

1. 피고는 원고로부터 25,000,000원을 지급받음과 동시에 원고에게 별지목록 기재 건물을 인도하라.
2. 소송비용은 피고가 부담한다.
3. 위 제1항은 가집행할 수 있다.
라는 판결을 구합니다.

청 구 원 인

1. 원고는 피고에게 20○○. ○. ○. 별지목록 기재 건물을 전세보증금 25,000,000원, 임대차기간 24개월로 정하여 임대였고, 피고는 20○○. ○. ○○. 위 건물에 입주하여 현재까지 거주하고 있습니다.
2. 그런데 원고는 위 건물을 원고가 직접 사용하여야 할 사정이 생겨서 위 임대차계약이 갱신되는 것을 원하지 않았으므로

위 임대차기간이 끝나기 2개월 전(20○○. ○. ○○.)에 원고와 피고의 위 임대차계약을 갱신하지 않겠으니 계약기간이 끝나면 위 건물을 인도하여 줄 것을 내용증명우편으로 통고하였습니다.

3. 그러므로 원고와 피고의 위 임대차계약은 주택임대차보호법 제6조 제1항에 비추어 위 임대차기간이 끝나는 날로 종료되었다고 하여야 할 것인데, 피고는 위 임대차기간이 끝나고 6개월이 지난 지금까지 원고의 여러 차례에 걸친 인도요구에도 불구하고 타당한 이유 없이 위 건물의 인도를 거부하고 있습니다.

4. 따라서 원고는 피고로부터 위 건물을 인도 받기 위하여 이 사건 소송제기에 이른 것입니다.

<h2 align="center">입 증 방 법</h2>

1. 갑 제1호증	전세계약서
1. 갑 제2호증	건축물대장등본
1. 갑 제3호증	통고서

<h2 align="center">첨 부 서 류</h2>

1. 위 입증방법	각 1통
1. 토지대장등본	1통
1. 소장부본	1통
1. 송달료납부서	1통

20○○. ○. ○.

위 원고   ○○○ (서명 또는 날인)

○○지방법원 귀중

[별 지]

부동산의 표시

1동의 건물의 표시
　○○시 ○○구 ○○동 ○○ ◎◎빌라 나동
　[도로명주소] ○○시 ○○구 ○○길 ○○
　철근콘크리트 스라브지붕 4층 다세대주택
　1층 ○○○.○○㎡
　2층 ○○○.○○㎡
　3층 ○○○.○○㎡
　4층 ○○○.○○㎡
　지층　○○.○○㎡
전유부분건물의 표시
　건물의 번호 나-1-103
　구조 철근콘크리트조
　면적 1층 103호 ○○.○㎡
대지권의 표시
　대지권의 목적인 토지의 표시 ○○시 ○○구 ○○동 ○○ 대
○○○○㎡
　대지권의 종류 소유권
　대지권의 비율 ○○○○분지 ○○.○○㎡. 끝.

[작성례 ⑤] 건물인도 등 청구의 소 (월임차료 체불, 주택)

소 장

원   고   ○○○ (주민등록번호)
            ○○시 ○○구 ○○길 ○○(우편번호 ○○○○○)
            전화.휴대폰번호:
            팩스번호, 전자우편(e-mail)주소:
피   고   ◇◇◇ (주민등록번호)
            ○○시 ○○구 ○○길 ○○(우편번호 ○○○○○)
            전화.휴대폰번호:
            팩스번호, 전자우편(e-mail)주소:

건물인도 등 청구의 소

청 구 취 지

1. 피고는 원고에게 별지목록 기재 건물 중 별지도면 표시 3, 4, 5, 6, 3의 각 점을 차례로 연결한 선내 (가)부분 20㎡를 인도하고, 900,000원 및 20○○. ○. ○○.부터 인도일까지 월 300,000원의 비율에 의한 돈을 지급하라.
2. 소송비용은 피고가 부담한다.
3. 위 제1항은 가집행할 수 있다.
라는 판결을 구합니다.

청 구 원 인

1. 원고는 20○○. ○. ○. 별지목록 기재의 단층주택 50㎡중 별지도면 표시 3, 4, 5, 6, 3의 각 점을 차례로 연결한 방1칸 20㎡를 임대차보증금 10,000,000원, 임차료 월 300,000원(지급일 매월 말일), 임대차기간을 2년으로 하여 피고에게 임대하였습니다.

2. 그런데 피고는 매월 말일에 임차료를 지급해오다가 20○○.
○. ○. 이후 임대료를 지급하지 아니하여 3개월분의 임차료가
연체되었습니다. 그러므로 원고는 피고에게 20○○. ○. ○○.자
내용증명우편으로 연체된 임차료를 20○○. ○. ○○. 까지 지
급하지 않으면 원고와 피고 사이의 임대차계약을 해지하겠다
는 통고를 하였으나, 피고는 위 임대차보증금에서 공제하면
될 것 아니냐고 할 뿐 연체된 임차료를 현재까지 지급하지
않고 있습니다.

3. 그러나 건물의 임대차에서 임차인의 임차료 연체액이 2기(期)
의 임차료액에 달하는 때에는 임대인이 계약을 해지할 수 있
고(민법 제640조 참조), 이러한 경우 임대차계약의 해지에는
임대인의 최고절차도 필요하지 않을 뿐만 아니라(대법원
1962. 10. 11. 선고 62다496 판결 참조), 임차인이 임대차계
약을 체결할 당시 임대인에게 지급한 임대차보증금으로 연체
된 임차료 등 임대차관계에서 발생하는 임차인의 모든 채무가
담보된다고 하여 임차인이 그 임대차보증금의 존재를 이유로
임차료의 지급을 거절하거나 그 연체에 따른 채무불이행책임
을 면할 수는 없으므로(대법원 1994. 9. 9. 선고 94다4417
판결), 피고의 연체된 임차료를 위 임대차보증금에서 공제하
면 된다는 주장은 이유없다 할 것입니다.

4. 따라서 원고는 위 임대차의 종료를 이유로 피고에 대하여 별
지목록 기재 건물 중 별지도면 표시 3, 4, 5, 6, 3의 각 점을
차례로 연결한 선내 (가)부분 20㎡의 인도를 구하고, 아울러
20○○. ○. ○○.부터 20○○. ○. ○○.까지의 임차료 합계
900,000원 및 불법점유를 이유로 20○○. ○. ○○.부터 인도
일까지 매월 300,000원의 비율에 의한 임차료 상당의 손해
배상금을 지급 받기 위하여 이 사건 소송을 제기하는 것입니
다.

입 증 방 법

1. 갑 제1호증   임대차계약서
1. 갑 제2호증   부동산등기사항증명서
1. 갑 제3호증   통고서
1 .갑 제4호증   건축물대장등본

첨 부 서 류

1. 위 입증방법   각 1통
1. 토지대장등본   1통
1. 소장부본   1통
1. 송달료납부서   1통

20○○.　○.　○.
위 원고　○○○　(서명 또는 날인)

○○지방법원 ○○○지원　귀중

[별　지]

부동산의 표시

○○시 ○○구 ○○동 ○○
[도로명주소]　○○시　○○구　○○길　○○　지상　철근콘크리트조
슬래브지붕 단층 주택 50㎡. 끝.

도　면

○○시　○○구　○○동　○○ 단층주택 평면도

1	6	5
	(가) 20㎡	
2	3	4

소 장

원   고   ○○○ (주민등록번호)
          ○○시 ○○구 ○○길 ○○(우편번호 ○○○○○)
          전화.휴대폰번호:
          팩스번호, 전자우편(e-mail)주소:
피   고   1. 김◇◇ (주민등록번호)
          2. 이◇◇ (주민등록번호)
          3. 이◈◈ (주민등록번호)
             위 피고들 주소 ○○시 ○○구 ○○길 ○○
                         (우편번호 ○○○○○)
             위 피고 2, 3은 미성년자이므로
             법정대리인 친권자 모 김◇◇
             전화.휴대폰번호:
             팩스번호, 전자우편(e-mail)주소:

건물인도 등 청구의 소

청 구 취 지

1. 피고들은 원고에게 별지목록 기재 건물 2층 180㎡ 중 별지도
   면 표시 1, 2, 3, 6, 1의 각 점을 차례로 연결한 선내 (가)부
   분 80㎡를 인도하라.
2. 피고들은 연대하여 20○○. ○. ○.부터 위 명도일까지 매월
   금 300,000원을 지급하라
3. 소송비용은 피고들이 부담한다.
4. 위 제1, 2항은 가집행 할 수 있다.

라는 판결을 구합니다

청 구 원 인

1. 원고는 199○. ○. ○. 망 이◆◆와 ○○시 ○○구 ○○길 ○
   ○ 지상에 있는 원고 소유의 별지목록 기재 건물 2층주택
   180㎡ 중 별지도면 표시 1, 2, 3, 6, 1의 각 점을 차례로 연
   결한 선내 (가)부분 80㎡를 임차보증금 20,000,000원, 월세
   금 300,000원(매월 1일 지급), 임대차기간을 인도일부터 24
   개월로 하는 주택임대차계약을 체결하였고, 199○. ○. ○.
   임차보증금을 지급 받음과 동시에 주택을 망 이◆◆에게 인
   도하였습니다.
2. 그런데 원고는 20○○. ○. ○.자 내용증명 우편으로 망 이◆
   ◆에게 재계약의사가 없음을 통지하였고 이 우편은 20○○.
   ○. ○. 망 이◆◆에게 도달하였습니다. 그 후 망 이◆◆는
   교통사고로 20○○. ○. 사망하였고, 상속인인 처 피고 김◇
   ◇ 및 아들인 피고 이◇◇, 피고 이◈◈가 망 이◆◆의 임차
   인으로서의 지위 및 월세지급의무를 그들의 상속지분별로 상
   속하였습니다. 그러나 피고들은 임대차기간 만료일인 20○○.
   ○. ○.에 원고에게 별지도면 표시 주택 80㎡를 인도하지 아
   니한 채 현재까지 별지도면 표시 주택 80㎡를 점유하면서
   사용하고 있습니다.
3. 따라서 원고는 피고들에게 주택임대차계약의 기간만료를 근
   거로 별지도면 표시 선내 (가)부분 80㎡의 인도를 구하고, 아
   울러 법률상 원인 없는 점유를 이유로 한 20○○. ○. ○.부
   터 인도일까지 월세상당의 부당이득금을 지급 받기 위하여
   이 사건 소송을 제기하는 것입니다.

입 증 방 법

1. 갑 제1호증	임대차계약서
1. 갑 제2호증	부동산등기사항증명서
1. 갑 제3호증	통고서
1 .갑 제4호증	건축물대장
1. 갑 제5호증	기본증명서(망 이◆◆)
1. 갑 제6호증	가족관계증명서(망 이◆◆)

첨 부 서 류

1. 위 입증방법	각 1통
1. 토지대장등본	1통
1. 소장부본	1통
1. 송달료납부서	1통

20○○.　○.　○.

위 원고　○○○　(서명 또는 날인)

○○**지방법원** ○○**지원　귀중**

[별 지]

부동산의 표시

○○시 ○○구 ○○동 ○○
[도로명주소] ○○시 ○○구 ○○길 ○○ 지상 철근콘크리트조
평스라브지붕 2층주택
　1층 200㎡
　2층 180㎡. 끝.

소   장

원   고   ○○○ (주민등록번호)
             ○○시 ○○구 ○○길 ○○(우편번호 ○○○○○)
             전화.휴대폰번호:
             팩스번호, 전자우편(e-mail)주소:
피   고   ◇◇◇ (주민등록번호)
             ○○시 ○○구 ○○길 ○○(우편번호 ○○○○○)
             전화.휴대폰번호:
             팩스번호, 전자우편(e-mail)주소:

건물인도청구의 소

청 구 취 지

1. 피고는 원고에게 별지목록 기재 건물 1층 96.6㎡중 별지도면
   표시 1, 2, 3, 6, 1의 각 점을 차례로 연결한 선내 (가)부분
   48㎡를 인도하라.
2. 소송비용은 피고가 부담한다.
3. 위 제1항은 가집행 할 수 있다.
라는 판결을 구합니다.

청 구 원 인

1. 원고는 20○○. ○. ○에. 별지목록 기재의 건물 1층 96.6㎡
   중 별지도면 표시 1, 2, 3, 6, 1의 각 점을 차례로 연결한
   선내 (가)부분 48㎡를 임대차보증금 5,000,000원, 월임차료
   금 500,000원, 임대차기간을 1년으로 하여 피고에게 임대하

였습니다.

2. 그런데 원고는 별지목록 기재의 건물이 낡았으므로 철거한 뒤 다시 건축하여야 할 형편이므로 위 임대차기간이 끝나기 2개월 전에 그러한 사유를 들어 위 임대차계약을 갱신하지 않겠다는 갱신거절의 통지를 피고에게 내용증명우편으로 하였습니다.

3. 그러나 피고는 원고로부터 위와 같은 통지를 받고서도 계약기간이 끝나고 여러 달이 지난 지금까지도 점포를 이전할 곳을 찾지 못하였다고 하면서 별지목록 기재의 건물 1층 96.6㎡ 중 별지도면 표시 1, 2, 3, 6, 1의 각 점을 차례로 연결한 선내 (가)부분 48㎡의 인도를 거부하고 있으므로, 원고로서는 별지목록 기재 건물의 재건축계획을 여러 차례 수정하여야 하는 등 그 손해가 막심합니다.

4. 따라서 원고는 피고로부터 별지목록 기재의 건물 1층 96.6㎡ 중 별지도면 표시 1, 2, 3, 6, 1의 각 점을 차례로 연결한 선내 (가)부분 48㎡를 인도 받기 위하여 이 사건 소송을 제기하는 것입니다.

입 증 방 법

1. 갑 제1호증   임대차계약서
1. 갑 제2호증   부동산등기사항증명서
1. 갑 제3호증   건축물대장등본
1. 갑 제4호증   통고서
1. 갑 제5호증   설계도면(재건축예정인 건물)

첨 부 서 류

1. 위 입증방법   각 1통
1. 토지대장등본   1통

1. 소장부본   1통
1. 송달료납부서   1통

                    20○○.   ○.   ○.
                위 원고   ○○○   (서명 또는 날인)

○○지방법원 ○○지원   귀중

[별 지]
부동산의 표시

○○시 ○○구 ○○동 ○○의 ○
[도로명주소] ○○시 ○○구 ○○길 ○○ 지상
철근콘크리트조 스라브지붕 3층 근린생활시설
    1층 96.6㎡
    2층 96.6㎡
    3층 80㎡. 끝

2-2. 소유권이전등기 청구의 소

[작성례 ①] 소유권이전등기청구의 소(임야, 취득시효)

소　　　장

원　　고　　○○○ (주민등록번호)
　　　　　　○○시 ○○구 ○○길 ○○(우편번호 ○○○○○)
　　　　　　전화.휴대폰번호:
　　　　　　팩스번호, 전자우편(e-mail)주소:
피　　고　　◇◇◇ (주민등록번호)
　　　　　　○○시 ○○구 ○○길 ○○(우편번호 ○○○○○)
　　　　　　전화.휴대폰번호:
　　　　　　팩스번호, 전자우편(e-mail)주소:

소유권이전등기청구의 소

청 구 취 지

1. 피고는 원고에게 경기 ○○군 ○○면 ○○리 산 ○○ 임야 ○○
　○㎡ 중 별지도면 표시 1, 2, 3, 4, 1의 각 점을 차례로 연결한
　선내 ㉮부분 ○○㎡에 관하여 20○○. ○○. ○○. 취득시효
　완성을 원인으로 한 소유권이전등기절차를 이행하라.
2. 소송비용은 피고의 부담으로 한다.
라는 판결을 구합니다.

청 구 원 인

1. 원고의 아버지인 소외 망 ◉◉◉는 19○○. ○○. ○○. 경기
　○○군 ○○면 ○○리 산 ○○ 임야 ○○○㎡(다음부터 이 사건

임야라 함) 중 별지도면 표시 1, 2, 3, 4, 1의 각 점을 차례로 연결한 선내 ㉑부분 ○○㎡(다음부터 이 사건 임야부분이라 함)를 피고로부터 금 ○○○만원에 매수하여 원고의 조부 소외 망 ◑◐◑과 원고의 조모 소외 망 ◑◑◑의 분묘를 설치하여 관리하고 이 사건 임야부분의 경계에 경계를 구분할 수 있도록 향나무를 경계를 따라 일렬로 심어 가꾸어 오다가 20○○. ○. ○. 사망하였으며, 원고는 소외 망 ◉◉◉의 단독상속인으로서 소외 망 ◉◉◉의 권리의무를 모두 단독상속 하였습니다.

2. 한편, 소외 망 ◉◉◉는 이 사건 임야부분을 피고로부터 매수하여 인도 받은 뒤 위와 같이 점유하고 있었지만, 이 사건 임야부분에 대한 매매계약서를 작성.교부받지 않고 구두상으로만 계약을 체결하고 그 대금을 지급하였고 그 영수증도 교부받지 않았으며, 이 사건 임야부분에 대한 소유권이전등기 등을 해두지 않았던 바, 피고는 소외 망 ◉◉◉가 사망하자 위와 같은 매매사실을 부인하고 원고의 이 사건 임야부분에 대한 소유권이전등기의 요구를 묵살하고 있습니다.

3. 그런데 이 사건 임야부분에 대한 소외 망 ◉◉◉의 점유기간과 원고의 점유기간은 20○○. ○○. ○○. 20년을 경과하였으며, 그 점유는 위와 같이 이 사건 임야부분을 매수하여 소외 망 ◑◐◑와 소외 망 ◐◑◑의 분묘를 설치하고 관리하여 소유의 의사로서 평온, 공연하게 점유한 것이므로 피고로서는 이 사건 임야부분에 관하여 취득시효의 완성을 원인으로 한 소유권이전등기의무가 있다 할 것입니다.

4. 따라서 원고는 피고에 대하여 이 사건 임야 중 별지도면 표시 1, 2, 3, 4, 1의 각 점을 차례로 연결한 선내 ㉑부분 ○○㎡에 관하여 20○○. ○○. ○○. 취득시효완성을 원인으로 한 소유권이전등기절차의 이행을 구하기 위하여 이 사건 소송제기에 이르렀습니다.

입 증 방 법

1. 갑 제1호증   부동산등기사항증명서
1. 갑 제2호증   임야대장등본
1. 갑 제3호증   사실확인서(매매계약의 증인)
1. 갑 제4호증   사진

첨 부 서 류

1. 위 입증방법   각 1통
1. 공시지가확인원   1통
1. 소장부본   1통
1. 송달료납부서   1통

20○○. ○. ○.

위 원고   ○○○ (서명 또는 날인)

○○지방법원 귀중

[별 지]

도   면

(경기 ○○군 ○○면 ○○리 산 ○○ 임야 ○○○㎡)

	1 2
	㉮
	4 3

[작성례 ②] 소유권이전등기청구의 소
           (토지, 매매대금을 모두 지급한 경우)

소   장

원   고   ○○○ (주민등록번호)
           ○○시 ○○구 ○○길 ○○(우편번호 ○○○○○)
           전화.휴대폰번호:
           팩스번호, 전자우편(e-mail)주소:
피   고   ◇◇◇ (주민등록번호)
           ○○시 ○○구 ○○길 ○○(우편번호 ○○○○○)
           전화.휴대폰번호:
           팩스번호, 전자우편(e-mail)주소:

소유권이전등기청구의 소

청 구 취 지

1. 피고는 원고에게 서울 ○○구 ○○동 ○○ 대 ○○○㎡에 관
   하여 20○○. ○. ○. 매매를 원인으로 한 소유권이전등기절차를
   이행하라.
2. 소송비용은 피고의 부담으로 한다.
라는 판결을 구합니다.

청 구 원 인

1. 원고는 20○○. ○. ○. 피고로부터 서울 ○○구 ○○동 ○○
   대 ○○○㎡(다음부터 이 사건 토지라고 함)를 매매대금 ○○
   ○만원에 매수함에 있어서 계약금 ○○○만원은 계약당일 지급
   하고, 중도금 ○○○만원은 같은 해 ○. ○○.에 지급한 바 있

으며, 잔금은 같은 해 ○○. ○○. 지급하기로 약정하였습니다.

2. 그런데 원고가 위 중도금 및 잔금을 각 지급기일에 지급하여 매매대금 전액이 지급되었음에도 피고는 이 사건 토지를 원고에게 인도하였을 뿐이고, 지금까지 원고에게 이 사건 토지에 대한 소유권이전등기절차에 협력하지 않고 있습니다.

3. 따라서 원고는 피고에 대하여 이 사건 토지에 관하여 위 매매계약을 원인으로 한 소유권이전등기절차의 이행을 청구하기 위하여 이 사건 소송을 제기합니다.

입 증 방 법

1. 갑 제1호증   토지등기사항증명서
1. 갑 제2호증   토지매매계약서
1. 갑 제3호증의 1, 2   각 영수증

첨 부 서 류

1. 위 입증방법   각 1통
1. 토지대장등본   1통
1. 소장부본   1통
1. 송달료납부서   1통

20○○. ○. ○.

위 원고   ○○○ (서명 또는 날인)

○○지방법원 귀중

소 장

원 고   ○○○ (주민등록번호)
        ○○시 ○○구 ○○길 ○○(우편번호 ○○○○○)
        전화.휴대폰번호:
        팩스번호, 전자우편(e-mail)주소:
피 고   ◇◇◇ (주민등록번호)
        ○○시 ○○구 ○○길 ○○(우편번호 ○○○○○)
        전화.휴대폰번호:
        팩스번호, 전자우편(e-mail)주소:

소유권이전등기청구의 소

청 구 취 지

1. 피고는 원고에게 별지목록 기재 부동산에 대하여 이 사건 소
   장부본 송달일자 명의신탁해지를 원인으로 한 소유권이전등기
   절차를 이행하라.
2. 소송비용은 피고의 부담으로 한다.
라는 판결을 구합니다.

청 구 원 인

1. 당사자의 지위
   원고와 피고는 19○○. ○. ○. 법률상 혼인한 뒤 피고의 폭행
   과 유기로 20○○. ○. ○. 협의이혼 하였습니다.
2. 피고의 재산상태
   피고는 현재 약간의 예금채권과 별지목록 기재 부동산을 소유

하고 있으나, 위 재산은 피고의 특유재산이 아닌 원고의 소유이지만 편의상 피고의 명의로 신탁된 재산입니다.

3. 재산의 형성과정

　가. 원고는 결혼 전부터 ◇◇상사 기술연구소에서 근무하면서 저축한 급여로　○○시 ○○구 ○○길 ○○○ 분양가 금 2억원 상당의 아파트를 소유하고 있었으므로 결혼과 동시에 위 아파트에 입주하여 신혼생활을 시작하였습니다.

　나. 결혼당시 원고의 연봉은 금 2,500만원, 피고 역시 ○○신용금고에 근무하면서 대략 금 1,800만원 가량 연봉을 지급 받아왔습니다.

　다. 결혼 3년 뒤인 19○○. ○.경 원고는 ◇◇상사 기술연구소를 사직하여 퇴직금으로 약 3년간 개인사업을 시작하였으나 사업이 여의치 않아 다시 △△기술연구소에 취직을 하여 직장생활을 하였습니다.

　라. 원고가 사업을 하는 동안 많은 채무를 부담하고 있어 원고의 채무를 변제하기 위하여 ○○시 ○○구 ○○길 ○○○ 아파트를 금 2억 1천만원에 매도하여 금 6천만원은 채무를 변제하고 잔여금으로 별지목록 기재 부동산을 매수하였습니다.

　마. 그런데 원고는 별지목록 기재 부동산을 매수하면서 그 등기명의를 피고로　하여 명의신탁을 해두었습니다. 그러므로 별지목록 기재 부동산은 순수한 원고의 재산임에도 편의상 피고명의로 신탁한 재산에 불과합니다.

　바. 그러던 중, 원고는 △△기술연구소의 구조조정으로 20○○. ○.경에 사직하게 되었으나, 결국 직장을 구하지 못하고, 피고의 냉대와 유기를 견디지 못하여 협의이혼에 이르게 되었습니다.

4. 결론

　따라서 원고는 피고에 대하여 이 사건 소장부본의 송달로 별지목록 기재의 부동산에 관한 명의신탁을 해지하고, 소장부본 송달일자 명의신탁해지를 원인으로 별지목록 기재 부동산에 대한 소유권이전등기절차의 이행을 구하기 위하여 이 사건 청구에 이른 것입니다.

입 증 방 법

1. 갑 제1호증   부동산등기사항증명서
1. 갑 제2호증의 1 내지 5   각 근로소득원천징수영수증
1. 갑 제3호증   혼인관계증명서
1. 갑 제4호증의 1   매매계약서(구 아파트)
1. 갑 제4호증의 2   매매계약서(피고명의 아파트)

첨 부 서 류

1. 위 입증방법   각 1통
1. 토지대장등본   1통
1. 건축물대장   1통
1. 소장부본   1통
1. 송달료납부서   1통

20○○.   ○.   ○.

위 원고   ○○○   (서명 또는 날인)

○○지방법원 귀중

[작성례 ④] 소유권이전등기청구의 소
        (매매잔금 지급과 동시에 하는 경우)

소   장

원   고   ○○○ (주민등록번호)
            ○○시 ○○구 ○○길 ○○(우편번호 ○○○○○)
            전화.휴대폰번호:
            팩스번호, 전자우편(e-mail)주소:
피   고   ◇◇◇ (주민등록번호)
            ○○시 ○○구 ○○길 ○○(우편번호 ○○○○○)
            전화.휴대폰번호:
            팩스번호, 전자우편(e-mail)주소:

소유권이전등기청구의 소

청 구 취 지

1. 피고는 원고로부터 45,000,000원을 지급 받음과 동시에 원고
   에게 별지목록 기재 부동산에 관하여 20○○. ○. ○. 매매를
   원인으로 하는 소유권이전등기절차를 이행하고, 별지목록 기
   재 부동산을 인도하라.
2. 소송비용은 피고의 부담으로 한다.
3. 위 제1항 중 부동산인도부분은 가집행 할 수 있다.
라는 판결을 구합니다.

청 구 원 인

1. 원고는 20○○. ○. ○. 피고로부터 피고의 소유인 별지목록
   기재 부동산을 매매대금 1억 원에 매수하기로 하는 매매계약

을 체결하고, 그 계약내용에 따라 계약금 1,000만원은 계약당일에 지급하고, 같은 해 ○. ○○.에 중도금 4,500만원을 지급하였습니다.

2. 그런데 원고가 별지목록 기재 부동산의 매매대금 중 잔금 4,500만원을 그 지급기일인 20○○. ○○. ○○.에 피고에게 지급제시하고 별지목록 기재 부동산의 소유권이전에 필요한 서류의 교부와 별지목록 기재 부동산의 명도를 요구였으나, 피고는 별지목록 기재 부동산을 싸게 팔았다는 이유로 잔금의 수령을 거절하고 현재까지 별지목록 기재 부동산의 소유권이전등기절차를 이행하지 않고, 별지목록 기재 부동산의 명도도 이행하지 않고 있습니다.

3. 따라서 원고는 피고에 대하여 금 4,500만원을 지급 받음과 동시에 원고에게 별지목록 기재 부동산에 관하여 20○○. ○. ○. 매매를 원인으로 하는 소유권이전등기절차의 이행과 별지목록 기재 부동산의 명도를 구하기 위하여 이 사건 소송제기에 이른 것입니다.

입 증 방 법

1. 갑 제1호증   부동산등기사항증명서
1. 갑 제2호증   매매계약서
1. 갑 제3호증의 1, 2   각 영수증

첨 부 서 류

1. 위 입증방법   각 1통
1. 토지대장등본   1통
1. 건축물대장등본   1통
1. 소장부본   1통
1. 송달료납부서   1통

                    20○○. ○. ○.
                위 원고   ○○○ (서명 또는 날인)

○○지방법원 귀중

[별 지]
부동산의 표시

1동의 건물의 표시
    ○○시 ○○구 ○○동 ○○○ ○○○아파트
       제 ○○○동
    [도로명주소] ○○시 ○○구 ○○길 ○○
    전유부분의 건물의 표시
    건물번호 : ○○○ - 5 - 508
    구   조 : 철근콘크리트조
    면   적 : 5층 508호 ○○.○○㎡
    대지권의 목적인 토지의 표시
     1. ○○시 ○구 ○○동 ○○○   대 ○○○○○.○㎡
     2. ○○시 ○구 ○○동 ○○○-2 대 ○○○○.○○㎡
    대지권의 종류 : 소유권
    대지권의 비율 : ○○○○○.○○분의 ○○.○○. 끝.

[작성례 ⑤] 소유권이전등기청구의 소(토지, 증여를 원인으로)

소   장

원   고   ○○○ (주민등록번호)
　　　　　○○시 ○○구 ○○길 ○○(우편번호 ○○○○○)
　　　　　전화.휴대폰번호:
　　　　　팩스번호, 전자우편(e-mail)주소:
피   고   ◇◇◇ (주민등록번호)
　　　　　○○시 ○○구 ○○길 ○○(우편번호 ○○○○○)
　　　　　전화.휴대폰번호:
　　　　　팩스번호, 전자우편(e-mail)주소:

소유권이전등기청구의 소

청 구 취 지

1. 피고는 원고에게 ○○시 ○○구 ○○동 ○○ - ○○ 대 2,070㎡에 대하여 20○○. ○. ○. 증여를 원인으로 하는 소유권이전등기절차를 이행하라.
2. 소송비용은 피고의 부담으로 한다.
라는 판결을 구합니다.

청 구 원 인

1. 피고는 20○○. ○. ○. 원고에게 ○○시 ○○구 ○○동 ○○ - ○○ 대 2,070㎡를 아무런 부담 또는 조건 없이 증여하겠다고 하는 증여계약의 체결을 요구하여 원고는 피고와 위와 같은 증여계약을 체결하였습니다.
2. 그런데 피고는 피고의 재산상태가 현저히 변경되어 위와 같은

증여계약의 이행으로 인하여 피고의 생계에 중대한 영향을 미칠 수 있다든지, 또는 원고의 피고 등에 대한 망은행위 등 증여계약의 해제사유가 전혀 없는데도 위와 같은 증여계약에 따라 원고에게 위 부동산의 소유권이전등기절차를 이행해주지 않고 계속 미루기만 하고 있습니다.

3. 따라서 원고는 피고에 대하여 ○○시 ○○구 ○○동 ○○ - ○○ 대 2,070㎡에 관하여 20○○. ○. ○. 증여를 원인으로 하는 소유권이전등기절차의 이행을 청구하고자 이 사건 소송을 제기하게 된 것입니다.

입 증 방 법

1. 갑 제 1호증   부동산증여계약서
1. 갑 제 2호증   부동산등기사항증명서

첨 부 서 류

1. 위 입증방법   각 1통
1. 토지대장등본   1통
1. 소장부본   1통
1. 송달료납부서   1통

20○○.   ○.   ○.
위 원고   ○○○   (서명 또는 날인)

○○지방법원   귀중

소 장

원   고   ○○○ (주민등록번호)
            ○○시 ○○구 ○○길 ○○(우편번호 ○○○○○)
            전화.휴대폰번호:
            팩스번호, 전자우편(e-mail)주소:
피   고   ◇◇◇ (주민등록번호)
            ○○시 ○○구 ○○길 ○○(우편번호 ○○○○○)
            전화.휴대폰번호:
            팩스번호, 전자우편(e-mail)주소:

소유권이전등기말소청구의 소

청 구 취 지

1. 피고는 원고에게 별지목록 기재 부동산에 관하여 ○○지방법원
   ○○지원 등기과 20○○. ○. ○. 접수 제○○○○호로 마친 소유
   권이전등기의 말소등기절차를 이행하라.
2. 소송비용은 피고의 부담으로 한다.
라는 판결을 구합니다.

청 구 원 인

1. 매매계약
 가. 원고는 20○○. ○. ○.경 피고와 별지목록 기재 부동산에
     대하여 계약금 및 중도금 합계 금 40,000,000원은 같은 해
     ○. ○. 소유권이전등기에 필요한 서류와 상환하여 지급하
     며, 잔대금 10,000,000원은 같은 해 ○. ○. 피고가 위 부

동산의 소유권을 이전 받은 뒤 이를 담보로 대출을 받아 지급하기로 하는 내용의 매매계약을 체결하였습니다.

나. 원고는 20○○. ○. ○. 피고로부터 계약금 및 중도금으로 금 40,000,000원을 지급 받음과 동시에, 피고에게 소유권 이전등기에 필요한 서류 일체를 교부하고, 그 뒤 피고는 별지목록 기재 부동산에 대하여 ○○지방법원 ○○지원 등기과 20○○. ○. ○. 접수 제○○○○호로 소유권이전등기를 마쳤습니다.

2. 매매계약의 합의해제

가. 원고가 20○○. ○. ○. 피고에게 위 잔대금 10,000,000원 을 지급하여 줄 것을 요구하자, 피고는 별지목록 기재 부동산에 하자가 있다고 하면서 잔대금 지급을 거절하며 계약의 해제를 요구하였습니다.

나. 이에 원고와 피고는 20○○. ○. ○. 이 사건 부동산 매매계약을 합의해제하고, 원고는 이미 지급 받은 계약금 및 중도금을 반환하고 피고는 소유권이전등기를 말소하기로 하였습니다.

다. 그런데 피고가 소유권이전등기말소등기절차의 이행을 계속 미루기만 할 뿐 전혀 이행할 의사를 보이고 있지 않아, 원고는 이미 지급 받은 계약금 및 중도금 40,000,000원을 ○○지방법원 ○○지원에 변제공탁을 하였습니다.

3. 결론

따라서 원고는 별지목록 기재 부동산에 관하여 ○○지방법원 ○○지원 등기과 20○○. ○. ○. 접수 제○○○○호로서 마친 피고 명의의 소유권이전등기의 말소등기절차의 이행을 구하기 위하여 이 사건 청구에 이른 것입니다.

입 증 방 법

1. 갑 제1호증   매매계약서

1. 갑 제2호증   합의서
1. 갑 제3호증   공탁서
1. 갑 제4호증   부동산등기사항증명서

첨 부 서 류

1. 위 입증방법   각 1통
1. 토지대장등본   1통
1. 건축물대장등본   1통
1. 소장부본   1통
1. 송달료납부서   1통

20○○.　○.　○.

위 원고　○○○　(서명 또는 날인)

○○지방법원 ○○지원 귀중

[별　지]

부동산의 표시

1동의 건물의 표시
 ○○시 ○○구 ○○동 ○○
 [도로명주소] ○○시 ○○구 ○○길 ○○
 철근콘크리트조 슬래브지붕 5층 아파트
      1층　225.18 ㎡
      2층　293.04 ㎡
      3층　293.04 ㎡
      4층　293.04 ㎡
      5층　293.04 ㎡
      지층 293.04 ㎡

전유부분의 건물의 표시
  구   조 철근콘크리트조
  건물번호 4층 402호
  면   적 67.58㎡

대지권의 목적인 토지의 표시
   ○○시 ○○구 ○○동 ○○ 대 888.81㎡
대지권의 종류 : 소유권
대지권의 비율 : 888.81분의 10.71. 끝.

소　　장

원　　고　　○○○ (주민등록번호)
　　　　　　○○시 ○○구 ○○길 ○○(우편번호 ○○○○○)
　　　　　　전화.휴대폰번호:
　　　　　　팩스번호, 전자우편(e-mail)주소:
피　　고　　◇◇◇ (주민등록번호)
　　　　　　○○시 ○○구 ○○길 ○○(우편번호 ○○○○○)
　　　　　　전화.휴대폰번호:
　　　　　　팩스번호, 전자우편(e-mail)주소:

자동차소유권이전등록절차이행청구의 소

청　구　취　지

1. 피고는 원고에게 별지목록 기재 자동차에 관하여 20○○. ○. ○.
   매매를 원인으로 하여 소유자 명의를 원고에서 피고로 하는
   소유권이전등록절차를 이행하라.
2. 소송비용은 피고의 부담으로 한다.
라는 판결을 구합니다.

청　구　원　인

1. 원고는 20○○. ○. ○. 피고에게 별지목록 기재 자동차를 대
   금 ○○○원에 매도하고서 자동차의 인도와 함께 자동차이전
   등록에 필요한 서류일체를 교부한 바 있습니다.
2. 그러나 피고는 원고 명의로 되어 있는 자동차소유자등록명의
   를 지금까지 이전해가지 않아 자동차등록세가 원고에게 청구
   될 뿐만 아니라, 피고가 위 자동차를 운행하다가 교통사고를

발생시키는 경우 원고가 등록명의자로서 손해배상을 청구 당할 것이 예상되는 등의 여러 가지 피해를 입고 있습니다.
3. 따라서 원고는 원고 명의로 되어 있는 위 자동차의 소유권등록명의를 피고 명의로 이전하기 위하여 피고에 대하여 부득이 청구취지와 같은 판결을 구하고자 이 사건 소송에 이른 것입니다.

입 증 방 법

1. 갑 제1호증   자동차등록원부
1. 갑 제2호증   자동차매매계약서
1. 갑 제3호증   자동차세납부고지서

첨 부 서 류

1. 위 입증방법   각 1통
1. 소장부본   1통
1. 송달료납부서   1통

20○○. ○. ○.

위 원고 ○○○ (서명 또는 날인)

○○지방법원 ○○지원 귀중

[별 지]

자동차의 표시

1. 자동차등록번호: 서울○○다○○○○호
1. 형식승인번호: ○-○○○○-005-006
1. 차   명: ○ ○
1. 차   종: 승용자동차

```
1. 차 대 번 호: ○○
1. 원 동 기 형 식: ○○
1. 등 록 연 월 일 : 1997
1. 최 종 소 유 자: △ △ △
1. 사 용 본 거 지: ○○시 ○○구 ○○길 ○○. 끝.
```

2-3. 손해배상 청구의 소

[작성례 ①] 손해배상(자)청구의 소
           (월급생활자 사망, 보험가입한 승용차)

소   장

원   고   1. 김○○(주민등록번호)
          2. 박①○(주민등록번호)
          3. 박②○(주민등록번호)
          4. 최○○(주민등록번호)
          원고 2, 3은 미성년자이므로 법정대리인 친권자 모 김○○
          원고들의 주소:○○시 ○○구 ○○길 ○○ (우편번호)
                전화.휴대폰번호:
                팩스번호, 전자우편(e-mail)주소:
피   고   ◇◇화재해상보험주식회사
          ○○시 ○○구 ○○길 ○○(우편번호)
          대표이사 ◇◇◇
          전화.휴대폰번호:
          팩스번호, 전자우편(e-mail)주소:

손해배상(자)청구의 소

청 구 취 지

1. 피고는 원고 김○○에게 금 107,365,776원, 원고 박①○, 원
   고 박②○에게 각 금 68,577,184원, 원고 최○○에게 금
   7,000,000원 및 각 이에 대한 2000. 6. 15.부터 이 사건 소장
   부본 송달일까지는 연 5%의, 그 다음날부터 다 갚는 날까지는
   연 15%의 각 비율에 의한 돈을 지급하라.

---

2. 소송비용은 피고의 부담으로 한다.
3. 위 제1항은 가집행 할 수 있다.
라는 판결을 구합니다.

청 구 원 인

1. 당사자들의 지위
   가. 원고 김○○는 이 사건 교통사고로 사망한 소외 망 박◉◉의
       처, 원고 박①○, 원고 박②○는 소외 망 박◉◉의 자녀들
       로서 상속인이고, 원고 최○○는 소외 망 박◉◉의 어머니
       입니다.
   나. 피고 ◇◇화재해상보험주식회사는 이 사건 가해차량인 소
       외 이◈◈ 소유의 서울○○바○○○○호 승용차에 관하여
       자동차보험계약을 체결한 보험자입니다.
2. 손해배상책임의 발생
   가. 교통사고의 발생
    (1) 발생일시 : 2000. 6. 15. 22:30경
    (2) 발생장소 : ○○시 ○○구 ○○길 ○○ ○○빌딩 앞 4차선도
로상 횡단보도
    (3) 사고차량 : 서울○○바○○○○호 승용차
    (4) 운전자 겸 소유자 : 소외 이◈◈
    (5) 피 해 자 : 소외 망 박◉◉
    (6) 피해상황 : 위 도로에 설치된 횡단보도를 보행자신호에
                  따라 건너던 피해자 소외 망 박◉◉는 신호를
                  무시하고 달리는 소외 이◈◈가 운전하는 위
                  승용차가 충격 되어 뇌진탕 등의 상해를 입고
                  같은 날 23:50경 ○○병원에서 사망하였음.
   나. 피고의 손해배상책임
       소외 이◈◈는 신호를 무시한 채 사고차량을 운전한 결과로
       피해자 소외 망 박◉◉를 사망하게 하였으므로 민법 제750

조에 의한 손해배상책임이 있는바, 피고는 위 사고차량에 대하여 자동차보험계약을 체결한 보험자로서 상법 제726조의2에 의하여 손해배상책임이 있습니다.

3. 손해배상책임의 범위

가. 소외 망 박◉◉의 일실수입

소외 망 박◉◉가 이 사건 사고로 상실한 가동능력에 대한 금전적 총평가액 상당의 일실수입은 다음 (1)과 같은 사실을 기초로 하여 다음 (2)와 같은 월 5/12%의 비율로 계산한 중간이자를 공제하는 단리할인법(호프만식 계산법)에 따라 이 사건 사고 당시의 현가로 계산한 금 191,317,302원입니다.

(1)기초사실

(가)성별 : 남자

생년월일 : 1956. 10. 18.생

연령 : 사고당시 43세 7개월 남짓

기대여명 : 31.21년

(나)직업 경력 : 위 망인은 1990. 5. 15.부터 소외 ◎◎주식회사에서 근무하여 왔고, 사고 당시 영업과장으로 근무하고 있었음.

(다)정년 및 가동연한 : 위 망인의 소외 ◎◎주식회사에서의 정년은 만 55세가 되는 다음날이고, 그 다음날부터 위 망인이 만 60세가 되는 2016. 10. 17.까지는 도시일용노동에 종사하여 그 임금 상당의 수입을 얻을 수 있었을 것임.

(라)가동능력에 대한 금전적 평가

- 정년시까지 : 위 망인은 2000. 1. 1.부터 2000. 3. 31.까지 근로소득으로 합계 금 6,900,000원을 지급 받았는바, 장차 승급에 따라 그 수입이 증가되리라고 예상되므로 위 망인은 적어도 2000. 1. 1.부터 2000. 3. 31.까지의 근로소득을 매월로 환산한 금 2,300,000원(금 6,900,000원÷3월) 상당의 월급여를 받을 수 있음.

- 정년 이후 가동연한까지 : 대한건설협회 작성의 2003년 상반기 적용 건설업임금실태조사보고서 중 보통인부의 2003. 1월 현재 1일 시중노임단가 금 50,683원을 기초로 한 월급여 금 1,115,026원{금 50,683원(시중노임단가)×22일(월평균가동일수)} 상당을 얻을 수 있다고 봄이 상당함.

(마)생계비 : 수입의 1/3

(2)기간 및 계산(계산의 편의상 월 미만과 원 미만은 버림. 다음부터 같음)

①기간 : 2000.6.15.부터 2011.10.19.까지(11년 4개월 남짓)

계산 : 금 2,300,000원×2/3×107.5674(136개월에 대한 호프만수치)=금 164,936,679원

②기간 : 2011.10.20.부터 2016.10.17.까지(4년 11개월 남짓)

계산 : 금 1,115,026원×2/3×35.4888{143.0562(사고시부터 60세까지 196개월에 대한 호프만수치)-107.5674(사고시부터 정년까지 136개월에 대한 호프만수치)=35.4888}=금 26,380,623원

③합계 : ①+②=금 191,317,302원

나. 일실퇴직금

소외 망 박●●의 이 사건 사고로 인한 일실퇴직금 손해는 다음 (1)과 같은 사실을 기초로 하여 다음 (2)와 같은 월 5/12%의 비율로 계산한 중간이자를 공제하는 단리할인법(호프만식 계산법)에 따라 이 사건 사고 당시의 현가로 계산한 금 8,202,844원입니다.

(1)기초사실

(가)입사일 : 1990. 5. 25.

(나)정년에 따른 퇴직예정일 및 근속기간 : 정년인 2011. 10. 19.까지 21년 4개월 남짓

(다)이 사건 사고로 인한 퇴직일 및 근속기간 : 2000. 6. 15.까지 10년 남짓

(라)퇴직금의 근거와 산정방식 : 소외 ◎◎주식회사는 근로기준법의 규정에 따라 근속년수 1년에 1월분의 평균임금을 퇴직금으로 지급하고 있음.

(마)보수월액 : 금 2,300,000원(※원칙적으로는 퇴직 당시의 평균임금을 기초로 하여야 하나 편의상 보수월액으로 하였음)

(바)사고시까지의 계산상 퇴직금 : 월급여 금 2,300,000원 ×(10+22/365)년(1990.5. 25.부터 2000. 6. 15.까지)=금 23,138,630원

(2)계산

(가)정년퇴직시 예상퇴직금 : 금 2,300,000원×(21+148/365)= 금 49,232,602원

(나)정년퇴직시 예상퇴직금의 사고당시 현가

금 49,232,602원×0.6366(사고시부터 정년퇴직시까지 11년 5월에 대한 호프만수치, 1/{1+0.05×(11+5/12)}=금 31,341,474원

(다)사고시까지의 계산상 퇴직금공제 : 금 31,341,474원-금 23,138,630원=금 8,202,844원

라. 소외 망 박○○의 위자료

소외 망 박○○는 이 사건 사고로 사망하는 순간 견딜 수 없는 정신적 고통을 겪었을 것이므로 피고는 소외 망 박○○에게 위자료로 금 30,000,000원을 지급함이 상당하다 할 것입니다.

마. 상속관계

위와 같이 소외 망 박◉◉가 이 사건 사고로 입은 손해액은 합계 금 229,520,146원{금 191,317,302원(일실수입) + 금 8,202,844원(일실퇴직금)+금 30,000,000원(위자료)}인바, 이 손해배상채권은 위 망인의 처인 원고 김○○에게 금 98,365,776원(위 손해액×상속지분 3/7), 위 망인의 아들 원고 박①○, 망인의 딸 원고 박②○에게는 각 금

65,577,184원(위 손해액×상속지분 2/7)이 상속되었습니다.

바. 원고들의 위자료

원고들도 소외 망 박○○의 사망으로 인하여 크나큰 정신적 고통을 받았을 것임은 경험칙상 명백하므로 위 망인의 처인 원고 김◉◉에게 금 7,000,000원, 위 망인의 자녀인 원고 박①○, 원고 박②○에게 각 금 3,000,000원, 위 망인의 어머니인 원고 최○○에게 금 7,000,000원씩을 위자료로 지급함이 상당하다 할 것입니다.

사. 장례비 : 금 2,000,000원

　　　　　 지출자 : 원고 김○○

4. 결론

이와 같이 피고는 원고 김○○에게 금 107,365,776원(상속분 금 98,365,776원 + 위자료 금 7,000,000원 + 장례비 금 2,000,000원), 원고 박①○, 원고 박②○에게 각 금 68,577,184원(상속분 금 65,577,184원 + 위자료 금 3,000,000원), 원고 최○○에게 금 7,000,000원(위자료)씩을 지급할 책임이 있다 할 것인바, 원고들은 피고로부터 위 돈의 지급과 아울러 이에 대한 소외 망 박◉◉가 사망한 사고일인 2000. 6. 15.부터 이 사건 소장부본 송달일까지는 민법에서 정한 연 5%의, 그 다음날부터 다 갚는 날까지는 소송촉진등에관한특례법에서 정한 연 15%의 각 비율에 의한 지연손해금의 지급을 받고자 이 사건 청구에 이른 것입니다.

입 증 방 법

1. 갑 제1호증　　　　　　　　　　기본증명서
　 (단, 2007.12.31. 이전 사망한 경우 제적등본)
1. 갑 제2호증　　　　　　　　　　가족관계증명서
　 (또는, 상속관계를 확인할 수 있는 제적등본)
1. 갑 제3호증　　　　　　　　　　주민등록등본

1. 갑 제4호증   자동차등록원부
1. 갑 제5호증   교통사고사실확인원
1. 갑 제6호증   사망진단서
1. 갑 제7호증   근로소득원천징수영수증
1. 갑 제8호증의 1, 2   월간거래가격표지 및 내용
1. 갑 제9호증의 1, 2   한국인표준생명표 표지 및 내용

첨 부 서 류

1. 위 입증방법   각 1통
1. 법인등기사항증명서   1통
1. 소장부본   1통
1. 송달료납부서   1통

20○○.   ○.   ○.
위 원고 1. 김○○(서명 또는 날인)
        2. 박①○
        3. 박②○
        4. 최○○(서명 또는 날인)
원고 2, 3은 미성년자이므로
법정대리인 친권자 모 김○○(서명 또는 날인)

○○지방법원 귀중

소　　　장

원　고　1. 박○○ (주민등록번호)

　　　　2. 박◉◉ (주민등록번호)

　　　　3. 이◉◉ (주민등록번호)

　　　　4. 박◎◎ (주민등록번호)

　　　　　원고 1, 4는 미성년자이므로

　　　　　법정대리인 친권자 부 박◉◉

　　　　　　　　　　　　　　　모 이◉◉

　　　　　원고들의 주소:○○시 ○○구 ○○길 ○○ (우편번호)

　　　　　　전화.휴대폰번호:

　　　　　　팩스번호, 전자우편(e-mail)주소:

피　고　◇◇화재해상보험주식회사

　　　　○○시 ○○구 ○○로 ○○(우편번호)

　　　　대표이사 ◇◇◇

　　　　전화.휴대폰번호:

　　　　팩스번호, 전자우편(e-mail)주소:

손해배상(자)청구의 소

청 구 취 지

1. 피고는 원고 박○○에게 금 26,723,065원, 원고 박◉◉, 원고 이◉◉에게 각　　　금 2,000,000원, 원고 박◎◎에게 금 1,000,000원 및 각 이에 대하여 2000. 8. 29.부터 이 사건 소장부본 송달일까지는 연 5%의, 그 다음날부터 다 갚는 날까지는 연 15%의 각 비율에 의한 돈을 지급하라.
2. 소송비용은 피고의 부담으로 한다.

3. 위 제1항은 가집행 할 수 있다.
라는 판결을 구합니다.

청 구 원 인

1. 당사자의 지위
   원고 박○○는 이 사건 사고로 인하여 부상을 입고 장해가 발생한 사람인바, 원고 박●●, 원고 이●●는 원고 박○○의 부모이고, 원고 박◎◎는 원고 박○○의 동생이며, 피고 ◇◇화재해상보험주식회사는 이 사건 가해차량의 자동차종합보험이 가입된 보험회사입니다.
2. 손해배상책임의 발생
   가. 소외 정◆◆는 2000. 8. 29. 22:20경 그의 소유인 이 사건 사고차량인 서울 ○○고○○○○호 레간자 자가용승용차를 운전하여 서울 ○○구 ○○동 ○○교차로 방면에서 ○○방면으로 가변차선 편도 3차선 도로를 1차로를 따라 시속 약 40㎞로 진행 중 ○○시 ○○구 ○○길 ○○ 앞 노상에는 신호등 있는 횡단보도가 설치되어 있는 곳이므로 운전업무에 종사하는 사람으로서 신호에 따라 안전하게 진행함으로써 사고를 미연에 방지하여야 할 업무상 주의의무가 있음에도 불구하고 신호를 위반한 채 진행한 과실로 때마침 보행자신호에 따라 횡단보도를 건너는 원고 박○○를 충돌하여 그에게 우측대퇴골 경부골절, 경부 및 요부 염좌 등의 상해를 입혀 그 후유증으로 고관절 운동제한으로 노동능력상실이 예상되는 장해가 발생하도록 하였습니다.
   나. 그렇다면 위 사고차량의 소유자인 소외 정◆◆는 자동차손해배상보장법 제3조에서 규정한 자기를 위하여 자동차를 운행하는 자로서 이 사건 원고들이 입은 재산적, 정신적 손해를 배상할 책임이 있다 할 것인데, 위 가해 자동차는

피고회사의 자동차종합보험에 가입되어 있으므로 피고회사
는 상법 제726조의 2에 의하여 손해배상책임이 있다 할
것입니다.

3. 손해배상의 범위
   가. 원고 박○○의 일실수입
     (1) 산정요소
       (가) 성별 : 남자
       (나) 생년월일 : 1983. 3. 21.생
       (다) 사고당시 나이 : 만 17세 5개월 남짓
       (라) 기대여명 : 55.54년
       (마) 거주지 : 도시지역
       (바) 소득실태(도시일용노임) : 금 37,052원(2000년 하반
         기 시중노임단가)
       (사) 가동연한 : 만 60세가 되는 2043. 3. 20.까지 월
         22일씩 가동
       (아) 노동능력상실율 : 추후 신체감정결과에 의해 확정될
                           것이나 일응 12%로 예상됨.
       (자) 호프만 수치 : 222.0780(=273.1245 - 51.0465)
         273.1245{사고일부터 만 60세가 되는 2043. 3. 20.까
         지 510개월간 해당분. (월미만은 버림. 다음부터 같
         음)}
         51.0465(사고일부터 군복무 26개월을 마치는 2005.
         5. 21.까지 57개월간 해당분)
     (2)【계산】
       [(37,052원×22일×0.12)×(273.1254-51.0465=222.0780)]=
       21,723,065원 (월 미만 및 원 미만은 버림)
   나. 향후치료비
     향후 신체감정결과에 따라 청구하겠습니다.
   다. 위자료
     원고 박○○는 ○○고등학교 1학년에 재학 중인 학생으로

서 이 사건 사고로 인하여 정상적인 수업을 받지 못하였을 뿐만 아니고, 노동력상실이 예상되는 장해를 입었으므로 감수성이 예민한 시기에 그 정신적 고통이 극심하였을 뿐만 아니라, 앞서 기재한 가족관계에 있는 나머지 원고들도 크나큰 정신적 고통을 받았을 것임은 경험칙상 명백하므로 피고는 그 위자료로서 원고 박○○에게 금 5,000,000원, 부모인 원고 박◉◉, 원고 이◉◉에게 각 금 2,000,000원, 동생인 원고 박◎◎에게 금 1,000,000원을 지급함이 상당합니다.

4. 결 론

그렇다면 피고는 원고 박○○에게 금 26,723,065원(향후 신체감정결과에 따라 확장 하겠음), 원고 박◉◉, 원고 이◉◉에게 각 금 2,000,000원, 원고 박◎◎에게 금 1,000,000원 및 각 이에 대하여 이 사건 사고일인 2000. 8. 29.부터 이 사건 소장부본 송달일까지는 민법에서 정한 연 5%의, 그 다음날부터 다 갚을 때까지는 소송촉진등에관한특례법에서 정한 연 15%의 각 비율에 의한 지연손해금을 지급할 의무가 있으므로 그 지급을 구하기 위해 이 사건 소제기에 이르렀습니다.

입 증 방 법

1. 갑 제1호증　　　　　가족관계증명서
1. 갑 제2호증　　　　　교통사고사실확인원
1. 갑 제3호증　　　　　자동차등록원부
1. 갑 제4호증　　　　　진단서
1. 갑 제5호증　　　　　후유장해진단서
1. 갑 제6호증의 1, 2　한국인표준생명표 표지 및 내용
1. 갑 제7호증의 1, 2　월간거래가격표지 및 내용

첨 부 서 류

1. 위 입증방법   각 1통
1. 법인등기사항증명서   1통
1. 소장부본   1통
1. 송달료납부서   1통

20○○. ○. ○.

위 원고   1. 박○○
           2. 박◉◉ (서명 또는 날인)
           3. 이◉◉ (서명 또는 날인)
           4. 박◎◎

원고 1, 4는 미성년자이므로 법정대리인
친권자 부 박◉◉ (서명 또는 날인)
      모 이◉◉ (서명 또는 날인)

○○지방법원 귀중

소　　　장

원　　고　1. 박◉◉ (주민등록번호)
　　　　　2. 이◉◉ (주민등록번호)
　　　　　3. 박◎◎ (주민등록번호)
　　　　　　원고 박◎◎는 미성년자이므로
　　　　　　법정대리인 친권자 부 박◉◉
　　　　　　　　　　　　　　　모 이◉◉
　　　　　　원고들의 주소:○○시○○구○○길 ○○ (우편번호)
　　　　　　전화.휴대폰번호:
　　　　　　팩스번호, 전자우편(e-mail)주소:
피　　고　◇◇화재해상보험주식회사
　　　　　○○시 ○○구 ○○로 ○○(우편번호)
　　　　　대표이사 ◇◇◇
　　　　　전화.휴대폰번호:
　　　　　팩스번호, 전자우편(e-mail)주소:

손해배상(자)청구의 소

청　구　취　지

1. 피고는 원고 박◉◉에게 금 97,330,558원, 원고 이◉◉에게 금 72,330,558원, 원고 박◎◎에게 금 4,000,000원 및 각 이에 대하여 2000. 8. 22.부터 이 사건 소장부본 송달일까지는 연 5%의, 그 다음날부터 다 갚을 때까지는 연 15%의 각 비율에 의한 돈을 지급하라.
2. 소송비용은 피고의 부담으로 한다.
3. 위 제1항은 가집행 할 수 있다.

라는 판결을 구합니다.

청 구 원 인

1. 당사자들의 지위

   소외 망 박○○는 이 사건 사고로 사망한 사람인바, 원고 박
   ◉◉, 원고 이◉◉는 위 소외 망 박○○의 부모이고, 원고
   박◎◎는 소외 망 박○○의 오빠이고, 피고 ◇◇화재해상보
   험주식회사(다음부터 피고회사라고만 함)는 이 사건 가해차량
   의 자동차종합보험이 가입된 보험회사입니다.

2. 손해배상책임의 발생

   가. 소외 정◆◆는 2000. 8. 22. 16:20경 소외 ○○관광(주)
   소유인 충남 ○○바○○○○호 관광버스를 운전하고 ○
   ○ ○○군 ○○면 ○○길 ○○아파트부근 소외 황◆◆의
   집 앞길을 ○○방면에서 ○○아파트 방면으로 시속 약60
   km의 속도로 진행함에 있어서 그곳은 차선이 그려져 있
   지 않은 주택가 도로(국도나 지방도 아님)로 사람의 통행
   이 빈번하여 사고지점 50m 못 미쳐 과속방지 턱이 설치
   되어 있는 도로이고, 당시 피해자 소외 망 박○○(여, 4
   세)가 다른 아이의 3륜자전거를 뒤에서 밀면서 놀고 있
   는 것을 보았으므로 이러한 경우 운전업무에 종사하는
   사람은 속도를 줄이고 충분한 간격을 두고 피해가거나
   일단 정지하여 사고를 미연에 방지하여야 할 업무상 주
   의의무가 있음에도 불구하고 이를 게을리 한 채 그대로
   진행한 과실로 사고차량을 보고 도로 중앙에서 사고차량
   진행방향 좌측으로 급히 달려 피하는 피해자 소외 망 박
   ○○를 사고차량 앞 범퍼 좌측부분으로 들이받아 도로에
   넘어뜨린 후 계속 진행하여 좌측 앞바퀴로 피해자 소외
   망 박○○의 머리부위를 넘어가 피해자 소외 망 박○○
   로 하여금 두개골 파열에 의한 뇌출혈로 그 자리에서 사

망에 이르게 한 것입니다.

　나. 그렇다면 위 사고차량의 소유자인 소외 ○○관광(주)는 자동차손해배상보장법 제3조에서 규정한 자기를 위하여 자동차를 운행하는 자로서 이 사건 사고의 피해자인 소외 망 박○○ 및 소외 망 박○○의 유족인 원고들이 입은 재산적, 정신적 손해를 배상할 책임이 있다 할 것이고, 또한 위 가해자동차는 피고회사의 자동차종합보험에 가입되어 있으므로 상법 제726조의 2에 의하여 피고회사에 손해배상책임이 있다 할 것입니다.

3. 손해배상의 범위

　가. 기대수입 상실액

　　1) 소외 망 박○○는 1996. 1. 5.생 신체 건강한 여자로서 이 사건 사고당시 만 4년 7개월 남짓한 정도이고, 그 기대여명은 75.79년이므로 특단의 사정이 없는 한 79세까지는 생존이 가능하다 할 것입니다.

　　2) 소외 망 박○○는 미성년자로서 이 사건 사고가 아니었다면 성년이 되는 만 20세가 되는 2016. 1. 5.부터 위 기대여명 내 가동연한인 만 60세가 　되는 2056. 1. 4.까지 최소한 도시일용노동자로서 종사하여 도시일용노임상당의 수입을 얻었을 것임에도 불구하고 이 사건 사고로 인하여 매월 순차적으로 이를 상실하였다고 할 것인데, 이를 사고당시를 기준하여 일시에 청구하므로 호프만식 계산법에 따라 월 12분의 5%의 중간이자를 공제하고 이 사건 사고 당시의 현가로 산정하면 아래와 같이 금 98,661,117원이 됩니다.

【계산】

[(37,052원×22일×2/3)×(317.9187-136.3659=181.5528)]= 98,661,117원(월 미만 및 원 미만은 버림)

*성별 : 여자

*생년월일 : 1996. 1. 5.생

＊거주지역 : 도시지역

＊가동연한 : 만 60세가 되는 2056.1.4.까지 월 22일씩 가동

＊소득실태(도시일용노임) : 금 37,052원(2000년 하반기 시 중노임단가)

＊망인의 생계비공제 : 월수입의 1/3정도

＊호프만수치 : 181.5528(=317.9187 - 136.3659)

- 317.9187(사고일부터 만 60세가 되는 2056. 1. 4.까지 664개월간 해당분)

- 136.3659(사고일부터 만 20세가 되는 2016. 1. 4.까지 184개월간 해당분)

나. 소외 망 박○○의 위자료

　소외 망 박○○는 이 사건 사고로 사망하는 순간 견딜 수 없는 고통과 이제 4세의 어린 나이로 부모를 앞에 둔 채 여명을 다하지 못하고 한을 품은 채 운명하였을 것이므로 피고는 소외 망 박○○에게 금 30,000,000원을 위자료로 지급함이 상당하다 할 것입니다.

다. 상속관계

　소외 망 박○○의 재산적 손해 및 위자료를 합하면 금 128,661,117원(재산적 손해 금 98,661,117원 + 위자료 금 30,000,000원)인바, 소외 망 박○○의 부모인 원고 박◉◉ 원고 이◉◉에게 각 2분의 1씩 공동상속 되었다 할 것입니다.

라. 위자료

　원고들도 소외 망 박○○의 사망으로 인하여 크나큰 정신적 고통을 받았을 것임은 경험칙상 명백하므로 위 망인의 부모인 원고 박◉◉, 원고 이◉◉에게 각 금 8,000,000원, 위 망인의 오빠인 원고 박◎◎에게 금 4,000,000원씩을 위자료로 지급함이 상당하다 할 것입니다.

마. 장례비

　이 사건 사고를 당하여 원고 박◉◉는 소외 망 박○○의

장례를 위하여 장례비 및 장례를 위한 제반비용 등으로
금 2,500,000원을 지출하였으므로 피고는 원고 박◉◉에
게 이를 배상할 책임이 있다 할 것입니다.

4. 결　론
그렇다면 피고는 원고 박◉◉에게 금 97,330,558원(망인의
일실수익 및 위자료 상속분 금 64,330,558원 + 위자료 금
8,000,000원 + 장례비 금 2,500,000원), 원고 이◉◉에게
금 72,330,558원(망인의 일실수익 및 위자료 상속분 금
64,330,558원 + 위자료 금 8,000,000원), 원고 박◎◎에게
금 4,000,000원 및 각 이에 대하여 이 사건 불법행위일인
2000. 8. 22.부터 이 사건 소장부본 송달일까지는 민법에서
정한 연 5%의, 그 다음날부터 다 갚는 날까지는 소송촉진등
에관한특례법에서 정한 연 15%의 각 비율에 의한 지연손해
금을 지급할 의무가 있다 할 것이므로, 그 지급을 구하기 위
하여 이 사건 청구에 이른 것입니다.

입 증 방 법

1. 갑 제1호증　　　　　　　기본증명서
　　　(단, 2007.12.31. 이전 사망한 경우 제적등본)
1. 갑 제2호증　　　　　　　가족관계증명서
　　　(또는, 상속관계를 확인할 수 있는 제적등본)
1. 갑 제3호증　　　　　　　주민등록등본
1. 갑 제4호증　　　　　　　사망진단서
1. 갑 제5호증　　　　　　　사체검안서
1. 갑 제6호증　　　　　　　교통사고사실확인원
1. 갑 제7호증　　　　　　　자동차등록원부
1. 갑 제8호증의 1, 2　　한국인표준생명표 표지 및 내용
1. 갑 제9호증의 1, 2　　　월간거래가격표지 및 내용

첨 부 서 류

1. 위 입증방법　　　　　　　　각 1통
1. 법인등기사항증명서　　　　　1통
1. 소장부본　　　　　　　　　　1통
1. 송달료납부서　　　　　　　　1통

20○○.　○.　○.

위 원고 1. 박◉◉　(서명 또는 날인)

　　　　2. 이◉◉　(서명 또는 날인)

　　　　3. 박◎◎

원고 박◎◎는 미성년자이므로 법정대리인

　　친권자 부 박◉◉　(서명 또는 날인)

　　　　　모 이◉◉　(서명 또는 날인)

○○지방법원　귀중

[작성례 ④] 손해배상(산)청구의 소(추락사고, 사망)

소　　　장

원　　고　　1. 김○○(주민등록번호)

　　　　　　2. 이○○(주민등록번호)

　　　　　　3. 김◎◎(주민등록번호)

　　　　　　　원고3은 미성년자이므로

　　　　　　　법정대리인 친권자 부 김○○, 모 이○○

　　　　　　　원고들의 주소:○○시○○구○○길 ○○ (우편번호)

　　　　　　　전화.휴대폰번호:

　　　　　　　팩스번호, 전자우편(e-mail)주소:

피　　고　　◇◇건설(주)

　　　　　　○○시 ○○구 ○○길 ○○(우편번호)

　　　　　　대표이사 ◇◇◇

　　　　　　전화.휴대폰번호:

　　　　　　팩스번호, 전자우편(e-mail)주소:

손해배상(산)청구의 소

청 구 취 지

1. 피고는 원고 김○○에게 금○○○원, 원고 이○○에게 금○○
　○원, 원고 김◎◎에게 금○○○원 및 각 이에 대하여 20○
　○. ○○. ○○.부터 이 사건 소장부본 송달일까지는 연 5%
　의, 그 다음날부터 다 갚는 날까지는 연 15%의 각 비율에
　의한 돈을 지급하라.
2. 소송비용은 피고의 부담으로 한다.
3. 위 제1항은 가집행 할 수 있다.
라는 판결을 구합니다.

청 구 원 인

1. 당사자의 지위

   소외 망 김◉◉는 피고 ◇◇건설(주)(다음부터 피고회사라고 함)에 고용되어 작업을 하던 중 ○○소재 건설현장의 5층에서 추락하여 사망한 피해자 본인이고, 원고 김○○는 소외 망 김◉◉의 아버지, 원고 이○○는 소외 망 김◉◉의 어머니이며, 원고 김◎◎는 소외 망 김◉◉의 여동생이며, 피고 ◇◇건설(주)는 소외 망 김◉◉의 고용주로 건설업을 전문으로 하는 건설회사입니다.

2. 사건의 개요

   (1) 소외 망 김◉◉는 피고회사에 20○○. ○. ○. 고용되어 피고회사가 서울 ○○구 ○○길 ○○에서 시공중인 ○○ 아파트 건설현장에 투입되었습니다.

   (2) 소외 망 김◉◉는 위 아파트 공사에 투입되어 작업을 하던 중 20○○. ○○. ○○. 40kg의 시멘트를 어깨에 메고 아파트 외곽에 설치되어 있는 패널을 이용하여 만든 이동통로(다음부터 비계라 함)를 따라 4층에서 5층으로 이동하던 중 피고회사의 직원인 소외 이◆◆가 잘못 설치한 패널이 밑으로 빠지면서 약 15m 정도의 높이에서 추락하여 과다출혈 및 심장 파열로 인해 그 자리에서 사망하였습니다.

3. 손해배상의 책임

   (1) 피고회사는 건설업을 전문으로 하는 회사로서, 소속직원 및 다른 근로자들이 작업을 함에 있어 안전하게 할 수 있도록 사전에 필요한 조치를 취해 사고를 미연에 방지해야 할 업무상 주의의무가 있음에도 불구하고, 비계에 부착해 있는 패널을 수시로 점검하여 교체, 수리 등의 적절한 조치를 취하지 않은 채 작업을 시킨 과실로 인해

이 사건 피해자 소외 망 김◉◉로 하여금 위 공사장의 15m 높이에서 떨어져 사망하게 하였습니다.

(2) 따라서 이 사건 사고는 전적으로 피고회사의 감독소홀과 안전배려의무위반 및 공작물의 설치보존상의 하자 등으로 인해 발생된 것으로서, 피고회사는 공작물 등의 소유자, 점유자 및 소외 망 김◉◉의 사용자로서 이 사건 사고로 인하여 소외 망 김◉◉ 및 원고들이 입은 모든 손해를 배상할 책임이 있다 할 것입니다.

4. 손해배상의 범위
  (1) 일실수입

소외 망 김◉◉는 19○○. ○. ○○.생으로 이 건 사고로 사망한 20○○. ○○. ○○. 현재 만 33세 5개월 남짓한 신체 건강한 대한민국 남자로 기대여명은 40.33년이 되며, 만약 서울시내에 거주하고 있는 소외 망 김◉◉가 이 사건 사고로 사망하지 않았다면 사고일로부터 60세에 도달하는 날까지 향후 약○○개월간은 최소한 도시일용노동자로 종사하면서 매월 금 ○○○원(도시일용 보통인부 1일노임단가 금 ○○○원×22일)의 수입을 얻을 수 있으나 이 사건 사고로 사망하는 바람에 수입의 전부를 상실하게 되었습니다.

따라서 월 5/12%의 비율로 계산한 중간이자를 공제한 호프만식 계산법에 따른 소외 망 김◉◉의 일실수입을 계산하고 소외 망 김◉◉의 생활비를 그 소득에서 1/3을 공제해보면 이 사건 사고 당시의 현가금이 금 ○○○○원이 됩니다.

【계산】

금 ○○○원(도시일용보통인부 1일노임단가 금 ○○○원×22일)×202.2081(사고일부터 60세에 이르는 날까지 318개월에 해당하는 호프만계수)×2/3(생활비 1/3 공제)=금○○○원

(2) 소외 망 김◉◉의 위자료

소외 망 김◉◉는 평소 신체 건강한 미혼남자였는데 이 사건 사고로 부모를 남겨둔 채 불의에 사망하였으므로 상당한 정신적 고통을 받았을 것은 경험칙상 명백하고, 소외 망 김◉◉의 나이, 가족관계, 이 사건 사고경위 등을 고려할 때 피고회사는 소외 망 김◉◉에게 금 ○○○원을 위자료로 지급함이 마땅하다 할 것입니다.

(3) 상속관계

소외 망 김◉◉의 손해배상채권 금○○○원(일실수입: 금○○○원+위자료: 금○○○원)은 그의 상속인인 원고 김○○에게 1/2(금○○○원=소외 망 김◉◉의 손해배상채권 금○○○원×1/2), 이○○에게 1/2(금○○○원=소외 망 김◉◉의 손해배상채권 금○○○원×1/2)의 비율로 각 상속되었습니다.

(4) 원고들의 위자료

원고들도 소외 망 김◉◉의 사망으로 인하여 크나큰 정신적 고통을 받았을 것임은 경험칙상 명백하므로 피고회사는 소외 망 김◉◉의 부모인 원고 김○○, 원고 이○○에게 각 금 ○○○원, 소외 망 김◉◉의 여동생인 원고 김◎◎에게 금 ○○○원씩을 위자료로 지급함이 마땅하다 할 것입니다.

(5) 장례비

원고 김○○는 소외 망 김◉◉의 장례비로 금 ○○○원을 지출하였습니다.

5. 결론

따라서 피고회사는 원고 김○○에게 금 ○○○원(상속분 : 금 ○○○원+장례비 : 금 ○○○원+위자료 : 금 ○○○원), 원고 이○○에게 금 ○○○원(상속분 : 금 ○○○원+위자료 : 금 ○○○원), 원고 김◎◎에게 금○○○원 및 각 위 돈에 대하여 이 사건 사고 발생일인 20○○. ○○. ○○.부터 이 사건 소장부본 송달일까지는 민법에서 정한 연 5%의, 그 다음 날부터 다 갚는 날까지는 소송촉진등에관한특례법에서 정한 연 15%의 각 비율에 의한 지연손해금을 지급할 의무가 있다 할 것이므로, 원고들은 청구취지와 같은 판결을 구하고자 이 사건 청구에 이르게 되었습니다.

입 증 방 법

1. 갑 제1호증   기본증명서
          (단, 2007.12.31. 이전 사망한 경우 제적등본)
1. 갑 제2호증   가족관계증명서
          (또는, 상속관계를 확인할 수 있는 제적등본)
1. 갑 제3호증   주민등록등본
1. 갑 제4호증   사체검안서
1. 갑 제5호증   사망진단서
1. 갑 제6호증의 1, 2   한국인표준생명표 표지 및 내용
1. 갑 제7호증의 1, 2   월간거래가격표지 및 내용
1. 갑 제8호증의 1 내지 5   각 장례비 영수증

첨 부 서 류

1. 위 입증서류   각 1통
1. 법인등기사항증명서   1통
1. 소장부본   1통
1. 송달료납부서   1통

20○○.   ○.   ○.
위 원고 1. 김○○(서명 또는 날인)
            2. 이○○(서명 또는 날인)
            3. 김◎◎

원고 3은 미성년자이므로

법정대리인 친권자 부 김○○(서명 또는 날인)

모 이○○(서명 또는 날인)

○○지방법원 ○○지원 귀중

소   장

원   고   ○○○ (주민등록번호)
            ○○시 ○○구 ○○길 ○○(우편번호)
            전화.휴대폰번호:
            팩스번호, 전자우편(e-mail)주소:
피   고   ◇◇전자산업주식회사
            ○○시 ○○구 ○○길 ○○(우편번호)
            대표이사 ◇◇◇
            전화.휴대폰번호:
            팩스번호, 전자우편(e-mail)주소:

손해배상(산)청구의 소

청 구 취 지

1. 피고는 원고에게 금 21,529,740원 및 이에 대하여 2000. 7.
   7.부터 이 사건 소장부본 송달일까지는 연 5%의, 그 다음날
   부터 다 갚는 날까지는 연 15%의 각 비율에 의한 돈을 지급
   하라.
2. 소송비용은 피고의 부담으로 한다.
3. 위 제1항은 가집행 할 수 있다.
라는 판결을 구합니다.

청 구 원 인

1. 당사자들의 신분관계

원고는 이 사건 산재사고의 피해자 본인이고, 피고 ◇◇전자산업주식회사(다음부터 피고회사라고만 함)는 전자제품 및 목상제조판매업 등을 목적으로 하는 회사입니다.

2. 손해배상책임의 발생

가. 원고는 피고회사의 기계부 사원으로 근무하던 중 2000. 7. 7. 18:45경 동료 사원인 소외 ◆◆◆와 짝을 이루어 목재절단기(G/M-2400 N/C)로 판재절단작업을 하고 있었습니다. 원고는 작업도중 목재가루, 먼지 등을 흡입하는 집진기의 흡인력이 약하다는 소리를 전해듣고 1회 작업이 끝난 후 소외 ◆◆◆에게 집진기를 점검하겠으니 목재절단기의 재작동을 잠시 중단하자고 요청하였습니다. 원고가 집진기의 흡인력을 확인하고 있던 중 소외 ◆◆◆는 작업장의 소음 및 목재절단기가 일으킨 먼지 등으로 인한 시야장애로 원고가 집진기의 점검을 마친 것으로 오인하여 목재절단기를 가동시켰으며, 그 순간 절단기의 기계 회전톱에 원고의 오른쪽 손이 빨려 들어가는 사고가 발생하였습니다. 이로 인해 원고는 오른쪽 제2, 3수지 절단 및 제4수지 연조직 결손의 상해를 입었습니다.

나. 피고회사의 공장은 위험한 기계를 다루는 곳으로 항상 안전사고의 위험이 상존하고 있습니다. 따라서 피고회사는 평소 직원들에게 안전의식을 주지시켜야하고 절단기, 소음방지시설 등의 기계 및 작업환경에 대한 사전점검을 하여야 할 뿐만 아니라 작업 중 그 감시감독을 철저히 하여야 할 것이나 그와 같은 안전교육, 안전점검, 감시감독을 제대로 다 하지 못한 잘못이 있습니다. 그렇다면 피고회사는 위 작업현장의 안전관리 등의 총책임자이자 원고 및 소외 ◆◆◆의 사용자로서 민법 제750조, 제756조에 의해 작업도중 소외 ◆◆◆가 원고에게 입힌 모든 손해를 배상할 책임이 있습니다.

3. 손해배상의 범위
 가. 일실수입
  (1) 원고는 1968. 10. 29.생으로 사고 당시인 2000. 7. 7. 현
      재 31세 8개월 남짓 된 신체 건강하였던 남자로서 그
      나이에 이른 한국인 남자의 기대여명은 42.21년으로 특
      단의 사정이 없는 한 73세까지는 생존하리라 추정됩니
      다.
  (2) 원고는 1999. 10. 1. 피고회사에 입사하여 사고 당시 월
      평균 금 1,360,620원의 소득을 얻고 있었습니다. 원고는
      이 사건 사고로 인하여 장해를 입어 상당한 비율의 노
      동능력을 상실하게 되었는바, 요양기간이 끝난 다음날인
      2001. 2. 6.부터 60세가 달할 때까지 그 상실비율에 따
      른 월수입을 잃게 되었습니다. 그 상실액에 대해서는 원
      고에 대한 신체감정결과에 따라 추후 정확한 금액을 청
      구하기로 하고, 우선 금 25,000,000원을 청구합니다.
 나. 위자료
    원고는 성실하게 사회생활을 영위하여 오는 것은 물론 가족
    들과 단란한 생활을 영위하여 오다가 이 사건 사고로 상해
    를 입고 불구의 몸이 됨으로써 현재 및 장래에 형언할 수
    없는 실의와 비탄에 잠겨 있는바, 경험칙상 인정되는 원고
    의 고통을 위자하려면 최소한 금 10,000,000원은 지급되어
    야 할 것입니다.
 다. 손익상계
    원고는 이 사건 산재사고로 인한 장해급여로 금 13,470,260
    원을 수령하였으며 이에 대해서는 청구금액에서 공제하겠
    습니다.
4. 결 론
  그렇다면 피고는 원고에게 금 21,529,740원(일실수입 금
  25,000,000원+ 위자료 금 10,000,000원 - 손익상계 금
  13,470,260원) 및 이에 대하여 사고 발생일인 2000. 7. 7.부

터 이 사건 소장부본 송달일까지는 민법에서 정한 연 5%의, 그 다음날부터 다 갚는 날까지는 소송촉진등에관한특례법에서 정한 연 15%의 각 비율에 의한 지연손해금을 지급할 의무가 있다고 할 것입니다.

입 증 방 법

1. 갑 제1호증   기본증명서
1. 갑 제2호증   사고경위서
1. 갑 제3호증   장해진단서
1. 갑 제4호증   근로소득원천징수영수증
1. 갑 제5호증   보험급여지급확인원
1. 갑 제6호증의 1, 2   한국인표준생명표 표지 및 내용

첨 부 서 류

1. 위 입증방법   각 1통
1. 법인등기사항증명서   1통
1. 소장부본   1통
1. 송달료납부서   1통

20○○. ○. ○.

위 원고   ○○○ (서명 또는 날인)

○○지방법원 ○○지원 귀중

[작성례 ⑥] 손해배상(산)청구의 소(안전시설 미비, 공동불법행위)

소   장

원   고   1. 박○○(주민등록번호)
          2. 서○○(주민등록번호)
          3. 박①○(주민등록번호)
          4. 박②○(주민등록번호)
          원고3, 4는 미성년자이므로
          법정대리인 친권자 부 박○○, 모 서○○
          원고들의 주소:○○시○○구○○길○○ (우편번호)
          전화.휴대폰번호:
          팩스번호, 전자우편(e-mail)주소:
피   고   1. 주식회사◇◇주택
          ○○시 ○○구 ○○길 ○○(우편번호)
          대표이사 ◇◇◇
          전화.휴대폰번호:
          팩스번호, 전자우편(e-mail)주소:
          2. 주식회사◆◆기업
          ○○시 ○○구 ○○길 ○○(우편번호)
          대표이사 ◆◆◆
          전화.휴대폰번호:
          팩스번호, 전자우편(e-mail)주소:

손해배상(산)청구의 소

청 구 취 지

1. 피고들은 각자 원고 박○○에게 금 28,000,000원, 원고 서○
   ○에게 금 3,000,000원, 원고 박①○, 원고 박②○에게 각

금 1,000,000원 및 각 이에 대한 2001. 2. 15.부터 이 사건 소장부본 송달일까지는 연 5%의, 그 다음날부터 다 갚는 날까지는 연 15%의 각 비율에 의한 돈을 지급하라.

2. 소송비용은 피고들의 부담으로 한다.

3. 위 제1항은 가집행 할 수 있다.

라는 판결을 구합니다.

청 구 원 인

1. 당사자들의 지위

   원고 박○○는 이 사건 사고를 당한 피해자 본인이고, 원고 서○○는 원고 박○○의 처, 원고 박①○, 원고 박②○는 원고 박○○의 자녀들이며, 피고들은 이 사건 사고를 발생시킨 불법행위자들입니다.

2. 손해배상책임의 발생

   피고 주식회사◇◇주택(다음부터 피고 ◇◇주택이라고만 함)은 ○○시 ○○구 ○○길 ○○에서 신축중인 ○○○○타운 아파트의 건축주이고, 피고 주식회사◆◆기업(다음부터 피고 ◆◆기업이라고만 함)은 피고 ◇◇주택으로부터 위 아파트 공사 중 철근 골조공사 등을 도급 받은 회사인바, 원고 박○○는 1993년경부터 각종 공사장에서 형틀목공으로 일해오다 1998. 11.경부터는 피고 ◆◆기업에 고용되어 일해 왔습니다.

   원고 박○○는 2001. 2. 15. 위 아파트의 지하주차장 옹벽을 설치하기 위하여 유리폼(옹벽을 설치하기 위하여 옹벽 양쪽에 미리 설치하는 조립식 합판)과 유리폼 사이를 고정시키는 후크(조립식 유러폼에 U자 모양의 후크를 부착하고 비계파이프를 위 후크에 고정하여 유러폼과 유러폼을 고정시키게 하는 것)를 피고 ◇◇주택 현장사무실에서 지하 옹벽공사현장으로 옮기어 지하 옹벽공사장에 적재하던 중 위 후크를 싼 포대 밖으로 돌출한 후크 고리에 원고 박○○의 손장갑이 걸려서 원고는 3-4m 높이의 위 공사현장에 추락함으로서 약 1개월간의 치료를 요하는 양측성 족부 종골골절 등의 상처를 입었습니다.

그런데 이러한 위험한 지하 옹벽공사에 인부를 투입하는 피고들로서는 지하 웅덩이에 작업인부들의 안전을 고려하여 안전망을 설치하고 지하 웅덩이 주변을 드나드는 통로를 정비하여 공사진행에 차질이 없도록 하여야 함에도 불구하고 원고 박○○가 노면이 고르지 않고 협소한 이 사건 공사통로 위에서 후크를 던지다 떨어져 이 사건 사고를 당하게 하였고, 더군다나 이 ◇◇주택은 후크를 부대속에 넣을 경우 돌출부분이 없도록 하여야 함에도 부대 밖으로 후크의 고리가 돌출 되게 함으로써 원고가 추락하는 직접적인 원인을 제공하였다 할 것입니다.

따라서 피고들은 민법 제750조 규정에 의하여 이 사건 사고로 인하여 원고 박○○ 및 나머지 원고들이 입은 모든 손해를 배상할 책임이 있다 할 것입니다.

3. 손해배상책임의 범위

가. 원고 박○○의 일실수입

원고 박○○은 1961. 1. 5.생으로 사고 당시 40세 1월 남짓한 신체 건강한 남자로서 한국인의 표준생명표에 의하면 그 나이 되는 한국남자의 평균여명이 33.87년 가량이므로 73세까지는 생존할 수 있다 할 것이므로, 원고 박○○는 이 사건 사고를 당하지 아니하였다면 그 잔존여명 이내인 60세가 될 때까지인 2021. 1. 4.까지 238개월(월미만은 버림)동안 각종 건설현장에서 형틀목수로서 종사하여 매월 금 1,428,746원{64,943원(2001년 상반기 적용 형틀목공 시중노임단가)×22일}의 수입을 얻을 수 있을 것이나, 이 사건 사고로 인하여 노동능력을 상실하여 그에 상당한 수입손실을 입게 되었는 바, 이는 차후에 신체감정결과에 따라 그 손해액을 확정하기로 하고 우선 금 23,000,000원만 기대수입 상실금으로 청구합니다.
나. 위자료

원고 박○○는 이 사건 사고를 당하여 장기간 치료를 받았고, 치료종결 이후에도 중대한 장해가 남게 됨으로써 원고 박○○는 물론 위에서 본 바와 같은 신분관계에 있는 나머지 원고들이 심한 정신적 고통을 받았을 것입니다.

따라서 원고들의 신분관계, 연령, 생활환경 및 이 사건 사고의 발생경위와 치료종결 이후의 후유장해의 정도 등 여러 사정을 참작한다면 피고들은 위자료로서 원고 박○○에게 금 5,000,000원 원고 서○○에게 금 3,000,000원 원고 박①○, 원고 박②○에게 각 금 1,000,000원씩을 지급함이 상당하다 하겠습니다.

4. 결론

그렇다면 피고들은 각자 원고 박○○에게 금 28,000,000원 원고 서○○에게 금 3,000,000원 원고 박①○, 원고 박②○에게 각 금 1,000,000원 및 각 이에 대한 이 사건 사고일인 2001. 2. 15.부터 이 사건 소장부본 송달일까지는 민법에서 정한 연 5%의, 그 다음날부터 다 갚는 날까지는 소송촉진등에관한특례법에서 정한 연 15%의 각 비율에 의한 지연손해금을 지급할 의무가 있는바, 원고들은 그 지급을 구하기 위하여 이 사건 청구에 이른 것입니다.

입 증 방 법

1. 갑 제1호증   가족관계증명서
1. 갑 제2호증의 1, 2   각 진단서
1. 갑 제3호증의 1, 2   한국인표준생명표 표지 및 내용
1. 갑 제4호증의 1, 2   월간거래가격 표지 및 내용

첨 부 서 류

1. 위 입증서류   각 1통

```
1. 법인등기사항증명서              2통
1. 소장부본                       2통
1. 송달료납부서                   1통


              20○○.   ○.   ○.
          위 원고   1. 박○○(서명 또는 날인)
                   2. 서○○(서명 또는 날인)
                   3. 박①○
                   4. 박②○
              원고 3, 4는 미성년자이므로
          법정대리인 친권자 부 박○○(서명 또는 날인)
                       모 서○○(서명 또는 날인)


○○지방법원  귀중
```

소　　장

원　　고　1. 김○○ (주민등록번호)
　　　　　2. 이○○ (주민등록번호)
　　　　　위 원고들 주소: ○○시○○구○○길○○(우편번호)
　　　　　전화.휴대폰번호:
　　　　　팩스번호, 전자우편(e-mail)주소:
피　　고　◇◇◇ (주민등록번호)
　　　　　○○시 ○○구 ○○길 ○○(우편번호)
　　　　　전화.휴대폰번호:
　　　　　팩스번호, 전자우편(e-mail)주소:

손해배상(의)청구의 소

청 구 취 지

1. 피고는 원고 김○○에게 금 ○○○원, 원고 이○○에게 금 ○
　○○원 및 각 이에 대하여 20○○. ○○. ○○.부터 이 사건
　소장부본 송달일까지는 연 5%의, 그 다음날부터 다 갚는 날
　까지는 연 15%의 각 비율에 의한 돈을 지급하라.
2. 소송비용은 피고의 부담으로 한다.
3. 위 제1항은 가집행 할 수 있다.
라는 판결을 구합니다.

청 구 원 인

1. 당사자 관계
　원고들은 이 사건 의료사고로 출산 중에 사망한 태아의 친부모

들이며, 피고는 이 사건 출산을 주도한 산부인과 의사입니다.

2. 사건의 진행과정

(1) 원고 이○○는 출산을 하기 위하여 20○○. ○○. ○○. 피고가 운영하고 있는 서울시 ○○구 ○○길 ○○○ 소재 ○○ 산부인과에 입원을 하였고, 입원 후 얼마 되지 않아 양수가 터져 급히 출산을 하고자 분만실로 갔습니다.

(2) 분만실에 이르러 태아의 건강상태를 확인해보니 아무런 이상이 없음이 확인되었고 또한 분만과정을 통하여도 아무런 이상이 없었는데, 태아가 거꾸로 나오는 바람에 분만에 상당한 어려움이 발생하였습니다. 결국 분만의 고통을 견디지 못한 원고 이○○는 제왕절개수술을 해달라며 애원을 하였으나 당시 분만을 주도하던 피고는 자신의 경험상 조금만 참으면 될 것 같다며 원고 이○○의 애원을 뿌리치고는 무리하게 자연분만을 강행하였습니다.

(3) 그러나 태아가 나오지 못한 채 많은 시간이 흘러 산모인 원고 이○○가 실신하기에 이르자 그때서야 위험을 느낀 피고는 제왕절개수술을 준비하였으나 결국 태아는 나오지도 못한 채 분만진행정착에 빠져 결국 저산소증에 의한 뇌손상으로 사망을 하였습니다.

3. 손해배상의 책임

(1) 피고는 산부인과 전문의로 분만전후를 통하여 분만의 상황에 따른 적절한 분만방법을 택하여 제때에 필요한 조치를 취해야 할 의무가 있음에도 불구 하고, 이를 게을리 한 과실로 인해 분만 전 검사결과 아무런 이상이 없었고 또한, 분만 중 전자태아심음측정기 등 태아감시장치를 통하여 아무런 이상 이 없었던 태아를 사망하게 하였습니다.

(2) 따라서 피고는 의료법 및 민법상 불법행위자로서 원고들 및 사망한 태아가 입은 모든 피해 를 배상하여야 할 의

무가 있다 할 것입니다.

4. 손해배상의 범위

   (1) 위자료

       원고 이○○ 및 사망한 태아는 이 사건 분만사고 전에는 모두 건강한 상태였는데, 이 사건 사고로 태아가 출생하기 전에 사망하는 바람에 원고들이 정신적 고통을 당한 것은 경험칙상 명백하므로, 피고는 원고 김○○에게 금 ○○○원, 원고 이○○에게 금 ○○○원을 각 지급하여 원고들의 정신적인 고통을 금전으로나마 위자하여야 마땅하다 할 것입니다.

       (참고로, 위자료산정에 있어 우리나라 대법원은 태아의 권리능력에 대해 전부노출설 및 정지조건부주의를 취하고 있어 사산한 태아의 경우 권리능 력이 없는 관계로 위자료만 인정하고 있음. 따라서 태아가 살아서 출생하 느냐의 여부에 따라 태아의 손해배상범위에 차이가 많음. 그런데 사산시 태아는 권리능력이 없어 손해배상금이 적어지므로 이를 고려하여 사산시 위자료는 만일 태아가 출생 후 사망하였을 경우의 일실수입을 계산하여 이를 위자료의 청구금액으로 산정하는 것이 좋을 듯함)

   (2) 분만비 및 치료비

       원고 이○○는 이 사건 분만비 및 치료비로 금 ○○○원을 지출하였습니다.

5. 결론

   따라서 피고는 원고 김○○에게 금 ○○○원(위자료), 원고 이○○에게 금 ○○○원(위자료: 금 ○○○원 + 분만비 및 치료비: 금 ○○○원) 및 각 이에 대하여 이 사건 사고일인 20○○. ○○. ○○.부터 이 사건 소장부본 송달일까지는 민법에서 정한 연 5%의, 그 다음날부터 다 갚는 날까지는 소송촉진등에관한특례법에서 정한 연 15%의 각 비율에 의한 지연손해금

을 지급할 의무가 있다 할 것이므로, 원고들은 부득이 청구취지
와 같은 돈을 각 청구하고자 이 사건 청구에 이르게 되었습니
다.

입 증 방 법

1. 갑 제1호증   가족관계증명서
1. 갑 제2호증   ○○산부인과 접수증
1. 갑 제3호증   사망진단서
1. 갑 제4호증   태아수첩
1. 갑 제5호증   영수증
1. 갑 제6호증의 1, 2   한국인표준생명표 표지 및 내용
1. 갑 제7호증의 1, 2   월간거래가격표지 및 내용

첨 부 서 류

1. 위 입증방법   각 1통
1. 소장부본   1통
1. 송달료납부서   1통

20○○.   ○.   ○.
위 원고   1. 김○○ (서명 또는 날인)
          2. 이○○ (서명 또는 날인)

○○지방법원 ○○지원 귀중

소 장

원   고   1. ○○○ (주민등록번호)
        2. ○①○ (주민등록번호)
        3. ○②○ (주민등록번호)
        위 원고들 주소: ○○시○○구○○길○○(우편번호)
        위 원고2, 3은 미성년자이므로
        법정대리인 친권자 부 ○○○
            전화.휴대폰번호:
            팩스번호, 전자우편(e-mail)주소:

피   고   1. ◇◇◇ (주민등록번호)
        ○○시 ○○구 ○○길 ○○(우편번호)
        전화.휴대폰번호:
        팩스번호, 전자우편(e-mail)주소:
        2. ◆◆◆ (주민등록번호)
        ○○시 ○○구 ○○길 ○○(우편번호)
        전화.휴대폰번호:
        팩스번호, 전자우편(e-mail)주소:

손해배상(의)청구의 소

청 구 취 지

1. 피고들은 각자 원고 ○○○에게 금 ○○○원, 원고 ○①○,
   원고 ○②○에게 각 금 ○○○원 및 각 이에 대하여 20○○.
   ○. ○.부터 이 사건 소장부본 송달일까지는 연 5%의, 그 다
   음날부터 다 갚는 날까지는 연 15%의 각 비율에 의한 돈을

지급하라.
2. 소송비용은 피고들의 부담으로 한다.
3. 위 제1항은 가집행 할 수 있다.
라는 판결을 구합니다.

청 구 원 인

1. 당사자들 관계
 가. 원고
    원고 ○○○는 이 사건 사고로 사망한 소외 망 ◉◉◉의
    남편이고, 원고 ○①○, 원고 ○②○는 소외 망 ◉◉◉의
    자식들입니다.
 나. 피고들
    피고 ◇◇◇는 ○○시 ○○구 ○○길 123의 45에서 ◇◇◇의
    원이라는 상호를 개설하여 외과 등을 영리목적으로 경영하
    는 외과전문의사로서 피고 ◈◈◈의 사용자이고, 피고 ◈
    ◈◈는 위 ◇◇◇의원에서 피고 ◇◇◇에게 고용되어 근무
    한 의사입니다.
2. 손해배상책임의 발생
 가. 사건의 경위
    피고들은 20○○. ○. ○. 15:00경 ○○시 ○○구 ○○길
    123의 45 소재 ◇◇◇의원에서 소외 망 ◉◉◉의 폐렴에
    대한 치료를 하였던 바, 이러한 경우 피고들로서는 문진,
    사진, 촉진 등의 방법과 아울러 위 망인의 체온 및 혈압측
    정, 혈액검사 등의 방법을 통하여 소외 망 ◉◉◉의 정확한
    병인을 파악하고 이에 대하여 적절한 치료약을 투약하여 약
    물쇼크사고를 피해야 할 업무상 주의의무가 있음에도 불구
    하고 소외 망 ◉◉◉가 오한, 구토, 메스꺼움, 두통 등을 호
    소하자 단순히 위염 및 신경증 증세로 오진한 채 폐렴환자
    에게는 호흡억제 부작용이 있어 절대로 사용해서는 아니 되

는 마약 계통의 진통제인 펜타조신 30㎎을 주사한 과실로 소외 망 ◉◉◉으로 하여금 같은 날 20:15경 펜타조신 약물쇼크에 의한 호흡부전, 심부전 등의 증세로 사망케 한 것입니다.

나. 피고들의 책임

　　피고 ◇◇◇는 소외 망 ◉◉◉에 대한 검사를 제대로 하지 않고 단순한 위염증세로 오진하였고, 피고 ◈◈◈는 소외 망 ◉◉◉가 재차 같은 증세를 호소하며 다시 위 ◇◇◇의원을 찾아오자 아무런 의심 없이 피고 ◇◇◇가 오진한 위염에 대한 진통을 목적으로 타조신을 주사한 잘못이 있습니다. 피고들은 소외 망 ◉◉◉와 체결한 진료계약에 따라 성실하게 진료하고 진상에 알맞은 처방을 하였어야 함에도 불구하고, 위 진료계약에 따른 의무를 다하지 않은 잘못이 있습니다. 또한, 피고들은 소외 망 ◉◉◉에 대하여 오진 및 잘못된 처방을 한 불법행위책임을 져야 할 것입니다. 피고 ◇◇◇는 피고 ◈◈◈의 과실로 인하여 이 사건 사고가 발생함에 대한 사용자책임도 져야 할 것입니다. 피고들은 소외 망 ◉◉◉에 대한 진찰결과 및 그에 따른 처방방법을 자세히 설명하고, 그 약효는 물론 부작용 등에 대하여 설명하여 소외 망 ◉◉◉의 자기결정권에 기한 승낙을 받은 후 투약하였어야 함에도 불구하고 이를 게을리 하였으므로 설명의무위반에 대한 책임이 있습니다.

3. 손해배상의 범위

가. 연령, 성별, 기대여명

　　이 사건 사고로 사망한 소외 망 ◉◉◉는 19○○. ○. ○. 생으로 이 사건 사고 당시인 20○○. ○. ○. 현재 32년 6개월된 신체 건강한 여자로서 그 또래 우리나라 여자의 평균기대여명은 앞으로 48.38년으로 특별한 사정이 없는 한 80세까지는 생존이 가능하다 할 것입니다.

나. 직업 및 수입관계

소외 망 ◉◉◉는 원고 ○○○와 결혼하여 자녀 2명을 돌보며 생활하는 가정주부로서 그에 대한 수익사실의 입증이 곤란하므로 최소한 대한건설협회에서 조사한 20○○년도 상반기 적용 건설업임금실태조사보고서상의 도시 보통인부의 1일 노임은 금 ○○○원이고, 통상 월 22일간은 가동할 수가 있다 함은 경험칙상 명백하다 할 것이므로 월평균 금 ○○○원{금 ○○○원(도시일용 보통인부 1일노임단가)×22일}의 수익이 예상되나 소외 망 ◉◉◉가 사망하였으므로 망인의 생계비로 1/3을 공제하면 매월 금 ○○○원(월평균 금 ○○○원×2/3, 원미만 버림)의 수익이 예상됩니다.

다. 가동연한 및 일실수익 손해금

소외 망 ◉◉◉는 이 사건 사고로 사망하지 않았더라면 통상 가동연한이 60세가 다할 때까지 27년 6개월, 즉 월로 환산하면 330개월 동안은 위 월평균 수익금 이상을 올릴 수가 있다 할 것이나, 이 사건 사고로 사망하여 위 월평균 수익금을 월차적으로 상실하게 되었는바, 이를 기초로 하여 월 5/12%의 법정중간이자를 공제하는 호프만식 계산법에 따라 사고당시를 기준으로 일시에 그 현가를 산출하면 금 ○○○원{금 ○○○원(월평균수입)×207.3101(330개월에 대한 호프만수치), 원미만 버림}이 됩니다.

4. 장례비

소외 망 ◉◉◉의 사망으로 인한 장례비(영안실비, 장의차량비, 기타 비용 포함)로 금 3,000,000원이 소요되어 망인의 남편인 원고 ○○○가 지불하였으므로 이를 장례비로 청구합니다.

5. 위자료

이 사건 사고로 사망한 소외 망 ◉◉◉는 원고 ○○○와 결혼하여 딸인 원고 ○①○, 원고 ○②○를 낳아 행복하게 살아오다 이 사건 폐렴치료시 피고들의 잘못으로 비참하게 사망하고 말았으니 그 죽음에 이르기까지의 고충과 비애는 두말할 나위가 없었을 것이고, 이러한 광경을 지켜 본 남편과 자녀들 역시 그 슬픔과 괴로움은 이 세상 다하도록 잊을 날이 없다 할 것이 분명하므로 피고들은 이들을 금전으로나마 위자한다면 소외 망 ◉◉◉에게 금 ○○○원, 원고 ○○○에게 금 ○○○원, 원고 ○①○, 원고 ○②○에게 각 금 ○○○원의 위자료를 각자 지급함이 상당하다 할 것입니다.

6. 상속관계

소외 망 ◉◉◉의 손해배상채권 금 ○○○원{금 ○○○원(일실수입)＋금 ○○○원(위자료)}은 그의 상속인인 원고 ○○○에게 3/7(금 ○○○원=소외 망 ◉◉◉의 손해배상채권 금 ○○○원×3/7), 원고 ○①○, 원고 ○②○에게 각 2/7(금 ○○○원=소외 망 ◉◉◉의 손해배상채권 금 ○○○원×2/7)의 비율로 각 상속되었습니다.

7. 결론

따라서 피고들은 각자 원고 ○○○에게 금 ○○○원{금 ○○○원(장례비)＋금 ○○○원(위자료)＋금 ○○○원(상속채권)}, 원고 ○①○, 원고 ○②○에게 각 금 ○○○원{금 ○○○원(위자료)＋금 ○○○원(상속채권)} 및 각 이에 대하여 이 사건 사고일인 20○○. ○○. ○○.부터 이 사건 소장부본 송달일까지는 민법에서 정한 연 5%의, 그 다음날부터 다 갚는 날까지는 소송촉진특례법에서 정한 연 20%의 각 비율에 의한 지연손해금을 지급할 의무가 있다 할 것이므로, 원고들은 부득이 청구취지와 같은 돈을 각 청구하고자 이 사건 청구에 이르게 되었습니다.

입 증 방 법

1. 갑 제1호증   기본증명서
   (단, 2007.12.31.이전에 사망한 경우 제적등본)
1. 갑 제2호증   가족관계증명서

1. 갑 제3호증	주민등록등본
1. 갑 제4호증	사망진단서
1. 갑 제5호증의 1, 2	한국인의표준생명표지 및 내용
1. 갑 제6호증의 1, 2	월간거래가격표지 및 내용

첨 부 서 류

1. 위 입증서류	각 1통
1. 소장부본	2통
1. 송달료납부서	1통

20○○.　○.　○.

위 원고　1. ○○○　(서명 또는 날인)

2. ○①○

3. ○②○

원고2, 3은 미성년자이므로

법정대리인 친권자 부 ○○○(서명 또는 날인)

○○지방법원　귀중

2-4. 부당이득반환 청구의 소

[작성례 ①] 부당이득반환 청구의 소(착오송금으로 인한)

소　　　　　장

원　　고　　○○○ (주민등록번호)
　　　　　　○○시 ○○구 ○○길 ○○(우편번호)
　　　　　　전화.휴대폰번호:
　　　　　　팩스번호, 전자우편(e-mail)주소:
피　　고　　◇◇◇
　　　　　　주소불명

부당이득반환 청구의 소

청 구 취 지

1. 피고는 원고에게 500,000원 및 이에 대한 이 사건 소장 부본 송달 다음날부터 다 갚는 날까지 연 15%로 계산한 돈을 지급 하라.
2. 소송비용은 피고가 부담한다.
3. 위 제1항은 가집행 할 수 있다.
라는 판결을 구합니다.

청 구 원 인

1. 사건내역
　원고는 2014. 3. 8경 소외 최○○ 명의의 계좌(제일은행 123-456-789)로 500,000원을 송금시키려 하였으나 착오로 피고 명의의 계좌(제일은행 122-456-789)로 잘못 송금하게 되었습니다.

현재 피고와 연락이 되지 않고 있습니다.

2. 피고의 부당이득

피고는 원고의 착오로 인해 법률상 원인 없이 청구금액 상당의 이득을 취했으며 이로 인해 원고는 손해를 보았으므로 부당이득의 반환의무가 있습니다.

3. 사실조회 신청

원고는 피고의 성명과 전화번호 외 송달가능한 주소 등 인적사항을 알지 못합니다. 이에 소송유지 및 향후 강제집행 등을 위해 피고인적사항에 대한 사실조회를 동시에 신청하는 바입니다.

4. 결 어

따라서 피고는 원고에게 500,000원 및 이에 대하여 본 사건 소장 부본 송달된 다음날부터 모두 지급할 때 까지 소송촉진등에관한특례법상 연 15%의 비율로 계산한 돈을 지급할 의무가 있습니다.

입 증 방 법

1. 갑 제1호증   송금영수증 사본   1통.

첨 부 서 류

1. 위 입증방법   1통.
1. 소장 부본   1통.
1. 사실조회 신청서   1통.
1. 송달료 납부 영수증   1통.

○○지방법원 귀중

[작성례 ②] 부당이득반환청구의 소
       (사유지를 무단으로 도로로 사용한 경우)

소　　장

원　　고　　○○○ (주민등록번호)
　　　　　　○○시 ○○구 ○○로 ○○(우편번호)
　　　　　　전화.휴대폰번호:
　　　　　　팩스번호, 전자우편(e-mail)주소:
피　　고　　◇◇시
　　　　　　◇◇시 ◇◇구 ◇◇로 ◇◇(우편번호)
　　　　　　대표자　시장　◆◆◆
　　　　　　전화.휴대폰번호:
　　　　　　팩스번호, 전자우편(e-mail)주소:

부당이득반환청구의 소

청　구　취　지

1. 피고는 원고에게,
   가. 금 ○○○원 및 이에 대하여 이 사건 소장부본 송달일 다음날부터 이 사건 판결선고일까지는 연 5%의, 그 다음날부터 다 갚을 때까지는 연 15%의 각 비율에 의한 돈을 지급하라.
   나. 20○○. ○. ○.부터 별지목록 기재 토지의 별지도면 표시 3, 4, 5, 6, 3의 각 점을 차례로 연결한 (가)부분 150㎡에 대한 피고의 도로폐쇄 또는 원고의 소유권상실일까지 매월 금 ○○○원을 지급하라.
2. 소송비용은 피고의 부담으로 한다.
3. 위 제1항의 가항은 가집행 할 수 있다.
라는 판결을 구합니다.

<h1>청 구 원 인</h1>

1. 원고는 19○○. ○. ○. 소외 ◉◉◉로부터 별지목록 기재 토지를 매수하여 ○○지방법원 ○○등기소 19○○. ○. ○. 접수 제○○○○호로 소유권이전등기를 마친 별지목록 기재 토지의 정당한 소유자입니다.

2. 피고는 원고가 별지목록 기재 토지의 소유권을 취득한 뒤인 20○○. ○. ○○.부터 같은 해 ○○. ○○.까지 도로확장사업을 시행하면서 아무런 권원없이 별지목록 기재 토지 중 별지도면 표시 3, 4, 5, 6, 3의 각 점을 차례로 연결한 (가)부분 150㎡를 도로에 편입한 뒤 지금까지 2년 동안 점유·사용하고 있으면서 그에 대한 사용료 등을 원고에게 지급한 사실이 없습니다.

3. 그런데 피고가 별지목록 기재 토지 중 별지도면 표시 3, 4, 5, 6, 3의 각 점을 차례로 연결한 (가)부분 150㎡를 도로에 편입한 뒤 점유·사용하기 시작한 20○○. ○○. ○○.부터 지금까지 위 토지의 월 임대료는 ㎡당 금 ○○원 상당입니다.

4. 따라서 원고는 피고에 대하여 금 ○○○원(○○원×150㎡×24개월)과 이에 대한 이 사건 소장부본 송달 다음날부터 이 사건 판결선고일까지는 민법에서 정한 연 5%의, 그 다음날부터 다 갚을 때까지는 소송촉진등에관한특례법에서 정한 연 15%의 각 비율에 의한 돈 및 20○○. ○. ○.부터 별지목록 기재 토지의 별지도면 표시 3, 4, 5, 6, 3의 각 점을 차례로 연결한 (가)부분 150㎡에 대한 피고의 도로폐쇄 또는 원고의 소유권상실일까지 매월 금 ○○○원을 지급 받기 위하여 이 사건 소송제기에 이르렀습니다.

<h1>입 증 방 법</h1>

1. 갑 제1호증   부동산등기사항증명서
1. 갑 제2호증   도시계획사실확인원
1. 갑 제3호증   지적도등본
1. 갑 제4호증   토지경계측량성과도

첨 부 서 류

1. 위 입증방법   각 2통
1. 소장부본   1통
1. 송달료납부서   1통

20○○. ○. ○.
위 원고 ○○○ (서명 또는 날인)

○○지방법원 귀중

[별 지]

부동산의 표시

○○시 ○○구 ○○동 ○○ 대 600㎡. 끝.

[별지 도면]

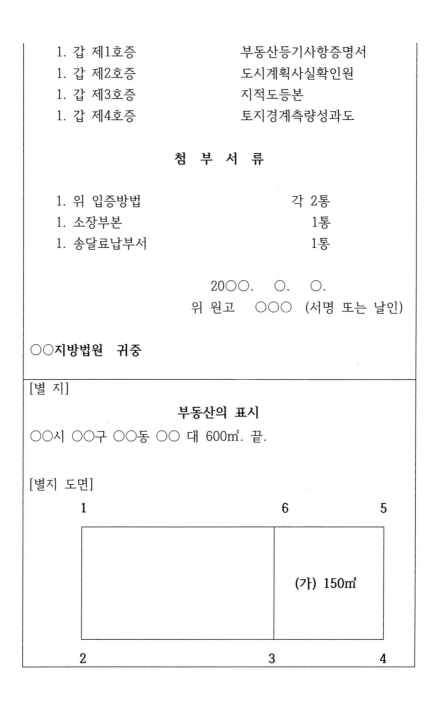

[작성례 ③] 부당이득반환 청구의 소(보이스피싱 피해)

소   장

원   고   ○○○ (주민등록번호)
           ○○시 ○○구 ○○길 ○○(우편번호 ○○○○○)
           전화.휴대폰번호:
           팩스번호, 전자우편(e-mail)주소:
피   고   ◇◇◇ (주민등록번호)
           ○○시 ○○구 ○○길 ○○(우편번호 ○○○○○)
           전화.휴대폰번호:
           팩스번호, 전자우편(e-mail)주소:

부당이득반환 청구의 소

청 구 취 지

1. 피고는 원고에게 (   )원 및 이에 대한 이 사건 소장부본 송달일 다음날부터 다 갚는 날까지 연 15%로 계산한 돈을 지급하라.
2. 소송비용은 피고가 부담한다.
3. 위 제1항은 가집행 할 수 있다.
라는 판결을 구합니다.

청 구 원 인

1. **사실관계 – 전화금융사기에 따른 송금**
   (생략)
2. **피고의 의무**
   가. 부당이득반환의무의 성립

본래 부당이득이란 공평관념에 위배되는 재산적 가치의 이동이 있는 경우 수익자로부터 그 이익을 되돌려 받아 손해자에게 주어 재산상태의 조정을 꾀하는 것이 그 목적입니다. 또한 송금의뢰인과 수취인 사이에 계좌이체의 원인이 되는 법률관계가 존재하지 않음에도 불구하고 계좌이체에 의하여 수취인이 계좌이체금액 상당의 예금채권을 취득하게 되는 경우에는 송금의뢰인은 수취인에 대하여 당해 금액상당의 부당이득반환청구권을 갖게 된다(대법원 2007. 11. 29. 선고 2007다51239)고 봄이 상당합니다.

이는 보이스피싱에 사용되는 예금계좌 혹은 통장의 명의자와 그에 대한 송금의뢰인에 대하여도 동일한 논리가 적용된다고 봄이 상당할 것이므로 응당 예금계좌 혹은 통장의 명의자는 송금의뢰인에 대하여 부당이득반환의무를 부담하게 된다고 봄이 상당합니다.

따라서 피고는 원고에게 부당이득금 (   )원 및 이에 대한 이 사건 소장 부본 송달일 다음날부터 다 갚는 날까지 소송촉진 등에 관한 특례법이 정한 연 15%의 비율에 의한 금원을 지급할 의무가 있습니다.

나. 불법행위에 기한 손해배상책임의 성립

무릇 수인이 공동하여 타인에게 손해를 가하는 민법 제760조의 공동불법행위의 성립에 있어서 행위자 상호간의 공모는 물론 공동의 인식을 필요로 하지 아니하고, 다만 객관적으로 그 공동행위가 관련 공동되어 있으면 족하고 그 관련 공동성 있는 행위에 의하여 손해가 발생함으로써 그에 대한 배상책임을 지는 공동불법행위가 성립한다고 봄이 상당합니다. 아울러 공동불법행위에 있어 방조라 함은 불법행위를 용이하게 하는 직접·간접의 모든 행위를 가리키는 것으로서 형법과 달리 손해의 전보를 목적으로 하여 과실을 원칙적으로 고의와 동일시하는 민법의 해석으로서는 과실에 의한 방조도 가능하다고 할 것이며, 이 경우의 과실의 내용은 불법행위에

도움을 주지 않아야 할 주의의무가 있음을 전제로 하여 이 의무에 위반하는 것을 말한다(대법원 2009. 4. 23. 선고 2009다1313 판결 등 참조)고 볼 것입니다.

그런데 오늘날 우리 사회에서 타인 명의의 계좌를 이용한 보이스피싱 내지 메신저피싱 사기범행이 매우 빈발하여 사회적으로 커다란 문제가 되고 있음은 주지의 실정인바, 비록 대출을 받을 목적이었다고는 하더라도 만연히 통장 기타 거래매체를 타인에게 양도하여 준 행위는 이러한 사회실정에 비추어 볼 때 객관적인 일반인이라면 충분히 범죄에 이용될 수 있다는 예견가능성을 갖고 있었다고 봄이 상당할 것입니다.

따라서 위와 같은 예견가능성에도 불구하고 통장 기타 거래매체를 제공한 위 각 피고의 행위는 방조로서 공동불법행위를 구성한다고 봄이 상당할 것이므로 불법행위에 기한 손해배상책임이 성립한다고 봄이 상당합니다.

따라서 피고는 원고에게 손해배상금 (   )원 및 이에 대한 이 사건 소장 부본 송달일 다음날부터 다 갚는 날까지 소송촉진 등에 관한 특례법이 정한 연 15%의 각 비율에 의한 금원을 지급할 의무가 있습니다.

3. 결어

이에 원고는 위 각 금원의 지급을 구하기 위하여 이 사건 소제기에 이르렀습니다.

증 명 방 법

(생 략)

첨 부 서 류

(생 략)

20○○.   ○.   ○.

위 원고 ○ ○ ○ (서명 또는 날인)

○○지방법원   귀중

2-5. 임차보증금반환 청구의 소

[작성례 ①] 임차보증금반환청구의 소(계약기간 만료, 아파트)

소　　　장

원　　고　　○○○ (주민등록번호)
　　　　　　○○시 ○○구 ○○길 ○○(우편번호)
　　　　　　전화.휴대폰번호:
　　　　　　팩스번호, 전자우편(e-mail)주소:
피　　고　　◇◇◇ (주민등록번호)
　　　　　　○○시 ○○구 ○○길 ○○(우편번호)
　　　　　　전화.휴대폰번호:
　　　　　　팩스번호, 전자우편(e-mail)주소:

임차보증금반환청구의 소

청 구 취 지

1. 피고는 원고에게 금 68,000,000원 및 이에 대한 이 사건 소
   장부본 송달 다음날부터 다 갚는 날까지 연 12%의 비율에 의
   한 돈을 지급하라.
2. 소송비용은 피고의 부담으로 한다.
3. 위 제1항은 가집행 할 수 있다.
라는 판결을 구합니다.

청 구 원 인

1. 원고는 피고와 20○○. ○. ○. 피고 소유의 ○○시 ○○구 ○
   길 ○○ 소재 ○○아파트 203동 401호를 임차보증금

68,000,000원, 임대차기간 20○○. ○. ○.부터 2년으로 하여 임차한 사실이 있습니다.
2. 원고는 임대차계약기간이 끝나기 1개월 전에 임대인인 피고에게 임대차계약갱신거절의 통지를 하고 임차보증금의 반환을 요구하였으나, 피고는 별다른 사유 없이 임차보증금의 반환을 계속 미루고 있습니다.
3. 따라서 원고는 피고로부터 위 임차보증금 68,000,000원 및 이에 대한 이 사건 소장부본 송달 다음날부터 다 갚는 날까지 소송촉진등에관한특례법에서 정한 연 12%의 비율에 의한 지연손해금을 지급 받기 위하여 이 사건 청구에 이른 것입니다.

<h2 align="center">입 증 방 법</h2>

1. 갑 제1호증	임대차계약서
1. 갑 제2호증	영수증
1. 갑 제3호증	통고서(내용증명우편)

<h2 align="center">첨 부 서 류</h2>

1. 위 입증방법	각 1통
1. 소장부본	1통
1. 송달료납부서	1통

20○○. ○. ○.

위 원고 ○○○ (서명 또는 날인)

○○지방법원 귀중

소　　장

원　　고　　○○○ (주민등록번호)
　　　　　　○○시 ○○구 ○○길 ○○(우편번호)
　　　　　　전화.휴대폰번호:
　　　　　　팩스번호, 전자우편(e-mail)주소:
피　　고　　◇◇◇ (주민등록번호)
　　　　　　○○시 ○○구 ○○길 ○○(우편번호)
　　　　　　전화.휴대폰번호:
　　　　　　팩스번호, 전자우편(e-mail)주소:

임차보증금반환청구의 소

청 구 취 지

1. 피고는 원고에게 금 30,000,000원 및 이에 대한 이 사건 소
   장부본 송달 다음날부터 다 갚는 날까지 연 12%의 비율에
   의한 돈을 지급하라.
2. 소송비용은 피고의 부담으로 한다.
3. 위 제1항은 가집행 할 수 있다.
라는 판결을 구합니다.

청 구 원 인

1. 원고는 피고와 피고 소유의 ○○시 ○○구 ○○길 ○○ 소재
   ○○연립 301호를 계약기간은 1년, 임차보증금은 금
   30,000,000원으로 하고, 월 임차료는 금 200,000원을 매월

15일 지급하기로 약정하여 임차하였습니다.

2. 위 임대차계약은 20○○. ○. ○. 임대차기간이 만료되었고 원고는 피고에게 기간이 만료되기 전부터 이사를 하겠다고 통보하였음에도 기간만료 후 수개월이 지난 지금까지 새로운 임차인이 나타나지 않는다는 이유로 위 임차보증금을 반환해주지 않고 있어 이사를 하지 못하고 있습니다.

3. 따라서 원고는 피고로부터 위 임차보증금 30,000,000원 및 이에 대한 이 사건 소장부본 송달 다음날부터 다 갚는 날까지 소송촉진등에관한특례법에서 정한 연 12%의 비율에 의한 지연손해금을 지급 받고자 부득이 이 사건 청구에 이른 것입니다.

입 증 방 법

1. 갑 제1호증   임대차계약서
1. 갑 제2호증   보증금영수증
1. 갑 제3호증   통고서(내용증명우편)

첨 부 서 류

1. 위 입증방법   각 1통
1. 소장부본   1통
1. 송달료납부서   1통

20○○. ○. ○.

위 원고 ○○○ (서명 또는 날인)

○○지방법원 귀중

3. 형성의 소

3-1. 제3자 이의의 소

[작성례 ①] 제3자이의의 소(아들의 채권자가 집행한 경우)

소 장

원   고   ○○○ (주민등록번호)
            ○○시 ○○구 ○○로 ○○(우편번호 ○○○○○)
            전화.휴대폰번호:
            팩스번호, 전자우편(e-mail)주소:
피   고   ◇◇◇ (주민등록번호)
            ○○시 ○○구 ○○로 ○○(우편번호 ○○○○○)
            전화.휴대폰번호:
            팩스번호, 전자우편(e-mail)주소:

제3자이의의 소

청 구 취 지

1. 피고가 소외 ◉◉◉에 대한 공증인가 ○○법률사무소 20○○증서 제○○○○호 집행력 있는 공정증서에 기하여 별지목록 기재 동산에 대하여 20○○. ○. ○. 한 강제집행은 이를 불허한다.
2. 소송비용은 피고의 부담으로 한다.
라는 판결을 구합니다.

청 구 원 인

1. 별지목록 기재 동산에 대하여 피고가 소외 ◉◉◉를 상대로

공증인가 ○○법률사무소 20○○증 제○○○○호 집행력 있는 공정증서에 기하여 20○○. ○. ○. 귀원 소속 집행관이 압류집행을 하고 매각기일이 같은 해 11. 3. 10시로 지정되었습니다.

2. 그런데 소외 ◉◉◉는 원고의 아들로서 소외 성명불상인 여자와 동거하면서 원고와 별개의 세대를 구성하여 살다가 소외 성명불상인 여자가 도망가자 몸만 원고의 집에 들어와 원고와 함께 살게 되었습니다. 그러므로 이 사건 별지목록 기재 동산 중 소외 ◉◉◉ 소유의 동산은 하나도 없고 모두 원고가 평생 동안 모은 재산들입니다.

3. 그럼에도 20○○. ○. ○. 11:55에 소속 집행관은 별지목록 기재 동산을 원고가 부재중일 때 소외 ◉◉◉의 동산으로 오인하여 집행하였던 것입니다.

4. 따라서 이 사건 별지목록 기재의 동산은 원고의 소유임이 명백하여 피고의 소외 ◉◉◉에 대한 동산압류집행조서등본에 기한 별지목록 기재의 동산에 대한 집행은 부당한 것이므로 청구취지와 같은 판결을 구하고자 이 사건 청구에 이른 것입니다.

입 증 방 법

1. 갑 제1호증	동산압류집행조서등본
1. 갑 제2호증	동산매각기일통지서

첨 부 서 류

1. 위 입증방법	각 1통
1. 소장부본	1통
1. 송달료납부서	1통

                    20○○.   ○.   ○.
              위 원고   ○○○   (서명 또는 날인)

○○지방법원 ○○지원 귀중

[별   지]

물 건 목 록

품명	수량(대)
○○ 에어컨(23평형)	1
○○지펠 냉장고(676l)	1
○○ 16인치 스탠드 선풍기	1

물건소재지 : ○○시 ○○구 ○○로 ○○ 1층 점포내. 끝.

[작성례 ②] 제3자이의의 소(부부 일방소유 입증가능 동산)

소　　　　장

원　　고　　○○○ (주민등록번호)
　　　　　　○○시 ○○구 ○○로 ○○(우편번호 ○○○○○)
　　　　　　전화.휴대폰번호:
　　　　　　팩스번호, 전자우편(e-mail)주소:
피　　고　　◇◇◇ (주민등록번호)
　　　　　　○○시 ○○구 ○○로 ○○(우편번호 ○○○○○)
　　　　　　전화.휴대폰번호:
　　　　　　팩스번호, 전자우편(e-mail)주소:

제3자이의의 소

청 구 취 지

1. 피고가 소외 ◉●◉에 대한 ○○지방법원 20○○. ○. ○. 선고
   20○○가단○○○ 판결의 집행력 있는 정본에 기초하여 20○
   ○. ○. ○. 별지 목록 기재 물건에 대하여 한 강제집행을 불허
   한다.
2. 소송비용은 피고가 부담한다.
라는 판결을 구합니다.

청 구 원 인

1. 피고는 소외 ◉●◉에 대한 ○○지방법원 20○○가단○○○호
   집행력 있는 판결정본에 의하여 별지 목록 기재 유체동산에 대
   하여 강제집행을 신청하였고, 같은 법원 집행관에 의하여 ○○
   시 ○○구 ○○로 ○○에서 별지 목록 기재 유체동산 경매사

건이 진행되었습니다.

2. 원고는 소외 ◉◉◉와 비록 부부관계에 있기는 하나, 결혼 전부터 원고는 조그만 옷가게 등을 운영하며 부부의 재산관계에 대하여 별도로 재산을 관리하여 왔고 위 경매사건이 20○○. ○. ○. 11:20부터 같은 일자 13:00에 종료되고 별지 목록 기재 유체동산은 원고가 낙찰을 받았으므로 별지 목록 기재 유체동산의 소유권은 원고에게 있다 할 것입니다.

3. 그런데 피고는 별지 목록 기재 유체동산에 대하여 20○○. ○. ○○. 다시 같은 집행관 20○○타기○○○호에 의하여 동산압류신청을 하여 유체동산을 경매하고자 하고 있습니다. 원고는 별지 목록 기재 물건에 대하여 정당한 소유자이므로 청구취지와 같은 판결을 구하고자 이 사건 청구에 이르렀습니다.

증 명 방 법

1. 갑 제1호증　　　동산압류조서등본
1. 갑 제2호증　　　유체동산 경매조서

첨 부 서 류

1. 위 증명방법　　　각 1통
1. 소장부본　　　　　1통
1. 송달료납부서　　　1통

20○○.　○.　○.

위 원고　○○○　(서명 또는 날인)

○○지방법원　귀중

[별　지]

물 건 목 록

품명	수량(대)
○○ 에어컨(23평형)	1
○○지펠 냉장고(676l)	1
○○ 16인치 스탠드 선풍기	1

물건소재지 : ○○시 ○○구 ○○로 ○○. 끝.

3-2. 사해행위취소 등 청구의 소

[작성례 ①] 사해행위취소 등 청구의 소
            (사해행위취소 및 원상회복청구)

소　　　장

원　　고　　○○○ (주민등록번호)
　　　　　　○○시 ○○구 ○○로 ○○(우편번호 ○○○○○)
　　　　　　전화.휴대폰번호:
　　　　　　팩스번호, 전자우편(e-mail)주소:
피　　고　　◇◇◇ (주민등록번호)
　　　　　　○○시 ○○구 ○○로 ○○(우편번호 ○○○○○)
　　　　　　전화.휴대폰번호:
　　　　　　팩스번호, 전자우편(e-mail)주소:

사해행위취소 등 청구의 소

청　구　취　지

1. 피고와 소외 ◇◇◇ 사이에 별지목록 기재 부동산에 관하여
   20○○. ○○. ○. 체결한 부동산매매계약을 취소한다.
2. 피고는 원고에게 위 부동산에 관하여 ○○지방법원 ○○등기
   소 20○○. ○○. ○○. 접수 제○○○호로써 20○○. ○○.
   ○. 매매를 원인으로 마친 소유권이전등기의 말소등기절차를
   이행하라.
3. 소송비용은 피고의 부담으로 한다.
라는 판결을 구합니다.

청　구　원　인

1. 원고는 20○○. ○○. ○. 소외 ◆◆◆에게 금 30,000,000원을 이자 월 2%, 변제기 20○○. ○○. ○○.로 정하여 대여하였습니다. 위 돈을 대여할 당시, 원고가 채권회수에 대한 우려를 하자 ◆◆◆은 자신 소유의 별지목록 기재 부동산의 등기부등본을 보이면서 원고에게 만일 자신이 채무를 이행하지 못할 때에는 별지목록 기재 부동산을 임의대로 처분하여 대여금 변제에 충당하여도 아무런 이의를 제기하지 않겠다고 말하면서, 이를 증명하고자 위의 내용이 담긴 각서 및 별지목록 기재 부동산의 처분권에 대한 위임장을 작성하여 교부해 주었습니다.

2. 한편, 피고는 ◆◆◆와 친분관계가 있는 바, ◆◆◆가 원고에게 위 각서 및 위임장을 써줄 당시 입회를 하여 별지목록 기재의 부동산을 처분하게 되면 원고가 채권확보를 할 수 없게 된다는 사실을 잘 알고 있었습니다.

3. 그럼에도 불구하고 피고는 20○○. ○○. ○○. ◆◆◆로부터 강제집행을 면하게 하여 달라는 부탁을 받고 별지목록 기재의 부동산에 관하여 ○○법원 ○○등기소(접수 제○○○호)에 매매를 원인으로 하여 소유권이전등기를 마쳤습니다.

4. 위에서 보듯이 ◆◆◆은 원고에 대한 강제집행을 면탈할 목적으로 별지목록 기재의 부동산을 피고에게 가장으로 처분한 사람이고, 피고는 소외인의 이러한 사정을 잘 알면서도 소외인과 공모하여 가장매매를 통하여 소외인의 별지목록 기재의 부동산을 취득한 악의의 수익자인 것이 명백하다 할 것입니다.

5. 따라서 피고와 소외인이 공모하여 행한 별지목록 기재 부동산에 대한 매매계약은 원고의 소외인에 대한 채권보전을 해하는 악의의 법률행위로서 취소되어야 할 것이며, 아울러 그로 인해 피고가 ○○지방법원 ○○등기소 20○○. ○○. ○○. 접수 제○○○호로 경료한 소유권이전등기는 말소되어야 마

땅하다 할 것이므로, 원고는 부득이 청구취지와 같은 판결을
구하고자 이 사건 청구에 이르게 되었습니다.

입 증 방 법

1. 갑 제1호증　　　　　　　　차용증
1. 갑 제2호증　　　　　　　　각서
1. 갑 제3호증　　　　　　　　위임장
1. 갑 제4호증　　　　　　　　인감증명
1. 갑 제5호증의 1, 2　　　각 부동산등기사항전부증명서
1. 갑 제6호증　　　　　　　　토지대장등본
1. 갑 제7호증　　　　　　　　건축물대장등본

첨 부 서 류

1. 위 입증방법　　　　　　　각 1통
1. 소장부본　　　　　　　　　1통
1. 송달료납부서　　　　　　　1통

20○○.　○.　○.

위 원고　　○○○　(서명 또는 날인)

○○지방법원　귀중

[별 지]

부동산의 표시

1동의 건물의 표시
　○○시 ○○구 ○○동 ○○ ○○○아파트 제5동
　[도로명주소] ○○시 ○○구 ○○로 ○○
전유부분의 건물표시

　　　　　건물의 번호 : 5 - 2- 205

　　　　　구　　　　조 : 철근콘크리트라멘조 슬래브지붕

　　　　　면　　　　적 : 2층 205호 84.87㎡

　　대지권의 표시

　　　　　토지의 표시 : ○○시 ○○구 ○○동 ○○

　　　　　　　　　　　　대 9,355㎡

　　　　　대지권의 종류 : 소유권

　　　　　대지권의 비율 : 935500분의 7652. 끝.

소   장

원   고   ○○○ (주민등록번호)
          ○○시 ○○구 ○○로 ○○(우편번호 ○○○○○)
          전화.휴대폰번호:
          팩스번호, 전자우편(e-mail)주소:
피   고   ◇◇◇ (주민등록번호)
          ○○시 ○○구 ○○로 ○○(우편번호 ○○○○○)
          전화.휴대폰번호:
          팩스번호, 전자우편(e-mail)주소:

사해행위취소 등 청구의 소

청 구 취 지

1. 피고와 소외 ◆◆◆ 사이에 별지목록 기재 부동산에 관하여 20○○. ○○. ○. 체결된 증여계약을 취소한다.
2. 피고는 소외 ◆◆◆에게 위 부동산에 관하여 서울○○지방법원 ○○등기소 20○○. 3. 3. 접수 제1234호로 마친 소유권이전등기의 말소등기절차를 이행하라.
3. 소송비용은 피고의 부담으로 한다.
라는 판결을 구합니다.

청 구 원 인

1. 원고와 소외 ◆◆◆는 중학교 때부터 친구로 가깝게 지내던 사이인 바, 원고는 20○○. ○. ○. 경 위◆◆◆로부터 '남편이

교통사고를 당해서 돈이 급하게 필요하다. 1달 안에 갚겠다'
는 이야기를 듣고 20○○. ○. ○. 위 ◆◆◆에게 금
30,000,000원을 변제기 20○○. ○. ○.까지로 정하여 빌려주
었습니다. 그런데 위 ◆◆◆는 위 변제기가 지나도록 계속
돈을 갚지 않았고, 이에 원고는 부득이 소외 ◆◆◆를 상대
로 ○○지방법원 ○○지원 20○○가단○○○○호 대여금청구
소송을 제기하여 20○○. ○. ○○. 승소판결을 받았습니다.
2. 한편, 소외 ◆◆◆는 위 판결이 선고된 직후인 20○○. ○○.
○. 자신의 유일한 재산인 별지목록 기재 부동산을 그 아들
인 피고에게 증여하고 같은 날 피고의 명의로 소유권이전등
기를 마쳤습니다.
3. 그런데 채무자인 소외 ◆◆◆의 위와 같은 증여는 채권자인 원
고를 해함을 알고서 한 법률행위로서 사해행위에 해당함이 명
백하다고 할 것이고, 피고도 소외 ◆◆◆의 아들로서 위와
같은 사해행위임을 알고 있었음이 명백하다고 할 것입니다.
4. 따라서 원고는 사해행위인 피고와 소외 ◆◆◆와의 위 부동
산에 관한 증여계약을 취소하고, 사해행위 결과에 대한 원상
회복을 원인으로 피고에 대하여 소외 ◆◆◆ 앞으로의 소유
권이전등기절차의 이행을 구하기 위하여 이 사건 소를 제기
합니다.

입 증 방 법

1. 갑 제1호증   집행력있는 판결문
1. 갑 제2호증   부동산등기사항전부증명서
1. 갑 제3호증   토지대장등본
1. 갑 제4호증   건축물대장등본

첨 부 서 류

1. 위 입증방법   각 1통

1. 소장부본   1통

1. 송달료납부서   1통

20○○. ○. ○.

위 원고   ○○○ (서명 또는 날인)

○○지방법원 귀중

[별 지]

부동산의 표시

1동의 건물의 표시

  ○○시 ○○구 ○○동 ○○ ○○○아파트 제5동

  [도로명주소] ○○시 ○○구 ○○로 ○○

전유부분 건물의 표시

  건물의 번호 : 5-2-203

  구   조 : 철근콘크리트조

  면   적 : 2층 203호 56.19㎡

대지권의 표시

  토지의 표시 : ○○시 ○○구 ○○동 ○○ 대 4003㎡

  대지권의 종류 : 위 토지의 소유권

  대지권의 비율 : 4003분의 36.124. 끝.

3-3. 공유물분할 청구의 소

[작성례 ①] 공유물분할청구의 소(대금분할)

소 장

원 고 ○○○ (주민등록번호)
○○시 ○○구 ○○길 ○○(우편번호 ○○○○○)
전화.휴대폰번호:
팩스번호, 전자우편(e-mail)주소:

피 고 1. 김◇◇ (주민등록번호)
○○시 ○○구 ○○길 ○○(우편번호 ○○○○○)
전화.휴대폰번호:
팩스번호, 전자우편(e-mail)주소:

2. 이◇◇ (주민등록번호)
○○시 ○○구 ○○길 ○○(우편번호 ○○○○○)
전화.휴대폰번호:
팩스번호, 전자우편(e-mail)주소:

공유물분할청구의 소

청 구 취 지

1. 별지목록1 기재의 부동산을 경매하고, 그 매각대금에서 경매
   비용을 공제한 금액을 분할하여 별지목록2 기재의 공유지분
   비율에 따라 원.피고들에게 각 배당한다.
2. 소송비용은 피고들이 부담한다.
라는 판결을 구합니다.

청 구 원 인

---

1. 원고는 피고들과 별지목록1 기재의 부동산을 20○○. ○. ○. 경매절차에서 공동으로 매수신청하여 매각허가결정을 받아 별지목록2 기재 지분으로 공유하고 있으며, 위 부동산에 관하여 공유자 사이에는 분할하지 않는다는 특약을 한 바 없습니다.
2. 그 뒤 원고는 20○○. ○. 초순경 별지목록1 기재의 부동산을 팔아서 매각대금을 지분대로 분할하려고 하였으나 피고들은 이 요구에 응하지 않고 있습니다.
3. 위와 같이 원고와 피고들 사이에 공유물분할에 관한 합의가 이루어지지 아니하고, 이 사건 부동산은 성질상 현물로 분할할 수 없으므로 별지목록1 기재의 부동산을 경매하여 그 매각대금을 공유지분비율에 따라 분할을 하는 것이 최선이라고 생각합니다.
4. 따라서 원고는 별지목록1 기재의 부동산을 경매에 붙여서 그 매각대금 중에서 경매비용을 공제한 다음 별지목록2 기재의 공유지분 비율에 따라 원.피고들에게 배당되도록 하여 공유관계를 해소하기 위하여 이 사건 청구에 이른 것입니다.

입 증 방 법

1. 갑 제1호증　　　　　　　　부동산등기사항증명서
1. 갑 제2호증　　　　　　　　토지대장등본
1. 갑 제3호증　　　　　　　　공유에 관한 계약서
1. 갑 제4호증　　　　　　　　통고서
1. 갑 제5호증　　　　　　　　지적도등본

첨 부 서 류

1. 위 입증방법　　　　　　　　　　　각 1통

1. 소장부본   2통
1. 송달료납부서   1통

                     20○○. ○. ○.
                위 원고   ○○○ (서명 또는 날인)

○○지방법원 귀중

[별지 1]

부동산의 표시

　　1동 건물의 표시
　　○○시 ○○구 ○○동 ○○
　　[도로명주소] ○○시 ○○구 ○○길 ○○
　　철근콘크리트조 슬래브지붕 6층 아파트
　　　　　1층 201㎡
　　　　　2층 260㎡
　　　　　3층 260㎡
　　　　　4층 260㎡
　　　　　5층 260㎡
　　　　　6층 260㎡
　　　　　지층 238㎡
　　전유부분의 건물표시
　　　　제3층 제302호
　　　　철근콘크리트조
　　　　59㎡

　　대지권의 목적인 토지의 표시
　　　○○시 ○○구 ○○동 ○○
　　　　대 1861.5㎡, 대 1909.9㎡

대지권의 표시
　　소유대지권
　　대지권비율 3771.4분의 37.67. 끝.

[별 지2]
공유자 및 지분표시

공 유 자	공 유 지 분
원 고　○○○	1/3
피 고　1. 김◇◇	1/3
피 고　2. 이◇◇	1/3

소 장

원 고 　○○○ (주민등록번호)
　　　　○○시 ○○구 ○○길 ○○(우편번호 ○○○○○)
　　　　전화.휴대폰번호:
　　　　팩스번호, 전자우편(e-mail)주소:
피 고 　1. 김◇◇ (주민등록번호)
　　　　　○○시 ○○구 ○○길 ○○(우편번호 ○○○○○)
　　　　　전화.휴대폰번호:
　　　　　팩스번호, 전자우편(e-mail)주소:
　　　　2. 박◇◇ (주민등록번호)
　　　　　○○시 ○○구 ○○길 ○○(우편번호 ○○○○○)
　　　　　전화.휴대폰번호:
　　　　　팩스번호, 전자우편(e-mail)주소:

공유물분할청구의 소

청 구 취 지

1. 별지 목록 기재의 부동산은 이를 경매하여 그 대금에서 경매비용을 공제한 금액을 3분하여 원고 및 피고들에게 각 3분의 1씩 배당한다.
2. 소송비용은 피고들이 부담한다.
라는 판결을 구합니다.

청 구 원 인

1. 원고는 피고들과 별지목록 기재의 토지 및 건물을 소외인 ◈◈◈

로부터 금 ○○만원에 매수하여 균등한 지분으로 공유하고 있습니다. 그리고 위 공유물에 관하여는 공유자간에 분할하지 않는다고 특약을 한 바 없습니다.
2. 원고는 피고 김◇◇, 같은 박◇◇에 대하여 공유물의 분할을 청구하였으나 피고들은 위 공유물은 한 필의 토지 및 한 동의 건물로서 분할할 수 없다는 이유로 이에 응하지 않고 있습니다.
3. 그러나 위와 같이 분할하지 않는다는 계약이 없는 한, 원고의 청구에 의하여 언제든지 분할하지 않으면 아니 되는 것이나, 건물의 분할에는 많은 난점이 있고, 또 토지에 관해서도 이를 분할하면 협소해져서 가격에 대단히 많은 손해를 볼 우려가 있으므로, 별지목록 기재의 토지 및 건물을 모두 경매하여 그 대금을 분할하는 것이 최선의 방법이라 아니할 수 없습니다.
4. 따라서 원고는 별지목록 기재의 토지 및 건물을 모두 경매하여 그 대금 중에서 경매비용을 공제한 다음 3분하여 원고 및 피고들에게 각 3분의 1씩 배당되도록 하여 공유관계를 해소하기 위하여 이 사건 청구에 이른 것입니다.

입 증 방 법

1. 갑 제1호증   토지등기사항증명서
1. 갑 제2호증   토지대장등본
1. 갑 제3호증   지적도등본
1. 갑 제4호증   고정자산 평가증명서

첨 부 서 류

1. 위 입증방법   각 1통
1. 소장부본   2통
1. 송달료납부서   1통

<pre>
                   20○○.   ○.   ○.
              위 원고   ○○○ (서명 또는 날인)

○○지방법원 ○○지원 귀중
</pre>

[별지]

부동산의 표시

1. ○○시 ○○구 ○○동 ○○-○○ 대 ○○○㎡
2. 위 지상 철근콘크리트 슬래브지붕 2층주택
   1층 ○○㎡
   2층 ○○㎡. 끝.

제4절 기타 민사소송 서류 작성례

1. 답변서

[작성례 ①] 답변서(건물 등 철거, 피고)

답 변 서

사　　건　　20○○가단○○○　건물 등 철거
원　　고　　○○○
피　　고　　◇◇◇

위 사건에 관하여 피고의 소송대리인은 아래와 같이 답변합니다.

청구취지에 대한 답변

1. 원고의 청구를 기각한다.
2. 소송비용은 원고가 부담한다.
라는 재판을 구합니다.

청구원인에 대한 답변

1. 사실관계의 정리
　　원고는 피고가 이 사건 건물의 소유자라고 주장하나 이는 사실과 다릅니다.
　　① 피고는 1984. 8. 24.경 소외 이00으로부터 이 사건 건물과 그 대지를 매수하기로 계약하였습니다. (을 제1호증 매매계약서 참조)
　　② 당시 이 사건 건물은 위 이00이 신축하여 소유하고 있던 미등기 건물이었습니다.

---

③ 피고는 위 이OO과의 위 매매계약에 기하여 이 사건 건물을 인도받아 현재까지 살고 있습니다.

④ 한편, 위 이OO은 1995년 경 사망하였는바, 이 사건 대지는 위 이OO의 직계비속인 소외 이@@이 상속하였고, 그 무렵 이 사건 건물 역시 위 이@@에게 상속되었다 할 것입니다.

⑤ 2004년 경 피고는 당시까지 토지와 건물에 대한 등기이전을 하지 못한 관계로 이 사건 건물을 보수하기 위하여 토지의 소유자로 등기되어있던 위 이@@의 승낙이 필요하였고, 위 이@@의 승낙을 받아 이 사건 건물을 개보수 하였습니다. {을 제2호증 확인서(이@@) 참조}

⑥ 그 이후 2013. 1. 14.경 이 사건 토지는 강제경매에 의해 원고가 매수하였습니다.

2. 원고 주장의 부당성
가. 관습법상 법정지상권의 존재
(1) 관습법상 법정지상권은 ① 토지와 건물이 동일인의 소유에 속하였다가, ② 그 토지소유자와 건물소유자가 다르게 되었을 경우, ③ 위 건물에 대한 철거 특약이 없을 것을 조건으로 성립하게 됩니다.

(2) 이 사건 건물의 경우 최초 이 사건 건물을 신축한 위 망 이OO이 원시취득한 이래로 미등기상태로 계속 존재하고 있어 현재까지도 위 이OO의 상속인인 위 이@@의 소유라 할 것이고, 이 사건 토지의 경우에도 위 이@@이 위 이OO로부터 상속하여 소유하고 있다가 2013년 경 강제경매에 의해 원고에게로 소유권이 이전된 것이므로, 관습법상 법정지상권의 첫 번째 성립요건인 ① 토지와 건물이 동일인의 소유에 속하였다는 것과 ② 그 토지소유자와 건물소유자가 다르게 되었을 것이라는 요건을 충족한다 할 것입니다.

또한, 강제경매로 인하여 이 사건 토지의 소유권이 이전된 이상 건물소유자와 토지소유자 사이에 이 사건 건물에 대한 철거 합의가 있는 것을 불가능하므로, 이를 이유로 ③ 위 건물에 대한 철거 특약이 없을 것이라는 요건도 충족합니다.

(3) 따라서 이 사건 건물에 대하여 현재 법정지상권이 성립되어있다 할 것입니다.

나. 피고의 점유 권원

(1) 피고는 과거 이 사건 건물과 토지를 위 망 이00로부터 매수하기로 계약하였고, 현재까지 점유.사용하고 있으므로 소유권이전등기청구권의 소멸시효는 중단된 상태라 할 것입니다.

(2) 또한 소외 이@@은 위 망 이00의 상속인으로 피고와 위 망 이00 사이의 매매계약에 따른 채무를 승계하고 있다 할 것이고, 비록 이 사건 토지에 대한 소유권이전등기청구는 이행불능에 빠졌지만, 이 사건 건물에 대하여는 여전히 피고가 위 매매계약에 따른 채권에 기하여 이 사건 건물을 점유.사용하고 있는 것인바, 민법 제213조 단서에 기하여 이 사건 건물 및 토지를 점유할 권리가 있다 할 것입니다.

다. 보론 - 피고의 관습법상 법정지상권 등기 및 이전 계획

(1) 현재 이 사건 건물의 대외적 소유권자는 위 이@@이라 할 것이고, 위 이@@은 이 사건 건물에 대한 관습법상 법정지상권을 취득한 상태입니다.

(2) 한편, 피고는 위 이@@로부터 이 사건 건물에 대한 소유권이전을 청구할 수 있는 채권을 보유하고 있고, 이 사건 건물의 유지를 위한 법정지상권도 함께 이전을 청구할 권리를 가지고 있습니다.

(3) 위와 같은 이유로 현재 피고는 이 사건 건물에 대한 소유권보존등기를 경료하여 위 이@@로부터 소유권이전을 받

고, 아울러 관습법상 법정지상권까지 함께 등기하여 이전
받을 계획에 있으나, 이 사건 건물이 장기간 미등기로 존
재하고 있던 건물이어서 건축 허가 등의 업무처리에 어려
움이 있어 지연되고 있는 상황입니다.

3. 맺음말

요컨대, 이 사건 건물과 토지는 위 이@@의 소유였다가 강제경매로
인하여 소유권자가 달라진 상황으로, 이 사건 건물에 대한 관습법
상 법정지상권이 성립되어 있어, 원고의 이 사건 청구는 이유 없다
할 것입니다.

입 증 방 법

1. 을 제1호증   매매차계약서 사본
1. 을 제2호증   확인서(이@@)

첨 부 서 류

1. 위 입증방법   각 1통
2. 위임장   1통
3. 납부서   1통
4. 소장부본   1통

20○○.   ○○.   ○○.
위 피고   ◇◇◇ (서명 또는 날인)

○○지방법원 제○○민사단독   귀중

답 변 서

사 건 20○○가단○○○ 손해배상(자)
원 고 ○○○
피 고 ◇◇◇

위 사건에 관하여 피고는 다음과 같이 답변합니다.

청구취지에 대한 답변

1. 원고의 청구를 기각한다.
2. 소송비용은 원고의 부담으로 한다.
라는 판결을 구합니다.

청구원인에 대한 답변

1. 원고의 주장사실 가운데 이 사건 사고발생사실과 원고가 교통사고로 상해를 입은 사실은 인정합니다.
2. 과실상계의 주장
   원고는 오토바이를 무면허로 운전하였고, 안전모를 착용하지 않았으며 사고발생시 과속운전을 한 사실로 보아 이 사건 사고발생에 원고의 과실이 경합하여, 원고의 손해발생과 손해범위의 확대에 기여하였으므로 손해배상액산정에 있어서 원고의 과실부분은 참작되어야 할 것입니다.
3. 채무의 부존재
   가. 원고의 주장과는 달리 이 사건 사고로 인하여 원고가 입은 상해는 장기간의 치료를 요하거나 후유장해를 남기는 상해가 아니라 단순 좌측 팔골절상에 불과하였습니다.

나. 이에 피고는 이 사건 소제기 전에 원고의 치료 요청에 따라 원고가 입은 손해의 전부인 치료비 전액 금 ○○○원 및 위자료로 금 ○○○원을 지급함으로써 이 사건 사고로 인한 배상책임을 모두 이행하였습니다.

　　(피고는 추후 신체감정 및 형사기록이 송부되는 대로 원고가 주장하고 있는 사고발생 경위, 일실수입, 치료비 및 위자료에 대하여 적극적으로 다툴 예 정입니다)

4. 결 어

피고는 피고에게 지급책임이 있는 범위내의 모든 채무를 이행하였으므로 원고의 이 사건 청구는 마땅히 기각되어야 할 것입니다.

　　　　　　　　20○○.　　○.　　○.

　　　　　　　　위 피고　　◇◇◇ (서명 또는 날인)

○○지방법원 제○민사단독　귀중

[작성례 ③] 답변서(임차료청구에 대한 항변)

답 변 서

사 건 20○○가소○○ 임차료 등

원 고 ○○○

피 고 ◇◇◇

위 사건에 관하여 피고는 아래와 같이 답변합니다.

청구취지에 대한 답변

1. 원고의 청구를 기각한다.
2. 소송비용은 원고의 부담으로 한다.
라는 판결을 구합니다.

청구원인에 대한 답변

원고의 청구원인 사실 중,

1. 이 사건 건물이 원래 소외 김◉◉의 소유였다가 그 뒤 소외 ◙◙◙가 상속한 사실,

2. 또한 피고의 남편 망 이◆◆가 임대료 월 금 70,000원씩 주고 임차하여 사용하다가 사망한 뒤 그의 처인 피고가 계속 사용하고 있다는 원고의 주장은 이를 인정하나, 위 건물을 소외 제3자에게 전대하였다거나, 월 임차료가 10개월 연체되었다는 원고의 주장은 전혀 사실이 아니거나 피고가 모르는 사실입니다.

20○○.   ○.   ○.

위 피고   ◇◇◇ (서명 또는 날인)

○○지방법원 제○○민사단독 귀중

답 변 서

사   건   20○○가단○○○○ 대여금
원   고   ○○○
피   고   ◇◇◇

위 사건에 관하여 피고는 다음과 같이 답변합니다.

다   음

1. 기초적인 사실관계

가. 원고는 20○○. ○. ○. 피고에게 금 30,000,000원을 대여
  하였다고 주장하며 그 돈의 지급을 구하고 있으나 이는
  사실과 다릅니다.

나. 원고와 피고는 평소 잘 알고 지내던 사이로서 소외 ◉◉◉
  는 피고의 매형입니다. 소외 ◉◉◉는 20○○. ○.경 사업
  문제로 인하여 급전이 필요하다고 하여 피고에게 돈을 빌
  릴 만한 사람이 없느냐고 물어왔고 피고는 잘 알고 있던
  원고에게 혹시 여유 있는 돈이 있느냐고 물었더니 가능하
  다고 하여 피고는 원고를 소외 ◉◉◉에게 소개하여 주었
  던 것입니다.

다. 그 뒤 소외 ◉◉◉가 위 가항 일시에 원고로부터 금
  30,000,000원을 차용한 것은 사실입니다.

2. 피고의 책임

비록 원고가 피고의 소개로 인하여 소외 ◉◉◉를 알게 되어
소외 ◉◉◉에게 돈을 대여하였다고는 하나 이는 피고와는
직접적인 관련은 없는 것으로서 피고가 위 대여금의 지급을
보증한 적은 없습니다.

원고는 피고가 위 대여일시에 동석하였다는 이유만으로 피고
가 책임을 져야 한다는 취지로 주장하나 이는 타당하다고 볼
수 없으며, 어떠한 형태로든 피고가 위 지급의 보증의사를
표시한 적이 없으므로 피고가 이를 책임질 이유는 없다 할
것입니다.

3. 결론

원고는 소외 ◉◉◉로부터 대여금을 지급 받지 못하자 피고에
게 소를 제기한 것으로서 위와 같이 원고의 청구는 타당하지
않으므로 이를 기각하여 주시기 바랍니다.

20○○. ○. ○.

위 피고 ◇◇◇ (서명 또는 날인)

○○지방법원 제○○민사단독 귀중

2. 준비서면

[작성례 ①] 준비서면(대여금, 원고)

준 비 서 면

사　　건　20○○가합○○○○○ 대여금
원　　고　○○○
피　　고　◇◇◇

　　위 사건에 관하여 원고는 다음과 같이 변론을 준비합니다.

다　　　　　음

1. 사실관계의 정리
가. 대여금 액수에 대하여
　　피고는 ○○구 ○○동에서 '○횟집'을 운영하였습니다. 그러던
　　중, 피고는 원고로부터 19○○년경 금 2,500만원, 19○○년
　　경 금 3,500만원 합계 금 6,000만원을 빌렸습니다.
나. 다툼 없는 사실의 정리
　　피고는 19○○년경 금 2,500만원을 빌렸다는 것을 인정하고
　　있으나, 19○○년경 금 3,500만원을 빌렸다는 사실은 이를
　　부인하고 있으며, 피고가 오히려 원고에게 금 80,919,000원
　　을 원금과 이자 조로 변제하였다고 주장하고 있습니다.
다. 따라서 이 사건의 쟁점은 피고가 19○○년경 금 3,500만원을
　　빌린 사실이 있는지, 피고가 원고에게 이자 및 원금의 상환
　　조로 준 돈이 얼마인지라고 하겠습니다.

2. 금 3,500만원의 대여여부에 관하여
가. 피고의 주장
　　피고는 원고가 19○○년경 위 횟집의 전세보증금으로 투자

한 금 2,800만원과 권리금 1,000만원을 합한 금액에서 금 300만원을 뺀 금 3,500만원에 이 사건 횟집을 인수하기로 피고와 합의하였으나 이를 이행하지 않았으므로, 결과적으로 피고는 채무를 지지 않고 있다는 것입니다.

나. 피고 주장의 부당성

원고는 피고가 먼저 빌려간 금 2,500만원의 원금은커녕 이자의 지급마저 게을리 하고 있자, 이를 독촉하던 차에 피고가 자신에게 금 3,500만원을 추가로 빌려준다면 소외 ◉◉◉에게 들고 있던 계금 5,400만원의 명의를 원고에게 이전시켜 주겠다고 기망하였습니다. 이에 원고는 소외 ◉◉◉로부터 피고가 위 계원으로 있는지 확인(수사기록 78면, 진술조서)을 하였고, 기존에 빌려주었던 금 2,500만원까지 확보하겠다는 욕심에 친구로부터 금 4,000만원을 차용하여 피고에게 금 3,500만원을 빌려 주었던 것입니다.

그러나 피고는 위 계금을 성실히 납부하지 않았고 원고는 빌려준 금 3,500만원을 위 계금으로 충당하지 못하게 된 것입니다.

3. 피고가 이자 및 원금상당의 금원을 변제하였는지

가. 피고의 주장

피고는 19○○. ○.경부터 19○○. ○.경까지 총액 금 80,919,000원을 갚았고 이것으로 이자뿐만이 아니라 원금까지 변제되었다고 주장하고 있습니다.

나. 피고 주장의 부당성

그러나 피고는 증거로 장부를 제출하고도 도대체 어느 부분이 피고의 주장 사실에 부합하는지 특정도 하지 않았으며, 게다가 위 장부와 사실확인서는 객관성도 없습니다.

원고는 총액 금 1,500여만원 정도를 피고로부터 받은 사실은 있으나 이는 어디까지나 이자조로 받은 것이지 원금이 상환된 것도 아닙니다. 이것은 각서상으로도 분명히 인정되고 있습니다.

4. 결 론

결국 피고의 주장은 어느 것도 이를 인정할 만한 정도로 입증되지 않은 허위의 진술에 지나지 않습니다. 오히려 원고는 금 6,000만원이나 되는 거금을 빌려주고도 6년이 지난 현재까지 원금은커녕 이자도 제대로 받지 못하였습니다. 특히 원고가 빌려준 금 3,500만원은 원고가 친구인 소외 ◎◎◎로부터 차용한 돈입니다. 원고는 친구의 빚 독촉에 못 이겨 동생 소외 ■■■의 집을 저당 잡혀 위 돈을 변제한 상태이며(수사기록 45면, 금전소비대차약정서), 생활고로 하루 하루 어려운 생활을 하던 중 자살까지 기도하였습니다. 따라서 원고의 권리회복을 위해 조속히 원고의 청구를 인용하여 주시기 바랍니다.

20○○.   ○.   ○.

위 원고   ○○○ (서명 또는 날인)

○○지방법원 제○○민사부 귀중

준 비 서 면

사   건   20○○가단○○○○ 손해배상(자)
원   고   황○○ 외 2
피   고   ◇◇화재해상보험주식회사

위 사건에 관하여 원고들은 다음과 같이 변론을 준비합니다.

다   음

1. 원고 황○○의 과실이라고 주장하는 부분에 관하여
피고는 '이 사건 교통사고에서 택시운전자 소외 김◆◆를 비롯하여 원고와 같이 택시에 승차하였던 소외 이◉◉, 소외 박◉◉ 등은 경미한 부상을 입은 점, 피해차량의 파손부분 등 대물손해가 손해인 점에도 불구하고 원고 황○○는 전치 4주간의 요추부 등의 수핵탈출증의 중상해를 입은 점에 비추어 볼 때 그 스스로의 안전을 게을리 하였다고 추정된다 할 것'이라고 주장하며 원고 황○○의 과실비율은 20%를 상회한다는 취지로 주장합니다.
황○○의 전치 4주의 상해에 비해 소외 이◉◉의 전치 3주의 상해(갑 제7호증의 4 범죄인지보고 참조)가 도대체 어떠한 근거에서 경미한 부상이라고 주장하는지, 그리고 금 426,690원의 차량손괴가 어떠한 근거에서 소액이라는 것인지를 알 수 없다는 사실은 차치 하더라도, 피고의 위와 같은 주장은 탑승위치에 따라서 그 부상의 정도가 크게 차이가 날 수 있다는 사실을 알지 못하고, 만연이 원고 황○○의 상해정도가 다른 탑승인에 비해 심하다는 사실로부터 원고 황○○에게도 과실이 있다는 식으로 추론을 하여 버림으로서 그 추론에 있어서

논리적 과오를 범하고 있는 것입니다.

2. 손익공제 주장에 관하여

피고는 원고 황○○의 치료비로 ○○병원 등에 합계 금 13,848,270원을 지급하였으므로 이를 공제하여야 한다고 주장합니다.

그러나 원고들은 그 치료비의 청구에 있어서 피고가 이미 지급한 치료비를 공제하고 원고들 자신이 지급한 치료비만을 청구하고 있으므로 피고의 위 주장은 이유 없는 주장이라 할 것입니다.

20○○. ○. ○.

위 원고 1. 황○○ (서명 또는 날인)
         2. 정○○ (서명 또는 날인)
         3. 황①○ (서명 또는 날인)

○○지방법원 제○○민사단독 귀중

준 비 서 면

사　건　20○○가단○○○○ 계약금 등 반환
원　고　○○○
피　고　◇◇◇

위 사건에 관하여 원고는 다음과 같이 변론을 준비합니다.

다　　　음

1. 중도금수령거절

피고는 원고가 중도금을 약정한 시기에 지급하지 아니하므로 계약해제 할 수밖에 없었다고 주장하나 이는 사실이 아닙니다.

원고와 피고는 20○○. ○. ○. 피고 소유의 ○○시 ○○동 ○○ 대 166㎡ 및 지상 주택을 대금 1억 2,000만원에 매매하기로 계약하고, 원고는 같은 날 피고에게 계약금 1,000만원을 지급하였고 같은 해 ○. ○○. 약속대로 피고의 집을 방문하여 중도금 5,000만원을 지급하려고 하였으나 집이 비어 있는 관계로 중도금을 지급하지 못하였고, 피고의 처 소외 ◇◇◇가 운영하는 같은 동 소재 ○○갈비집으로 찾아가 중도금의 지급의사를 밝혔으나 피고의 처 소외 ◇◇◇는 피고가 중도금을 수령하지 말라고 했다면서 수령을 거부하였습니다.

2. 계약금의 반환

피고는 20○○. ○○. ○. 원고에게 전화로 부동산가격이 올랐으므로 매매가격을 조정할 것을 요청하였으며, 원고가 이에 대한 거부의사를 표시하자 원고가 중도금을 제때 지급하지 아니한다는 이유로 20○○. ○○. ○○. 계약금 중 금 500만원을 반환하며 계약해제의 의사표시를 하였습니다.

3. 위약금의 지급책임

이 사건 매매계약해제의 원인이 원고가 중도금을 약정된 시기에 지급하지 아니 하였기 때문이라는 피고의 주장은 사실과 다르므로 부인합니다. 피고는 원고와는 무관하게 일방적으로 부동산가격의 상승을 이유로 중도금의 수령을 거부하고 계약해제통지를 하였으므로 피고가 이 사건 부동산매매계약의 해제로 인한 위약의 책임을 부담하여야 하며 위약의 책임범위는 피고가 지급 받은 계약금 1,000만원 중 원고에게 반환하지 아니한 금 500만원 이외에도 계약서상 명시된 대로 매도인이 계약해제한 경우에 지급하기로 되어있는 계약금에 해당하는 금 1,000만원을 위약금으로 추가 지급하여야 할 것입니다

20○○. ○. ○.

위 원고 ○○○ (서명 또는 날인)

○○지방법원 제○민사단독 귀중

준 비 서 면

사   건   20○○가합○○○○ 임차보증금반환
원   고   ○○○
피   고   ◇◇◇

위 사건에 관하여 원고는 다음과 같이 변론을 준비합니다.

다   음

1. 피고 주장에 대한 답변
 가. 피고는 원고가 이 사건 주택을 피고로부터 임차한 것이 아니라 이 사건 주택에 대하여 아무런 권한이 없는 소외 ◉◉◉와 사이에 임대차계약을 체결하였으므로 피고는 원고의 임차보증금반환청구에 응할 수 없다고 합니다.
 나. 그러나 원래 피고는 19○○. ○. ○. 소외 ◉◉◉에게 금 504,000,000원에 이 사건 주택이 포함된 연립주택(○○빌라) 건물의 신축공사를 도급하였는바, 그 공사가 완공된 뒤에도 그 공사대금 중 금 273,537,400원을 지급하지 못하게 되자 20○○. ○. ○. 위 연립주택 중 제101호(이 사건 주택)와 제102호에 대하여 소외 ◉◉◉에게 피고를 대리하여 이를 분양하거나 임대할 권리를 부여하고 그 분양대금으로 공사비에 충당하기로 약정하였던 것인데, 원고는 소외 ◉◉◉와 사이에 이 사건 주택에 대하여 20○○. ○. ○. 임대차기간 2년, 임대차보증금은 금 ○○○원으로 하는 임대차계약을 체결하고 그 임대보증금을 완불한 뒤 20○○. ○. ○.에 이 사건 주택에 입주하고 있는 것입니다.
2. 표현대리

가. 설사 소외 ◉◉◉에게 피고를 대리하여 이 사건 주택을 매각할 권리만 있을 뿐이고 이를 임대할 대리권이 없다고 하더라도 ①소외 ◉◉◉에게 기본대리권이 존재하고, ② 상대방으로서는 대리인에게 대리권이 있다고 믿고 또한 그렇게 믿을 만한 정당한 이유가 있는 경우라면 민법 제126조 표현대리가 성립되어 이 사건 임대차계약의 효력은 피고에게 미친다고 할 것입니다.

나. 즉, 피고는 소외 ◉◉◉에게 이 사건 주택의 분양대리권을 준 것이고 분양대리권에는 당연히 임대할 대리권도 포함하는 것이 일반적이라고 할 것인바, 피고는 소외 ◉◉◉에게 분양권을 주는 각서를 만들어 교부하였고 소외 ◉◉◉는 자신에게 임대할 권리가 있다고 말하였는바, 위 인증서를 확인한 원고로서는 소외 ◉◉◉에게 이 사건 주택을 임대할 대리권이 있다고 믿음에 아무런 과실이 없다고 할 것인즉, 소외 ◉◉◉의 대리행위가 설사 무권대리라고 할지라도 권한을 넘는 표현대리로서 유효하다고 할 것입니다.

20○○.   ○.   ○.

위 원고   ○○○ (서명 또는 날인)

○○지방법원 제○민사부 귀중

3. 소송당사자의 선정

[작성례] 당사자선정서(소를 제기하면서 선정하는 경우)

당 사 자 선 정 서

원 고   ◎◎◎ 외 3명
피 고   ◇◇◇

　위 당사자 사이의 퇴직금 청구 사건에 관하여 원고들은 민사소송
법 제53조 제1항에 의하여 원고들 모두를 위한 당사자로 아래의
자를 선정합니다.

아   래

원고(선정당사자) ◎◎◎ (주민등록번호)
　　　　　　　○○시 ○○구 ○○길 ○○(우편번호 ○○○○○)
　　　　　　　전화.휴대폰번호:
　　　　　　　팩스번호, 전자우편(e-mail)주소:

20○○.　○.　○.

　선 정 자(원 고) 1. ◎◎◎ (주민등록번호) (서명 또는 날인)
　　　　　　　　　　○○시 ○○구 ○○길 ○○
　　　　　　　　2. ○○○ (주민등록번호) (서명 또는 날인)
　　　　　　　　　　○○시 ○○구 ○○길 ○○
　　　　　　　　3. ○○○ (주민등록번호) (서명 또는 날인)
　　　　　　　　　　○○시 ○○구 ○○길 ○○
　　　　　　　　4. ○○○ (주민등록번호) (서명 또는 날인)
　　　　　　　　　　○○시 ○○구 ○○길 ○○

○○지방법원 제○민사부 귀중

4. 공동소송참가

[작성례] 공동소송참가신청서

공 동 소 송 참 가 신 청 서

사 건   20○○가합○○   주주총회결의취소
원 고   ○○○
　　　　○○시 ○○구 ○○길 ○○(우편번호 ○○○○○)
원고공동소송참가인   ◎◎◎ (주민등록번호)
　　　　　　○○시 ○○구 ○○길 ○○(우편번호 ○○○○○)
　　　　　　전화.휴대폰번호:
　　　　　　팩스번호,　　　　전자우편(e-mail)주소:

피 고   ◇◇◇ 주식회사
　　　　○○시 ○○구 ○○길 ○○(우편번호 ○○○-○○○)
　　　　대표이사 ○○○

위 사건에 관하여 원고공동소송참가인은 다음과 같이 원고의 공동소송인으로 소송에 참가합니다.

청 구 취 지

1. 피고의 20○○. ○. ○. .자 정기주주총회에서 한 감사 ◇◇◇ 의 선임 결의를 취소한다.
2. 소송비용은 피고가 부담한다.
라는 판결을 구합니다.

참가이유 및 청구원인

1. 원고공동소송참가인은 피고회사의 주주인바, 청구취지 기재 총회의 소집절차가 법령에 위반한 것임은 이 사건 소장 기재 청구원인과 같습니다.

2. 그렇다면, 위 총회에서 한 감사 ◇◇◇의 선임 결의는 취소되어야 할 것인바, 이 사건 판결의 효력은 원고공동소송참가인에게도 미치는 것이어서(상법 제376조 제2항, 제190조 본문), 이 사건의 소송목적은 원고와 원고공동소송참가인에게 합일적으로 확정되어야 하므로, 원고공동소송참가인은 이 신청에 이른 것입니다.

첨 부 서 류

1. 공동소송참가신청서 부본   2통
1. 송달료납부서   1통

20○○.   ○.   ○.

위 원고공동소송참가인   ◎◎◎   (서명 또는 날인)

5. 소송서류의 송달

[작성례] 공시송달신청서

공 시 송 달 신 청 서

사　건　　20○○가합○○○　손해배상(기)
원　고　　○○○
피　고　　◇◇◇

　위 사건에 관하여, 원고는 피고에 대하여 공시송달을 신청합니다.
1. 피　고　◇◇◇
　　　　　　○○시 ○○구 ○○길 ○○(우편번호 ○○○-○○○)
2. 피고는 위 주소지에 주민등록은 되어 있으나 실제로 거주하지
　　아니하며, 행방불명된 상태이고, 달리 주소.거소를 알 수 없
　　으므로 공시송달을 신청합니다.

첨 부 서 류

1. 주민등록표등본　　　　　　　　　　1통
1. 불거주확인서　　　　　　　　　　　1통(통장.이장)
1. 재직증명서 또는 위촉장사본　　　　1통(통장.이장)

20○○.　○.　○.
위 원고　　○○○　(서명 또는 날인)

○○지방법원 제○민사부 귀중

---

6. 이송신청

[작성례] 소송이송신청서(손해·지연회피 목적의 소송이송신청)

소 송 이 송 신 청 서

사   건   20○○가단○○○   아파트 분양대금
원   고   ○○주식회사
피   고   ◇◇◇

  위 사건에 관하여 피고는 다음과 같이 소송의 이송을 신청합
니다.

신 청 취 지

  이 사건을 ◎◎지방법원으로 이송한다.
라는 결정을 구합니다.

신 청 이 유

1. 피고는 ○○시에 주된 사무소를 둔 원고회사가 피고가 거주하는
   ◎◎시에 건축하는 아파트 1세대를 분양 받기로 하는 아파트분
   양계약을 원고회사와 체결하고 아파트를 분양 받았는데, 위 아
   파트분양계약서에는 "본 계약에 관한 소송은 ○○지방법원을
   관할법원으로 한다."라고 정하고 있으며, 원고회사는 피고가 위
   아파트분양계약을 적법하게 해제하였음에도 불구하고 아파트
   분양대금 청구의 이 사건 소를 귀원에 제기하였습니다.
2. 그러나 위 아파트분양계약서상의 "본 계약에 관한 소송은 ○○
   지방법원을 관할법원으로 한다."라는 관할합의조항은 약관의규
   제에관한법률 제2조 소정의 약관으로서 민사소송법상의 관할법

원 규정보다 고객에게 불리한 관할법원을 규정한 것이어서 사업자인 원고회사에게는 유리할지언정 원거리에 사는 경제적 약자로서 고객인 피고에게는 제소 및 응소에 큰 불편을 초래할 우려가 있으므로 약관의규제에관한법률 제14조 소정의 '고객에 대하여 부당하게 불리한 재판관할의 합의조항'에 해당하여 무효라고 보아야 할 것입니다(대법원 1998. 6. 29.자 98마863 결정).
3. 따라서 이 사건을 피고의 주소지를 관할하는 ◎◎지방법원으로 이송하여 주시기 바랍니다.

소명방법 및 첨부서류

1. 아파트분양계약서   1통
1. 주민등록표등본(피고)   1통
1. 송달료납부서   1통

                20○○.   ○.   ○.
                    위 피고   ◇◇◇   (서명 또는 날인)

○○지방법원 제○○민사단독   귀중

7. 증거신청

[작성례] 필적감정신청서

필 적 감 정 신 청

사 건   20○○가단○○○ 소유권이전등기
원 고   ○○○
피 고   ◇◇◇

　　위 사건에 관하여 원고는 원고의 주장사실을 입증하기 위하여 필적감정을 신청하니 감정인에게 감정을 명하여 주시기 바랍니다.

1. 감정대상
　　피고의 시필(試筆)과 부동산매매계약서 상의 "○○시 ○○면 ○○리 ○○○ 임야 소유주 ◇◇◇, 476㎡"이라는 필적이 동일인의 필적인지 여부

2. 감정인 및 감정기일
　　귀원에서 적의 지정해 주시기 바랍니다.

3. 피고의 시필 채취
　　피 고 ◇◇◇의 시필을 채취하여 주시기 바랍니다.

　　　　　　　　　　20○○. ○. ○.
　　　　　　　　위 원고 ○○○ (서명 또는 날인)

○○지방법원 제○민사단독 귀중

8. 지급명령신청

[작성례] 지급명령신청서(대여금청구의 독촉사건)

지 급 명 령 신 청

채권자 ○○○(주민등록번호)
　　　　○○시 ○○구 ○○길 ○○(우편번호 ○○○○○)
　　　　전화.휴대폰번호:
　　　　팩스번호, 전자우편(e-mail)주소:
채무자 ◇◇◇(주민등록번호)
　　　　○○시 ○○구 ○○길 ○○(우편번호 ○○○○○)
　　　　전화.휴대폰번호:
　　　　팩스번호, 전자우편(e-mail)주소:

대여금청구의 독촉사건
청구금액 : 금 5,000,000원

신 청 취 지

　채무자는 채권자에게 금 5,000,000원 및 이에 대한 20○○. ○. ○.부터 이 사건 지급명령결정정본을 송달 받는 날까지는 연 18%, 그 다음날부터 다 갚는 날까지는 연 15%의 각 비율에 의한 금액 및 아래 독촉절차비용을 합한 금액을 지급하라는 지급명령을 구합니다.

아　　　　래

　금　　　　원　　　　독촉절차비용

내   역

금   원   인 지 대
금   원   송 달 료

신 청 이 유

1. 채권자는 채무자에게 20○○. ○. ○. 금 5,000,000원을 대여해주면서 변제기한은 같은 해 ○○. ○, 이자는 월 1.5%를 지급 받기로 한 사실이 있습니다.
2. 그런데 채무자는 위 변제기일이 지났음에도 불구하고 원금은 고사하고 약정한 이자까지도 채무이행을 하지 아니하므로 채권자는 채무자에게 위 원금 및 지연이자를 변제할 것을 여러 차례에 걸쳐 독촉하자 채무자는 원금 및 지연이자를 20○○. ○. ○○.까지 지급하겠다며 지불각서까지 작성하여 주고서도 이마저도 전혀 이행치 않고 있습니다.
3. 따라서 채권자는 채무자로부터 위 대여금 5,000,000원 및 이에 대한 20○○. ○. ○.부터 이 사건 지급명령결정정본을 송달 받는 날까지는 약정한 이자인 연 18%(계산의 편의상 월 1.5%를 연단위로 환산함), 그 다음날부터 다 갚는 날까지는 소송촉진등에관한특례법에서 정한 연 15%의 각 비율에 의한 이자, 지연손해금 및 독촉절차비용을 합한 금액의 지급을 받기 위하여 이 사건 신청을 하기에 이르게 된 것입니다.

첨 부 서 류

1. 지불각서   1통
1. 송달료납부서   1통

20○○.   ○○.   ○○.

위 채권자 ○○○ (서명 또는 날인)

○○지방법원 귀중

9. 공시최고신청

[작성례] 공시최고신청서(임차권설정등기)

공 시 최 고 신 청 서

신 청 인 ○○○
　　　　　　○○시 ○○구 ○○길 ○○(우편번호 ○○○○○)
　　　　　　전화.휴대폰번호:
　　　　　　팩스번호, 전자우편(e-mail)주소:

실권되어야 할 권리의 표시

　신청인 소유의 서울 ○○구 ○○동 ○○○ 대 300㎡에 관하여 서울 ○○구 ○○길 ○○○ ◇◇◇를 위한 ○○지방법원 등기과 20○○. ○. ○. 접수 제○○○호 임차권설정계약 존속기간 20○○. ○. ○.부터 20○○. ○○. ○○.까지의 2년간, 임차료 1개월 금 300,000원, 지급기일 매월 말일로 하는 임차권설정등기

신 청 취 지

위 권리에 관하여 공시최고절차를 거쳐 제권판결을 하여 주시기 바랍니다.

신 청 이 유

　위 임차권은 존속기간의 만료로 인하여 소멸하였으므로 신청인은 위 임차권설정등기의 말소등기절차이행을 신청하고자 하나, 등기의무자인 위 ◇◇◇는 행방불명이므로 등기절차에 협력을 구할 수가 없습니다.

그러므로 공시최고를 거쳐 제권판결을 구하고자 이 사건 신청을
합니다.

소 명 방 법

1. 소갑 제1호증   부동산등기사항증명서
1. 소갑 제2호증   임대차계약서
1. 소갑 제3호증   해지통고서
1. 소갑 제4호증   주민등록말소자등본

첨 부 서 류

1. 위 소명방법   각 1통
1. 실권되어야할 권리의 목록   1통

20○○.　○○.　○○.
위 신청인 ○○○　(서명 또는 날인)

○○지방법원　귀중

제2장

민사 보전소송 소장 작성례

제1절 가압류 신청서 작성 요령

1. 당사자 표시

1-1. 채권자·채무자

① 가압류를 신청하는 사람을 '채권자', 그 상대방을 '채무자'라 적고, 각각의 주소를 적습니다(「민사소송법」 제274조제1항 및 「민사소송규칙」 제2조).

② 대리인이 있는 경우 대리인의 이름(명칭 또는 상호)·주소와 연락처(전화번호·휴대폰번호·FAX번호 또는 전자우편주소 등)을 적습니다(「민사소송법」 제274조제1항 및 「민사소송규칙」 제2조).

```
채 권 자 ○ ○ ○ (주민등록번호)
  서울 ○○구 ○○동 111-11 ○○아파트 101동 101호 (우: 00000)
  채권자의 소송대리인 변호사 ○ ○ ○
  서울 ○○구 ○○동 333-33 ○○빌딩 111호
채 무 자 ○ ○ ○ (주민등록번호)
  서울 ○○구 ○○동 222-22 ○○빌라 203호 (우: 00000)
```

③ 미성년자가 당사자인 경우에는 법정대리인의 인적사항을 표시하고, 미성년자와의 관계를 소명할 수 있는 가족관계증명서를 제출해야 합니다.

```
채 권 자 ○ ○ ○ (주민등록번호)
  서울 ○○구 ○○동 111-11 ○○아파트 101동 101호 (우: 00000)
  채권자는 미성년자이므로 법정대리인
    친권자 부 ○ ○ ○, 모 ○ ○ ○
    서울 ○○구 ○○동 333-33 ○○빌딩 111호
채 무 자 ○ ○ ○ (주민등록번호)
  서울 ○○구 ○○동 222-22 ○○빌라 203호 (우: 00000)
```

④ 법인의 경우 ㉠ 법인명칭(또는 상호), ㉡ 주사무소(또는 본점), ㉢ 송달장소(영업소 또는 지점), ㉣ 대표자, ㉤ 법률상 대리인 ㉥ 소송상 대리인의 순서로 위에서부터 아래로 차례로 기재합니다.

채 권 자 주식회사 ○○ (법인등록번호)
　서울 ○○구 ○○동 111-11 (우: 000-000)
　대표이사 ○ ○ ○
채 무 자 의료법인 ○○ (법인등록번호)
　서울 ○○구 ○○동 222-22 ○○빌딩 203호 (우: 00000)
　소관 ○○병원 원무과
　대표자 이사장 ○ ○ ○
제3채무자 주식회사 ○○은행 (법인등록번호)
　서울 ○○구 ○○동 333-33 ○○빌딩 111호
　대표이사 ○ ○ ○
　소관 ○○지점
　서울 ○○구 ○○동 ○○-○○호

⑤ 채무자의 현주소지와 부동산등기사항증명서(또는 자동차·건설기계 등록원부)상의 주소가 다를 경우 이를 같이 적어 같은 사람임을 밝혀야 합니다.

채 무 자 ○ ○ ○ (주민등록번호)
　서울 ○○구 ○○동 222-22 ○○빌라 203호 (우: 00000)
　등기부상 주소 서울 ○○구 ○○동 1404 ○○빌딩 1003호

1-2. 기재 시 유의사항

① 주민등록번호는 기재하지 않아도 되지만, 당사자를 명확하게 지정

하기 위해 기재함이 좋습니다.

② 법인이 당사자인 경우 법인등기사항증명를 제출해야 하는바, 법인 등기사항증명서와 일치되도록 법인명칭, 주 사무소, 대표자, 법률상 대리인 등의 당사자를 표시해야 합니다.

③ 잘 알려진 법인의 경우를 제외하고는 법인명칭 옆 괄호 안에 법인 등록번호를 기입함이 법인의 특정을 위해 좋습니다.

2. 청구채권(피보전권리)의 표시 및 목적물의 표시

2-1. 피보전권리의 요지 적시

가압류신청서에는 신청취지 및 신청이유의 기재에 앞서 피보전 권리의 요지를 구체적으로 간결하게 표시해야 합니다(「민사집행법」 제279조제1항).

2-2. 청구채권의 표시

청구채권의 내용(피보전권리의 요지)은 다음의 예시와 같이 표시되나, 간결·명료하게 표시하기 어렵거나 그 내용이 길어 별지를 이용할 경우에는 "별지 기재 내용과 같음"으로 표시하고 별지를 붙입니다.

〈예시 1: 체불임금 및 퇴직금〉
청구채권의 표시 금 28,696,745원 (체불임금 및 퇴직금)(채권자들이 채무자에 대해 가지는 별지 제1목록 체불임금 및 퇴직금내역서 (마)항 기재의 미지급 임금 및 퇴직금청구채권)

〈예시 2: 대여금〉
청구채권의 표시 금 120,000,000원 (대여금) 채권자가 채무자에 대해 가지는 대여금청구채권

<예시 3: 손해배상금>
  청구채권의 표시 및 금액
금 19,978,765원(2001. 4. 25.자 채무자과실에 따른 교통사고로 인한
손해배상금)

2-3. 목적물의 표시

가압류할 목적물의 표시는 간략히 적되 그 내용이 긴 경우 "별지 목록 기재와 같음"이라고 표시하고, 별지로 첨부합니다(「민사집행법」 제279조 제1항).

3. 신청의 취지

3-1. 보전처분의 종류와 태양

① 소장의 청구취지에 상응하는 것으로 가압류를 통해 구하려는 그 내용을 말하며, 권리를 보전하기 위하여 필요한 보전처분의 종류와 태양을 적습니다(「민사집행규칙」 제203조 제2항).

② 법원을 구속하는 것은 아니지만 당사자의 신청목적과 한도를 나타내는 표준이 되므로 다음과 같이 명확히 적어야 합니다.

<예시 1: 부동산가압류>
1. 채권자는 채무자에 대한 위 청구채권의 집행을 보전하기 위하여 채무자
   소유의 별지 목록 기재 부동산을 가압류한다.
라는 재판을 구합니다.

<예시 2: 자동차가압류>
1. 채권자는 채무자에 대한 위 청구채권의 집행을 보전하기 위하여 채무자
   소유의 별지 목록 기재 자동차를 가압류한다.

라는 재판을 구합니다.

〈예시 3: 채권가압류〉

1. 채권자가 채무자에 대해 가지고 있는 위 청구채권의 집행을   보전하
   기 위하여 채무자의 제3채무자에 대한 별지 기재 채권을   가압류한다.
2. 제3채무자는 채무자에게 위 채권에 관한 지급을 해서는 아니   된다.
라는 재판을 구합니다.

4. 신청의 이유

4-1. 신청이유 적시

신청취지를 구하는 근거로서 ① 피보전권리의 존재와 ② 보전의
필요성을 구체적으로 적어야 합니다(「민사집행법」 제279조제2항 및
「민사집행규칙」 제203조 제2항).

4-2. 피보전권리

가압류에서는 피보전권리인 청구채권을 표시하고 그 금액을 적
습니다. 청구채권이 일정한 금액이 아닌 때에는 금전으로 환산한 금
액을 적습니다(「민사집행법」 제279조 제1항 제1호).

4-3. 보전의 필요성

「민사집행법」 제277조에 따라 가압류의 이유가 될 사실을 구체
적으로 명확하게 표시합니다(「민사집행법」 제279조 제1항제2호).

5. 그 밖의 기재사항

① 가압류 신청서에는 다음 각 호의 사항을 적습니다(「민사집행법」
   제279조 제2항 및 「민사소송법」 제274조).

   1. 법원의 표시
   2. 소명방법의 표시

3. 작성한 날짜

4. 당사자 또는 대리인의 기명날인 또는 서명

5. 덧붙인 서류의 표시

② 신청서에 기재해야 할 사항은 개별 가압류에 따라 약간씩 차이가 있습니다.

6. 가압류신청 진술서 작성

① 가압류신청 진술서 첨부

가압류 신청을 하려는 자는 가압류신청 진술서를 작성해야 합니다.

② 가압류신청 진술서의 누락 및 허위 작성

가압류신청 진술서를 첨부하지 않거나, 고의로 진술 사항을 누락하거나 허위로 진술한 내용이 발견된 경우에는 특별한 사정이 없는 한 보정명령 없이 신청이 기각될 수 있습니다(「보전처분 신청사건의 사무처리요령」 제3조).

③ 채무자가 여러 명인 경우에는 각 사람별로 진술서를 작성해야 합니다.

가압류신청 진술서

채권자는 가압류 신청과 관련하여 다음 사실을 진술합니다. 다음의 진술과 관련하여 고의로 누락하거나 허위로 진술한 내용이 발견된 경우에는, 그로 인하여 보정명령 없이 신청이 기각되거나 가압류이의절차에서 불이익을 받을 것임을 잘 알고 있습니다.

20 . . .

채권자(대리인) ---------- (날인 또는 서명)

◇ 다 음 ◇

---

1. 피보전권리와 관련하여

가. 채무자가 신청서에 기재한 청구채권을 인정하고 있습니까?

　예

　아니오 → 채무자의 주장의 요지 :

나. 채무자가 청구채권과 관련하여 오히려 채권자로부터 받을 채권을 가지고 있다고 주장하고 있습니까?

　예 → 채무자의 주장의 요지 :

　아니오

다. 채권자가 신청서에 기재한 청구금액은 본안소송에서 승소할 수 있는 금액으로 적정하게 산출된 것입니까? (과도한 가압류로 인해 채무자가 손해를 입으면 배상하여야 함)

　예

　아니오

2. 보전의 필요성과 관련하여

가. 채권자가 채무자의 재산에 대하여 가압류하지 않으면 향후 강제집행이 불가능하거나 매우 곤란해질 사유의 내용은 무엇입니까(필요하면 소명자료를 첨부할 것)

나. [유체동산가압류 또는 채권가압류사건인 경우] 채무자에게는 가압류할 부동산이 있습니까?

　예

　아니오 → 채무자의 주소지 소재 부동산등기사항증명서를 첨부할 것

다. ["예"라고 대답한 경우] 가압류할 부동산이 있다면, 부동산가압류 이외에 유체동산 및 채권가압류신청을 하는 이유는 무엇입니까?

　이미 부동산상의 선순위 담보 등이 부동산가액을 초과함 → 부동산등기사항증명서를 첨부할 것

　기타 사유 → 내용 :

3. 본안소송과 관련하여

가. 채권자는 신청서에 기재한 청구채권(피보전권리)의 내용과

관련하여 채무자를 상대로 본안소송을 제기한 사실이 있습니까?

예

아니오

나. ["예"로 대답한 경우]

① 본안소송을 제기한 법원·사건번호·사건명은?

② 현재 진행상황(소송이 계속중인 경우)은?

③ 소송결과(소송이 종료된 경우)는?

다. ["아니오"로 대답한 경우] 채권자는 본안소송을 제기할 예정입니까?

예 → 본안소송 제기 예정일 :

아니오

4. 중복가압류와 관련하여

가. 채권자는 이 신청 이전에 채무자를 상대로 동일한 가압류를 신청하여 기각된 적이 있습니까?

예

아니오

나. 채권자는 신청서에 기재한 청구채권을 원인으로, 이 신청과 동시에 또는 이 신청 이전에 채무자의 다른 재산에 대하여 가압류를 신청한 적이 있습니까?

예

아니오

다. [나.항을 "예"로 대답한 경우]

① 동시 또는 이전에 가압류를 신청한 법원·사건번호·사건명은?

② 현재 진행상황은?

③ 신청결과(취하/각하/인용/기각 등)는?

제2절 각종 가압류 신청서 작성례

1. 부동산에 대한 가압류 신청서

[작성례 ①] 부동산가압류신청서(대여금)

부동산가압류신청

채 권 자 ○○○
　　　　　○○시 ○○구 ○○길 ○○(우편번호 ○○○○○)
　　　　　전화.휴대폰번호:
　　　　　팩스번호, 전자우편(e-mail)주소:
채 무 자 ◇◇◇
　　　　　○○시 ○○구 ○○길 ○○(우편번호 ○○○○○)
　　　　　전화.휴대폰번호:
　　　　　팩스번호, 전자우편(e-mail)주소:

청구채권의 표시

금 ○○○원
채권자가 채무자에 대하여 가지는 대여금청구채권

가압류하여야 할 부동산의 표시

별지 제1목록 기재와 같습니다.

신 청 취 지

　채권자가 채무자에 대하여 가지는 위 채권의 집행을 보전하기
위하여 채무자　소유의 별지 제1목록 기재 부동산을 가압류한

다.
라는 재판을 구합니다.

신 청 이 유

1. 채권자는 채무자에게 20○○. ○. ○. 이자를 월 2%, 갚을 날짜
   는 12개월 뒤로 정하여 금 ○○○원을 빌려준 사실이 있습니
   다. 그러나 채무자는 갚을 날짜가 지난 지금까지 별다른 사유
   없이 지급하지 아니하고 있습니다.
2. 채권자가 알아본 결과 채무자는 다른 채권자에게도 많은 채무
   가 있고, 채무자의 재산이라고는 담보제공 된 아파트 한 채가
   있을 뿐입니다.
3. 채권자는 채무자로부터 대여금을 지급 받기 위한 본안소송을
   준비하고 있으나, 위와 같은 채무자의 재산상태에서는 승소한
   뒤에도 강제집행의 목적을 달성할 수 없기 때문에 이 사건
   신청에 이르게 된 것입니다.
4. 그리고 담보제공은 공탁보증보험증권(■■보증보험주식회사
   증권번호 제○○호)을 제출하는 방법으로 할 수 있도록 허가
   하여 주시기 바랍니다.

첨 부 서 류

1. 현금보관증   1통
1. 부동산등기사항전부증명서   2통
1. 가압류신청진술서   1통
1. 송달료납부서   1통

20○○. ○. ○.
위 채권자 ○○○ (서명 또는 날인)

○○지방법원 귀중

[별지 1]
가압류할 부동산의 표시

1. ○○시 ○○구 ○○동 ○○-○○
   대 157.4㎡
1.위 지상
   벽돌조 평슬래브지붕 2층주택
   1층 74.82㎡
   2층 74.82㎡
   지층 97.89㎡. 끝.

부동산가압류신청

채 권 자 ○○○
　　　　　○○시 ○○구 ○○길 ○○(우편번호 ○○○○○)
　　　　　전화.휴대폰번호:
　　　　　팩스번호, 전자우편(e-mail)주소:
채 무 자 ◇◇◇
　　　　　○○시 ○○구 ○○길 ○○(우편번호 ○○○○○)
　　　　　등기부상주소 : ○○시 ○○구 ○○길 ○○
　　　　　전화.휴대폰번호:
　　　　　팩스번호, 전자우편(e-mail)주소:

청구채권의 표시

금 71,986,849원정
손해배상금 또는 대여금 원금 48,000,000원 및 이자 금
　　　　　23,986,849원 합계

가압류하여야 할 부동산의 표시

별지 제1목록 기재와 같습니다.

신 청 취 지

　채권자가 채무자에 대하여 가지는 위 청구채권의 집행을 보전하기 위하여 채무자소유의 별지 제1목록 기재 부동산은 이를 가압류한다.
라는 재판을 구합니다.

신 청 이 유

1. 피보전권리
 가. 사기로 인한 손해배상청구채권
  (1) 채무자는 신청외 ◆◆◆의 처로 ○○시 ○○구 ○○길 ○○에 있는 부동산 소유자로서 자신의 집 2층 세입자의 보증금을 내주기 위하여 신청외 ◆◆◆에게 금전을 차용하여 오라고 하였습니다. 이에 채권자는 신청외 ◆◆◆로부터 다른 세입자가 들어오면 돈을 변제해주겠다는 말을 믿고 채무자가 세입자에게 내줄 보증금으로 사용하도록 1998. 7. 30. 금 45,000,000원을, 같은 해 10. 24. 금 3,000,000원을 각 이자는 월 2%로 정하여 빌려주었습니다.
  (2) 그러나 채무자는 채권자로부터 차용한 위 금전을 신청외 ◆◆◆로부터 받아 차용용도인 기존의 세입자에게 보증금으로 반환하지 않고 자신의 예금계좌에 입금하여 사용하고 그 뒤 다른 세입자가 입주하였는데도 불구하고 지금까지 채권자의 위 대여금을 변제하지 않고 있습니다.
  (3) 그런데 채무자와 신청외 ◆◆◆는 채권자가 세상물정에 어두운 2급 지체장애인 불구이고 행동이 부자유스러워 법적인 절차를 밟지 못할 것이라고 여기고 위 대여금채무를 변제할 의사조차 없이 채권자로부터 위와 같이 금전을 차용하고 지금까지 서로 돈을 사용한 사람은 상대방이라고 주장하며 위 채무를 변제하지 않고 있지만 채권자가 교부한 수표의 추적결과 이는 모두 채무자의 예금계좌에 입금되었습니다.
  (4) 이에 채권자는 채무자와 그 남편인 신청외 ◆◆◆를 사기 혐의로 고소하였으나 신청외 ◆◆◆는 현재 기소중지

중에 있고 채무자는 범죄혐의 있으나 신청외 ◆◆◆의 소재불명으로 또한 기소중지되어 있으면서 신청외 ◆◆◆로부터 받은 돈을 자신의 계좌에 입금하고서도 오히려 변제를 거부하고 있어, 채무자와 신청외 ◆◆◆는 당초부터 변제의사 없이 채권자로부터 위 금전을 차용한 것이 틀림없으므로 채권자는 채무자와 신청외 ◆◆◆는 사기의 불법행위자로 연대하여 채권자에게 불법행위로 인한 손해를 배상하여야 할 것입니다.

나. 예비적으로 대여금청구채권

(1) 만일, 채무자와 신청외 ◆◆◆가 채권자에게 변제할 의사가 있었다면 채무자는 자신 명의의 위 부동산에 세들어 있는 세입자에게 보증금을 반환하기 위하여 남편인 신청외 ◆◆◆에게 금전을 차용하여 오도록 하였고 신청외 ◆◆◆로부터 차용한 돈을 건네 받아 자신의 계좌로 입금까지 하였으므로, 신청외 ◆◆◆가 채권자로부터 위와 같이 금 48,000,000원을 차용한 행위는 일상가사의 대리행위 범위에 포함되거나 적어도 신청외 ◆◆◆의 대리행위를 추인한 것이므로 채무자는 채권자에게 위 대여금을 변제할 책임이 있다 할 것입니다.

(2) 더구나 채권자는 채무자와 신청외 ◆◆◆로부터 번갈아 1999. 4. 30.까지는 이자를 변제 받았으며 고소사건의 수사결과 채권자가 교부한 자기앞수표는 채무자의 계좌에 입금되었으므로 채무자는 차용인 또는 대리인인 신청외 ◆◆◆의 차용행위에 대하여 채권자에게 변제책임이 있다 할 것입니다.

다. 손해배상 또는 대여금채권의 범위

(1) 원금 48,000,000원

(2) 이자 금 23,986,849원{금 48,000,000원×0.24%(월 2%는 연 24%이므로)　　　×760/365일(1999. 5. 1부터 2001. 6. 30까지)}(원미만은 버림)

(3) 합계 금 71,986,849원
2. 보전의 필요성
　따라서 채무자는 채권자에게 손해배상 또는 대여금청구의 본안
　소송을 준비하고 있는데, 그 종결시까지는 상당한 시일이 걸
　리고 채무자는 다른 재산이 없으며 유일한 재산인 별지 1목
　록 기재의 재산조차 처분할 가능성이 많으므로 보전의 필요성
　이 있어 이 사건 가압류신청에 이르렀습니다.
3. 담보의 제공
　그리고 담보제공은 공탁보증보험증권(■■보증보험주식회사
　증권번호 제○○호)을 제출하는 방법으로 할 수 있도록 허가
　하여 주시기 바랍니다.

<h3 style="text-align:center">소 명 방 법</h3>

　1. 소갑 제1호증　　　　　　　차용증(1998. 7. 30.자)
　1. 소갑 제2호증　　　　　　　차용증(1998. 10. 24.자)
　1. 소갑 제3호증　　　　　　　불기소이유통지
　1. 소갑 제4호증의 1, 2　　　각 주민등록초본(채무자와
　신청외 ◈◈◈)
　1. 소갑 제5호증　　　　　　　가족관계증명서(채무자)

<h3 style="text-align:center">첨 부 서 류</h3>

　1. 위 소명방법　　　　　　　　각 1통
　1. 부동산등기사항증명서　　　　2통
　1. 가압류신청진술서　　　　　　1통
　1. 송달료납부서　　　　　　　　1통

　　　　　　　　　　　　20○○. ○. ○.
　　　　　　　　위 채권자 ○○○ (서명 또는 날인)

○○지방법원　귀중

[별 지 1]

부동산의 표시

1. ○○시 ○○구 ○○동 ○○
   대 103.8㎡
2. 위 지상 벽돌조 시멘트기와지붕 2층주택
   1층 66.30㎡
   2층 44.30㎡. 끝.

부동산가압류신청

채 권 자 ○○○
　　　　○○시 ○○구 ○○길 ○○(우편번호 ○○○○○)
　　　　전화.휴대폰번호:
　　　　팩스번호, 전자우편(e-mail)주소:
채 무 자 ◇◇◇
　　　　○○시 ○○구 ○○길 ○○(우편번호 ○○○○○)
　　　　전화.휴대폰번호:
　　　　팩스번호, 전자우편(e-mail)주소:

청구채권의 표시

금 ○○○원(채권자가 채무자로부터 가지는 위자료,
　　　　　　양육비채권의 일부금)

가압류하여야 할 부동산의 표시

별지 1목록 기재와 같습니다.

신 청 취 지

　채권자가 채무자에 대하여 가지는 위 청구채권의 집행을 보전하기 위하여 채무자 소유의 별지 1목록 기재 부동산은 이를 가압류한다.
라는 재판을 구합니다.

신 청 이 유

1. 채무자의 이혼사유

가. 채권자는 20○○. ○. ○. 채무자와 혼인하여 20○○. ○. ○. 아들 신청외 ◎◎◎를 낳고 지금까지 살고 있는데, 채무자는 아이를 임신한 초기부터 채권자를 구타하기 시작하였습니다. 20○○. ○.경 채권자가 임신한 사실을 알리자 채무자는 줄담배를 피우면서 "왜 임신을 했느냐?"며 채권자를 다그치고 채권자는 기가 차서 아무 대꾸도 못하고 태아에게 해로우니 담배를 밖에 나가서 피우라고 하자 오히려 연기를 채권자의 코에다 내뿜고 이에 채권자가 따지자 주먹으로 채권자의 안면부를 치고 밖으로 나간 사실이 있습니다. 그 뒤에도 여러 차례 폭력을 행사하였고 20○○. ○. ○. 채권자가 아들을 낳고 산후조리도 못하고 앓아 누워 있는데 채무자는 제 시간에 맞춰 밥을 해주지 않는다고 욕설과 함께 발과 주먹으로 채권자의 온몸을 때리고 밟아 1주일 동안 움직이지도 못하게 된 일도 있습니다.

나. 채무자는 채권자가 자신의 마음에 들지 않는다고 이야기하면서 마치 채권자를 노리개나 강아지처럼 취급하여 거실이나 방에서 지나가면서도 주먹으로 머리를 때리거나 발로 차고 지나갑니다.

다. 20○○. ○.경 채권자를 엎어놓고 발로 밟고 걷어차 채권자에게 늑골골절과 요추염좌의 상해를 입히고, 20○○. ○. ○. 그 동안 채무자의 이러한 행동으로 불안한 가정을 행복하게 해준다고 시어머니가 굿을 하라고 하여 할 수 없이 참여하게 되었는데 집으로 돌아온 채권자가 "굿을 한다고 되는 것이 아니라"고 하자 채무자는 자신의 모친이 하게 한 굿을 비난하였다고 채권자의 머리와 얼굴을 주먹으로 여러 차례 때려 채권자는 이를 감당할 수 없어 의식을 잃고 말았습니다. 다음날 깨어나서도 1주일 이상 계속 머리가 아프고 정신을 제대로 차리지 못하자 채권자는 외숙모를 데리고 와 같이 병원에 가서 진찰을 받은 결과 콧속의 뼈가 부러졌다는 진단을 받게 되었고 이를 수술하여야 하고 또 악성은 아니지만 뇌종양이 있다는 의사의 설명이 있는데도 채무자는 수술을 할 필요 없다면서 퇴원하도록 하였고 채권자는 지금까지 수술을 하지 못한 채 고통을 받고 있습니다.

라. 채권자는 이러한 채무자의 위와 같은 행패에도 불구하고 지금은 단지 정신이 홀려서 그럴 것이라는 생각과 제정신으로 돌아와 아이와 채권자를 돌볼 것이라는 환상을 가지고 고소와 이혼하는 것을 거부하고 참고 생활해왔는데, 채무자의 구타를 더 이상 견디지 못하고 무서워 채무자의 요구대로 이혼을 해주기로 하였으며 채무자는 위자료로 금 20,000,000원을 주고, 신청외 ◎◎◎는 자신이 부양한다고 하면서 일방적으로 협의이혼을 강요하므로 폭력이 두려워 협의이혼하기로 하였는바, 채권자는 협의이혼 법정에서도 이혼하지 않으려고 이혼의사여부를 묻는 질문에 눈물을 흘리면서 대답을 못하자 채무자는 채권자를 흘기면서 죽여버리겠다고 하므로 무서워서 협의이혼을 하겠다고 하였습니다.

마. 그러나 채무자는 채권자에게 지급하기로 한 위자료를 지급하지 않고 신청외 ◎◎◎를 채권자가 양육하기 위하여 채무자가 이혼신고를 하기 전에 채권자는 이혼의사철회신고를 먼저 제출하여 채무자의 이혼신고는 수리되지 않았습니다.

바. 채권자는 위에서 열거하지 않은 수많은 폭력과 학대를 더 이상 견딜 수 없고 정상적인 결혼생활을 지속하기 어려우며 이러한 파탄의 책임은 전적으로 채무자에게 있다고 할 것이므로 채무자는 채권자에게 위자료를 지급하여야 할 것입니다.

2. 위자료 청구

채무자는 위에서 열거한 것 외에도 헤아릴 수 없을 정도로 구타를 일삼았으며 비인간적인 수모를 주는 욕설과 무시로 인간의 존엄성을 무참히 짓밟았으므로 채권자에게 준 고통을 치유하기 위하여 최소한 금 30,000,000원을 지급하여야 할 것입니다.

3. 양육권자 및 양육비

   채무자는 채권자 사이에 출생한 신청외 ◎◎◎는 만 2세 남짓하여 엄마의 보호가 절실하며 채무자는 지금 신청외 ◎◎◎를 양육할 수도 없고 현재 자신의 형님 집에 보내어 키우고 있어 채무자가 양육하기에는 부적당하므로 채권자가 양육하고자 합니다. 한편, 채권자가 양육자로 지정된다면 친부인 채무자는 당연히 양육비를 부담하여야 할 것인데, 채권자 및 채무자의 재산상황, 신청외 ◎◎◎의 연령, 양육비용 등을 감안하였을 때 그 양육비는 매월 ○○○원이 상당하다고 할 것입니다. 따라서 채무자는 채권자에게 20○○. ○. ○.부터 신청외 ◎◎◎가 만 19세에 달하는 20○○. ○. ○.까지 매월말일 ○○○원씩을 지급하여야 할 것입니다.

4. 결 론

   이상과 같은 이유로 채무자는 채권자에게 이혼 등 청구소송을 준비하고 있는데, 채무자가 오히려 20○○드단○○○호로 이혼소송을 제기하였으나 종결시까지 상당한 시일이 걸리고 그 동안 채무자가 그 재산을 처분할 가능성이 많으므로 집행보전의 방법상 금 ○○○원(위자료 ○○○원 + 3년분 양육비 ○○○원)의 청구채권범위 내에서 부득이 이 사건 신청에 이른 것입니다.

5. 담보제공

   담보제공은 공탁보증보험증권(■■보증보험주식회사 증권번호 제○○호)을 제출하는 방법으로 할 수 있도록 허가하여 주시기 바랍니다.

소 명 방 법

1. 소갑 제1호증   혼인관계증명서
1. 소갑 제2호증   가족관계증명서
1. 소갑 제3호증   주민등록등본
1. 소갑 제4호증   치료확인서
1. 소갑 제5호증   진단서
1. 소갑 제6호증   각서

첨 부 서 류

1. 위 소명서류   각 1통
1. 부동산등기사항증명서   2통
1. 가압류신청진술서   1통
1. 송달료납부서   1통

                    20○○. ○. ○.
          위 채권자 ○○○ (서명 또는 날인)

○○지방법원 귀중

[별 지 1]

부동산의 표시

1동의 건물의 표시
        ○○시 ○○구 ○○동 ○○
        [도로명주소] ○○시 ○○구 ○○길 ○○
        ○○시 ○○구 ○○동 ○○-○ ◎◎아파트 제107동
        철근콘크리트조 슬래브지붕 15층 아파트
전유부분의 건물의 표시
        철근콘크리트조 제9층 제901호 131.40㎡

대지권의 목적인 토지의 표시
     1. ○○시 ○○구 ○○동 ○○ 대 ○○○○㎡
     2. ○○시 ○○구 ○○동 ○○-○ 대 ○○○㎡
대지권의 표시　1, 2 소유대지권 비율 43685.4분의 58.971. 끝.

부동산가압류신청

채 권 자 ○○○
        ○○시 ○○구 ○○길 ○○(우편번호 ○○○○○)
        전화.휴대폰번호:
        팩스번호, 전자우편(e-mail)주소:
채 무 자 ◇◇◇
        ○○시 ○○구 ○○길 ○○(우편번호 ○○○○○)
        전화.휴대폰번호:
        팩스번호, 전자우편(e-mail)주소:

청구채권의 표시

금 10,000,000원정
채권자가 채무자에 대하여 가지는 약속어음금청구채권

가압류할 부동산의 표시

별지 제1목록 기재와 같습니다.

신 청 취 지

  채권자가 채무자에 대하여 가지는 위 채권의 집행을 보전하기 위하여 채무자   소유의 별지 제1목록 기재 부동산을 가압류한다.
라는 재판을 구합니다.

신 청 원 인

1. 채무자는 신청외 ■■주식회사 발행의 액면금액 금 10,000,000원정, 지급기일 20○○. ○. ○. 지급지 및 장소 : ○○시, ○○은행 ○○동지점으로 된 약속어음을 배서.양도하였습니다.
2. 이 사건 약속어음은 신청외 ■■주식회사가 신청외 ◆①◆에게 발행.교부하여 다시 신청외 ◆②◆에게, 다시 신청외 ◆③◆에게, 다시 채무자에게 배서.양도함으로써 전전 유통되었고 채권자는 채무자로부터 이 사건 약속어음을 배서.양도받아 적법한 최종 소지인이 되었습니다.
3. 채권자는 이 사건 약속어음의 지급기일에 지급장소에 가서 지급제시 하였으나, 이 사건 약속어음은 지급기일 도래 전에 이미 부도처리된 것으로 확인되었습니다.
4. 채권자는 이 사건 약속어음을 배서.양도한 책임이 있는 채무자로부터 금 10,000,000원의 약속어음금을 구하는 본안소송을 준비하고 있으나, 채무자는 별지 1목록 기재 부동산 외에 별다른 재산이 없으며 이마저도 다른 사람에게 처분할 가능성이 있어 지금 곧 가압류하지 않으면 승소 후에도 강제집행의 목적을 달성할 수 없게 될 우려가 있어 이 사건 신청에 이르게 된 것입니다.
5. 담보제공은 공탁보증보험증권(■■보증보험주식회사 증권번호 제○○호)을 제출하는 방법으로 할 수 있도록 허가하여 주시기 바랍니다.

첨 부 서 류

1. 약속어음	1통
1. 부동산등기사항증명서	2통
1. 가압류신청진술서	1통
1. 송달료납부서	1통

20○○. ○. ○.

위 채권자 ○○○ (서명 또는 날인)

○○지방법원 귀중

[별 지 1]

부동산의 표시

1. ○○시 ○○구 ○○동 ○○-○○
   대 157.4㎡
1. 위 지상
   벽돌조 평슬래브지붕 2층주택
   1층 74.82㎡
   2층 74.82㎡
   지층 97.89㎡. 끝.

2. 자동차·건설기계에 대한 가압류 신청서

[작성례 ①] 자동차가압류명령신청서

자동차가압류명령신청

채 권 자 ○○○
　　　　　○○시 ○○구 ○○길 ○○(우편번호 ○○○○○)
　　　　　전화.휴대폰번호:
　　　　　팩스번호, 전자우편(e-mail)주소:
채 무 자 ◇◇◇
　　　　　○○시 ○○구 ○○길 ○○(우편번호 ○○○○○)
　　　　　전화.휴대폰번호:
　　　　　팩스번호, 전자우편(e-mail)주소:

청구채권의 표시
금 15,000,000원정
(20○○. ○. 초순경부터 20○○. ○. ○.까지 판매한 유압실린더
매매대금)

가압류할 자동차의 표시
별지 제1목록 기재와 같습니다.

신 청 취 지

　채권자가 채무자에 대하여 가지고 있는 위 청구채권의 집행을
보전하기 위하여 채무자 소유의 별지 제1목록 기재의 자동차를
가압류한다.
라는 재판을 구합니다.

신 청 이 유

1. 채권자는 ○○시 ○○구 ○○길 ○○에서 '●●기공'이라는 상호로 유공압기기 등을 제조하는 사람이고, 채무자는 ○○시 ○○구 ○○길 ○○-○○에서 '◎◎상사'라는 상호로 유공압 제품을 도매하는 사람입니다.

2. 채무자는 채권자에게 20○○. ○. 초순경부터 20○○. ○. ○. 까지 유압실린더 등의 물품을 납품하여 줄 것을 요청하여 채권자는 채무자의 요청대로 여러 차례에 걸쳐 위 기간동안 채무자 운영의 위 '◎◎상사'에 유압실린더 등의 물품을 납품하고 채무자로부터 물품인수에 대한 확인을 받음으로써 그 물품대금이 20○○. ○. ○○.자로 금 15,000,000원에 달하였으나, 채무자는 채권자로부터 납품받은 위 유압실린더 등의 물품대금의 지급을 계속 미루기만 할 뿐 그 지급을 하지 않고 있어 채권자는 그 동안 여러 차례에 걸쳐 채무자에게 위 물품대금의 지급을 독촉한바 있습니다.

3. 그 뒤 채무자는 20○○. ○○. ○. 채무자가 채권자에게 지급하여야 할 물품대금이 금 15,000,000원에 이르고 있음을 확인함과 동시에 무슨 일이 있어도 위 물품대금을 20○○. ○. ○. ○○.까지 지급하겠다는 취지의 지불각서를 채권자에게 교부하였음에도 불구하고 그 지급을 계속 미루고 있어, 채권자는 채무자를 상대로 본안소송을 준비중이나, 채무자에는 별지 제1목록 기재 자동차만 있을 뿐 별다른 재산이 없는 상태로 위 자동차마저도 처분할 우려가 있어 그 집행을 보전하기 위하여 이 사건 신청에 이른 것입니다.

4. 이 사건 담보제공은 공탁보증보험증권(○○보험주식회사 증권번호 제○○○-○○○-○○○호)을 제출하는 방법에 의할 수 있도록 허가하여 주시기 바랍니다.

소 명 방 법

1. 소갑 제1호증   물품공급계약서
1. 소갑 제2호증   인수증
1. 소갑 제3호증   지불각서

첨 부 서 류

1. 위 소명방법   각 1통
1. 자동차등록원부   1통
1. 가압류신청진술서   1통
1. 송달료납부서   1통

20○○. ○. ○.
위 채권자 ○○○ (서명 또는 날인)

○○지방법원 ○○지원 귀중

[별지 1]

자동차의 표시

1. 자동차등록번호: 서울○○다○○○○호
1. 형식승인번호: ○-○○○○-005-006
1. 차   명: ○○○
1. 차   종: 승용자동차
1. 차 대 번 호: ○○○○○○○
1. 원 동 기 형 식: ○○○○○
1. 등 록 연 월 일 : 20○○. ○. ○.
1. 최 종 소 유 자: ◇◇◇
1. 사 용 본 거 지: ○○시 ○○구 ○○길 ○○. 끝.

건설기계가압류신청

채 권 자 ○○○
　　　　　○○시 ○○구 ○○길 ○○(우편번호 ○○○○○)
　　　　　전화.휴대폰번호:
　　　　　팩스번호, 전자우편(e-mail)주소:
채 무 자 ◇◇◇
　　　　　○○시 ○○구 ○○길 ○○(우편번호 ○○○○○)
　　　　　전화.휴대폰번호:
　　　　　팩스번호, 전자우편(e-mail)주소:

청구채권의 표시
금 3,500,000원
(20○○. ○. ○.부터 20○○. ○○. ○.까지 임금)

가압류할 중기의 표시
별지 제1목록 기재와 같습니다.

신 청 취 지

　채권자가 채무자에 대하여 가지는 청구채권의 집행을 보전하기 위하여 채무자 소유의 별지 제1목록 기재 건설기계를 가압류한다.
라는 재판을 구합니다.

신 청 이 유

1. 채권자는 ○○시 ○○구 ○○길 ○○에 있는 (주)◆◆종합화물

의 지입차주인 채무자에게 고용되어 20○○. ○. ○.부터 20○
○. ○○. ○.까지 근로를 제공하였으나 임금 3,500,000원을
지급받지 못하고 있습니다.

2. 채권자는 채무자에 대하여 여러 차례에 걸쳐 임금의 지급을
   요구했으나, 채무자는 전혀 이에 응하지 아니하므로, 채권자
   는 채무자를 상대로 위 임금의 청구소송을 제기하려고 준비
   중이나, 채무자는 별지 제1목록 기재의 건설기계 외에는 다
   른 재산이 없어, 채무자가 위 별지 제1목록 기재의 건설기계
   를 처분 또는 은닉할 경우 채권자가 나중에 본안소송에서 승
   소판결을 받아도 이를 집행할 수 없을 염려가 있으므로 집행
   보전을 위하여 이 사건 신청에 이른 것입니다.

3. 한편, 채권자는 경제적 여유가 없으므로 이 사건 담보제공은
   무공탁으로 할 수 있도록 허가하여 주시거나, 민사집행법
   제19조 제3항, 민사소송법 제122조에 의하여 보증보험주식회
   사와 지급보증위탁계약을 맺은 문서를 제출하는 방법으로 담
   보제공을 할 수 있도록 허가하여 주시기 바랍니다.

소 명 방 법

1. 소갑 제1호증   체불금품확인원

첨 부 서 류

1. 위 소명방법   1통
1. 건설기계등록원부   1통
1. 가압류신청진술서   1통
1. 송달료납부서   1통

20○○. ○. ○.

위 채권자 ○○○ (서명 또는 날인)

○○지방법원 ○○지원 귀중

[별 지 1]

건설기계의 표시

1. 중 기 명 : 덤프트럭
1. 중기등록번호 : 전남 ○○가○○○○
1. 형 식 : AM ○○○○
1. 중기차대번호 : ○○○○
1. 원동기형식 : DSC ○○○
1. 등록년월일 : 20○○. ○. ○.
1. 사용본거지 : ○○시 ○○구 ○○길 ○○
1. 소 유 자 : ◇◇◇. 끝.

3. 유체동산에 대한 가압류 신청

[작성례 ①] 유체동산가압류신청서(물품대금)

유체동산가압류신청

채 권 자 ○○○
　　　　　○○시 ○○구 ○○길 ○○(우편번호 ○○○○○)
　　　　　전화.휴대폰번호:
　　　　　팩스번호, 전자우편(e-mail)주소:
채 무 자 ◇◇◇
　　　　　○○시 ○○구 ○○길 ○○
　　　　　송달장소 ○○시 ○○구 ○○길 ○○-○○(우편번호
○○○○○)
　　　　　전화.휴대폰번호:
　　　　　팩스번호, 전자우편(e-mail)주소:

청구채권의 표시
금 30,000,000원정
(20○○. ○. ○.부터 20○○. ○. ○.까지 납품한 가죽지갑 대금)

신 청 취 지

　채권자가 채무자에 대하여 가지는 위 청구채권의 집행을 보전
하기 위하여 채무자 소유의 유체동산을 가압류한다.
라는 재판을 구함.

신 청 이 유

1. 채권자는 위 주소지에서 가죽가공시설을 갖추어 놓고 가죽지

갑을 만들어 채무자에게 납품을 한 사람이고, 채무자는 위 송달장소에서 '○○'이라는 상호의 가죽제품 판매점포를 운영하는 사람입니다.

2. 채권자는 수년동안 채무자의 점포에 채권자가 생산한 가죽지갑을 납품해왔는데, 받지 못한 물품대금이 계속 누적되어 20○○. ○. ○.까지 총액 금 30,000,000원에 이르렀던바, 채무자는 20○○. ○. ○○.까지 갚겠다고 하였으나, 약속을 지키지 않고 오늘에 이르고 있습니다.

3. 사정이 위와 같으므로 채권자는 미수금 30,000,000원 및 이에 대한 지연손해금을 받기 위하여 채무자를 상대로 물품대금청구소송을 준비중에 있으나, 채무자는 유체동산 외에는 달리 재산이 없는데다가 이를 처분할 경우 채권자가 나중에 본안소송에서 승소한다 하더라도 집행이 불가능해질 우려가 있어 이 사건 가압류신청에 이르게 되었습니다.

4. 이 사건 담보제공에 관하여는 민사집행법 제19조 제3항, 민사소송법 제122조에 의하여 보증보험주식회사와 지급보증위탁계약을 맺은 문서를 제출하는 방법으로 담보제공을 할 수 있도록 허가하여 주시기 바랍니다.

소 명 방 법

1. 소갑 제1호증   지불각서
1. 소갑 제2호증   거래장

첨 부 서 류

1. 위 소명방법   각 1통
1. 가압류신청진술서   1통
1. 송달료납부서   1통

20○○.　○.　○.

위 채권자 ○○○ (서명 또는 날인)

○○지방법원　귀중

유체동산가압류신청

채 권 자 ○○○
　　　　　○○시 ○○구 ○○길 ○○(우편번호 ○○○○○)
　　　　　전화.휴대폰번호:
　　　　　팩스번호, 전자우편(e-mail)주소:
채 무 자 주식회사 ◇◇◇
　　　　　○○시 ○○구 ○○길 ○○(우편번호 ○○○○○)
　　　　　대표이사 ◆◆◆
　　　　　전화.휴대폰번호:
　　　　　팩스번호, 전자우편(e-mail)주소:

청구금액 : 금 ○○○○원정
피보전권리 : 20○○. ○. ○.부터 20○○. ○. ○.까지의 임금채권

신 청 취 지

　채권자는 채무자에 대한 위 청구채권의 집행을 보전하기
위하여 채무자 소유의 유체동산을 가압류한다.
라는 재판을 구합니다.

신 청 이 유

1. 채무자는 ○○업을 목적으로 하는 주식회사로서 채권자를 고용
   한 회사입니다.
2. 채권자는 20○○. ○. ○.부터 20○○. ○. ○.까지 채무자에게
   고용되어 일을 해 왔는데 아직 채무자로부터 받지 못한 임금
   이 금 ○○○○원입니다.

3. 채무자는 위 돈을 주겠다는 약속을 하면서도 아직 지급하지 아니하므로 채권자로서는 위 돈의 지급을 구하는 본안소송을 준비중에 있으나, 채권자가 조사한 바에 의하면 채무자는 채권자 이외에도 많은 채무를 부담하고 있고, 채무자는 재산상태와 신용악화로 현재 유체동산 또한 어느 때 어떠한 형식으로 처분하여 채권자에 대한 채무를 면탈할는지 알 수 없는 실정이므로 채권자는 후일 채무자를 상대로 하는 승소판결의 집행보전을 위하여 위 금액에 대하여 채무자 소유의 유체동산에 대하여 이 사건 가압류신청에 이르게 되었습니다.

4. 한편, 채권자는 장기간 급여를 받지 못하고 취업을 제대로 하지 못해 생계에 적지 않는 어려움이 있으므로 이 사건 담보제공은 무공탁으로 할 수 있도록 허가하여 주시거나, 민사집행법 제19조 제3항, 민사소송법 제122조에 의하여 보증보험주식회사와 지급보증위탁계약을 맺은 문서를 제출하는 방법으로 담보제공을 할 수 있도록 허가하여 주시기 바랍니다.

소 명 방 법

1. 소갑 제1호증　　　　　　체불금품확인원
1. 소갑 제2호증　　　　　　임금지불각서

첨 부 서 류

1. 위 소명방법　　　　　　각 1통
1. 법인등기사항증명서　　　1통
1. 가압류신청진술서　　　　1통
1. 송달료납부서　　　　　　1통

20○○.　○.　○.

위 채권자 ○○○ (서명 또는 날인)

○○지방법원 귀중

유체동산가압류신청

채 권 자 ○○○
　　　　○○시 ○○구 ○○길 ○○(우편번호 ○○○○○)
　　　　전화.휴대폰번호:
　　　　팩스번호, 전자우편(e-mail)주소:
채 무 자 ◇◇◇
　　　　○○시 ○○구 ○○길 ○○(우편번호 ○○○○○)
　　　　전화.휴대폰번호:
　　　　팩스번호, 전자우편(e-mail)주소:

청구채권의 표시
금 27,000,000원정(20○○. ○. ○.자 약정금 27,000,000원)

신 청 취 지

　채권자가 채무자에 대하여 가지는 위 청구채권의 집행을 보전하기 위하여 채무자 소유의 유체동산을 가압류한다.
라는 재판을 구함.

신 청 이 유

1. 채권자는 신청외 ◆◆◆에게 20○○. ○. ○. 교통사고를 당하였는바, 신청외 ◆◆◆의 아버지인 채무자가 합의를 요구하여 채권자는 20○○. ○. ○○. 채무자로부터 금 30,000,000원을 받기로 하고 채무자에게 각서를 받은 사실이 있습니다.
2. 그런데 채무자는 금 3,000,000원만 입금시켜 주고 차액 금 27,000,000원을 지급하지 않고 있습니다. 채권자가 채무자에

게 금 27,000,000원을 지급하라고 여러 차례 독촉하여도 채무자는 계속 미루고만 있습니다.

3. 사정이 위와 같으므로 채권자는 약정금 27,000,000원 및 이에 대한 지연손해금을 받기 위하여 채무자를 상대로 약정금의 지급을 구하는 소송을 준비중에 있으나, 채무자가 유체동산 외에는 달리 재산이 없는데다가 이를 처분할 경우 채권자가 나중에 본안소송에서 승소한다 하더라도 집행이 불가능해질 우려가 있어 이 사건 가압류신청에 이르게 되었습니다.

4. 이 사건 명령신청에 대한 담보제공에 관하여는 민사집행법 제19조 제3항, 민사소송법 제122조에 의하여 보증보험주식회사와 지급보증위탁계약을 맺은 문서를 제출하는 방법으로 담보제공을 할 수 있도록 허가하여 주시기 바랍니다.

소 명 방 법

1. 소갑 제1호증 　　　　교통사고사실확인원
1. 소갑 제2호증 　　　　각서

첨 부 서 류

1. 위 소명방법 　　　　　　　각 1통
1. 가압류신청진술서 　　　　　1통
1. 송달료납부서 　　　　　　　1통

20○○.　○.　○.

위 채권자 ○○○ (서명 또는 날인)

○○지방법원　귀중

4. 금전채권에 대한 가압류 신청

[작성례 ①] 채권가압류신청서(매매대금채권으로 택배수수료채권)

채 권 가 압 류 신 청

채 권 자 ○○○ (주민등록번호)
　　　　　　○○시 ○○구 ○○길 ○○(우편번호 ○○○○○)
　　　　　　전화.휴대폰번호:
　　　　　　팩스번호, 전자우편(e-mail)주소:
채 무 자　　　　◇◇택배주식회사
　　　　　　○○시 ○○구 ○○로 ○○(우편번호 ○○○○○)
　　　　　　대표이사　◈◈◈
제3채무자　　　　주식회사 ◎◎유통
　　　　　　○○시 ○○구 ○○로 ○○(우편번호 ○○○○○)
　　　　　　대표이사　◈◈◈

청구채권의 표시 금 30,000,000원
　　　　　(채권자가 채무자에 대하여 가지는 매매대금채권)
가압류할 채권의 표시 별지 목록 기재와 같음

신 청 취 지

1. 채무자가 제3채무자에 대하여 가지는 별지 목록 기재의 채권
　을 가압류한다.
2. 제3채무자는 채무자에게 위 채권에 관한 지급을 하여서는 아
　니 된다.
라는 결정을 구합니다.

신 청 이 유

---

1. 피보전채권의 성립

가. 채권자는 20○○. 6. 1. 채무자에게 1톤 화물차량(96버 0000) 1대를 대금 30,000,000원에 매도하고, 매매대금은 차량의 인도 즉시 지급받기로 하였습니다.

나. 채권자는 20○○. 6. 10. 위 매매계약의 내용대로 채무자에게 차량을 인도함과 동시에 이전등록에 필요한 서류 일체를 교부하여 주었으나, 채무자는 인도일로부터 일주일이 지난 현재까지 매매대금 일체를 지급하지 않고 있습니다.

다. 그렇다면, 채무자는 채권자에게 위 매매대금 30,000,000원 및 이에 대하여 차량 인도 다음날인 20○○. 6. 11.부터 소장부본송달일까지는 상법이 정한 연6%의, 그 다음 날부터 다 갚는 날까지 소송촉진등에관한특례법에서 정한 연 15%의 각 비율에 의한 지연손해금을 지급할 의무가 있습니다.

2. 보전의 필요성

채권자는 채무자를 상대로 20○○. 6. 1. 자 매매계약을 원인으로 한 매매대금의 지급을 구하는 소를 제할 예정인데, 채권자로서는 별지 기재 채권 이외에 별다른 책임재산을 알지 못하고, 본안소송의 진행에 상당한 시일이 소요될 것으로 예상되며, 전술한 바와 같은 사정에 비추어 본안소송의 진행 중 채무자가 위 채무자 소유의 채권마저 은닉, 처분할 가능성이 높으므로 채권자가 만일 본안소송에서 승소하더라도 청구채권의 집행이 불능에 이를 수도 있으므로 그 집행을 보전하기 위하여 이 사건 신청에 이르게 되었습니다.

3. 담보제공

채권자는 영세한 소상공인으로서 담보제공을 할 만한 경제적 능력이 되지 아니한 점을 참작하시어, 담보의 제공은 보증보험회사와 지급보증위탁계약을 체결한 문서를 제출하는 것으로 갈음하는 것을 허가하여 주시기 바랍니다.

소 명 방 법

1. 소갑 제1호증   매매계약서
1. 소갑 제2호증   자동차등록원부(갑구)
1. 소갑 제3호증   부동산등기부등본
                            (채무자의 주소지, 토지 및 건물)
1. 소갑 제4호증   법인등기사항증명서(채무자, 제3채무자)

첨 부 서 류

1. 위 소명방법   각 1통
1. 가압류신청 진술서   1통
1. 소송위임장   1통
1. 송달료납부서   1통

20○○.   ○ .   ○ .

위 채권자   ○○○   (서명 또는 날인)

○○지방법원   귀중

(별지)

가압류할 채권의 표시

금 30,000,000원
　(채권자가 채무자에 대하여 가지는 매매대금 채권)
단, 채무자 ◇◇택배주식회사(법인등록번호)가 제3채무자 주식회사 ◎◎유통과 택배운송계약을 체결한 후 택배 용역을 제공하고 지급받을 수수료 채권 중 위 청구금액에 이를 때까지의 금액.
끝.

　　　　　(대여금채권으로 임금 및 퇴직금에 대하여)

채권가압류신청

채 권 자 ○○○
　　　　　○○시 ○○구 ○○길 ○○(우편번호 ○○○○○)
　　　　　전화.휴대폰번호:
　　　　　팩스번호, 전자우편(e-mail)주소:
채 무 자 ◇◇◇
　　　　　○○시 ○○구 ○○길 ○○(우편번호 ○○○○○)
　　　　　전화.휴대폰번호:
　　　　　팩스번호, 전자우편(e-mail)주소:
　　　　　(소속부서 : ■■주식회사 ○○공장 생산부장
　　　　　 주민등록번호 : ○○○○○○-○○○○○○○)
제3채무자 ■■주식회사
　　　　　○○시 ○○구 ○○길 ○○(우편번호 ○○○○○)
　　　　　대표이사 ■■■
　　　　　전화.휴대폰번호:
　　　　　팩스번호, 전자우편(e-mail)주소:

청구채권의 표시

금 10,000,000원정(20○○. ○. ○.자 대여금)

가압류할 채권의 표시

별지 제1목록 기재와 같습니다.

신 청 취 지

1. 채무자가 제3채무자에 대하여 가지는 별지 제1목록 기재의 채권을 가압류한다.
2. 제3채무자는 채무자에게 위 채권에 관한 지급을 하여서는 아니 된다.
라는 재판을 구합니다.

신 청 원 인

1. 채무자는 20○○. ○. ○. 채권자로부터 금 10,000,000원을 차용함에 있어서 차용금에 대한 상환은 20○○. ○○. ○.로, 이자는 월 2%로 매월 말일에 지급하겠다는 취지의 차용증서를 작성.교부하고 같은 날 차용금 10,000,000원을 교부받은 바 있습니다.
2. 그런데 채무자는 위 차용금증서에 의한 약정에 따라 20○○. ○○. ○. 위 차용금에 대한 원금을 상환하여야 할 의무가 있음에도 불구하고 위 차용일로부터 현재에 이르기까지 약정에 따른 이자만 지급하고는 원금의 상환에 불응하고 있어 채권자는 그 동안 여러 차례에 걸쳐 채무자가 지체하고 있는 차용금의 지급을 촉구하였으나 지금까지 이에 응하지 않고 있습니다.
3. 따라서 채권자는 채무자를 상대로 하여 대여금의 지급을 구하는 본안소송을 준비중에 있으나, 채권자가 알아본 결과 채무자는 별지 제1목록 기재 채권외에는 별다른 재산이 없는데, 이를 처분할 경우 훗날 채권자가 본안소송에서 승소판결을 받는다고 하여도 강제집행의 목적을 달성할 수 없을 우려가 있어 그 동안 청구채권의 집행보전의 방법으로 시급히 이 사건 가압류신청에 이른 것입니다.
4. 이 사건 담보제공에 관하여는 민사집행법 제19조 제3항, 민사소송법 제122조에 의하여 보증보험주식회사와 지급보증위

탁계약을 맺은 문서를 제출하는 방법으로 담보제공을 할 수 있도록 허가하여 주시기 바랍니다.

소명방법 및 첨부서류

1. 소갑 제1호증 차용금증서   1통
1. 법인등기사항증명서   1통
1. 가압류신청진술서   1통
1. 송달료납부서   1통

20○○. ○. ○.

위 채권자 ○○○ (서명 또는 날인)

○○지방법원   귀중

[별 지 1]

가압류할 채권의 표시

금 10,000,000원정

채무자가 제3채무자로부터 매월 지급받을 급여(본봉, 각종 수당 및 상여금 등에서 제세공과금을 공제한 금액)에서 1/2씩 위 청구금액에 이를 때까지의 금액[다만, **국민기초생활보장법에 의한 최저생계비를 감안하여 민사집행법 시행령이 정한 금액에 해당하는 경우에는 이를 제외한 나머지 금액, 표준적인 가구의 생계비를 감안하여 민사집행법 시행령이 정한 금액에 해당하는 경우에는 이를 제외한 나머지 금액**] 및 위 청구금액에 달하지 아니한 사이에 퇴직한 때에는 퇴직금 중 제세공과금을 뺀 잔액의 1/2씩 위 청구금액에 이를 때까지의 금액. 끝.

        (물품대금채권으로 공사대금채권에 대하여)

채권가압류신청

채 권 자 ○○○
       ○○시 ○○구 ○○길 ○○(우편번호 ○○○○○)
       전화.휴대폰번호:
       팩스번호, 전자우편(e-mail)주소:
채 무 자 ◇◇◇
       ○○시 ○○구 ○○길 ○○(우편번호 ○○○○○)
       전화.휴대폰번호:
       팩스번호, 전자우편(e-mail)주소:
제3채무자 ◈◈◈
       ○○시 ○○구 ○○길 ○○(우편번호 ○○○○○)
       전화.휴대폰번호:
       팩스번호, 전자우편(e-mail)주소:

청구채권의 표시

금 10,000,000원(20○○. ○. ○.자 시멘트 매매대금)

가압류할 채권의 표시

별지 제1목록 기재와 같습니다.

신 청 취 지

1. 채무자의 제3채무자에 대한 별지 제1목록 기재의 채권을 가압
   류한다.

2. 제3채무자는 채무자에게 위 채권에 관한 지급을 하여서는 아
    니 된다.
라는 결정을 구합니다.

신 청 이 유

1. 채권자는 채무자에 대하여 20○○. ○. ○. 금 10,000,000원 상
    당의 시멘트를, 변제기를 20○○. ○. ○○.로 약정하고 판매
    하였으나 채무자는 변제기에 이르러서도 이를 지급하지 않고
    있습니다.
2. 채권자는 채무자에 대하여 물품대금청구의 소를 제기하고자
    준비중이나, 채무자는 다른 사람에게도 많은 채무를 부담하고
    있고, 제3채무자에 대하여 가지는 공사대금채권 외에는 다른
    재산이 없어 지금 가압류를 해두지 않으면 나중에 승소판결을
    얻더라도 집행을 할 수 없으므로 집행보전을 위하여 이 사건
    신청을 하게 되었습니다.
3. 이 사건에 대한 담보제공은 공탁보증보험증권(■■보증보험
    주식회사 증권번호 제○○호)을 제출하는 방법으로 할 수 있
    도록 허가하여 주시기 바랍니다.

소 명 방 법

  1. 소갑 제1호증   물품수령증
  1. 소갑 제2호증   통고서(내용증명우편)

첨 부 서 류

  1. 위 소명방법   각 1통
  1. 가압류신청 진술서   1통
  1. 송달료납부서   1통

20○○. ○. ○.

위 채권자 ○○○ (서명 또는 날인)

○○지방법원 귀중

[별 지 1]

가압류할 채권의 표시

금 10,000,000원

채무자가 제3채무자로부터 수급하여 시행한 제3채무자의 ○○시 ○○구 ○○길 ○○에 있는 신축중인 건물에 대한 공사대금채권 가운데 위 청구채권에 이를 때까지의 금액. 끝.

[작성례 ④] 채권가압류신청서
　　　　　(손해배상채권으로 임차보증금반환채권에 대하여)

채권가압류신청

채 권 자 ○○○
　　　　　○○시 ○○구 ○○길 ○○(우편번호 ○○○○○)
　　　　　전화.휴대폰번호:
　　　　　팩스번호, 전자우편(e-mail)주소:
채 무 자 ◇◇◇
　　　　　○○시 ○○구 ○○길 ○○(우편번호 ○○○○○)
　　　　　전화.휴대폰번호:
　　　　　팩스번호, 전자우편(e-mail)주소:
제3채무자 ◆◆◆
　　　　　○○시 ○○구 ○○길 ○○(우편번호 ○○○○○)
　　　　　전화.휴대폰번호:
　　　　　팩스번호, 전자우편(e-mail)주소:

청구채권의 표시 및 금액
금 19,978,765원(2001. 4. 25.자 채무자과실에 의한 교통사고로
인한 손해배상금)

가압류할 채권의 표시
별지 제1목록 기재와 같습니다.

신 청 취 지

1. 채무자의 제3채무자에 대한 별지 제1목록 기재의 채권을 가
　압류한다.
2. 제3채무자는 채무자에게 위 채권에 관한 지급을 하여서는 아

니 된다.
라는 결정을 구합니다.

신 청 이 유

1. 손해배상책임의 발생

채무자는 2001. 4. 25. ○○:○○경 ○○시 ○○구 ○○길 ○○○ ○○하수처리장 앞 노상에서 채무자 소유의 서울○○도○○○○호 차량을 운전하여 진행하던 중 전방주시의무를 게을리 하여 진행한 과실로 마침 위 차량의 진행방향 같은 차로 전방에서 정차중이던 채권자가 운전하는 서울○고○○○○호 차량의 뒷범퍼를 위 가해차량의 앞범퍼부분으로 들이받아 이로 인하여 위 피해차량에 타고 있던 채권자에게 제4, 5요추간 추간판융기증, 요추부 편타손상 등의 상해를 입게 하였습니다. 원고는 위 상해로 23%(한시 2년)의 노동능력을 상실하는 장해를 입었습니다.

2. 손해배상책임의 범위

가. 일실수입

(1) 기초사실

성별 : 남자

생년월일 : 1960. 1. 10.생

사고당시 연령 : 41세 3개월 남짓

기대여명 : 33.15년

직업 및 소득실태 : 미장공으로 근무

미장공 종사가능연한 : 사고일로부터 60세가 되는 2020. 1. 10.까지

휴업기간 : 사고일인 2001. 4. 25.부터 2001. 10. 25.까지 6개월

노동력 감퇴기간 : 2001. 10. 26.부터 2003. 10. 26.까지 24개월

미장공 월 가동일수 : 22일

2001. 4.경 미장공 일용노임 : 59,187원

노동능력상실율 : 23%(한시 2년)

　(2) 청구내용(계산의 편의상 중간기간의 월미만은 수입이 적은 기간에 산입하고, 마지막 월미만과 원미만은 버림)

　　· 휴업기간인 2001. 4. 25.부터 2001. 10. 25.까지의 일실수입(6개월)

　　　[계산]59,187원×22일×5.9140(6개월에 상당하는 호프만지수)=7,700,702원

　　· 2001. 10. 26.부터 2003. 10. 26.까지의 일실수입(24개월)

　　　[계산]59,187원×22일×0.23%×22.2984{28.2124(30개월에 상당하는 호프만지수)-5.9140(6개월에 상당하는 호프만지수)}=6,678,063원

　　　[합계] 금 14,378,765원

　나.　치료비등

　　채권자는 위 사고와 관련하여 치료비 등으로 금 600,000원을 지출하였습니다.

　다.　위자료

　　채권자는 이 사건 교통사고로 인하여 6개월 동안이나 입원하여 치료를 받았고 세 자녀와 처를 부양하고 있는 가장으로서 채권자가 위 사고로 인하여 큰 정신적 충격을 받았을 것임은 경험칙상 명백하다 할 것이므로, 채무자는 이를 금전적으로나마 위자할 의무가 있다고 할 것인바, 그 금액은 금 5,000,000원이 상당하다고 하겠습니다.

3. 결 론

　1)따라서 채권자는 채무자에게 금 19,978,765원(=일실수입 14,378,765원 + 치료비등 600,000원 + 위자료 5,000,000원)의 손해배상청구소송을 제기하려고 하는바, 본안소송은 상당한 시일이 소요될 뿐 아니라 채무자에게는 별지 제1목록 기재

채권외에는 집행이 용이한 재산이 없으며, 본안소송동안 위 채권을 처분하거나 영수할 우려가 많으므로 부득이 이 사건 신청을 하기에 이른 것입니다.

2)다만, 이 사건에 대한 담보제공은 공탁보증보험증권(■■보증보험주식회사 증권번호 제○○호)을 제출하는 방법으로 할 수 있도록 허가하여 주시기 바랍니다.

소 명 방 법

1. 소갑 제1호증   교통사고사실확인원
1. 소갑 제2호증   입.퇴원확인서
1. 소갑 제3호증   간이계산서
1. 소갑 제4호증의 1, 2   각 영수증
1. 소갑 제5호증   후유장해진단서
1. 소갑 제6호증의 1, 2   각 사실확인서
1. 소갑 제7호증의 1, 2   한국인표준생명표 표지 및 내용
1. 소갑 제8호증의 1, 2   월간거래가격 표지 및 내용

첨 부 서 류

1. 위 소명방법   각 1통
1. 가압류신청진술서   1통
1. 송달료납부서   1통

20○○. ○. ○.

위 채권자 ○○○ (서명 또는 날인)

○○지방법원 귀중

[별 지 1]

가압류할 채권의 표시

금 19,978,765원

채무자가 제3채무자로부터 20○○. ○. ○. ○○시 ○○구 ○○길 ○○에 있는 철근콘크리트조 평슬래브지붕 다세대주택인 ○○빌라 401호를 임차함에 있어서 제3채무자에게 지급한 임대차보증금의 반환채권[다만,「주택임대차보호법」제8조, 같은 법 시행령의 규정에 따라 우선변제를 받을 수 있는 금액에 해당하는 경우에는 이를 제외한 나머지 금액] 가운데 위 청구금액에 이르기까지의 금액. 끝.

[작성례 ⑤] 채권가압류신청서
   (임금 및 퇴직금채권으로 예금채권에 대하여)

채권가압류신청

채권자   ○○○
         ○○시 ○○구 ○○길 ○○(우편번호 ○○○○○)
         전화.휴대폰번호:
         팩스번호, 전자우편(e-mail)주소:
채무자   주식회사◇◇
         ○○시 ○○구 ○○길 ○○(우편번호 ○○○○○)
         대표이사 ◇◇◇
         전화.휴대폰번호:
         팩스번호, 전자우편(e-mail)주소:
제3채무자   주식회사 ■■은행
         ○○시 ○○구 ○○길 ○○(우편번호 ○○○○○)
         대표이사 ■■■
         소관 : ○○시 ○○구 ○○길 ○○○ ◉◉지점
         전화.휴대폰번호:
         팩스번호, 전자우편(e-mail)주소:

청구채권의 표시 :
금 6,403,474원(임금 및 퇴직금 합계)

가압류하여야 할 채권의 표시 :
별지 제1목록 기재와 같음.

신 청 취 지

1. 채무자가 제3채무자에 대하여 가지는 별지 제1목록 기재의 채

권을 가압류한다.

2. 제3채무자는 채무자에게 위 채권에 관한 지급을 하여서는 아니 된다.

라는 재판을 구합니다.

신 청 이 유

1. 채무자는 주택건설, 건축, 토목공사 등 종합건설을 하는 법인이고 채권자는 채무자에게 고용되어 근무하던 근로자입니다.
2. 채권자는 채무자로부터 20○○. 3월분 임금 419,354원, 20○○. 1월분 임금 980,000원, 같은 해 2월분 임금 980,000원, 같은 해 3월분 임금 980,000원, 같은 해 4월분 임금 980,000원, 퇴직금 2,064,120원 합계 금 6,403,474원을 받지 못하고 있습니다.
3. 채권자는 채무자를 상대로 임금 등 청구의 본안소송을 제기하려고 하는데, 채무자의 유일한 재산인 별지 제1목록 기재의 채권을 지금 가압류하지 않으면 채권자가 나중에 승소하더라도 집행할 수 없을 것이므로 우선 집행보전을 위하여 이 사건 신청에 이른 것입니다.
4. 이 사건에 대한 담보제공은 공탁보증보험증권(■■보증보험 주식회사 증권번호 제○○호)을 제출하는 방법으로 할 수 있도록 허가하여 주시기 바랍니다.

소 명 방 법

1. 소갑 제1호증   체불금품확인원

첨 부 서 류

1. 위 소명방법   각 1통

1. 법인등기사항증명서	2통
1. 가압류신청 진술서	1통
1. 송달료납부서	1통

20○○. ○. ○.

위 채권자 ○○○ (서명 또는 날인)

○○지방법원 귀중

[별 지 1]

가압류할 채권의 표시

금 6,403,474원

채무자(사업자등록번호 : ○○○-○○-○○○○)가 제3채무자(취급점 : ◉◉지점)에 대하여 가지는 입금되어 있거나 장래 입금될 다음 예금채권중 다음에서 기재한 순서에 따라 위 청구금액에 이를 때까지의 금액.

- 다   음 -

1. 압류·가압류되지 않은 예금과 압류·가압류된 예금이 있는 때에는 다음 순서에 따라서 가압류한다.
   가. 선행 압류·가압류가 되지 않은 예금
   나. 선행 압류·가압류가 된 예금
2. 여러 종류의 예금이 있는 때에는 다음 순서에 의하여 가압류한다.
   1) 보통예금   2) 당좌예금   3) 정기예금   4) 정기적금
   5) 별단예금   6) 저축예금   7) MMF   8) MMDA
   9) 적립식펀드예금 10)신탁예금 11)채권형예금 12)청약예금
3. 같은 종류의 예금이 여러 계좌에 있는 때에는 계좌번호가 빠른 예금부터 가압류한다. 끝.

채권가압류신청

채 권 자 ○○○
        ○○시 ○○구 ○○길 ○○(우편번호 ○○○○○)
        전화.휴대폰번호:
        팩스번호, 전자우편(e-mail)주소:
채 무 자 ◇◇◇
        ○○시 ○○구 ○○길 ○○(우편번호 ○○○○○)
        전화.휴대폰번호:
        팩스번호, 전자우편(e-mail)주소:
제3채무자 ◆◆◆
        ○○시 ○○구 ○○길 ○○(우편번호 ○○○○○)
        전화.휴대폰번호:
        팩스번호, 전자우편(e-mail)주소:

청구채권의 표시 및 피보전권리

금 10,000,000원
(채무자가 채권자에게 지급해야 할 20○○. ○. ○.부터 20○○. ○○. ○. 까지의 임금)

가압류할 채권의 표시

별지 제1목록 기재와 같습니다.

신 청 취 지

1. 채무자의 제3채무자에 대한 별지 제1목록 기재의 채권을 가압

류한다.

2. 제3채무자는 채무자에게 위 채권에 관한 지급을 하여서는 아니 된다.

라는 결정을 구합니다.

신 청 원 인

1. 채권자는 20○○. ○. ○. 채무자가 운영하는 ○○식당에 월 금 ○○○만원의 임금을 지급 받기로 약정하고 근로를 제공하였으며, 위 일시부터 퇴사일인 20○○. ○○. ○.까지 근로를 제공하였습니다.

2. 그러나 채무자는 위 기간동안의 임금 10,000,000원을 채권자에게 지급하지 않고 있어 채권자는 귀원에 임금청구의 소를 준비하고 있습니다.

3. 한편, 채무자는 20○○. ○. ○○. 제3채무자에게 금 12,000,000원을 대여하여 준 사실이 있으며, 미리 위 채권을 가압류하지 않는다면 채권자가 본안소송에서 승소하더라도 그 집행의 실효를 거둘 수 없을 것으로 예상되므로 그 집행을 보전하고자 이 사건 신청을 합니다.

4. 다만, 이 사건에 대한 담보제공은 공탁보증보험증권(■■보증보험주식회사 증권번호 제○○호)을 제출하는 방법으로 할 수 있도록 허가하여 주시기 바랍니다.

소 명 방 법

 1. 소갑 제1호증   체불금품확인원

첨 부 서 류

 1. 위 소명방법   1통

1. 가압류신청진술서   1통
1. 송달료납부서   1통

                    20○○. ○. ○.
                    위 채권자 ○○○ (서명 또는 날인)

○○지방법원   귀중

[별 지 1]

가압류할 채권의 표시

금 10,000,000원
채무자가 제3채무자에 대하여 가지는 대여금반환청구채권 가운데
위 청구금액에 이를 때까지의 금액. 끝.

5. 그 밖의 재산권에 대한 가압류 신청

[작성례 ①] 도메인 가압류신청서

도 메 인 가 압 류 신 청

채 권 자   ○○○ (000000-0000000)
　　　　　○○시 ○○구 ○○길 ○○(우편번호 ○○○○○)
　　　　　전화.휴대폰번호:
　　　　　팩스번호, 전자우편(e-mail)주소:
채 무 자   주식회사 ◇◇◇ (000000-0000000)
　　　　　○○시 ○○구 ○○길 ○○(우편번호 ○○○○○)
　　　　　대표이사 ◇◇◇
　　　　　전화.휴대폰번호:
　　　　　팩스번호, 전자우편(e-mail)주소:
제3채무자 주식회사 □□□ (000000-0000000)
　　　　　○○시 ○○구 ○○길 ○○(우편번호 ○○○○○)
　　　　　대표이사 □□□
　　　　　전화.휴대폰번호:
　　　　　팩스번호, 전자우편(e-mail)주소:

청구채권의 표시
금 ○○○원(채권자가 채무자에 대하여 가지는 임금청구채권)

가압류하여야할 도메인의 표시
별지 제1목록 기재와 같습니다.

신 청 취 지

1. 채권자의 채무자에 대한 위 청구채권의 집행을 보전하기 위하

여 채무자의 제3채무자에 대한 별지 제1목록 기재 도메인이름의 등록자로서의 일체의 권리를 가압류한다.
2. 채무자는 별지 제1목록 기재 도메인이름 등록자로서의 일체의 권리에 관하여 매매.양도 기타 일체의 처분을 하여서는 아니된다.
3. 제3채무자는 채무자에게 별지 제1목록기재 도메인이름의 등록자로서의 일체의 권리에 대하여 양도를 승낙하거나, 채무자의 신청으로 별지 제1목록 기재 도메인이름 등록의 말소 또는 등록자변경을 해주어서는 아니된다.
4. 담보제공은 채권자가 ○○보증보험주식회사와 체결한 지급보증위탁계약문서의 제출에 의한다.
라는 결정을 구합니다.

신 청 이 유

1. 채권자는 서울시 ○○구 ○○길 ○○번지 소재 "주식회사 ◇◇◇"라는 상호로 소프트웨어, 하드웨어 제조 및 개발업을 하는 채무자에게 고용되어 20○○. ○월부터 20○○. ○월까지 노무를 제공하다가 퇴사한 근로자입니다.
2. 그런데 채권자는 임금 10,000,000원과 위 근무기간 동안의 퇴직금 5,000,000원 합계 금 15,000,000원을 지금까지 채무자로부터 지급받지 못하고 있습니다.
3. 그러므로 채권자는 채무자에 대하여 위 임금채권 금 15,000,000원을 청구하고자 본안소송을 준비중에 있으나, 본안소송은 상당한 시일이 소요되고, 그 동안 채무자는 .com/.net/.org의 국제 도메인 등록서비스를 하는 제3채무자에게 등록한 그 소유의 별지 제1목록 기재 도메인을 다른 사람에게 처분해버릴 가능성이 높습니다. 따라서 본안소송에서 승소판결을 받더라도 집행을 할 수 없게 될 우려가 있으므로 그 집행을 보전하기 위하여 이 사건 신청을 하기에 이르렀습니다.

4. 한편, 채권자의 청구채권은 임금채권임을 감안하여 무공탁가압류 명령을 내려주시거나 경제적 여유가 없으므로 공탁보증보험증권(■■보증보험주식회사 증권번호 제○○호)을 제출하는 방법으로 할 수 있도록 허가하여 주시기 바랍니다.

소 명 방 법

1. 소갑 제1호증   체불금품확인원
1. 소갑 제2호증   사업소개서(제3채무자)

첨 부 서 류

1. 위 소명방법   1통
1. 부동산등기사항전부증명서   1통
1. 법인등기사항전부증명서   2통
1. 가압류신청진술서   1통
1. 송달료납부서   1통

20○○.　○.　○.

위 채권자 ○○○ (서명 또는 날인)

○○지방법원 ○○지원　귀중

[별 지 1]

가압류할 도메인의 표시

도메인 이름 : www.○○○○○.com.

등록인 :

등록인의 주소 :

사용종료일 :

도메인 등록대행자 : 끝

프로그램가압류신청

채 권 자   □ □ □ (주민등록번호 :   )
           서울 □□구□□길 □□□-□(우편번호 ○○○○○)
채 무 자   주식회사 ○○○○○○
           서울 ○○구○○길 ○○-○(우편번호 ○○○○○)
           대표이사 전 ○ ○

청구채권의 표시
금 ○○○○○○**원**(채권자가 채무자에 대하여 가지고 있는 임금 및 퇴직금청구채권)

가압류할 프로그램의 표시
별지 제1목록 기재와 같습니다.

신 청 취 지

1. 채권자의 채무자에 대한 위 청구채권의 집행을 보전하기 위하여 채무자가 가지는 별지 제1목록 기재 각 프로그램을 가압류한다.
2. 채무자는 위 각 프로그램에 관하여 매매, 양도 그 밖의 일체의 처분을 하여서는 아니 된다.
라는 결정을 구합니다.

신 청 이 유

1. 당사자의 관계 및 피보전권리에 대하여
   채무자는 소프트웨어 개발 및 공급 등을 목적으로 하는 회사이고, 채권자는 채무자와 근로계약을 체결한 후 20○○. ○. ○.부터 20○○. ○. ○.까지 소프트웨어개발팀장으로 노무를 제공하다 퇴직하였는데, 채무자로부터 임금 ○○○○○○원, 퇴직금 ○○○○○원 합계 금 ○○○○○○원을 현재까지도 지급받지 못하고 있습니다(소갑 제1호증).

2. 보전의 필요성에 대하여

그러므로 채권자는 임금청구의 소를 제기하려고 준비 중이나 본안소송은 오랜 시일이 소요되고, 채무자는 별지목록 기재의 각 프로그램 외에는 집행 가능한 재산이 없으므로 지금 이를 곧 가압류하지 않으면 승소 후 강제집행의 목적을 달성하지 못할 우려가 있어 부득이 이 사건 신청에 이르게 된 것입니다.

3. 담보제공에 대하여

한편, 채권자는 경제적 여유가 없으므로 담보제공에 관하여는 민사집행법 제19조 제3항, 민사소송법 제122조에 의하여 보증보험주식회사와 지급보증위탁계약을 맺은 문서를 제출하는 방법으로 담보제공을 할 수 있도록 허가하여 주시기 바랍니다.

4. 등록촉탁처

한국저작권위원회 등록팀

주소 : 서울 강남구 개포로 619(개포동)

전화 : (02) 2660-0166

소 명 방 법

1. 소갑 제1호증   체불금품확인원

첨 부 서 류

1. 위 소명방법   1통
1. 프로그램등록부   3통
1. 법인등기사항전부증명서   1통
1. 부동산등기사항전부증명서   1통
1. 가압류신청진술서   1통
1. 송달료납부서   1통

                              20○○. ○. ○ .
                    위 채권자 ○ ○ ○ (서명 또는 날인)

○○지방법원 귀중

[별 지 1]

가압류할 프로그램의 표시

1. 프로그램등록번호 : 2000 -00-000-000000
    프로그램의 명칭(제호) : ◈ ◈ ◈
    프로그램창작연월일 : 2000. 0.   0.
    프로그램등록연월일 : 2000. 0.   0.
    프로그램 저작자 : (주) ○○○○○○
2. 프로그램등록번호 : 2000 -00-000-000000
    프로그램의 명칭(제호) : ◉ ◉ ◉
    프로그램창작연월일 : 2000. 0.   0.
    프로그램등록연월일 : 2000. 0.   0.
    프로그램 저작자 : (주) ○○○○○○
3. 프로그램등록번호 : 2000 -00-000-000000
    프로그램의 명칭(제호) : ■ ■ ■
    프로그램창작연월일 : 2000. 0.   0.
    프로그램등록연월일 : 2000. 0.   0.
    프로그램 저작자 : (주) ○○○○○○

- 이 상 -

출자증권가압류신청

사 건 20○○즈단○○○호 채권가압류

채 권 자 1. ○①○
　　　　　　○○시 ○○구 ○○길 ○○(우편번호 ○○○○○)
　　　　　　　전화.휴대폰번호:
　　　　　　　팩스번호, 전자우편(e-mail)주소:
　　　　　　2. ○②○
　　　　　　 ○○시 ○○구 ○○길 ○○(우편번호 ○○○○○)
　　　　　　　전화.휴대폰번호:
　　　　　　　팩스번호, 전자우편(e-mail)주소:

채 무 자 ◇◇기업주식회사
　　　　　　○○시 ○○구 ○○길 ○○(우편번호 ○○○○○)
　　　　　　대표이사 ◇◇◇
　　　　　　전화.휴대폰번호:
　　　　　　팩스번호, 전자우편(e-mail)주소:

제3채무자 ■■설비건설공제조합
　　　　　　○○시 ○○구 ○○길 ○○(우편번호 ○○○○○)
　　　　　　이사장 ■■■
　　　　　　전화.휴대폰번호:
　　　　　　팩스번호, 전자우편(e-mail)주소:

청구채권의 표시
금 14,000,000원{채권자들이 채무자에 대하여 가지는 임금 등 청구채권(채권자 ○①○의 금 7,000,000원, 채권자 ○②○의 금 7,000,000원의 합계)

가압류하여야 할 출자증권의 표시

별지목록 기재와 같습니다.

신 청 취 지

1. 채권자들이 채무자에 대하여 가지는 위 청구채권의 집행을 보전하기 위하여 채무자가 제3채무자에 대하여 가지는 별지목록 기재의 출자증권에 기초한 조합원지분을 가압류한다.
2. 제3채무자는 채무자에게 위 지분에 관하여 이익금의 배당, 출자금의 반환, 잔여재산의 분배를 하여서는 아니 된다.
3. 채권자의 위임을 받은 집행관은 채무자로부터 별자목록 기재 출자증권을 수취하여 보관하여야 한다.

라는 판결을 구합니다.

신 청 이 유

1. 채무자는 건설설비업을 하는 법인이고 채권자 ○①○는 20○○. ○. ○.부터 20○○. ○. ○○.까지 대리로, 채권자 ○②○는 20○○. ○. ○.부터 20○○. ○○. ○.까지 현장관리인으로 각각 채무자에게 고용되어 근무하였습니다.
2. 채권자 ○①○는 근무기간 동안 채무자로부터 20○○. 8월분 임금 1,000,000원, 9월분 임금 1,000,000원, 10월분 임금 1,000,000원과 20○○. ○. ○.부터 20○○. ○. ○. 사이의 퇴직금 1,000,000원을 받지 못하였고, 20○○. ○. ○.부터 20○○. ○. ○.까지(365일)의 상여금 3,000,000원(기본급 금 1,000,000원과 연간 상여금300%를 받기로 하였으므로 이를 계산하면, 금 1,000,000원×300%×365/365)의 합계 금 7,000,000원을 지급 받지 못하고 있습니다.
3. 채권자 ○①○는 근무기간 동안 채무자로부터 퇴직금 1,000,000원과 20○○. ○. ○.부터 20○○. ○. ○.까지(730일)의 상여금 6,000,000원(기본급 금 1,000,000원과 연간 상

여금 300%를 받기로 하였으므로 이를 계산하면, 금 1,000,000원×300%×730/365)의 합계 금 7,000,000원을 지급받지 못하고 있습니다.

4. 채권자들은 위 임금을 받기 위하여 채무자를 □□노동지방사무소에 신고하자 채무자는 상여금을 먼저 우선 지급하여 주겠다고 하여 이를 제외하자 상여금은 물론 그 이후의 임금까지 미지급하고 있는 상태입니다.

5. 채무자는 일부의 근로자들에게는 위 상여금을 지급하였으나 최근에는 공사대금 수금이 되지 않는다는 등 이런 저런 핑계를 대면서 임금을 지급하지 않고 있어 채권자들은 임금청구의 소송을 제기하고자 하나 이는 많은 시일이 걸리고 채무자가 언제 이행할지 기대할 수 없고 별지목록 기재 출자증권을 가압류하지 않으면 강제집행의 목적을 달성할 수 없을 것이므로 우선 집행보전을 위하여 이 사건 신청에 이른 것입니다.

6. 한편, 채권자들은 장기간 급여를 받지 못하고 취업을 제대로 하지 못해 생계에 적지 않는 어려움이 있으므로 이 사건 담보제공은 무공탁으로 할 수 있도록 허가하여 주시거나, 민사집행법 제19조 제3항, 민사소송법 제122조에 의하여 보증보험주식회사와 지급보증위탁계약을 맺은 문서를 제출하는 방법으로 담보제공을 할 수 있도록 허가하여 주시기 바랍니다.

소 명 방 법

1. 소갑 제1호증   체불금품확인원
1. 소갑 제2호증   사실확인서

첨 부 서 류

1. 위 소명방법   각 1통
1. 법인등기사항증명서   2통

1. 송달료납부서   1통

                              20○○. ○. ○.
                위 채권자 1. ○①○ (서명 또는 날인)
                        2. ○②○ (서명 또는 날인)

○○지방법원 귀중

[별 지]

가압류할 출자증권의 표시

채무자가 제3채무자에 대하여 가지고 있는 출자금의 증권
1. 출자 1좌금 : ○○○원
2. 출 자 좌 수 : ○○○좌. 끝.

제3절 가처분신청서

제1관 가처분 신청서 작성요령

1. 당사자 표시

1-1. 채권자·채무자

① 가처분을 신청하는 사람을 『채권자』, 그 상대방을 『채무자』라 적고, 각각의 주소를 적습니다(「민사소송법」 제274조 제1항 및 「민사소송규칙」 제2조).

② 임시의 지위를 정하기 위한 가처분에서는 채권자, 채무자 대신 『신청인』, 『피신청인』으로 호칭하기도 합니다.

③ 가처분 신청서 작성 시 당사자 표시는 채권자·채무자 성명, 주민등록상의 주소 및 우편번호를 기재합니다. 그 밖에 당사자의 주민등록번호와 연락 가능한 전화번호, 팩스번호 등은 아는 범위에서 기재합니다(「민사소송법」 제274조 제1항 및 「민사소송규칙」 제2조).

채 권 자 ○ ○ ○ (주민등록번호)
　서울 ○○구 ○○동 ○○-○○ ○○아파트 101동 101호(우: 00000)
　채권자의 소송대리인 변호사 ○ ○ ○
　서울 ○○구 ○○동 333-33 ○○빌딩 111호
채 무 자 ○ ○ ○ (주민등록번호)
　서울 ○○구 ○○동 ○○-○○ ○○빌라 203호 (우: 00000)

---

④ 미성년자가 당사자인 경우에는 법정대리인의 인적사항을 표시하고, 미성년자와의 관계를 소명할 수 있는 가족관계증명서를 제출해야 합니다.

```
채 권 자 ○ ○ ○ (주민등록번호)
  서울 ○○구 ○○동 ○○-○○ ○○아파트101동 101호 (우: 00000)
  채권자는 미성년자이므로 법정대리인
  친권자 부 ○ ○ ○, 모 ○ ○ ○
  서울 ○○구 ○○동 ○○-○○ ○○빌딩 111호
채 무 자 ○ ○ ○ (주민등록번호)
  서울 ○○구 ○○동 ○○-○○ ○○빌라 203호 (우: 00000)
```

⑤ 법인의 경우 ㉠ 법인명칭(또는 상호), ㉡ 주 사무소(또는 본점), ㉢
송달장소(영업소 또는 지점), ㉣ 대표자, ㉤ 법률상 대리인 ㉥ 소
송상 대리인의 순서로 위에서부터 아래로 차례로 기재합니다.

```
채 권 자 주식회사 ○○ (법인등록번호)
  서울 ○○구 ○○동 ○○○-○○ (우: 00000)
  대표이사 ○ ○ ○
채 무 자 의료법인 ○○ (법인등록번호)
  서울 ○○구 ○○동 ○○-○○ ○○빌딩 203호 (우: 00000)
  소관 ○○병원 원무과
  대표자 이사장 ○ ○ ○
제3채무자 주식회사 ○○은행 (법인등록번호)
  서울 ○○구 ○○동 ○○-○○ ○○빌딩 111호
  대표이사 ○ ○ ○
  소관 ○○동지점
  서울 ○○구 ○○동 ○○-○○호
```

⑥ 채무자의 현주소지와 부동산등기사항증명서(또는 자동차·건설기계
등록원부)상의 주소가 다를 경우 이를 같이 적어 같은 사람임을
밝혀야 합니다.

채 무 자 *O O O* (주민등록번호)
　서울 종로구 명륜동 *OO-OO OO*빌라 203호 (우: 00000)
　등기사항증명서상 주소
　서울 종로구 수송동 *OO-OO OO*빌딩 1003호

1-2. 기재 시 주의사항

① 주민등록번호는 기재하지 않아도 되지만, 당사자를 명확하게 지정하기 위해 기재함이 좋습니다.

② 법인이 당사자인 경우 법인등기사항증명서를 제출해야 하는바, 법인등기사항증명서와 일치되도록 법인명칭, 주 사무소, 대표자, 법률상 대리인 등의 당사자를 표시해야 합니다.

③ 잘 알려진 법인의 경우를 제외하고는 법인명칭 옆 괄호 안에 법인등록번호를 기입함이 법인의 특정을 위해 좋습니다.

2. 목적물의 가액, 피보전권리 및 목적물의 표시

2-1. 가처분 신청서 작성

　　다툼의 대상이 있는 가처분의 경우 가처분 신청서에는 신청취지 및 신청이유의 기재에 앞서 목적물, 목적물의 표시 및 피보전권리의 요지 등을 구체적으로 간결하게 표시해야 합니다(「민사집행법」 제301조 및 제279조 제1항 제1호).

2-2. 목적물의 표시·가액 및 피보전권리

　　목적물의 표시·가격 및 피보전권리는 다음의 예시와 같이 표시되나, 간결·명료하게 표시하기 어렵거나 그 내용이 길어 별지를 인용할 경우에는 "별지 기재 내용과 같음"으로 표시하고 별지를 붙입니다(「민사집행법」 제301조 및 제279조 제1항).

〈예시 1: 이혼 등으로 인한 재산분할의 경우〉

 목적물가액 : 금 *○○○*원

 피보전권리 : 재산분할에 기초한 소유권이전등기청구권

 가처분하여야 할 부동산의 표시 : 별지목록 기재와 같습니다.

〈예시 2: 매매로 인한 소유권이전의 경우〉

 목적물의 표시

  별지목록 기재와 같습니다.

 목적물의 가격

  금 *○○○*원

 피보전권리의 요지

  20*○○*. *○*. *○*. 대금 124,500,000원의 매매를 원인으로 한 소유권이전
  등기청구권

목적물 가액 산정방법

① 토지의 가액은 「부동산 가격공시에 관한 법률」에 따른 개별공시지가(개별공시지
  가가 없는 경우에는 시장·군수 또는 구청장이 「부동산 가격공시에 관한 법률」
  제3조 제8항에 따라 국토교통부장관이 제공한 토지가격비준표를 사용하여 산정
  한 가액)에 100분의 50을 곱하여 산정한 금액이 목적물의 가액입니다(「민사소
  송 등 인지규칙」 제9조 제1항).

  토지의 가액 = 개별공시지가 × 면적(㎡) × 50/100

② 건물의 가액은 「지방세법 시행령」 제4조 제1항 제1호·제1호의2의 방식에 따라
  산정한 시가표준액(이 경우 「지방세법 시행령」 제4조 제1항 제1호의 오피스텔,
  제1호의2의 건축물은 건물로 함)에 100분의 50을 곱한 금액이 목적물의 가액
  입니다(「민사소송 등 인지규칙」 제9조 제2항).

  건물의 가액 = 시가표준액 × 50/100

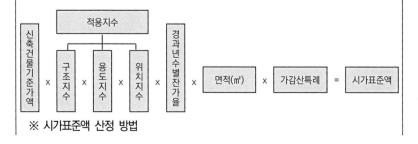

※ 시가표준액 산정 방법

※ 건물신축가격기준액: ㎡당 820,000원(「국세청 건물 기준시가 산정방법 고시」 제6조)

※ 그 밖에 건물의 구조별·용도별·위치별 지수 및 건물의 경과연수별 잔존가치율은 「국세청 건물 기준시가 산정방법 고시」에 따릅니다.

※ 개별공시지가는 해당 부동산 소재지 시·군·구청 등록면허세과 또는 국토교통부 부동산공시가격 알리미 사이트(http://www.realtyprice.kr/)에서 확인할 수 있습니다.

※ 대한법률구조공단 생활법률 자동계산 코너의 〈기타사건 비용계산−건물소가산정〉에서 자동계산 기능을 이용하면 쉽게 건물시가표준액을 구할 수 있습니다.

③ 선박·차량·기계장비·입목·항공기·광업권·어업권·골프회원권·승마회원권·콘도미니엄 회원권·종합체육시설이용회원권 등 시가표준액의 정함이 있는 것의 가액: 그 시가표준액(「민사소송 등 인지규칙」 제9조 제3항)

④ 유가증권의 가액: 액면금액 또는 표창하는 권리의 가액으로 하되, 증권거래소에 상장된 증권의 가액은 소 제기 전날의 최종거래가격(「민사소송 등 인지규칙」 제9조 제4항)

3. 신청의 취지

3-1. 권리보전을 위한 내용 적시

소장의 청구취지에 상응하는 것으로 가처분을 통해 구하려는 그 내용을 말하며, 권리를 보전하기 위하여 필요한 내용을 적습니다 (「민사집행규칙」 제203조 제2항).

〈예시 1: 부동산(자동차)처분금지가처분의 경우〉

신 청 취 지

채무자는 별지목록 기재 부동산(자동차)에 대하여 매매, 증여, 저당권설정 그 밖에 일체의 처분행위를 하여서는 아니 된다.

라는 결정을 구합니다.

〈예시 2: 부동산점유이전금지가처분의 경우〉
신 청 취 지
1. 채무자는 별지목록 기재 부동산에 대한 점유를 풀고 채권자가 위임하는 집행관에게 인도하여야 한다.
2. 위 집행관은 현상을 변경하지 아니하는 것을 조건으로 하여 채무자에게 이를 사용하게 하여야 한다.
3. 채무자는 그 점유를 타인에게 이전하거나 또는 점유명의를 변경하여서는 아니 된다.
4. 집행관은 위 명령의 취지를 적당한 방법으로 공시하여야 한다.

라는 재판을 구합니다.

〈예시 3: 토지출입금지가처분의 경우〉
신 청 취 지
채무자는 별지목록 기재 토지에 출입하여서는 아니 된다.

라는 재판을 구합니다.

4. 신청의 이유

4-1. 신청이유 적시

① 신청취지를 구하는 근거로서 ㉠ 피보전권리의 존재와 ㉡보전의 필요성을 구체적으로 적어야 합니다(「민사집행규칙」 제203조 제2항).

② 그 밖에 지급보증위탁계약증서에 의한 담보제공을 하는 경우 이를 허가해 달라는 취지를 적습니다.

〈예시: 부동산점유이전금지가처분신청의 경우〉

신 청 이 유
1. 채권자는 20○○. ○. ○. 이 사건 부동산인 별지목록 기재 건물에 대하여 전 소유자인 국가로부터 적법하게 매수한 소유권자입니다.

2. 채무자는 아무런 권리나 권한 없이 위 건물의 2층 50㎡ 전부를 점유하고 있습니다.
3. 채권자는 이 사건 부동산의 소유권에 기초하여 채무자에게 위 건물 점유부분의 명도청구소송을 준비하고 있으나, 만약 채무자가 그 점유를 다른 사람에게 이전해줄 경우 위 본안판결의 집행이 불가능해질 위험이 있으므로 이 사건 신청에 이른 것입니다.
4. 한편, 이 사건 부동산점유이전금지가처분명령의 손해담보에 대한 담보제공은 「민사집행법」 제19조제3항, 「민사소송법」 제122조에 의하여 보증보험주식회사와 지급보증위탁계약을 맺은 문서를 제출하는 방법으로 담보제공을 할 수 있도록 허가하여 주시기 바랍니다.

4-2. 그 밖의 기재사항

1. 법원의 표시(「민사소송법」 제274조)

2. 소명방법의 표시(「민사집행법」 제279조제2항)

3. 작성한 날짜(「민사소송법」 제274조)

4. 당사자 또는 대리인의 기명날인 또는 서명(「민사소송법」 제274조)

5. 덧붙인 서류의 표시(「민사소송법」 제274조)

※ 신청서에 기재해야 할 사항은 개별 가처분에 따라 약간씩 차이가 있습니다. 따라서 가처분신청서에 기재해야 할 사항에 대한 보다 자세한 내용은 이 콘텐츠의 〈유형별 가처분 신청례〉 부분 이하에서 확인할 수 있습니다.

제2관 각종 가처분신청서 작성례

1. 부동산처분금지에 대한 가처분

[작성례 ①] 부동산처분금지가처분신청서(매매, 아파트)

부동산처분금지가처분신청

채권자 ○○○

　　　　○○시 ○○구 ○○길 ○○(우편번호 ○○○○○)

　　　　전화.휴대폰번호:

　　　　팩스번호, 전자우편(e-mail)주소:

채무자 ◇◇◇

　　　　○○시 ○○구 ○○길 ○○(우편번호 ○○○○○)

　　　　등기부상 주소 ○○시 ○○구 ○○길 ○○○

　　　　전화.휴대폰번호:

　　　　팩스번호, 전자우편(e-mail)주소:

목적물의 표시　　　별지 목록 기재와 같습니다.

피보전권리의 내용　 20○○. ○. ○. 매매를 원인으로 한 소유
　　　　　　　　　　권이전등기청구권

목적물의 가격　　　○○○원

신 청 취 지

　채무자는 별지 목록 기재 부동산에 대하여 매매, 증여, 저당권설
정 그 밖의 일체의 처분행위를 하여서는 아니 된다.
라는 재판을 구합니다.

신 청 이 유

1. 채권자는 별지 목록 기재 부동산을 채무자로부터 20○○. ○. ○. 금 124,500,000원에 매수하기로 하는 매매계약을 체결하면서, 같은 해 10. 21. 금 10,000,000원을 계약금으로 지불하고, 같은 해 11. 13. 중도금으로 금 50,000,000원을 지불하였으며, 잔금은 같은 해 12. 15. 금 64,500,000원을 지불하기로 하였습니다.

2. 그 뒤 채권자는 위 매매계약에 정해진 날짜에 계약금과 중도금을 지급하고, 잔금지급기일에 잔금 64,500,000원을 지급제시 하였으나, 채무자는 매매대금을 올려줄 것을 요구하면서 소유권이전등기에 필요한 서류의 교부를 거절하고 있습니다.

3. 따라서 채권자는 위 잔금 64,500,000원을 ○○지방법원 20○○년 금 제○○○호로 변제공탁하고 채무자를 상대로 소유권이전등기절차이행청구의 소송을 준비중에 있는데, 채무자는 별지 목록 기재 부동산을 다른 사람에게 처분할 우려가 있으므로, 위 청구권의 집행보전을 위하여 이 사건 신청에 이른 것입니다.

4. 한편, 채권자는 경제적 여유가 없으므로 이 사건 부동산처분금지가처분명령의 손해담보에 대한 담보제공은 민사집행법 제19조 제3항, 민사소송법 제122조에 의하여 보증보험주식회사와 지급보증위탁계약을 맺은 문서를 제출하는 방법으로 담보제공을 할 수 있도록 허가하여 주시기 바랍니다.

소 명 방 법

1. 소갑 제1호증   부동산매매계약서
1. 소갑 제2호증의 1, 2   영수증(계약금 및 중도금)
1. 소갑 제3호증   공탁서

첨 부 서 류

1. 위 소명방법   각 1통
1. 부동산등기사항전부증명서   1통
1. 토지대장등본   1통
1. 건축물대장등본   1통
1. 송달료납부서   1통

20○○. ○. ○.

위 채권자 ○○○ (서명 또는 날인)

○○지방법원 귀중

[별 지]

부동산의 표시

1. 1동의 건물의 표시

    ○○ ○○구 ○○동 ○○○ ○○아파트 제101동

    [도로명주소] ○○시 ○○구 ○○로 ○○

    철근콘크리트 평슬래브지붕 15층 아파트

     1층 539.97㎡

     2 내지 15층 각 519.12㎡

     지층 454.98㎡

2. 전유부분의 건물의 표시

     건물의 번호 101-4-405

       구   조 철근콘크리트조

       면   적 39.60㎡

3. 대지권의 목적인 토지의 표시

    ○○ ○○구 ○○동 ○○○ 대 39,883.1㎡

4. 대지권의 표시

   소유권대지권 39,883.1분의 29.734. 끝.

부동산처분금지가처분신청

채권자 ○○○
      ○○시 ○○구 ○○길 ○○(우편번호 ○○○○○)
      전화.휴대폰번호:
      팩스번호, 전자우편(e-mail)주소:
채무자 ◇◇◇
      ○○시 ○○구 ○○길 ○○(우편번호 ○○○○○)
      등기부상 주소 ○○시 ○○구 ○○길 ○○○
      전화.휴대폰번호:
      팩스번호, 전자우편(e-mail)주소:

목적물의 표시   별지 목록 기재와 같습니다.
피보전권리의 내용   20○○. ○. ○. 증여를 원인으로 한 소유
                권이전등기청구권
목적물의 가격   ○○○원

신 청 취 지

　채무자는 별지 목록 기재 부동산에 대하여 매매, 증여, 저당권
설정 그밖의 일체의 처분행위를 하여서는 아니 된다.
라는 재판을 구합니다.

신 청 이 유

1. 채권자는 채무자의 고향선배로서 채무자가 10년 전 시골에서
서울로 올라와 자수성가한 오늘까지 여러모로 도움을 많이 주
었습니다. 처음 채무자가 상경하여 잘 곳도 없을 때 채권자는

홀어머니와 단칸방에서 살면서도 채무자를 데리고 와 숙식을 같이 했으며, 그 뒤 채무자가 결혼하여 오늘에 이르기까지 채무자에게 여러 가지로 도움을 주었다는 점은 채무자도 잘 알고 있습니다.

2. 그러다가 우연히 채무자의 처갓집 친척이 사망하여 직계상속자가 없게되자 채무자의 처가 막대한 부동산을 상속받기에 이르렀는데, 이에 채무자는 채권자에게 그 동안의 은혜에 보답한다며 상속받은 부동산 가운데 별지 목록 기재 부동산을 20○○. ○. ○. 채권자에게 증여하는 계약을 하였던 것입니다.

3. 그런데 채무자는 아무런 이유도 없이 별지 목록 기재 부동산을 증여하기로 한 날짜가 지난 아직까지 채권자에게 소유권이전등기를 해주지 않고 있으며, 별지목록 기재 부동산을 다른 사람에게 처분하려고 하고 있으므로, 채권자는 채무자를 상대로 증여를 원인으로 한 소유권이전등기청구소송을 준비중에 있으며, 위 증여를 원인으로 한 소유권이전등기청구권의 집행보전을 위하여 이 사건 신청을 합니다.

4. 한편, 채권자는 경제적 여유가 없으므로 이 사건 부동산처분금지가처분명령의 손해담보에 대한 담보제공은 민사집행법 제19조 제3항, 민사소송법 제122조에 의하여 보증보험주식회사와 지급보증위탁계약을 맺은 문서를 제출하는 방법으로 담보제공을 할 수 있도록 허가하여 주시기 바랍니다.

소 명 방 법

1. 소갑 제1호증   증여계약서
1. 소갑 제2호증의 1,2 부동산등기사항전부증명서(토지 및 건물)

첨 부 서 류

　1. 위 소명방법   각 1통

1. 토지대장등본   1통
1. 건축물대장등본   1통
1. 송달료납부서   1통

                        20○○. ○. ○.
                    위 채권자 ○○○ (서명 또는 날인)

○○지방법원 ○○지원 귀중

[별   지]

부동산의 표시

1. ○○시 ○○구 ○○동 ○○ 대 176.2㎡
2. 위 지상 목조 기와지붕, 시멘트블록조 슬래브지붕 2층주택
   1층 64.36㎡
   2층 60.27㎡
(내역 : 8.60㎡는 시멘트블록조 슬래브지붕임). 끝.

부동산처분금지가처분신청

채권자 ○○○
　　　　○○시 ○○구 ○○길 ○○(우편번호 ○○○○○)
　　　　전화.휴대폰번호:
　　　　팩스번호, 전자우편(e-mail)주소:
채무자 ◇◇◇
　　　　○○시 ○○구 ○○길 ○○(우편번호 ○○○○○)
　　　　등기부상 주소 ○○시 ○○구 ○○길 ○○○
　　　　전화.휴대폰번호:
　　　　팩스번호, 전자우편(e-mail)주소:

목적물의 표시　　　별지 목록 기재와 같습니다.
피보전권리의 요지　　20○○. ○. ○ 교환을 원인으로 한
　　　　　　　　　　소유권이전등기청구권
목적물의 가격　　　○○○원(개별공시지가/㎡×면적×30/100)

신 청 취 지

　채무자는 별지 목록 기재 부동산에 대하여 매매, 증여, 저당권설정 그밖의 일체의 처분행위를 하여서는 아니 된다.
라는 재판을 구합니다.

신 청 이 유

1. 피보전권리
　가. 교환계약의 체결
　　채권자는 20○○. ○. ○ 채무자와의 사이에 채권자 소유의 ○

○시 ○○구 ○○동 ○○ 대 1,100㎡를 채무자 소유의 별지 목록 기재 부동산과 교환하기로 하는 계약을 체결한 다음, 같은 해 7월경 채권자는 채무자로부터 별지 목록 기재 부동산에 대한 소유권이전등기서류를 넘겨받기로 하고 우선 채무자에게 채권자 소유의 별지 목록 기재 부동산에 관하여 ○○지방법원 ○○등기소 20○○. ○. ○○. 접수 제○○○호로 소유권이전등기절차를 이행하였습니다.

나. 채무자의 소유권이전등기의무불이행

위와 같이 교환계약에 의하여 채무자는 채권자에게 별지 목록 기재 부동산에 관한 소유권이전등기절차를 이행하여야 함에도 불구하고 지금까지 계속 그 이행을 미루고 있으므로, 채권자는 채무자에게 소유권이전등기절차 이행청구소송을 제기할 예정입니다.

2. 보전의 필요성

그러나 소유권이전등기청구소송은 시간이 많이 걸리고 그 사이에 채무자가 별지 목록 기재 부동산을 처분할 가능성이 많으므로, 위 소유권이전등기청구권을 보전하기 위하여 우선 이 신청에 이른 것입니다.

3. 한편, 채권자는 경제적 여유가 없으므로 이 사건 명령에 대한 담보제공에 관하여는 민사집행법 제19조 제3항, 민사소송법 제122조에 의하여 보증보험주식회사와 지급보증위탁계약을 맺은 문서를 제출하는 방법으로 담보제공을 할 수 있도록 허가하여 주시기 바랍니다.

<h3 style="text-align:center">소 명 방 법</h3>

1. 소갑 제1호증   교환계약서
1. 소갑 제2호증   부동산등기사항전부증명서

<h3 style="text-align:center">첨 부 서 류</h3>

1. 위 소명방법   각 1통

1. 토지대장등본   1통
1. 송달료납부서   1통

                         20○○. ○. ○.
                     위 채권자 ○○○ (서명 또는 날인)

○○지방법원 귀중

[별   지]
부동산의 표시
○○시 ○○구 ○○동 ○○ 대 ○○○㎡. 끝.

부동산처분금지가처분신청

채권자 ○○○

　　　○○시 ○○구 ○○길 ○○(우편번호 ○○○○○)

　　　전화.휴대폰번호:

　　　팩스번호, 전자우편(e-mail)주소:

채무자 ◇◇◇

　　　○○시 ○○구 ○○길 ○○(우편번호 ○○○○○)

　　　등기부상 주소 ○○시 ○○구 ○○길 ○○○

　　　전화.휴대폰번호:

　　　팩스번호, 전자우편(e-mail)주소:

목적물의 표시　　　별지 목록 기재와 같습니다.

피보전권리의 내용　　20○○. ○. ○. 매매를 원인으로 한 소유
　　　　　　　　　　　권이전등기청구권

목적물의 가격　　　○○○원

신 청 취 지

　채무자는 별지 목록 기재 부동산에 대하여 매매, 증여, 저당권설정 그 밖의 일체의 처분행위를 하여서는 아니 된다.
라는 결정을 구합니다.

신 청 이 유

1. 채권자는 20○○. ○. ○. 채무자와의 사이에, 채무자 소유의
　별지 목록 기재 부동산에 관하여, 대금은 1억 2,000만원에
　매수하기로 하고 계약 당일 계약금으로 금 1,200만원을 지급

하고, 20○○. ○. ○. 중도금으로 금 3,000만원, 20○○. ○. ○. 잔금 7,800만원을 지급하되, 채무자는 잔금의 지급과 동시에 소유권이전등기에 필요한 서류일체를 교부하기로 약정한 바 있습니다.

2. 그 뒤 채권자는 중도금지급날짜에 중도금을 지급하고, 잔금기일에 채무자를 만나서 잔금을 제공하려 하였으나, 채무자는 별지 목록 기재 부동산을 중개한 중개업자인 신청외 ■■■ 와 채권자가 채무자를 기망한 사실이 있으므로 계약이 무효라고 주장하며 잔금의 수령을 거절하여, 채권자는 20○○. ○. ○. 위 잔금을 ○○지방법원 ○○지원 20○○년 금 제○○○호로 변제공탁 하였습니다.

3. 따라서 채권자는 채무자에 대해 별지 목록 기재 부동산에 관하여 채무자를 상대로 소유권이전등기절차 이행청구소송을 준비중에 있는바, 채무자가 별지 목록 기재 부동산을 다른 사람에게 처분하게 되면 나중에 채권자가 본안소송에서 승소하더라도 집행이 불가능할 우려가 있으므로 이 사건 신청에 이른 것입니다.

4. 한편, 이 사건 부동산처분금지가처분명령의 손해담보에 대한 담보제공은 민사집행법 제19조 제3항, 민사소송법 제122조에 의하여 보증보험주식회사와 지급보증위탁계약을 맺은 문서를 제출하는 방법으로 담보제공을 할 수 있도록 허가하여 주시기 바랍니다.

소 명 방 법

1. 소갑 제1호증   부동산매매계약서
1. 소갑 제2호증의 1 내지 3   영수증(계약금, 중도금 및 잔금)

첨 부 서 류

1. 위 소명방법   각 1통
1. 부동산등기사항전부증명서   2통
1. 토지대장등본   1통
1. 송달료납부서   1통

                          20○○. ○. ○.
                 위 채권자 ○○○ (서명 또는 날인)

○○지방법원 ○○지원 귀중

[별 지]
                    부동산의 표시

1. ○○시 ○○구 ○○동 ○○ 대 234㎡
2. 위 지상
        철근콘크리트조 및 평슬래브지붕 3층 다가구 주택
        지층 131.98㎡
        1층   131.98㎡
        2층   136.80㎡
        3층   136.80㎡
        옥탑 17.04㎡. 끝.

부동산처분금지가처분신청

채권자 ○○○

　　　　○○시 ○○구 ○○길 ○○(우편번호 ○○○○○)

　　　　전화.휴대폰번호:

　　　　팩스번호, 전자우편(e-mail)주소:

채무자 ◇◇◇

　　　　○○시 ○○구 ○○길 ○○(우편번호 ○○○○○)

　　　　등기부상 주소 ○○시 ○○구 ○○길 ○○○

　　　　전화.휴대폰번호:

　　　　팩스번호, 전자우편(e-mail)주소:

목적물의 표시　　　　별지 목록 기재와 같습니다.

피보전권리의 내용　　20○○. ○. ○. 매매를 원인으로 한 소유

　　　　　　　　　　　권이전등기청구권

목적물의 가격　　　　○○○원

신 청 취 지

　채무자는 별지 목록 기재 부동산에 대하여 매매, 증여, 저당권설
정 그 밖의 일체의 처분행위를 하여서는 아니 된다.
라는 결정을 구합니다.

신 청 이 유

1. 채권자는 20○○. ○. ○. 채무자와 사이에 ○○시 ○○구 ○
　○동 ○○에 있는 채무자 소유 대지 1,000㎡를, 매매대금은
　금 300,000,000원으로 정하고 대금지급방법은 계약당일 계

약금조로 금 30,000,000원을 지급하고, 나머지 금액은 같은 해 ○. ○. 지급하기로 하는 부동산매매계약을 체결하였습니다. 그리고 소유권이전등기는 잔금지급과 동시에 이전하기로 하였습니다.

2. 그런데 채무자는 채권자가 위 매매대금의 잔금을 전부 지급하였는데도 불구하고 정당한 사유 없이 계속 미루면서 소유권이전등기의무를 이행하지 않고 있습니다.

3. 따라서 채권자는 채무자를 상대로 위 부동산에 대하여 소유권이전등기절차의 이행청구의 소를 제기할 준비를 하고 있습니다. 그러나 본안소송은 오랜 시일이 걸릴 뿐만 아니라 그 동안 채무자가 이 사건 부동산을 처분할 우려가 있습니다. 그러므로 가처분을 하지 아니하면 위 본안소송의 판결의 집행이 불가능하거나, 현저히 곤란할 염려가 있어 이 사건 신청에 이른 것입니다.

4. 한편, 채권자는 경제적 여유가 없으므로 이 사건 부동산처분금지가처분명령의 손해담보에 대한 담보제공은 민사집행법 제19조 제3항, 민사소송법 제122조에 의하여 보증보험주식회사와 지급보증위탁계약을 맺은 문서를 제출하는 방법으로 담보제공을 할 수 있도록 허가하여 주시기 바랍니다.

소 명 방 법

1. 소갑 제1호증   부동산매매계약서
1. 소갑 제2호증의 1, 2   영수증(계약금 및 잔금)

첨 부 서 류

1. 위 소명방법   각 1통
1. 부동산등기사항전부증명서   1통
1. 토지대장등본   1통

1. 송달료납부서   1통

                            20○○. ○. ○.
                        위 채권자 ○○○ (서명 또는 날인)

○○지방법원 귀중

[별 지]

부동산의 표시

○○시 ○○구 ○○동 ○○ 대 1,000㎡. 끝.

부동산처분금지가처분신청

채권자 ○○○
　　　○○시 ○○구 ○○길 ○○(우편번호 ○○○○○)
　　　전화.휴대폰번호:
　　　팩스번호, 전자우편(e-mail)주소:
채무자 ◇◇◇
　　　○○시 ○○구 ○○길 ○○(우편번호 ○○○○○)
　　　등기부상 주소 ○○시 ○○구 ○○길 ○○○
　　　전화.휴대폰번호:
　　　팩스번호, 전자우편(e-mail)주소:

목적물의 표시　　　별지목록 기재와 같습니다.
피보전권리의 내용　20○○. ○. ○. 재산분할을 원인으로 한 소유
　　　　　　　　　　권이전등기청구권
목적물의 가격　　　○○○원

신 청 취 지

　채무자는 별지 목록 기재 부동산에 대하여 매매, 증여, 저당권설
정 그 밖의 일체의 처분행위를 하여서는 아니 된다.
라는 결정을 구합니다.

신 청 이 유

1. 당사자간의 협의이혼 및 재산분할약정
　채권자는 19○○. ○. ○ 채무자와 혼인하여 19○○. ○. ○.

신청외 딸 ◉①◉를, 19○○. ○. ○. 신청외 아들 ◉②◉를, 19○○. ○. ○ 딸 ◉③◉를 각 낳고 살다가 채무자의 구타로 20○○. ○. ○. 협의이혼을 하였으며, 협의이혼 당시 채무자는 별지 목록 기재 부동산을 재산분할조로 채무자에게 소유권 이전하기로 약정하였습니다.

2. 소유권이전등기의무의 불이행

채권자는 채무자와 협의이혼을 한 뒤 별지목록 기재 부동산에서 위 자녀들과 함께 거주하고 있는데, 채무자는 별지목록 기재 부동산에 대한 채권자의 여러 차례에 걸친 소유권이전등기요구에도 불구하고 계속 미루면서 "내명의로 등기되어 있는 동안에는 내가 소유자이기 때문에 내맘대로 들어오는데 네년이 무슨 소리냐?"라고 하면서 수시로 침입하여 술주정 등으로 가족을 괴롭히고 있습니다.

3. 결 론

따라서 채권자는 채무자를 상대로 별지목록 기재 부동산에 대한 소유권이전등기절차이행청구의 소를 제기하고자 준비중이나, 소송종료시까지 많은 시일이 걸리고 만약 채무자가 별지목록 기재의 부동산을 처분할 경우 채권자나 자녀들은 생활의 터전을 상실함은 물론 소송의 목적을 달성할 수 없으므로 그 집행을 보전하기 위하여 이 사건 신청에 이르렀습니다.

4. 담보제공

한편, 이 사건 부동산처분금지가처분명령의 손해담보에 대한 담보제공은 민사집행법 제19조 제3항, 민사소송법 제122조에 의하여 보증보험주식회사와 지급보증위탁계약을 맺은 문서를 제출하는 방법으로 담보제공을 할 수 있도록 허가하여 주시기 바랍니다.

소 명 방 법

1. 소갑 제1호증   혼인관계증명서

1. 소갑 제2호증의 1, 2, 3   가족관계증명서(자녀)
1. 소갑 제3호증의 1, 2, 3   각 재학증명서
1. 소갑 제4호증   각 서
1. 소갑 제5호증   주민등록표등본

첨 부 서 류

1. 위 소명방법   각 1통
1. 부동산등기사항전부증명서   1통
1. 토지대장등본   1통
1. 건축물대장등본   1통
1. 송달료납부서   1통

20○○. ○. ○.

위 채권자 ○○○ (서명 또는 날인)

○○지방법원 귀중

[별 지]

부동산의 표시

1. 1동의 건물의 표시
    ○○시 ○○구 ○○동 ○○ 제4동
    [도로명주소] ○○시 ○○구 ○○로 ○○
    철근콘크리트조 및 벽돌조 슬래브지붕 4층 다세대주택
       1층 152.75㎡
       2층 152.75㎡
       3층 152.75㎡
       4층 152.75㎡
2. 대지권의 목적인 토지의 표시

○○시 ○○구 ○○동 ○○ 대 747㎡
3. 전유부분의 건물의 표시
　　　철근콘크리트조 및 벽돌조 1층 411호 72.80㎡
4. 대지권의 표시
　　　소유권 7470분의 377 대지권. 끝.

2. 부동산점유이전금지에 대한 가처분

[작성례 ①] 부동산점유이전금지가처분신청서

부동산점유이전금지가처분신청

채권자 ○○○
　　　　○○시 ○○구 ○○길 ○○(우편번호 ○○○○○)
　　　　전화.휴대폰번호:
　　　　팩스번호, 전자우편(e-mail)주소:
채무자 ◇◇◇
　　　　○○시 ○○구 ○○길 ○○(우편번호 ○○○○○)
　　　　전화.휴대폰번호:
　　　　팩스번호, 전자우편(e-mail)주소:

목적물의 표시　　　　별지 목록 기재와 같습니다.
피보전권리의 내용　　소유권에 기한 건물명도청구권
목적물의 가격　　　　7,500,000원

신 청 취 지

1. 채무자는 별지목록 기재 부동산에 대한 점유를 풀고 채권자가 위임하는 집행관에게 인도하여야 한다.
2. 위 집행관은 현상을 변경하지 아니하는 것을 조건으로 하여 채무자에게 이를 사용하게 하여야 한다.
3. 채무자는 그 점유를 타인에게 이전하거나 또는 점유명의를 변경하여서는 아니 된다.
4. 집행관은 위 명령의 취지를 적당한 방법으로 공시하여야 한다.
라는 재판을 구합니다.

신 청 이 유

1. 채권자는 20○○. ○. ○. 이 사건 부동산인 별지목록 기재 부동산에 대하여 전 소유자인 국가로부터 적법하게 매수한 소유권자입니다.
2. 채무자는 아무런 권리나 권한 없이 별지 목록 기재 부동산을 점유하고 있습니다.
3. 채권자는 이 사건 부동산의 소유권에 기초하여 채무자에게 위 건물 점유부분의 명도청구소송을 준비하고 있으나, 만약 채무자가 그 점유를 다른 사람에게 이전해줄 경우 위 본안판결의 집행이 불가능해질 위험이 있으므로 이 사건 신청에 이른 것입니다.
4. 한편, 이 사건 부동산점유이전금지가처분명령의 손해담보에 대한 담보제공은 민사집행법 제19조 제3항, 민사소송법 제122조에 의하여 보증보험주식회사와 지급보증위탁계약을 맺은 문서를 제출하는 방법으로 담보제공을 할 수 있도록 허가하여 주시기 바랍니다.

소 명 방 법

  1. 소갑 제1호증의 1, 2   각 부동산등기사항전부증명서
  1. 소갑 제2호증   건축물대장등본

첨 부 서 류

  1. 위 소명방법   각 1통
  1. 토지대장등본   1통
  1. 송달료납부서   1통

20○○. ○. ○.

위 채권자 ○○○ (서명 또는 날인)

○○지방법원 귀중

[별   지]

부동산의 표시

○○시 ○○구 ○○동 ○○
[도로명주소] ○○시 ○○구 ○○길 ○○ 지상
   철근콘트리트조 슬래브지붕 2층 주택
   1층 80.35㎡
   2층 50㎡
      중 **2층 50㎡**. 끝.

부동산점유이전금지가처분신청

채권자 ○○○
　　　　○○시 ○○구 ○○길 ○○(우편번호 ○○○○○)
　　　　전화.휴대폰번호:
　　　　팩스번호, 전자우편(e-mail)주소:
채무자 ◇◇◇
　　　　○○시 ○○구 ○○길 ○○(우편번호 ○○○○○)
　　　　전화.휴대폰번호:
　　　　팩스번호, 전자우편(e-mail)주소:

목적물의 표시　　　　별지 목록 기재와 같습니다.
피보전권리의 내용　　임차기간만료로 인한 건물명도청구권
목적물의 가격　　　　○○○원

신　청　취　지

1. 채무자는 별지 목록 기재 부동산에 대한 점유를 풀고 채권자가
　 위임하는 집행관에게 인도하여야 한다.
2. 위 집행관은 현상을 변경하지 아니하는 것을 조건으로 하여
　 채무자에게 이를 사용하게 하여야 한다.
3. 채무자는 그 점유를 타인에게 이전하거나 또는 점유명의를 변경
　 하여서는 아니 된다.
4. 집행관은 위 명령의 취지를 적당한 방법으로 공시하여야 한
　 다.
라는 재판을 구합니다.

신　청　이　유

1. 피보전권리

 가. 채무자는 20○○. ○. ○. 신청외 ◉①◉와 별지 목록 기재 부동산에 관하여 임차보증금 9,000만원, 임차기간 12개월로 정한 임대차계약을 체결하고 20○○. ○. ○.경 별지 목록 기재 부동산을 인도 받아 주민등록전입신고를 마치고 지금까지 점유.거주하고 있습니다.

 나. 위와 같이 채무자가 임차인으로서 주택임대차보호법 제3조 소정의 대항력을 취득한 이후 별지 목록 기재 부동산은 20○○. ○. ○. 경매절차의 매각을 원인으로 신청외 ◉②◉에게, 그리고 20○○. ○. ○. 매매를 원인으로 신청외 ◉③◉에게 차례로 소유권이전등기가 되었습니다. 따라서 신청외 ◉②◉ 및 신청외 ◉③◉는 주택임대차보호법 제3조 제3항에 따라 차례로 임대인의 지위를 승계 하였다 할 것입니다.

 다. 한편, 채권자는 20○○. ○. ○. 채무자로부터 채무자가 신청외 ◉③◉에 대하여 가지는 임차보증금 9,000,000원의 반환청구채권을 양도받고, 채무자는 같은 날 신청외 ◉③◉에게 그 양도를 통지하여 그 통지가 20○○. ○. ○. 도달하였습니다.

 라. 그렇다면 채무자와 신청외 ◉③◉의 이 사건 임대차계약은 그 만료일인 20○○. ○. ○. 종료되었으므로 채무자는 채권자가 신청외 ◉③◉로부터 이 사건 임대차계약에 기한 임차보증금 90,000,000원을 반환 받음과 동시에 신청외 ◉③◉에게 별지 목록 기재 부동산을 명도 할 의무가 있다고 할 것입니다.

2. 보전의 필요성

　그러나 채무자는 신청외 ◉③◉에게 별지 목록 기재 부동산을 명도하지 않으면서 타인에게 명도하겠다고 주장하고 있고, 신청외 ◉③◉는 그럼에도 채무자에 대한 명도청구를 해태하고 있는 바, 이에 채권자는 신청외 ◉③◉에 대해서는 양수받은 보증금의 반환을 구하고, 채무자에 대해서는 신청외 ◉③◉를 대위하여 별지 목록 기재 부동산의 명도를 구하는 소송을 제기하려고 준비중에 있으나, 위 판결 이전에 채무자가 점유명의를 변경한다면 채권자가 나중에 위 본안소송에서 승소판결을 받더라도 집행불능이 되므로 이의 집행보전을 위하여 신청외 ◉③◉를 대위하여 이 사건 신청을 하기에 이른 것입니다.

3. 담보제공

채권자는 이혼 후 위자료, 양육비 등을 1년이 지난 지금까지 지급 받지 못하고 있는 상태에서 자녀들을 양육하는데 적지 않은 비용이 들고 생계가 어려우므로, 이 사건 부동산점유이전금지가처분명령의 손해담보에 대한 담보제공은 민사집행법 제19조 제3항, 민사소송법 제122조에 의하여 보증보험주식회사와 지급보증위탁계약을 맺은 문서를 제출하는 방법으로 담보제공을 할 수 있도록 허가하여 주시기 바랍니다.

소　명　방　법

　　1. 소갑 제1호증　　　　　채권양도계약서
　　1. 소갑 제2호증　　　　　임대차계약서
　　1. 소갑 제3호증　　　　　부동산 등기사항전부증명서
　　1. 소갑 제4호증　　　　　채권양도통지서

첨　부　서　류
　　1. 위 소명방법　　　　　각 1통
　　1. 건축물대장등본　　　　　1통
　　1. 송달료납부서　　　　　1통

20○○.　○.　○.

위 채권자 ○○○ (서명 또는 날인)

○○지방법원 귀중

[별 지]

부동산의 표시

○○시 ○○구 ○○동 ○○

[도로명주소] ○○시 ○○구 ○○길 ○○ 지상 ◎◎빌라 나동

철근콘크리트 슬래브지붕 4층 다세대주택

1층 ○○○.○○㎡

2층 ○○○.○○㎡

3층 ○○○.○○㎡

4층 ○○○.○○㎡

지층 ○○.○○㎡

중 **3층 301호 124.98㎡**. 끝.

3. 수인의무를 명하는 가처분

[작성례 ①] 통행방해금지 등 가처분신청서

통행방해금지 등 가처분신청

채권자 ○○○

　　　　○○ ○○군 ○○면 ○○길 ○○(우편번호 ○○○○○)

　　　　전화.휴대폰번호:

　　　　팩스번호, 전자우편(e-mail)주소:

채무자 ◇◇◇

　　　　○○ ○○군 ○○면 ○○길 ○○(우편번호 ○○○○○)

　　　　전화.휴대폰번호:

　　　　팩스번호, 전자우편(e-mail)주소:

신 청 취 지

1. 채무자는 별지목록 기재 토지 중 별지도면 표시 ㉮, ㉯, ㉰, ㉱, ㉮ 각 점을 차례로 연결한 선내 ①부분의 통로에 통행을 방해하는 흙 및 암석 등의 방해물을 이 사건의 결정 송달일로부터 3일 내에 제거하라.
2. 채무자가 위 명령을 실행하지 아니하면 채권자는 채권자가 위임하는 ○○지방법원 ○○지원 소속의 집행관으로 하여금 채무자의 비용으로 적당한 방법으로 흙 및 암석 등의 방해물을 제거하게 할 수 있다.
3. 채무자는 별지목록 기재 토지 중 별지도면 표시 ㉮, ㉯, ㉰, ㉱, ㉮ 각 점을 차례로 연결한 선내 ①부분 도로 및 이와 연결되는 도로를 채권자, 채권자가족들 및 차량 등이 통로로서 사용함을 방해하여서는 아니 된다.

라는 재판을 구합니다.

신 청 이 유

1. 채권자와 채무자간의 관계

가. 채권자는 ○○ ○○군 ○○면 ○○리 ○○ 대지 605㎡ 및 그 지상에 주택 84.55㎡를 소유하여 거주하고 있고, 같은 리 ○○○ 전 9,957㎡, 같은 리 ○○○ 전 466㎡를 소유하여 농업에 종사하는 사람이며(소갑 제1호증 주민등록표 등본, 소갑 제2호증의 1 내지 4 각 부동산등기사항증명서 참조), 채무자는 같은 리 ○○ 임야 1,633㎡, 같은 리 ○○ 전 129㎡, 같은 리 ○○○ 전 10,235㎡, 같은 리 ○○○ 전 1,709㎡의 소유자입니다(소갑 제3호증의 1 내지 3 각 부동산등기사항증명서 참조).

2. 채권자의 주위토지통행권 발생사실

가. 도로형성경위

별지목록 기재 토지 중 별지도면 표시 ㉮, ㉯, ㉰, ㉱, ㉮ 각 점을 차례로 연결한 선내 ①부분의 도로(다음부터 이 사건 도로라 함)는 최초 20년 이상 폭 1m 이내의 소로로 형성되어 사용되어지다가 약 10여년전 신청외 ■■■가 광산을 위한 도로로 사용하기 위해 현재와 같은 폭 3m의 도로로 확장한 뒤 채권자 및 마을 주민들이 농로로 사용하여 왔습니다.

나. 주위토지통행권 발생사실

채권자가 거주하는 거주지와 공로에 이르는 통로는 채권자가 밭을 경작하고, 장을 보는 등 생활에 필요한 차량운행을 할 수 있는 유일한 통로이며, 채무자는 주변을 우회하는 소로가 있다는 이유로 채권자의 이 사건 도로 사용을 방해하고 있습니다.

그러나 주변을 우회하는 소로는 차량운행이 불가능하며(소갑 제4호증 도로사진 참조), 도로를 정비하기 위해서는 도로주

변의 토지를 매입해야 하는 등 막대한 비용이 소요됨은 명백하다 할 것입니다.

또한, 토지의 지형적, 위치적 형상 및 이용관계를 보더라도 농업에 종사하는 채권자가 소유한 각종 농지의 현재 이용상황으로도 경운기 및 소형트럭 등이 운행되어질 수 있는 공로에 이르는 통로가 필요하며, 채권자가 위와 같은 용도로 현재의 도로를 이용하더라도 채무자로서는 현재 임야의 용도로 사용되고 있는 같은 곳 소재 ○○ 토지의 이용에 막대한 피해를 입히는 것도 아니고, 같은 곳 소재 ○○○의 토지이용에 대한 수인의 범위를 넘는 제한이라 할 수 없을 것입니다.

그리고 위 도로는 채권자외 5인이 각 소유 토지를 경작하는 데 필요한 공로에 이르는 유일한 통로로 사용할 수밖에 없습니다.

3. 채무자의 통행방해사실

가. 채무자는 단지 토지의 소유자라는 사실을 내세우며 이 사건 도로에 흙, 암석 등의 방해물을 설치하여 경운기 및 차량의 통행을 막고 있으며(소갑 제5호증의 1, 2 각 사진 참조) 채권자의 방해물제거청구에 대하여 우회하는 소로가 있다는 주장만 되풀이하고 있습니다.

나. 또한, 채무자는 20○○. ○.경부터 ○월까지 별지도면 표시 ㉑부분의 도로에 대하여 공작물을 설치하고 통행을 방해하여(소갑 제5호증의 3, 4 각 사진 참조) 채권자로서는 달리 방법을 생각하지 못하고 경작한 야채를 판매하기 위해 고심하던 중 당시 야채 운송업을 하던 신청외 ◉◉◉가 중재를 하여 통행을 할 수 있도록 해줄테니 토지사용료 명목의 금전을 지급해줄 것을 요구하여 금 1,000,000원을 신청외 ◉◉◉에게 지급하여 채무자에게 전달해 줄 것을 부탁하였고, 더불어 위 도로의 통행방해를 중지해줄 것을 요청한 사실이 있으며, 위 금전이 채무자에게 전달되었는지는 확

인할 수 없는바, 다만 채무자가 위 도로상의 통행방해를 위 금전지급 후 2일이 지나자 중지했던 사실이 있습니다.

다. 현재 채무자의 통행방해사실에 의하여 채권자 및 채권자가족 외에도 위 도로를 통하여 경작지에 이르는 마을 주민들이 피해를 보고 있으며, 특히 채권자는 밭을 경작하는 이외에도 장을 보거나 비료를 구입하는 등의 일상생활에 필요한 차량운행을 하지 못하여 막대한 손해를 입고 있는 실정입니다.

4. 결론

결국 채권자는 이 사건 도로를 통로로 사용하지 못할 경우 공로에 차량을 통하여 출입할 방법이 없을 뿐 아니라, 채무자가 주장하는 우회통로를 정비하는데는 신청외 토지소유자들의 토지를 매입해야 하는 등 막대한 비용이 들 것이 명백하므로 채권자는 주위의 토지를 통행할 권한이 있다 할 것이고, 따라서 채무자가 통행을 방해하고 있는 별지목록 기재 토지 중 별지도면 표시 ㉮, ㉯, ㉰, ㉱, ㉮ 각 점을 차례로 연결한 선내 ①부분 도로에 설치되어 있는 흙, 암석등의 방해물은 즉시 제거되어져야 할 것이며, 이 사건 도로는 채권자가 위와 같은 주위토지통행권을 가지고 있으므로 그 물권적 청구권의 권능인 채무자의 침해행위 방해배제 및 방해예방청구권이 있다 할 것입니다.

5. 한편, 이 사건 통행방해금지 등 가처분명령의 손해담보에 대한 담보제공은 민사집행법 제19조 제3항, 민사소송법 제122조에 의하여 보증보험주식회사와 지급보증위탁계약을 맺은 문서를 제출하는 방법으로 담보제공을 할 수 있도록 허가하여 주시기 바랍니다.

소 명 방 법

1. 소갑 제1호증   주민등록표등본(채권자)

1. 소갑 제2호증의 1 내지 4   각 부동산등기사항증명서
1. 소갑 제3호증의 1 내지 3   각 부동산등기사항증명서
1. 소갑 제4호증의 1, 2   우회도로 사진
1. 소갑 제5호증의 1 내지 4   각 방해물사진
1. 소갑 제6호증   지적도등본

첨 부 서 류

1. 위 소명방법   각 1통
1. 토지대장등본   1통
1. 송달료납부서   1통

20○○. ○. ○.
위 신청인 ○○○ (서명 또는 날인)

○○지방법원 ○○지원 귀중

[별지]

도 면

채권자의
거 주 지

㉮   ㉯

①

㉣   ㉰

토지출입금지가처분신청

채권자 ○○○
　　　　○○시 ○○구 ○○길 ○○(우편번호 ○○○○○)
　　　　전화.휴대폰번호:
　　　　팩스번호, 전자우편(e-mail)주소:
채무자 ◇◇◇
　　　　○○시 ○○구 ○○길 ○○(우편번호 ○○○○○)
　　　　전화.휴대폰번호:
　　　　팩스번호, 전자우편(e-mail)주소:
목적물의 표시
별지목록 기재와 같습니다.

목적물의 가격
4,127,590원

신 청 취 지

채무자는 별지목록 기재 토지에 출입하여서는 아니 된다.
라는 재판을 구합니다.

신 청 이 유

1. 원래 채권자의 소유인 별지목록 기재 토지에 대하여, 20○○.
　○.경 신청외 ◆◆◆가 판결문을 위조하여 자신의 명의로 소
　유권보존등기를 마치고 이를 신청외 ◆◆◆에게 양도하였으
　며, 신청외 ◆◆◆는 이를 다시 신청외 ■■■에게 양도하여
　20○○. ○. ○.자 매매를 원인으로 한 소유권이전등기가 되었

습니다.
2. 그러나 채권자는 위와 같은 등기는 무효의 등기이므로 ○○지
방법원 20○○가합○○○호로 소송을 제기하여 별지목록 기
재 토지에 관하여 차례로 이전된 위 등기의 말소를 구함과 동
시에 국가를 상대로 위 토지가 채권자의 진정한 소유임을 확
인하는 소송을 제기하여 채권자 승소판결이 선고되고, 항소심
과 상고심에서 위 판결이 확정되어 위 등기는 원인무효로써
20○○. ○. ○. 각 말소되고 폐쇄등기가 되었으며 채권자 명
의로 소유권보존등기가 되었습니다.
3. 그런데, 신청외 ◆◆◆는 20○○. ○.경 별지목록 기재 토지를
채무자에게 점유·경작케 하여 채무자가 별지목록 기재 토지
위에 비닐하우스 1동을 설치하고 있어 그 소유권자인 채권자
의 권리행사를 불가능하게 하고 있으므로, 만일 지금에 있어
서 채무자의 출입을 방치하고 비닐하우스의 설치를 방지하지
아니하면 채권자가 나중에 승소판결을 받아 확정된다고 하더
라도 토지사용권이 침해당하게 되어 결국 판결의 집행을 보전
하지 못하게 될 것이므로, 채무자에 대하여 별지목록 기재 토
지의 출입금지가처분명령을 구하기 위하여 이 사건 신청에 이
르렀습니다.
4. 한편, 이 사건 출입금지가처분명령의 손해담보에 대한 담보제공
은 민사집행법 제19조 제3항, 민사소송법 제122조에 의하여
보증보험주식회사와 지급보증위탁계약을 맺은 문서를 제출하
는 방법으로 담보제공을 할 수 있도록 허가하여 주시기 바랍
니다.

소 명 방 법

1. 소갑 제1호증   부동산등기사항증명서
1. 소갑 제2호증   토지대장등본
1. 소갑 제3호증의 1, 2   판결정본

첨 부 서 류

1. 위 소명방법   각 1통
1. 송달료납부서   1통

20○○. ○. ○.

위 신청인 ○○○ (서명 또는 날인)

○○지방법원 ○○지원 귀중

[별 지]

부동산의 표시

○○ ○○군 ○○면 ○○리 ○○ 전 1,000㎡. 끝.

공사중지 가처분 신청서

신 청 인   ○ ○ ○(주민등록번호)
                 ○○시 ○○구 ○○○길 ○○○(우편번호)
                 전화.휴대폰번호:
                 팩스번호, 전자우편(e-mail)주소
피신청인   □□ 광역시
                 위 대표자 시장 ○ ○ ○

목적물 가액   금○○○○원

목적물의 표시

□□시 □□구 □□동 224의 1 도로 중 별지 도면 표시 1, 2, 3, 4, 1의 각 점을 순차로 연결한 선으로 둘러싸인 28.82㎡

피보전권리의 요지

신청인의 소유권에 기한 방해배제 및 예방청구권

신 청 취 지

1. 피신청인은 □□ 도시철도 1호선 1-7공구 공사 중 □□시 □□구 □□동 224의 1 도로 지상 부분에 돌출되는 환기탑 설치공사를 시행함에 있어 그 환기탑의 폭은 2.2m, 길이는 13m, 높이는 도로 지면에서 1.5m를 각 초과하여 시공하여서는 안 되고, 도로 지면에서 높이 1.2m를 초과하는 부분은 신

청인의 건물을 가리는 불투명한 소재로 시공하여서는 안 된
다.
2. 집행관은 위 취지를 적당한 방법으로 공시하여야 한다.
3. 담보제공은 채권자와 ○○보증보험주식회사간에 체결한 지급
보증위탁계약 문서 의 제출에 의한다.
4. 신청비용은 피신청인의 부담으로 한다.
라는 재판을 구합니다.

신 청 이 유

1. 신청인은 □□시 □□구 □□동 543의 41 대 56.1㎡, 같은
동 543의 42 대 78.4㎡, 같은 동 543의 43 대 87.4㎡ 등 3
필지의 토지와 그 지상 철근콘크리트조 슬래브지붕 4층 영업
소 건물(1 내지 3층 : 165㎡, 4층 : 75.9㎡, 지하실 : 85㎡, 이
하 '이 사건 건물'이라 한다)을 소유하고 있습니다.
2. 피신청인은 □□도시철도 1호선 중 1-7공구 토목공사(본선
1,306m, 정거장 2개소 302m, 총연장 1,608m)를 시공하면
서, 이 사건 건물의 전면에 위치한 □□시 □□구 □□동
224의 1 도로(노폭 5.5m, 이하 '이 사건 보도'라 한다) 중 별
지 도면 표시 1, 2, 3, 4, 1의 각 점을 순차로 연결한 선으로
둘러싸인 28.82㎡ 부분의 지하굴착 토목공사를 마무리짓고,
앞으로 그 지상에 폭 2.2m, 길이 13m, 높이 2m 정도 규모
의 철제 환기탑(이하 '이 사건 환기탑'이라 한다) 설치공사를
실시하려 하고 있습니다.
3. 일반인들의 통행에 제공되는 보도 상에 구조물을 설치하는 경
우 그 구조물의 설치로 인하여 그에 인접한 건물이나 대지를
이용함에 있어 커다란 불편을 초래하고 건물 본래의 기능 및
활용성을 극도로 저하시키는 결과를 낳게 될 뿐만 아니라 그
건물에 입주한 상점 영업에 중대한 손해를 초래하는 경우와
같이 그 건물 본래의 효용을 방해하는 경우에는, 그 방해가

사회통념상 일반적으로 수인할 정도를 넘어선다고 인정되는 한 그 건물이나 대지의 소유권에 기하여 그 방해의 제거나 예방을 청구할 수 있다고 할 것입니다. 이 경우 그 침해가 사회통념상 일반적으로 수인할 정도를 넘어서는지 여부는 피해의 성질 및 정도, 피해이익의 공공성, 가해행위의 태양, 가해행위의 공공성, 가해자의 방지조치 또는 손해회피의 가능성, 인·허가 관계 등 공법상 기준에의 적합 여부, 지역성, 토지이용의 선후 관계 등 모든 사정을 종합적으로 고려하여 판단하여야 합니다.(대법원 1997. 7. 22. 선고 96다56153 판결 참조).

4. 이 사건 건물은 도시계획상 일반 상업지역 안에 위치한 상가 및 병원 건물로서, 그 인근에 □□역·지하상가 및 □□시장이 있고, 그 앞에 왕복 8차선 도로와 접하여 있으며, 특히 그 1층의 점포들은 보도와 바로 접하여 있어 그 보도 앞을 지나가는 행인들이 직접 점포로 출입할 수 있을 뿐 아니라 이 사건 보도가 바로 차도에 접하여 있어 이 사건 보도나 그 앞의 차도 및 반대편 쪽 보도를 통행하는 행인들에 대한 홍보 효과도 매우 커서 그 경제적인 효용가치가 매우 큽니다. 그러나 이 사건 환기탑이 설치되는 경우에는 이 사건 보도의 도로폭이 5.38m에서 3.18m로 40%나 줄게 되어, 위 건물의 1층 점포로 출입하는 사람들이 불편을 겪게 되고, 자연히 일반 통행인이 이 사건 건물 1층 점포 내부의 진열물을 구경하기도 어렵게 되어 영업에 지장을 주게 될 우려가 매우 큽니다. 더구나 이 사건 건물 전면 길이 15m 중 그 73%나 되는 11m가 이 사건 환기탑과 중복되는데 이 사건 환기탑의 높이가 2m 가량이나 되어 이 사건 환기탑의 길이와 중복되는 부분은 그 전면의 유리창이 가려져 이 그 안에 진열된 상품이나 선전 포스터 등에 대하여 그 앞 차도나 그 반대편 쪽의 보도에서 모두 시야가 차단되어 그 홍보나 광고효과는 거의 상실되게 됩니다. 따라서 결과적으로 이 사건 건물의 본래의 용도에 따

른 사용을 실질적으로 방해하는 결과를 초래하고 나아가 이로 인하여 이 사건 건물 1층 점포들의 경제적 가치는 급격히 하락하여 그 소유자인 신청인에게 매우 심각한 손해를 입히게 될 것입니다.

5. 피신청인이 설치하려는 이 사건 환기탑은 인천 지역의 주민들의 편의를 위하여 설치하는 도시철도를 위한 필요불가결한 구조물로서 공공의 이익을 위한 것임은 인정됩니다. 그러나 피신청인으로서는 구조물의 규모를 최소한으로 하여 신청인의 피해를 최소화할 수 있도록 최대한의 노력을 보였어야 함에도 불구하고, 환기탑의 높이를 다른 지하철역의 환기탑보다 더 높여 2m로 정함으로써 이 사건 건물에 대한 피해를 더욱 심화시켰다 할 것입니다[공사 노선 내 다른 환기탑의 시설현황 참조]. 이는 결과적으로 행정편의와 공공이익을 앞세워 신청인에게만 중대한 불이익을 감수하라는 것이어서 형평에 어긋난다 할 것이고, 이 사건 환기탑의 설치로 인하여 이 사건 건물에 대하여 미치는 방해 내지 피해의 정도는 사회관념상 일반적으로 요구되는 수인의 정도를 초과하였다 할 것입니다.

6. 이 사건 환기탑의 설치로 인하여 신청인의 이 사건 건물에 대한 소유권이 침해되고 그 침해의 정도가 사회관념상 요구되는 수인의 정도를 초과하는 이상, 피신청인으로서는 그 침해를 최소화하여 일반적으로 수인될 수 있는 범위 안에서 위 환기탑 설치공사를 시행하여야 할 것입니다. 이 사건 환기탑의 폭은 2.2m, 길이는 13m, 높이는 도로 지면에서 1.5m 이하로 각 제한하고, 도로 지면에서 높이 1.2m를 초과하는 부분은 신청인의 건물을 가리는 불투명한 소재로 시공하지 못하도록 제한하는 것이 상당합니다.

7. 신청인은 피신청인에 대하여 신청인의 이 사건 건물에 대한 소유권 행사를 방해할 우려가 있는 이 사건 환기탑 설치 공사를 위에서 인정한 범위를 초과하여 시행하지 못하도록 청구할 수 있는 피보전권리가 있다고 할 것입니다. 보전의 필요

성에 관하여 보더라도, 피신청인이 위에서 본 규모대로 이 사건 환기탑을 설치하는 경우 신청인에게는 앞서 기술한 바와 같은 회복할 수 없는 손해가 발생할 염려가 명백 하므로 시급히 공사 중지를 할 필요성이 있다고 할 것이므로 이건 신청에 이르게 되었습니다.

8. 이 사건 담보제공은 보증보험회사와 체결한 지급보증위탁계약 체결문서의 제출에 의할 수 있도록 허가하여 주시기 바랍니다.

첨 부 서 류

1. 부동산등기사항전부증명서	1통
1. 진정서	1통
1. 토지대장등본	1통
1. 건물 및 도로 사진	7매
1. 공사 현장 사진	10매
1. 공사 노선 내 다른 환기탑의 시설현황	1부

20 .   .   .

위 신청인   ○   ○   ○

○○지방법원   귀중

        (인근 지하 굴착공사로 주택 균열의 경우)

공사중지 가처분신청

신 청 인   ○ ○ ○(-   )
            ○○시 ○○구 ○○○길 ○○○(우편번호)
            전화.휴대폰번호:
            팩스번호, 전자우편(e-mail)주소
피신청인   1. □ □ □(-   )
            ○○시 ○○구 ○○길 □□□
            2. □□ 건설 주식회사
            ○○시 ○○구 ○○길 □□□
            대표이사 □□□

목적물 가액   금○○○○○○원

목적물의 표시

별지기재와 같음

피보전권리의요지

신청인의 소유권에 기한 방해배제청구권 및 손해배상 청구권

신 청 취 지

1. 피신청인들은 별지목록기재 부동산에 대한 지하굴착공사를 하
여서는 아니 된다.
2. 집행관은 위 취지를 적당한 방법으로 공시하여야 한다.

3. 담보제공은 채권자와 ○○보증보험주식회사간에 체결한 지급
   보증위탁계약 문서 의 제출에 의한다.
4. 신청비용은 피신청인들의 부담으로 한다.
   라는 재판을 구합니다.

신 청 이 유

1. 신청인은 ○○시 ○○구 ○○○동 ○○○ 대지상 연와조 스라
   브위 기와지붕 지상 1,2층 각 110.76평방미터, 지하실 25.08
   평방미터(이하 이 사건 건물이라고 한다)의 소유자이며, 피신
   청인 1.은 이 사건 건물과 인접한 같은동 □□□ 대 275.6평
   방미터의 소유자입니다.
2. 피신청인 1.은 20○○. ○. 초순경 ○○구청장으로부터 피신
   청인 1.명의로 건축허가를 받아 위 지상에 지하1층, 지상4층
   건평 821.14평방미터의 주거용 근린생활시설을 세우기 위하여
   피신청인 2.와 건축도급계약을 체결하였고, 피신청인 2.는 장비
   를 동원하여 이 사건 건물의 지층으로부터 근접한 거리에서
   굴토작업을 하고 있습니다.
3. 위 굴토공사후인 20○○. ○. 16:00경부터 굴토면에 접한 이
   사건 건물의 담장이 약 13내지 15미터 가량 붕괴되고, 위 담
   장과 이 사건 건물사이의 폭 약 1미터의 시멘트바닥이 약 10
   센티미터 침하되면서 이 사건 건물의 내,외벽 및 바닥에 수많
   은 균열이 발생하게 된 사실이 있습니다.
4. 위 지하굴착작업을 시행하게 되면 지하수 및 토사가 유출되거
   나 진동이 발생되고 이에 따른 인접지반의 교란에 의한 부동
   침하나 진동의 전달로 인하여 인접지 건물에 균열을 발생시
   키거나 심한 경우에는 붕괴에 이르게할 위험성이 불구하고
   피신청인들은 이를 방지하기 위한 제반안전조치를 취하지 아
   니한채 굴토면에 콘크리트기둥을 설치하는 씨.아이.피공법을
   사용하여 지하 약 4미터 깊이로 굴토공사를 강행하고 있습니

다.
5. 이 사건 건물과 인접대지에서 공사를 시행하는 피신청인들로서는 위와같은 지하굴토작업을 할 경우 위와 같은 위험 이 당연히 예상되므로 사전에 지하수 및 토사유출방지를 위하여 흙막이 시공을 철저히 하고 지반이 동요되지 않도록 받침대를 세우거나 진동전달 방지를 위한 안전조치를 취하여야 할 주의의무가 있음에도 이를 게을리하고 공사를 진행하고 있어, 이는 신청인의 수인의 한도를 넘는 것이라고 할 것입니다.
6 .따라서, 신청인은 피신청인들을 상대로 소유권방해배제청구의 소와 발생된 손해에 대해 손해 배상 청구의 소제기를 준비 중입니다. 그러나, 재판 받기 까지는 상당한 시일이 소요되고 피신청인이 공사를 강행하고 있으므로 피신청인의 위 공사를 방치 한다면 신청인은 건축물 붕괴 등으로 신체 및 생명 그리고 금전상 막대한 손해를 입을 것이 명백하므로 시급히 공사중지를 할 필요성이 있어 본안 소송에 앞서 이건 신청에 이르게 되었습니다.
7. 이 사건 담보제공은 보증보험회사와 체결한 지급보증위탁계약 체결문서의 제출에 의할 수 있도록 허가하여 주시기 바랍니다.

첨 부 서 류

1. 부동산등기사항전부증명서	1통
1. 진정서	1통
1. 토지대장등본	1통
1. 사진	1통
1. 현장약도	1통
1. 주민등록표등본	1통
1. 법인등기사항전부증명서	1통

20 . . .

　　　　　　위 신청인　　○　　○　　○

○○지방법원　　　　귀중

[별지]

목적물의 표시

○○시 ○○구 ○○동 □□□
　　　대 275.6평방미터

4. 인도(명도)·철거·수거단행 가처분

[작성례] 건물인도 단행 가처분신청서

건물인도단행가처분신청

채권자 ○○○
      ○○시 ○○구 ○○길 ○○(우편번호 ○○○○○)
      전화.휴대폰번호:
      팩스번호, 전자우편(e-mail)주소:
채무자 ◇◇◇
      ○○시 ○○구 ○○길 ○○(우편번호 ○○○○○)
      전화.휴대폰번호:
      팩스번호, 전자우편(e-mail)주소:

목적물의 표시
별지목록 기재와 같습니다
목적물의 가격
15,387,900원

신 청 취 지

1. 채무자는 채권자소유의 별지목록 기재 부동산에 대한 점유를
   풀고 이를 채권자가 위임하는 귀원 소속 집행관에게 인도하여
   야 한다.
2. 집행관은 현상을 변경하지 아니할 것을 조건으로 하여 채권자
   에게 이를 사용하게 하여야 한다.
3. 채권자는 그 점유를 타인에 이전하거나 점유명의를 변경하여
   서는 아니 된다.
4. 집행관은 위 취지를 공시하기 위하여 적당한 방법을 취하여야

한다.
5. 소송비용은 채무자의 부담으로 한다.
라는 재판을 구합니다.

<h1 align="center">신 청 원 인</h1>

1. 별지목록 기재의 부동산은 채권자의 소유로서 채권자는 20○
   ○. ○. ○. 귀원 20○○가단○○○호 건물인도 본안소송에서
   승소판결을 받고 위 판결확정 후 20○○. ○. ○○. ○○지방
   법원 소속 집행관으로 하여금 위 건물인도의 집행을 위임하여
   강제집행을 완료한 사실이 있습니다.
2. 그런데 채무자는 채권자가 인도 받은 별지목록 기재 건물에
   채권자가 저지할 사이도 없이 다시 침범하여 채권자의 인도
   요구에 응하지 않고 있으므로 채권자는 또 다시 소송을 제기
   하여야 할 처지에 놓이게 되었으며, 채무자의 위와 같은 행위
   로 보아 별지목록 기재 건물을 제3자에게 불법 전대할 가능
   성도 있습니다.
3. 따라서 채권자는 막대한 피해가 발생하는 것을 막기 위하여 부
   득이 이 사건 신청에 이른 것입니다.
4. 한편, 이 사건 건물인도단행가처분명령의 손해담보에 대한 담보
   제공은 민사집행법 제19조 제3항, 민사소송법 제122조에 의
   하여 보증보험주식회사와 지급보증위탁계약을 맺은 문서를 제
   출하는 방법으로 담보제공을 할 수 있도록 허가하여 주시기
   바랍니다.

<h1 align="center">소 명 방 법</h1>

  1. 소갑 제1호증   판결문등본
  1. 소갑 제2호증   부동산인도집행조서등본

첨 부 서 류

1. 위 소명방법   각 1통
1. 송달료납부서   1통

                        20○○. ○. ○.
                    위 채권자 ○○○ (서명 또는 날인)

○○지방법원 귀중

[별 지]

부동산의 표시

○○시 ○○구 ○○동 ○○
[도로명주소] ○○시 ○○구 ○○길 ○○ 지상 시멘트블럭조 기
와지붕 단층주택 93.26㎡. 끝.

5. 자동차·건설기계 처분금지가처분 신청

[작성례 ①] 자동차 처분금지 가처분신청서

자동차처분금지가처분신청

채권자 ○○○
　　　　○○시 ○○구 ○○길 ○○(우편번호 ○○○○○)
　　　　전화.휴대폰번호:
　　　　팩스번호, 전자우편(e-mail)주소:
채무자 ◇◇◇
　　　　○○시 ○○구 ○○길 ○○(우편번호 ○○○○○)
　　　　전화.휴대폰번호:
　　　　팩스번호, 전자우편(e-mail)주소:

목적물의 표시　　　　별지목록 기재와 같습니다.
목적물의 가격　　　　15,000,000원
피보전권리의 요지　　20○○. ○. ○. 매매를 원인으로 한 소유
　　　　　　　　　　　　권이전등록청구권

신 청 취 지

　채무자는 별지목록 기재 자동차에 대하여 양도, 저당권설정 기타 일체의 처분행위를 하여서는 아니 된다.
라는 재판을 구합니다.

신 청 원 인

1. 채권자는 채무자 소유의 별지목록 기재 자동차를 20○○. ○. ○.에 금 15,000,000원으로 하는 매매계약을 체결하고 계약당일

매매대금을 지급하였습니다.

2. 채무자는 매매대금을 지급과 동시에 별지목록 기재 자동차에 대한 소유권이전등록을 하여 주기로 하고서는 지금까지 계속 미루고만 있고, 나중에 알아본바, 채무자는 채권자 이외에도 다른 사람들에게 많은 채무를 부담하고 있어 이 사건 자동차를 타인에게 처분할 가능성이 있으므로 채권자는 채무자를 상대로 별지목록 기재 자동차에 대한 소유권이전등록청구소송을 준비 중에 있는바, 위 청구권의 보전을 위하여 이 사건 신청에 이른 것입니다.

3. 한편, 이 사건 자동차처분금지가처분명령의 손해담보에 대한 담보제공은 민사집행법 제19조 제3항, 민사소송법 제122조에 의하여 보증보험주식회사와 지급보증위탁계약을 맺은 문서를 제출하는 방법으로 담보제공을 할 수 있도록 허가하여 주시기 바랍니다.

소 명 방 법

1. 소갑 제1호증   자동차매매계약서
1. 소갑 제2호증   영수증
1. 소갑 제3호증   자동차등록원부

첨 부 서 류

1. 위 소명방법   각 1통
1. 송달료납부서   1통

20○○. ○. ○.

위 채권자 ○○○ (서명 또는 날인)

○○지방법원 귀중

[별 지]

자동차의 표시

자동차등록번호   인천○가 ○○○
형식승인번호   ○-○○-1234-123
차명   ○○○
차종   승용자동차
차대번호   ○○○TJ4TlN123456
원동기형식   G4DJ
년식   2000
최초등록일   20○○. ○. ○.
최종소유자   ◇◇◇
사용본거지   ○○시 ○○구 ○○길 ○○. 끝.

선박점유이전금지가처분신청

채권자 ○○○
　　　　○○시 ○○구 ○○길 ○○(우편번호 ○○○○○)
　　　　전화.휴대폰번호:
　　　　팩스번호, 전자우편(e-mail)주소:
채무자 ◇◇◇
　　　　○○시 ○○구 ○○길 ○○(우편번호 ○○○○○)
　　　　전화.휴대폰번호:
　　　　팩스번호, 전자우편(e-mail)주소:

목적물의 표시　　　　별지 목록 기재와 같습니다.
피보전권리의 내용　　20○○.○.○. 약정에 의한 선박인도청구권
목적물의 가격　　　　○○○원

신 청 취 지

1. 채무자는 별지 목록 기재 선박에 대한 점유를 풀고 이를 채권자가 위임하는 집행관에게 인도하여야 한다.
2. 집행관은 채무자로 하여금 위 선박을 ○○항의 집행관이 명하는 장소에 정박시키고 현상을 변경하지 아니할 것을 조건으로 채무자에게 그 보관을 명할 수 있다.
3. 채무자는 위 선박의 점유를 타인에게 이전하거나 점유명의를 변경하거나 이를 운행하여서는 아니 된다.
4. 집행관은 위 취지를 공시하기 위하여 적당한 방법을 취하여야 한다.
라는 재판을 구합니다.

신 청 이 유

1. 당사자들의 지위

   채권자는 별지목록 기재 선박을 매수한 사람이고 채무자는 매도인으로서 별지목록 선박의 소유자입니다.

2. 채무자의 선박인도의무

   채무자는 20○○. ○. ○. 채권자에게 별지목록 기재 선박을 20○○. ○. ○○.까지 인도하겠다는 약정을 한 사실이 있습니다. 그러므로 채무자는 위 약정을 원인으로 하여 채권자에게 위 선박을 인도할 의무가 있습니다. 그런데 채무자는 타당한 이유 없이 위 선박의 인도를 거부하고 있습니다.

3. 보전의 필요성

   이에 채권자는 채무자 상대로 위 선박의 인도청구소송을 제기하여 놓았으나 채무자가 위 선박을 다른 사람에게 이전하여 제3자의 점유하에 들어갈 경우 채권자는 위 재판에서 승소하더라도 인도집행이 불가능할 염려가 있어 그 집행을 보전하기 위하여 이 사건 신청에 이른 것입니다.

4. 담보제공

   한편, 이 사건 선박점유이전금지가처분명령의 손해담보에 대한 담보제공은 민사집행법 제19조 제3항, 민사소송법 제122조에 의하여 보증보험주식회사와 지급보증위탁계약을 맺은 문서를 제출하는 방법으로 담보제공을 할 수 있도록 허가하여 주시기 바랍니다.

소 명 방 법

1. 소갑 제1호증	계약서
1. 소갑 제2호증	소장사본
1. 소갑 제3호증	최고서

첨 부 서 류

1. 위 소명방법   각 1통
1. 정박증명   1통
1. 송달료납부서   1통

20○○. ○. ○.

위 채권자 ○○○ (서명 또는 날인)

○○지방법원 귀중

[별 지]

선박의 표시

1. 선박의 종류 및 명칭   기선 ○○호
1. 선 질   철강 및 목조
1. 총톤수   ○○○톤
1. 순톤수   ○○○톤
1. 기관종류 및 수   디젤기관○개
1. 추진기의 종류 및 수   나선추진기○개
1. 진수연월일   20○○. ○. ○.
1. 정박항   ○○항
1. 소유자   ◇◇◇
1. 선장의 이름   ◆◆◆

○○시 ○○구 ○○길 ○○. 끝.

6. 유체동산점유이전금지가처분 신청

[작성례 ①] 유체동산 점유이전금지 가처분신청서

유체동산점유이전금지가처분신청

채권자 ○○○
      ○○시 ○○구 ○○길 ○○(우편번호 ○○○○○)
      전화.휴대폰번호:
      팩스번호, 전자우편(e-mail)주소:
채무자 ◇◇◇
      ○○시 ○○구 ○○길 ○○(우편번호 ○○○○○)
      전화.휴대폰번호:
      팩스번호, 전자우편(e-mail)주소:

목적물의 표시   별지목록 기재와 같습니다.
피보전권리의 요지 20○○. ○. ○. 약정에 의한 물건인도청구권
목적물의 가격   5,000,000원

신 청 취 지

1. 채무자는 별지목록 기재 물건에 대한 점유를 풀고 이를 채권자가 위임하는 집행관에게 인도하여야 한다.
2 집행관은 현상을 변경하지 않을 것을 조건으로 하여 채무자에게 사용을 허가하여야 한다.
3. 채무자는 그 점유를 타인에게 이전하거나 또는 점유명의를 변경하여서는 아니 된다.
4. 집행관은 위 취지를 공시하기 위하여 적당한 방법을 취하여야 한다.
라는 재판을 구합니다.

신 청 원 인

1. 당사자들의 지위

   채권자는 별지목록 기재 물건을 매수한 사람이고 채무자는 매도인으로서 별지목록 기재 물건의 종전 소유자입니다.

2. 채무자의 물건인도의무

   채무자는 20○○. ○. ○. 채권자에게 별지목록 기재 물건을 20○○. ○. ○.까지 인도하겠다는 약정을 한 사실이 있습니다. 그러므로 채무자는 위 약정을 원인으로 하여 채권자에게 위 물건을 인도할 의무가 있습니다. 그런데 채무자는 타당한 이유 없이 위 물건의 인도를 거부하고 있습니다.

3. 보전의 필요성

   이에 채권자는 채무자 상대로 위 물건의 인도청구소송을 제기하여 놓았으나 채무자가 위 물건을 다른 사람에게 이전하여 제3자가 점유할 경우, 채권자가 위 소송에서 승소하더라도 인도집행이 불가능할 염려가 있어 그 집행을 보전하기 위하여 이 사건 신청을 하기에 이른 것입니다.

4. 담보제공

   한편, 이 사건 유체동산점유이전금지가처분명령의 손해담보에 대한 담보제공은 민사집행법 제19조 제3항, 민사소송법 제122조에 의하여 보증보험주식회사와 지급보증위탁계약을 맺은 문서를 제출하는 방법으로 담보제공을 할 수 있도록 허가하여 주시기 바랍니다.

소 명 방 법

    1. 소갑 제1호증   매매계약서
    1. 소갑 제2호증   영수증
    1. 소갑 제3호증   소제기증명원

1. 소갑 제4호증   소장부본

첨 부 서 류

1. 위 소명방법   각 1통
1. 물건감정서   1통
1. 송달료납부서   1통

　　　　　　　20○○. ○. ○.
　　　　　　위 채권자 ○○○ (서명 또는 날인)

○○지방법원 귀중

[별 지]
유체동산의 표시
품명 : 프린터
수량 : 5대
제작회사 ○○주식회사
모델명 : ○○○○○
소재지 : ○○시 ○○구 ○○길 ○○. 끝.

[작성례 ②] 자연석채굴 및 반출금지 가처분신청서

자연석채굴 및 반출금지가처분신청

채권자 ○○○
　　　　○○시 ○○군 ○○면 ○○길 ○○(우편번호 ○○○○○)
　　　　전화.휴대폰번호:
　　　　팩스번호, 전자우편(e-mail)주소:
채무자 1. ◇①◇
　　　　○○시 ○○군 ○○길 ○○(우편번호 ○○○○○)
　　　　전화.휴대폰번호:
　　　　팩스번호, 전자우편(e-mail)주소:
　　　2. ◇②◇
　　　　○○시 ○○군 ○○길 ○○(우편번호 ○○○○○)
　　　　전화.휴대폰번호:
　　　　팩스번호, 전자우편(e-mail)주소:

목적물의 표시　　　별지목록 기재와 같습니다
목적물의 가액　　　○○○원
피보전권리의 요지　　소유권에 기한 자연석 인도청구 등

신 청 취 지

1. 채무자들은 별지목록 기재 자연석에 대한 점유를 풀고 이를 채권자가 위임하는 집행관에게 인도하여야 한다.
2. 채무자들은 별지목록 기재 토지에 출입하여 자연석 등을 채굴하거나 채굴된 자연석을 반출하여서는 아니 된다.
3. 집행관은 위 취지를 공시하기 위하여 적당한 방법을 취하여야 한다.
라는 재판을 구합니다.

신 청 원 인

1. 채권자는 20○○. ○. ○. 채무자 ◇①◇와의 사이에 채권자 소유의 ○○ ○○군 ○○면 ○○리 산 286, 산 287, 산 288, 전 1789-1, 전 1792-2, 전 1792-3 및 채권자가 ○○군으로부터 임차한 같은 리 전 1788 등 토지 7필지에 대해 임차료를 연 1,000만원으로 정하여 임대하는 임대차계약을 체결하였습니다.

2. 그런데 채무자 ◇①◇는 채권자가 모르고 있는 틈을 이용하여 위 임차한 토지가 아닌 별개의 채권자 소유의 ○○군 ○○○리 1785 전 3,679㎡, 같은 리 1790 전 1,954㎡, 같은 리 1791 전 3,874㎡ 3필지 토지로부터 자연석 등을 무단으로 채굴하여 팔아왔습니다. 이러한 사실을 알게 된 채권자가 채무자 ◇①◇에게 항의하였으나 그는 자연석의 무단채굴을 중지하지 아니하였습니다.

3. 채권자가 거듭 공사중지를 요청하자 채무자들은 공모하여 "채무자를 ◇①◇, 채권자를 ◇②◇, 청구금액을 금 5,000만원"으로 하여 공증인가 법무법인 ○○ 20○○ 증 제○○호로 집행력 있는 공정증서를 작성하였으며, 채무자 ◇②◇는 이를 근거로 채무자 ◇①◇가 임차한 토지 위에 있는 자연석 5,000루베에 대해 20○○. ○. ○. ○○지방법원 ○○지원 집행관에게 위임하여 압류하였습니다.

4. 압류목적물인 위 자연석은 20○○. ○. ○. 채무자 ◇②◇에게 금 46,839,349원에 매각되어 그 매각대금과 채무자 ◇②◇의 채무자 ◇①◇에 대한 채권은 상계처리 되었습니다. 그런데 ◇②◇는 위 압류된 자연석뿐만 아니라 채무자 ◇①◇가 무단으로 채권자 소유의 위 토지에서 채굴하여 그 위에 방치해 놓은 자연석에 대해서도 자신이 매수한 자연석이라고 하면서 이를 점유하여 놓고 반출해가려 하고 있습니다.

5. 그러나 이 사건 자연석은 채무자 ◇①◇가 아무런 권리나 권한 없이 임대하지 아니한 채권자 소유의 토지로부터 채굴한 것이고, 채무자 ◇②◇는 이와 같은 사실을 잘 알면서도 그와 공모하여 이를 매수한 것처럼 주장하고 있는 것이므로, 그 소유권은 여전히 채권자에게 있다고 할 것입니다. 따라서 채권자는 채무자들을 상대로 소유권에 기초하여 자연석의 반환청구, 손해배상 등의 소를 준비 중에 있으나 본안소송은 시일이 오래 걸리고 그 사이 채무자들이 이 사건 자연석을 반출하거나 다른 사람에게 처분하게 되면 채권자가 본안소송에서 승소하더라도 그 목적을 달성할 수 없게 된다고 할 것입니다. 또한, 채무자들은 앞으로도 채권자 소유의 위 토지에서 자연석을 추가로 더 채굴할 가능성이 크다고 할 것인바, 채권자가 신청취지와 같은 재판을 얻지 않으면 훗날 회복할 수 없는 손해를 입게 될 우려가 있으므로 이 사건 신청을 합니다.
6. 한편, 이 사건 자연석채굴 및 반출금지가처분명령의 손해담보에 대한 담보제공은 민사집행법 제19조 제3항, 민사소송법 제122조에 의하여 보증보험주식회사와 지급보증위탁계약을 맺은 문서를 제출하는 방법으로 담보제공을 할 수 있도록 허가하여 주시기 바랍니다.

소 명 방 법

1. 소갑 제1호증   임대차계약서
1. 소갑 제2호증의 1 내지 3   각 부동산등기사항증명서
1. 소갑 제3호증   통고서
1. 소갑 제4호증   답변서
1. 소갑 제5호증   답변서
1. 소갑 제6호증   압류조서
1. 소갑 제7호증   동산경매조서

첨 부 서 류

1. 위 소명방법   각 1통
1. 송달료납부서   1통

                    20○○. ○. ○.
                    위 채권자 ○○○ (서명 또는 날인)

○○지방법원 ○○지원 귀중

[별   지]

목적물의 표시

○○ ○○군 ○○면 ○○리 ○○, 같은 리 ○○○, 같은 리 ○○
○○ 각 지상 밑 지하의 자연석. 끝.

7. 채권추심 및 처분금지가처분 신청

[작성례] 보상금처분추심금지 가처분신청서

보상금처분·추심금지가처분신청

채권자 ○○○
　　　　○○시 ○○군 ○○면 ○○길 ○○(우편번호 ○○○○○)
　　　　전화·휴대폰번호:
　　　　팩스번호, 전자우편(e-mail)주소:
채무자 ◇◇◇
　　　　○○시 ○○군 ○○길 ○○(우편번호 ○○○○○)
　　　　전화·휴대폰번호:
　　　　팩스번호, 전자우편(e-mail)주소:
제3채무자 ■■광역시 ■■군
　　　　대표자 군수 ■■■
　　　　○○시 ○○군 ○○길 ○○(우편번호 ○○○○○)
　　　　전화·휴대폰번호:
　　　　팩스번호, 전자우편(e-mail)주소:

목적물의 가액　　○○○원(제3채무자가 채무자에게 지급할 편입
　　　　　　　　　보상금)
피보전권리의 표시　채권자가 채무자에 대하여 가지는 편입부지
　　　　　　　　　보상금수령채권
가처분하여야 할 목적물의 표시　별지목록 기재와 같습니다

신 청 취 지

1. 채무자는 제3채무자로부터 별지목록 기재의 채권을 추심하거
　나 타인에게 양도, 질권의 설정, 그 밖의 일체의 처분을 하여

서는 아니 된다.
2. 제3채무자는 채무자에게 위 채권의 지급을 하여서는 아니 된다.
라는 재판을 구합니다.

신 청 이 유

1. 채권자의 아버지인 신청외 망 ◉◉◉는 1960. ○. ○. 신청외
   망 ◈◈◈로부터 ○○시 ○○군 ○○면 ○○리 ○○ 임야
   22,480㎡ 중 답 494㎡(지목상으로는 여전히 임야)와 전 991
   ㎡(지목상으로 여전히 임야)를 금 4,400만원에 매수하였으며,
   현재는 채권자가 농사를 짓고 있습니다.
2. 위 토지는 매수당시 등기명의인 신청외 ◑◑◑와 그의 어머
   니 신청외 ◑◑◑로부터 신청외 망 ◈◈◈가 매수한 토지로
   써 신청외 망 ◉◉◉는 위 토지에 대하여 그의 명의로 소유
   권이전등기를 하지 못한 상태에서 1997. ○. ○. 사망하였습
   니다.
3. 그런데 위 토지는 여러 필지로 분할되어 대부분 고속도로용
   지로 편입되었고, 채권자는 위 분필된 임야 중 ○○번지 171
   ㎡를 전부경작하고 있고, ○○-○번지 2,451㎡ 중 1,316㎡를
   부분경작하고 있습니다.
4. 한편, 채권자는 아버지인 신청외 망 ◉◉◉와 망인의 사망당
   시까지 같이 위 토지를 경작하였고, 망인의 사망 전에 망인
   으로부터 증여 받아 지금은 단독으로 농사를 짓고 있습니다.
5. 따라서 채권자는 위 토지의 등기명의인인 채무자 등을 상대
   로 ○○시 ○○군 ○○면 ○○리 ○○ 임야 171㎡와 같은
   곳 ○○-○ 임야 2,451㎡ 중 1,316㎡에 대하여 순차적으로
   소유권이전등기청구의 소송을 제기하려고 합니다.
6. 그런데 위 ○○-○는 전부 국도확장공사에 편입부지로 지정
   되었고, 제3채무자는 등기명의자인 채무자에게 그 부지편입
   보상금을 지급하려고 하고 있는데, 그 보상금은 채권자가 위

소유권이전등기청구소송에서 승소판결을 받은 뒤 수령하여야 할 보상금입니다.

7. 그러나 제3채무자가 채무자에게 위 편입보상금을 지급할 경우 채권자는 다시 채무자를 상대로 또 다른 법적 문제에 부딪히게 되므로, 채권자가 그 소유권에 관한 소송의 판결을 구하기 전에 보전행위로써 우선 보상금의 지급을 막고자 부득이 이 신청에 이른 것입니다.

8. 한편, 이 사건 보상금처분금지가처분명령의 손해담보에 대한 담보제공은 민사집행법 제19조 제3항, 민사소송법 제122조에 의하여 보증보험주식회사와 지급보증위탁계약을 맺은 문서를 제출하는 방법으로 담보제공을 할 수 있도록 허가하여 주시기 바랍니다.

소 명 방 법

1. 소갑 제1호증   매매계약서
1. 소갑 제2호증   인우보증서
1. 소갑 제3호증   제적등본
            (2008. 1. 1. 이후 사망한 경우 기본증명서)
1. 소갑 제4호증의 1, 2   각 부동산등기사항증명서
1. 소갑 제5호증   지적도등본

첨 부 서 류

1. 위 소명방법   각 1통
1. 송달료납부서   1통

20○○. ○. ○.
위 채권자 ○○○ (서명 또는 날인)

○○지방법원 귀중

[별 지]

목　　록

금 ○○○원

○○시 ○○군 ○○면 ○○리 ○○-○ 임야 171㎡에 대한 국도
편입보상금. 끝.

8. 금전지급가처분 신청

[작성례] 약속어음 처분금지 가처분신청서

약속어음처분금지가처분신청

채권자 ○○○
　　　　○○시 ○○구 ○○길 ○○(우편번호 ○○○○○)
　　　　전화.휴대폰번호:
　　　　팩스번호, 전자우편(e-mail)주소:
채무자 ◇◇◇
　　　　○○시 ○○구 ○○길 ○○(우편번호 ○○○○○)
　　　　전화.휴대폰번호:
　　　　팩스번호, 전자우편(e-mail)주소:
제3채무자 주식회사 ◆◆은행
　　　　○○시 ○○구 ○○길 ○○(우편번호 ○○○○○)
　　　　대표이사 ◆◆◆
　　　　(소관 : ◆◆지점)
　　　　지배인 ◉●◉
　　　　○○시 ○○구 ○○길 ○○(우편번호 ○○○○○)
　　　　전화.휴대폰번호:
　　　　팩스번호, 전자우편(e-mail)주소:

신 청 취 지

1. 채무자는 별지목록 기재 약속어음에 대하여 지급을 위한 제시를 하거나 권리행사 또는 배서양도 그 밖의 일체의 처분행위를 하여서는 아니 된다. 다만, 소구권의 보전을 위한 행위는 할 수 있다.
2. 제3채무자는 위 약속어음에 대한 지급을 하여서는 아니 된다.

라는 재판을 구합니다.

<h2 align="center">신 청 원 인</h2>

1. 채권자는 ○○시에서 공업사를 운영하는 사람인데, 20○○. ○. ○. 평소 거래 관계상 알고 지내는 채무자로부터 철제품의 원료를 금 10,000,000원 상당 공급받고 별지목록 기재 약속어음을 대금으로 지급하였습니다.

2. 그런데 채무자가 20○○. ○. ○○. 돈이 급히 필요하다고 하면서 채권자에게 금10,000,000원을 차용해줄 것을 요구하여 신청인은 아직 지급되지 않은 약속어음 채무가 있었던 바, 채권자가 채무자에게 금 10,000,000원을 현금으로 지급하면서 지급기일이 지나지 않은 약속어음을 반환하여 줄 것을 요구하자 채무자가 즉시 반환하기로 한 사실이 있으나, 채무자는 약속과 다르게 채권자에게 반환하기로 한 약속어음을 반환하지 않고 있습니다.

3. 따라서 채권자는 채무자에게 제공된 별지목록 기재 약속어음을 반환 받으려고 하는데, 지급기일이 얼마 남지 않은 상태에서 채무자가 별지목록 기재 약속어음을 제3채무자에게 지급제시 한다든가 아니면 제3자에게 배서.양도해버리면 채권자로서는 막대한 손해를 입게 될 것이므로 채권자는 채무자를 상대로 약속어음 반환청구소송을 준비 중에 있는바, 위 약속어음반환청구권의 보전을 위하여 이 사건 신청에 이른 것입니다.

4. 한편, 이 사건 약속어음처분금지가처분명령의 손해담보에 대한 담보제공은 민사집행법 제19조 제3항, 민사소송법 제122조에 의하여 보증보험주식회사와 지급보증위탁계약을 맺은 문서를 제출하는 방법으로 담보제공을 할 수 있도록 허가하여 주시기 바랍니다.

<h2 align="center">소 명 방 법</h2>

1. 소갑 제1호증   물품거래내역서
1. 소갑 제2호증   영수증
1. 소갑 제3호증   약속어음

첨 부 서 류

1. 위 소명방법   각 1통
1. 법인등기사항전부증명서   1통
1. 송달료납부서   1통

20○○. ○. ○.

위 채권자 ○○○ (서명 또는 날인)

○○지방법원 귀중

[별 지]

약속어음의 표시

1. 종   류 : 약속어음
2. 번   호 : 자가 1234567
3. 금   액 : 금 10,000,000원
4. 발행일 : 20○○. ○. ○.
5. 지급기일 : 20○○. ○. ○○.
6. 지급지, 발행지 : ○○시
7. 지급장소 : 주식회사 ◆◆은행 ◆◆지점
8. 발행인 : ○○○. 끝.

9. 지식재산권침해금지 가처분 신청

[작성례 ①] 상표권 침해금지 가처분신청서

상표권침해금지가처분신청

채권자 ○○○
　　　　○○시 ○○군 ○○면 ○○길 ○○(우편번호 ○○○○○)
　　　　전화.휴대폰번호:
　　　　팩스번호, 전자우편(e-mail)주소:
채무자 ◇◇◇
　　　　○○시 ○○군 ○○면 ○○길 ○○(우편번호 ○○○○○)
　　　　전화.휴대폰번호:
　　　　팩스번호, 전자우편(e-mail)주소:

목적물의 표시
별지목록 기재와 같습니다
목적물의 가격
○○○원

신 청 취 지

1. 채무자는 별지도면 표시의 상표를 별지목록 기재 물품 또는
　 그 포장 및 선전 광고물에 사용하거나 위 상표를 사용한 물품
　 을 판매.양도하거나 그 목적으로 전시, 수출 또는 수입하여서는
　 아니 된다.
2. 채무자의 위 상표를 사용한 물품, 선전광고물, 포장, 용기 및 인
　 장에 대한 점유를 풀고 신청인이 위임하는 ○○지방법원소속
　 집행관에게 이를 보관하게 한다. 집행관은 위 경우에 있어서
　 그 보관의 취지를 공시하기 위하여 적당한 방법을 취하여야

한다.

3. 집행관은 채무자의 신청이 있으면 용기, 선전광고물, 포장으로부터 위 상표를 말소하고 위 물건을 채무자에게 반환하여야 한다.

라는 재판을 구합니다.

신 청 이 유

1. 채권자는 그 제조하고 있는 '○○'에 사용하기 위하여 별지도면 표시의 상표를 고안하여 20○○. ○. ○. 특허청에 등록한 것입니다.

2. 채무자는 채권자가 제조하는 '○○'의 판매성적이 극히 양호함에 주목하여 채권자의 등록상표와 동일한 상표를 붙여 '○○'를 판매하고 있기 때문에 신청인은 그 상표권 침해로 인하여 크나큰 손해를 입고 있으므로, 금일 귀원에 이에 대한 상표권 사용금지청구 및 손해배상청구의 본안소송을 제기한바, 본안판결의 확정시까지는 상당한 시일이 걸리고, 나중에 승소판결을 얻어도 회복하기 어려운 손해를 입을 우려가 있으므로 이 사건 신청에 이르렀습니다.

3. 한편, 이 사건 가처분명령의 손해담보에 대한 담보제공은 민사집행법 제19조 제3항, 민사소송법 제122조에 의하여 보증보험주식회사와 지급보증위탁계약을 맺은 문서를 제출하는 방법으로 담보제공을 할 수 있도록 허가하여 주시기 바랍니다.

소 명 방 법

1. 소갑 제1호증　　　　상표등록원부등본
1. 소갑 제2호증　　　　보고서

첨 부 서 류

1. 위 소명방법   각 1통
1. 송달료납부서   1통

                    20○○. ○. ○.
            위 채권자 ○○○ (서명 또는 날인)

○○지방법원   귀중

특허권처분금지가처분신청

채권자 주식회사 ○○
     ○○시 ○○구 ○○길 ○○(우편번호 ○○○○○)
     대표이사 ○○○
     전화.휴대폰번호:
     팩스번호, 전자우편(e-mail)주소:
채무자 ◇◇◇
     ○○시 ○○구 ○○길 ○○(우편번호 ○○○○○)
     전화.휴대폰번호:
     팩스번호, 전자우편(e-mail)주소:

목적물의 표시　　별지목록 기재와 같습니다
목적물의 가격　　80,000,000원
피보전권리의 요지 20○○. ○. ○. 매매를 원인으로 한 특허권이
　　　　　　　　　전등록절차이행 청구권

신 청 취 지

　채무자는 별지목록 기재의 특허권에 관하여 양도, 질권 또는 전용실시권의 설정, 통상실시권의 허락 그 밖의 일체의 처분행위를 하여서는 아니 된다.
라는 재판을 구합니다.

신 청 이 유

1. 별지목록 기재의 특허권은 채무자가 발명하여 20○○. ○. ○. 특허권등록을 마친 채무자 소유입니다.

2. 채권자는 20○○. ○. ○. 채무자와의 사이에 대금 80,000,000 원으로 하는 위 특허권의 매매계약을 체결하고 같은 날 계약금으로 금 8,000,000원을 지급하면서 특허권등록명의변경은 잔금지급과 동시에 하여 주기로 약정하였습니다.

3. 그 뒤 채권자는 20○○. ○. ○○. 잔금 72,000,000원을 채무자에게 지급하고 특허권등록명의변경을 하여 줄 것을 요구하였으나 채무자는 위 약정을 위배하고 등록명의변경절차에 응하지 않고 계속 기일만 지연하였으며 들리는 소문에 의하면 특허권을 다른 사람에게 매각처분하려고 매수인을 물색하고 있다고 합니다.

4. 위와 같은 사정에 있으므로 채권자는 채무자를 상대로 특허권 이전등록절차이행청구의 본안소송을 준비 중이나 나중에 승소판결을 얻는다 하더라도 이 사건 가처분이 되지 않으면 회복할 수 없는 손해를 입을 우려가 있으므로 이 사건 신청에 이르렀습니다.

5. 한편, 이 사건 특허권처분금지가처분명령의 손해담보에 대한 담보제공은 민사집행법 제19조 제3항, 민사소송법 제122조에 의하여 보증보험주식회사와 지급보증위탁계약을 맺은 문서를 제출하는 방법으로 담보제공을 할 수 있도록 허가하여 주시기 바랍니다.

소 명 방 법

1. 소갑 제1호증   특허권등록부등본
1. 소갑 제2호증   계약서
1. 소갑 제3호증   내용증명서
1. 소갑 제4호증   영수증

첨 부 서 류

1. 위 소명방법   각 1통
1. 법인등기사항전부증명서   1통
1. 송달료납부서   1통

                        20○○. ○. ○.
                    위 채권자 주식회사 ○○
                    대표이사 ○○○ (서명 또는 날인)

○○지방법원 귀중

[별 지]
특허권의 표시

1. 출 원 인 : ◇◇◇
1. 출원연월일 : 20○○. ○. ○.
1. 출원번호 : 20○○년 특허원 제○○호
1. 발명의 명칭 : ◎◎. 끝.

서적인쇄 및 판매금지 등 가처분신청

채권자 ○○○
　　　　○○시 ○○군 ○○면 ○○길 ○○(우편번호 ○○○○○)
　　　　전화.휴대폰번호:
　　　　팩스번호, 전자우편(e-mail)주소:
채무자 ◇◇◇
　　　　○○시 ○○군 ○○면 ○○길 ○○(우편번호 ○○○○○)
　　　　전화.휴대폰번호:
　　　　팩스번호, 전자우편(e-mail)주소:

목적물의 표시
　서적명 『◎◎◎』
목적물의 가격
　○○○원

신 청 취 지

1. 채무자는 위 저작물에 대한 점유를 해제하고 채권자가 위임하는 집행관에게 그 보관을 명한다.
2. 채무자는 위 저작물에 대한 인쇄, 제본, 판매 및 배포 등의 행위를 하여서는 아니 된다.
3. 위 명령을 받은 집행관은 그 취지를 공시하여야 한다.
라는 재판을 구합니다.

신 청 이 유

1. 이 사건의 당사자인 채권자와 채무자는 서적출판을 업으로 하

는 사람들인데, 채권자는 20○○. ○. ○. 채무자가 저술한 상기 기재의 저서에 대한 저작권을 양도받았습니다.

2. 그러나 위 저작물을 양도한 채무자는 이와 동일한 내용의 서적을 출판할 목적으로 현재 ○○인쇄소에서 인쇄를 진행하고 있는데, 채무자의 이러한 행위는 채권자의 저작권을 침해하는 행위임에 틀림이 없습니다. 따라서, 이에 대해 채권자는 20○○. ○. ○○. 내용증명우편으로 그 인쇄를 중지하도록 통고하였으나, 채무자는 이에 응하기는커녕 작업을 계속하고 있습니다.

3. 그러므로, 이러한 불법행위를 배제시키기 위하여 채권자는 현재 채무자를 상대로 저작권확인 및 손해배상청구의 소송을 준비 중에 있으나 본안판결 확정까지는 상당한 시일이 걸리게 되므로, 그동안 채무자가 출판, 판매하게 되는 경우 채권자는 회복할 수 없는 손해를 입게 되겠기에 이 사건 가처분신청을 제기하기에 이른 것입니다.

4. 한편, 이 사건 가처분명령의 손해담보에 대한 담보제공은 민사집행법 제19조 제3항, 민사소송법 제122조에 의하여 보증보험주식회사와 지급보증위탁계약을 맺은 문서를 제출하는 방법으로 담보제공을 할 수 있도록 허가하여 주시기 바랍니다.

소 명 방 법

1. 소갑 제1호증	출판계약서
1. 소갑 제2호증	저작권가격감정서
1. 소갑 제3호증	발매예정게재신문
1. 소갑 제4호증	통고서(내용증명우편)

첨 부 서 류

1. 위 소명방법	각 1통
1. 송달료납부서	1통

                    20○○. ○. ○.
               위 채권자 ○○○ (서명 또는 날인)

○○지방법원   귀중

비디오테이프 제조.배포금지가처분신청

채권자 (주)○○프로덕션
　　　　○○시 ○○군 ○○면 ○○길 ○○(우편번호 ○○○○○)
　　　　대표이사 ○○○
　　　　전화.휴대폰번호:
　　　　팩스번호, 전자우편(e-mail)주소:
채무자 ◇◇◇
　　　　○○시 ○○군 ○○면 ○○길 ○○(우편번호 ○○○○○)
　　　　전화.휴대폰번호:
　　　　팩스번호, 전자우편(e-mail)주소:

목적물의 가액　　　　　　○○○원
가처분목적물의 표시　　　별지목록 기재와 같습니다
피보전권리의 요지　　　　불법판권 비디오테이프 제조.배포금지청
　　　　　　　　　　　　　　구권

신 청 취 지

　채무자는 별지목록 기재 영상물등급위원회의 등급분류를 취득한 무협시리즈 비디오 "◎◎"을 제조하거나 배포하여서는 아니 된다. 라는 결정을 구합니다.

신 청 이 유

1. 채권자는 20○○. ○. ○. 주식회사 ○○프로덕션을 설립하여 문화체육관광부등록 제 ○○○호로 등록한 비디오물제작업체로서 현재까지 약 20여편의 영화를 제작.수입하여 비디오테이

프로 출시한바 있고, 채무자는 채권자회사에서 약 1년간 전무
이사로 재직했던 사람으로서 현재는 퇴직하고 채권자회사와는
전혀 관계가 없습니다.

2. 채권자는 20○○. ○. ○. 홍콩 ○○사로부터 별지목록 기재
"◎◎"이라는 무협영상물을 수입하여 한국영상물등급위원회로
부터 등급분류를 마치고 시중에 배포하여 판매하고 있습니다.

3. 그러나 채무자는 자신의 주택에 설치해놓은 비디오테이프 복
제시스템을 이용하여 채권자가 제작.출시한 "◎◎"을 무단으로
대량복제, 배포를 하면서 흡사 "◎◎"에 대한 제작, 배포권리
가 채무자에게 있는 양 소비자를 현혹하고 있고, 이로 인하여
채권자의 영업에 막대한 지장을 초래하고 있는 실정입니다.

4. 채권자는 이런 행위에 대하여 채무자에게 즉각 중지를 요구하
였고, 사과 및 손해배상을 하라는 내용증명을 피신청인에게
발송한 바 있습니다.

5. 만일, 피신청인이 계속하여 위 제품을 배포하게 되면 정당한 권
리를 가지고 있는 채권자의 피해가 막대할 뿐만 아니라, 지난
수년간 쌓아온 채권자의 신뢰에도 엄청난 타격이 예상되므로
조속히 신청취지와 같은 결정을 구하고자 이 사건 신청에 이
른 것입니다.

6. 한편, 이 사건 비디오테이프 제조.배포금지가처분명령의 손해담
보에 대한 담보제공은 민사집행법 제19조 제3항, 민사소송법
제122조에 의하여 보증보험주식회사와 지급보증위탁계약을
맺은 문서를 제출하는 방법으로 담보제공을 할 수 있도록 허
가하여 주시기 바랍니다.

소 명 방 법

1. 소갑 제1호증   사업자등록증
1. 소갑 제2호증   비디오물제작자등록증
1. 소갑 제3호증   수입계약서

1. 소갑 제4호증   비디오물등급분류필증
1. 소갑 제5호증   통고서(내용증명우편)

첨 부 서 류

1. 위 소명방법   각 1통
1. 법인등기사항전부증명서   1통
1. 송달료납부서   1통

20○○. ○. ○.

위 채권자 (주)○○프로덕션

대표이사 ○○○ (서명 또는 날인)

○○지방법원 ○○지원 귀중

[별 지]

목   록

제   목 : ◎◎
원 제 작 자 : 홍콩○○사
등   급 : 연소자관람가
제작연월일 : 20○○. ○. ○.
복   제 : 주식회사 ◎◎프로덕션
제조원등록번호 : 문화체육관광부 제○○○호
심 의 번 호 : ○○○ - ○○
상 영 시 간 : 30분
수   량 : 10개. 끝.

10. 이사의 직무정지 가처분 신청

[작성례 ①] 이사회결의 무효확인의 소

소   장

원   고   ○○○ (주민등록번호)
           ○○시 ○○구 ○○로 ○○(우편번호 ○○○○○)
           전화.휴대폰번호:
           팩스번호, 전자우편(e-mail)주소:
피   고   재단법인 ◇◇재단
           ○○시 ○○구 ○○로 ○○(우편번호 ○○○○○)
           이사장 ◈◈◈
           전화.휴대폰번호:
           팩스번호, 전자우편(e-mail)주소:

이사회결의무효확인의 소

청 구 취 지

1. 피고의 20○○. ○. ○.자 이사회에서 소외 이사 김◉◉를 해임하고 소외 이◉◉를 이사로 선임한 결의는 무효임을 확인한다.
2. 소송비용은 피고가 부담한다.
라는 판결을 구합니다.

청 구 원 인

1. 피고법인은 20○○. ○. ○. 10:00 ○○시 ○○구 ○○로 ○○ 소재 피고법인에서 이사회를 소집하여 피고법인의 이사 김◉

◉를 해임하고 이◉◉를 이사로 선임한다는 취지의 결의를
하였습니다.

2. 그러나 피고법인의 정관 제30조의 규정에 의하면 이사회를 소
집하고자 할 때에는 회의 7일 전에 서면으로 회의일시, 목적,
안건 등을 이사 및 감사에게 통지하여야 한다고 되어 있는데,
이 사건 이사회는 위와 같은 통지절차를 전혀 이행하지 않고
개최되었습니다.

3. 따라서 이 사건 이사회는 그 소집절차가 정관의 규정에 위배
되어 그 결의가 무효라 할 것이므로 원고는 청구취지와 같은
판결을 구하기 위하여 이 사건 청구에 이르렀습니다.

증 명 방 법

  1. 갑 제1호증   법인등기사항증명서
  1. 갑 제2호증   정관

첨 부 서 류
  1. 위 증명방법   각 1통
  1. 소장부본   1통
  1. 송달료납부서   1통

20○○.　○.　○.
위 원고　○○○　(서명 또는 날인)

○○지방법원　귀중

소　　장

원　　고　　○○○ (주민등록번호)
　　　　　　○○시 ○○구 ○○로 ○○(우편번호 ○○○○○)
　　　　　　전화.휴대폰번호:
　　　　　　팩스번호, 전자우편(e-mail)주소:
피　　고　　재단법인 ◇◇재단
　　　　　　○○시 ○○구 ○○로 ○○(우편번호 ○○○○○)
　　　　　　이사장 ◆◆◆
　　　　　　전화.휴대폰번호:
　　　　　　팩스번호, 전자우편(e-mail)주소:

이사회결의부존재확인의 소

청 구 취 지

1. 피고의 20○○. ○. ○.자 이사회에서 김●●, 이●●를 각 이
사로 선임한 결의는 존재하지 아니함을 확인한다.
2. 소송비용은 피고가 부담한다.
라는 판결을 구합니다.

청 구 원 인

1. 피고법인은 20○○. ○. ○. 10:00 ○○시 ○○구 ○○로 ○
○ 소재 피고법인에서 이사회를 소집하여 청구취지 제1항과
같은 결의를 하였습니다.
2. 그러나 피고법인의 정관 제25조의 규정에 의하면 이사회는 대
표이사가 소집하도록 되어 있는데, 원고는 피고회사의 대표이사

로서 청구취지 기재 이사회를 소집한 사실이 전혀 없습니다.

3. 적법한 소집권자에 의해 소집되지 않은 이사회는 성립되지 아니
하는 것이고 당해 이사회의 결의는 존재하지 아니한다고 할
것이므로, 원고는 청구취지와 같은 판결을 구하기 위하여 이
사건 청구에 이르렀습니다.

증 명 방 법

   1. 갑 제1호증   법인등기사항증명서
   1. 갑 제2호증   정관

첨 부 서 류

   1. 위 증명방법   각 1통
   1. 소장부본   1통
   1. 송달료납부서   1통

20○○. ○. ○.
위 원고 ○○○ (서명 또는 날인)

○○지방법원 귀중

11. 주주총회에 관한 가처분 신청

[작성례 ①] 주주총회결의 무효확인의 소

소　　　　장

원　　고　　1. ○①○ (주민등록번호)
　　　　　　　　○○시 ○○구 ○○로 ○○(우편번호 ○○○○○)
　　　　　　　　전화·휴대폰번호:
　　　　　　　　팩스번호, 전자우편(e-mail)주소:
　　　　　　　2. ○②○ (주민등록번호)
　　　　　　　　○○시 ○○구 ○○로 ○○(우편번호 ○○○○○)
　　　　　　　　전화·휴대폰번호:
　　　　　　　　팩스번호, 전자우편(e-mail)주소:
피　　고　　◇◇주식회사
　　　　　　○○시 ○○구 ○○로 ○○(우편번호 ○○○○○)
　　　　　　이사장 ◆◆◆
　　　　　　전화·휴대폰번호:
　　　　　　팩스번호, 전자우편(e-mail)주소:

주주총회결의무효확인의 소

청 구 취 지

1. 20○○. ○. ○. 개최한 피고회사 임시 주주총회에서 소외 ◆◆
   ◆를 이사로 선임한 결의는 무효임을 확인한다.
2. 소송비용은 피고의 부담으로 한다
라는 판결을 구합니다.

청 구 원 인

1. 원고들은 피고회사의 주주들입니다.
2. 20○○. ○. ○. 개최된 피고회사의 임시주주총회에서는 소외 ◉◉◉를 이사로 선임하는 주주총회 결의가 있었습니다.
3. 그러나 위 결의는 그 내용에 있어서 정관에 위배하고 있습니다. 즉, 피고회사의 정관은 이사의 수를 5명 이내로 정하고 있었으며, 위 결의 당시 피고회사에 이미 이사 5명이 있었으므로 위 결의에 의하여 다시 1명의 이사가 선임된다고 하면 이사의 수는 6명이 되어 정관 소정의 수를 초과하게 되는 것입니다.
4. 따라서 이 사건 임시주주총회에서의 소외 ◉◉◉를 이사로 선임하는 결의는 무효라 할 것이므로 원고는 청구취지와 같은 판결을 구하기 위하여 이 사건 청구에 이르렀습니다.

입 증 방 법

1. 갑 제1호증   정관
1. 갑 제2호증   법인등기사항증명서

첨 부 서 류

1. 위 입증방법   각 1통
1. 소장부본   1통
1. 송달료납부서   1통

20○○. ○. ○.
위 원고   1. ○①○ (서명 또는 날인)
2. ○②○ (서명 또는 날인)

○○지방법원 귀중

소   장

원   고   ○○○ (주민등록번호)
              ○○시 ○○구 ○○로 ○○(우편번호 ○○○○○)
              전화.휴대폰번호:
              팩스번호, 전자우편(e-mail)주소:
피   고   ◇◇주식회사
              ○○시 ○○구 ○○로 ○○(우편번호 ○○○○○)
              이사장 ◈◈◈
              전화.휴대폰번호:
              팩스번호, 전자우편(e-mail)주소:

주주총회결의부존재확인의 소

청 구 취 지

1. 20○○. ○. ○. 개최한 피고회사 주주총회에서 "◉◉◉를 이
   사에 선임하고 ◎◎◎를 감사에 선임한 결의와 주식회사 상호
   를 ◇◇주식회사로 명칭을 변경한다."라는 결의는 존재하지
   아니함을 확인한다.
2. 소송비용은 피고의 부담으로 한다
라는 판결을 구합니다.

청 구 원 인

1. 원고는 피고회사의 주주입니다.
2. 피고회사의 상업등기부에 의하면 20○○. ○. ○. 개최한 피고
   회사의 주주총회에 있어서 "◉◉◉를 이사에 선임하고 ◎◎

◎를 감사에 선임한 결의와 주식회사 상호를 ◇◇주식회사로 명칭을 변경한다."라는 결의가 등기되어 있습니다.

3. 그러나 위와 같은 주주총회는 개최된 사실이 없습니다.

4. 따라서 원고는 "◉◉◉를 이사에 선임하고 ◎◎◎를 감사에 선임한 결의와 주식회사 상호를 ◇◇주식회사로 명칭을 변경한다."라는 결의의 부존재확인을 구하기 위하여 이 사건 청구에 이르렀습니다.

입 증 방 법

1. 갑 제1호증   법인등기사항증명서

첨 부 서 류

1. 위 입증방법   1통
1. 소장부본   1통
1. 송달료납부서   1통

20○○. ○. ○.

위 원고   ○○○ (서명 또는 날인)

○○지방법원 귀중

12. 그 밖의 재산권에 관한 가처분 신청

[작성례 ①] 근저당권 처분금지 가처분신청서

근저당권처분금지가처분신청

채권자 ○○○
       ○○시 ○○군 ○○면 ○○길 ○○(우편번호 ○○○○○)
       전화.휴대폰번호:
       팩스번호, 전자우편(e-mail)주소:
채무자 ◇◇주식회사
       ○○시 ○○군 ○○면 ○○길 ○○(우편번호 ○○○○○)
       대표이사 ◇◇◇
       전화.휴대폰번호:
       팩스번호, 전자우편(e-mail)주소:

목적물의 가액　　50,000,000원
목적물의 표시　　별지목록 기재와 같습니다.
피보전권리의 요지　　사해행위취소에 의한 근저당권설정등기말소
                     등기청구권

신 청 취 지

　채무자는 별지목록 기재 부동산에 설정된 같은 목록 기재 근저당권에 대하여 양도 그밖에 일체의 처분행위를 하여서는 아니 된다.
라는 재판을 구합니다.

신 청 이 유

1. 피보전권리

가. 채권자는 20○○. ○. ○. 신청외 ◉◉◉로부터 그 소유인 별지목록 기재 주택에 포함되는 지층 204호에 관하여 임차보증금 2,000만원에 임차하여 그 무렵 입주하고 20○○. ○. ○○. 전입신고를 마쳤으며 20○○. ○○. ○. 임대차보증금을 금 2,300만원으로 임대기간은 20○○. ○○. ○○.부터 1년간으로 정하여 재계약을 체결하였습니다. 그 뒤 별지목록 기재 주택에 관하여 채권자보다 후순위인 근저당권자의 신청으로 진행된 근저당권실행을 위한 경매절차에서 신청외 ◈◈◈가 위 임차부분을 포함한 위 2층 204호 주택을 낙찰 받아 그 소유권을 취득함으로서 주택임대차보호법에 의하여 임대인의 지위를 승계하였다고 할 것입니다.

나. 따라서 신청외 ◈◈◈는 채권자에 대하여 위와 같이 금 2,300만원의 임대차보증금반환의무가 있음에도 불구하고 임대인지위의 승계를 부정하며 채권자를 상대로 ○○지방법원 20○○가단○○○호로 명도소송을 제기하였고 이에 채권자가 위 임대차보증금의 반환을 구하는 반소를 제기하였는바, 제1심에서는 채권자가 패소하였으나 채권자가 이에 불복하여 항소한 결과 항소심에서는 채권자가 승소하고 신청외 ◈◈◈의 상고에 대해 20○○. ○○. ○○. 상고기각판결이 선고됨으로써 채권자의 승소가 확정되어 신청외 ◈◈◈는 채권자에 대하여 확정 판결에 기해 임차보증금반환으로서 금 2,300만원을 지급할 채무를 부담하게 되었습니다.

다. 그런데 신청외 ◈◈◈는 위 소송에서 제1심 승소 후 가집행에 기초한 명도집행을 단행하여 채권자가 대항력을 상실한 상태에서, 20○○. ○. ○.경 위 상고기각 판결을 송달 받자마자 같은 날 별지목록 기재 주택에 관하여 채무자와 근저당권설정계약을 체결하고 20○○. ○. ○.자로 채무자에게 채권최고액 금 5,000만원으로 한 근저당권설정등기를 마쳤습니다.

라. 별지목록 기재 주택은 신청외 ◆◆◆의 유일한 재산으로서 낙찰 당시 가액이 금 9,860만원에 불과한데, 이미 새로 입주한 세입자들에 대한 임차보증금반환채무가 금 8,500만원에 이르고 있어 채권자에 대한 위 임대차보증금반환채무 금 2,300만원을 포함하면 위 근저당권설정당시 채무초과 상태에 있었다고 할 것입니다.

마. 따라서 신청외 ◆◆◆는 채무초과상태에서 다른 채권자를 해함을 알면서 위와 같은 근저당권설정등기를 한 것이라 할 것이므로 위 근저당권설정계약의 원인행위인 신청외 ◆◆◆와 채무자 사이의 20○○. ○. ○.자 근저당권설정계약은 사해행위에 해당된다 할 것이고 채무자가 채권자를 해함을 알고 사해행위를 한 경우 상대방인 수익자의 악의는 추정된다고 할 것입니다.

바. 이에 채권자는 신청외 ◆◆◆와 채무자 사이의 별지 목록 기재 주택에 관한 근저당권설정행위가 채권자를 해함을 이유로 이의 취소를 구하고 채무자 앞으로 된 근저당권설정등기의 말소를 구할 권리가 있다고 할 것입니다.

2. 보전의 필요성

이에 채권자는 이 사건 부동산의 근저당권자인 채무자를 상대로 별지목록 기재 근저당설정등기의 말소등기이행을 구하는 소송을 준비중인데 만약 그 동안에 채무자가 이 사건 근저당권을 실행하거나 양도한다면 채권자가 이미 확정판결 받더라도 소송의 목적을 달성하지 못할 염려가 있으므로 보전의 필요성이 있습니다.

3. 결 론

위와 같은 사유로 채권자는 이 사건 가처분신청에 이르렀는바, 채권자는 현재 경제적 형편이 어려우므로, 이 사건 가처분명령의 손해담보에 대한 담보제공은 민사집행법 제19조 제3항, 민사소송법 제122조에 의하여 보증보험주식회사와 지급보증위탁 계약을 맺은 문서를 제출하는 방법으로 담보제공을 할 수 있 도록 허가하여 주시기 바랍니다.

소 명 방 법

1. 소갑 제1호증   부동산등기사항증명서
1. 소갑 제2호증의 1, 2   신청외 ◆◆◆에 대한 승소판결
1. 소갑 제3호증   배당표

첨 부 서 류

1. 위 소명방법   각 1통
1. 토지대장등본   1통
1. 건축물대장등본   1통
1. 송달료납부서   1통

20○○. ○. ○.
위 채권자 ○○○ (서명 또는 날인)

○○지방법원 귀중

[별 지]

목적물의 표시

아래 부동산에 관하여 20○○. ○. ○. ○○지방법원 ○○등기소 등기접수 제○○○호로 된 근저당권설정등기

아   래

1동의 건물의 표시

○○시 ○○구 ○○동 ○○ ○○연립 철근콘크리트조 슬래브지
　　붕 4층 연립주택
　　1층 460.55㎡
　　2층 455.65㎡
　　3층 455.65㎡
　　4층 418.36㎡
　　지층 452.83㎡
전유부분의 건물의 표시
　제2층 제204호 철근콘크리트조 82.82㎡
대지권의 목적인 토지의 표시
　　○○시 ○○구 ○○동 ○○ 대 1058.7㎡
대지권의 표시
　　소유권대지권 1058.7분의 55.45 대지권. 끝.

보상금처분·추심금지가처분신청

채권자 ○○○
      ○○시 ○○군 ○○면 ○○길 ○○(우편번호 ○○○○○)
      전화·휴대폰번호:
      팩스번호, 전자우편(e-mail)주소:
채무자 ◇◇◇
      ○○시 ○○군 ○○길 ○○(우편번호 ○○○○○)
      전화·휴대폰번호:
      팩스번호, 전자우편(e-mail)주소:
제3채무자 ■■광역시 ■■군
      대표자 군수 ■■■
      ○○시 ○○군 ○○길 ○○(우편번호 ○○○○○)
      전화·휴대폰번호:
      팩스번호, 전자우편(e-mail)주소:

목적물의 가액   ○○○원(제3채무자가 채무자에게 지급할 편입보
        상금)
피보전권리의 표시   채권자가 채무자에 대하여 가지는 편입부지
        보상금수령채권
가처분하여야 할 목적물의 표시   별지목록 기재와 같습니다

신 청 취 지

1. 채무자는 제3채무자로부터 별지목록 기재의 채권을 추심하거
   나 타인에게 양도, 질권의 설정, 그 밖의 일체의 처분을 하여
   서는 아니 된다.
2. 제3채무자는 채무자에게 위 채권의 지급을 하여서는 아니 된다.

라는 재판을 구합니다.

신 청 이 유

1. 채권자의 아버지인 신청외 망 ◉◉◉는 1960. ○. ○. 신청외 망 ◆◆◆로부터 ○○시 ○○군 ○○면 ○○리 ○○ 임야 22,480㎡ 중 답 494㎡(지목상으로는 여전히 임야)와 전 991 ㎡(지목상으로 여전히 임야)를 금 4,400만원에 매수하였으며, 현재는 채권자가 농사를 짓고 있습니다.

2. 위 토지는 매수당시 등기명의인 신청외 ◑◑◑와 그의 어머니 신청외 ◑◑◑로부터 신청외 망 ◆◆◆가 매수한 토지로써 신청외 망 ◉◉◉는 위 토지에 대하여 그의 명의로 소유권이전 등기를 하지 못한 상태에서 1997. ○. ○. 사망하였습니다.

3. 그런데 위 토지는 여러 필지로 분할되어 대부분 고속도로용지로 편입되었고, 채권자는 위 분필된 임야 중 ○○번지 171㎡를 전부경작하고 있고, ○○-○번지 2,451㎡ 중 1,316㎡를 부분경작하고 있습니다.

4. 한편, 채권자는 아버지인 신청외 망 ◉◉◉와 망인의 사망당시까지 같이 위 토지를 경작하였고, 망인의 사망 전에 망인으로부터 증여 받아 지금은 단독으로 농사를 짓고 있습니다.

5. 따라서 채권자는 위 토지의 등기명의인인 채무자 등을 상대로 ○○시 ○○군 ○○면 ○○리 ○○ 임야 171㎡와 같은 곳 ○○-○ 임야 2,451㎡ 중 1,316㎡에 대하여 순차적으로 소유권이전등기청구의 소송을 제기하려고 합니다.

6. 그런데 위 ○○-○는 전부 국도확장공사에 편입부지로 지정되었고, 제3채무자는 등기명의자인 채무자에게 그 부지편입보상금을 지급하려고 하고 있는데, 그 보상금은 채권자가 위 소유권이전등기청구소송에서 승소판결을 받은 뒤 수령하여야 할 보상금입니다.

7. 그러나 제3채무자가 채무자에게 위 편입보상금을 지급할 경우

채권자는 다시 채무자를 상대로 또 다른 법적 문제에 부딪히게 되므로, 채권자가 그 소유권에 관한 소송의 판결을 구하기 전에 보전행위로써 우선 보상금의 지급을 막고자 부득이 이 신청에 이른 것입니다.

8. 한편, 이 사건 보상금처분금지가처분명령의 손해담보에 대한 담보제공은 민사집행법 제19조 제3항, 민사소송법 제122조에 의하여 보증보험주식회사와 지급보증위탁계약을 맺은 문서를 제출하는 방법으로 담보제공을 할 수 있도록 허가하여 주시기 바랍니다.

<h2 align="center">소　명　방　법</h2>

1. 소갑 제1호증　　　　　　　매매계약서
1. 소갑 제2호증　　　　　　　인우보증서
1. 소갑 제3호증　　　　　　　제적등본
　　　　(2008. 1. 1. 이후 사망한 경우 기본증명서)
1. 소갑 제4호증의 1, 2　　　각 부동산등기사항증명서
1. 소갑 제5호증　　　　　　　지적도등본

<h2 align="center">첨　부　서　류</h2>

1. 위 소명방법　　　　　　　각 1통
1. 송달료납부서　　　　　　　1통

20○○. ○. ○.

위 채권자 ○○○ (서명 또는 날인)

○○지방법원　귀중

[별　지]

목   록

금 ○○○원
○○시 ○○군 ○○면 ○○리 ○○-○ 임야 171㎡에 대한 국도
편입보상금. 끝.

경업금지가처분신청

채권자 ○○○
　　　　○○시 ○○구 ○○길 ○○(우편번호 ○○○○○)
　　　　전화.휴대폰번호:
　　　　팩스번호, 전자우편(e-mail)주소:
채무자 ◇◇◇
　　　　○○시 ○○구 ○○길 ○○(우편번호 ○○○○○)
　　　　전화.휴대폰번호:
　　　　팩스번호, 전자우편(e-mail)주소:

목적물의 가격
　○○○원
피보전권리의 요지
　영업양도.양수계약에 의한 상법 제41조 제1항의 경업금지청구권

신 청 취 지

1. 채무자는 별지목록 기재 건물 및 ○○시내에서 채무자의 명의로 비디오물감상실영업을 하여서는 아니 된다.
2. 채무자는 별지목록 기재 건물에 프로젝션 텔레비전, 비디오기기, 비디오테이프 등 비디오물감상실영업을 위한 시설물을 설치하여서는 아니 된다.
3. 집행관은 위 명령의 취지를 적당한 방법으로 공시하여야 한다.
라는 재판을 구합니다.

신 청 이 유

1. 채권자는 20○○. ○. ○. 채무자와 사이에 채무자가 ○○시 ○○구 ○○길 ○○에 있는 건물 2층 150㎡에서 운영하던 "◎◎◎"라는 비디오물감상실을 임대보증금 2억원, 비디오기기, 테이프, 프로젝션 TV 및 비디오방 영업에 필요한 비품일체와 영업허가권 등을 포함한 시설 및 권리금 2억원 등 합계금 4억원에 양수하는 계약을 하고 그 대금을 채무자에게 지불한 다음 20○○. ○. ○○.부터 위 "◎◎◎"라는 비디오물감상실을 인수하여 운영하고 있습니다.

2. 그런데 채무자는 채권자에게 위 비디오물 감상실을 양도한 직후 위 비디오물감상실과 마주하고 있는 바로 앞의 별지목록 기재 건물에서 비디오물감상실을 운영하기 위하여 비디오기기, 테이프, 프로젝션TV등 비디오방영업에 필요한 비품을 설치하여 비디오물감상실영업을 하려고 하고 있어 채무자가 별지목록 건물에서 비디오물감상실영업을 개시하는 경우 채권자는 매일 엄청난 손해를 입게 됨은 불을 보듯 뻔합니다.

3. 그러므로 채권자는 영업양도인인 채무자에게 상법 제41조 제1항에서 정한 경업금지청구권이 있으므로 법원에 채무자를 상대로 경업금지청구의 본안소송을 제기하려고 하고 있으나, 본안소송의 확정판결시까지 기다릴 경우 회복할 수 없는 손해를 입게 됨이 명백하므로 조속한 처분을 위하여 이 사건 신청에 이르렀습니다.

4. 한편, 이 사건 경업금지가처분명령의 손해담보에 대한 담보제공은 민사집행법 제19조 제3항, 민사소송법 제122조에 의하여 보증보험주식회사와 지급보증위탁계약을 맺은 문서를 제출하는 방법으로 담보제공을 할 수 있도록 허가하여 주시기 바랍니다.

소 명 방 법

1. 소갑 제1호증   점포매매계약서
1. 소갑 제2호증   사업자등록증
1. 소갑 제3호증   음반.비디오물영업권양도.양
수계약서
1. 소갑 제4호증   부동산등기사항증명서
1. 소갑 제5호증   현장사진

첨 부 서 류

1. 위 소명방법   각 1통
1. 송달료납부서   1통

20○○. ○. ○.
위 채권자 ○○○ (서명 또는 날인)

○○지방법원 ○○지원 귀중

[별 지]
부동산의 표시

○○시 ○○구 ○○동 ○○ 지상 철근콘크리트 2층 점포 및 사
무실 1동
　　1층 210㎡
　　2층 210㎡
　　지하 1층 171㎡. 끝.

접근금지가처분신청

신청인 ○○○
       ○○시 ○○구 ○○길 ○○(우편번호 ○○○○○)
       전화.휴대폰번호:
       팩스번호, 전자우편(e-mail)주소:
피신청인 이◇◇
       ○○시 ○○구 ○○길 ○○(우편번호 ○○○○○)
       전화.휴대폰번호:
       팩스번호, 전자우편(e-mail)주소:

피보전권리 : 인격권에 기하여 평온한 사생활을 추구할 권리

신 청 취 지

1. 피신청인은 신청인과 신청인의 딸들인 신청외 이●●, 이◎◎의 의사에 반하여 신청인 및 위 이●●, 이◎◎에게 접근하여서는 아니 된다.
2. 피신청인은 신청인 및 위 이●●, 이◎◎에 대하여 면담을 강요하거나, 별지목록 기재와 같은 내용으로 전화를 걸거나, 팩스를 보내는 등의 방법으로 그 평온한 생활 및 업무를 방해하여서는 아니 된다.
3. 위 명령을 위반할 경우에 피신청인은 위반행위 1회당 금 200,000원씩을 신청인에게 지급하라.
라는 재판을 구합니다.

신 청 이 유

1. 신청인과 피신청인은 19○○. ○. ○. 결혼하였으며, 신청외 이◉◉, 이◎◎는 신청인과 피신청인 사이에 출생한 딸입니다.
2. 그런데 신청인은 피신청인을 상대로 20○○. ○.경 이혼조정을 신청한 이래 조정이 소송으로 이행되어 현재 ○○지방법원 ○○지원 20○○드단○○○○호 이혼 등 청구사건이 계속되어 있는 상태입니다.
3. 피신청인은 위와 같이 소송이 계속되어 있는 상태에서 강제로 신청인 및 신청외 이◉◉의 직장과 신청외 이◎◎의 학교에 찾아와서 폭언을 하는 등의 행패를 부렸던 바, 이로 인하여 경찰서에서 조사를 받았던 적도 있습니다.
4. 그 뒤에도 피신청인은 반성하지 않고 강제로 면담을 신청하는 등의 행위를 하고 신청인이 이에 응하지 않는다는 이유로 신청인 및 신청외 이◉◉, 이◎◎에게 입에 담을 수 없는 폭언 (예 : 너를 갈아 마시겠다.)을 하며 그 직장과 학교에서 행패를 부려 신청인 및 신청외 이◉◉, 이◎◎가 직장과 학교를 마음 놓고 다니지 못하게 하는 등 그 인격권에 기하여 평온한 사생활을 추구할 권리를 해하고 있는 상태입니다.
5. 이로 인하여 신청외 이◉◉는 다니던 직장에서 해고될 위험에 처해 있고, 고3 수험생인 신청외 이◎◎는 학업에 정진하지 못하고 있는 상태입니다.
6. 이에 신청인은 더 이상 참지 못하고 평온한 사생활을 누리기 위해 이 사건 가처분신청에 이른 것입니다.
7. 한편, 이 사건 접근금지가처분명령의 손해담보에 대한 담보제공은 민사집행법 제19조 제3항, 민사소송법 제122조에 의하여 보증보험주식회사와 지급보증위탁계약을 맺은 문서를 제출하는 방법으로 담보제공을 할 수 있도록 허가하여 주시기 바랍니다.

소 명 방 법

1. 소갑 제1호증   조정신청서
1. 소갑 제2호증   증인신청서
1. 소갑 제3호증   진술서

첨 부 서 류

1. 위 소명방법   각 1통
1. 송달료납부서   1통

20○○.　○.　○.
위 신청인 ○○○ (서명 또는 날인)

○○지방법원 ○○지원　귀중

[별　지]

목　　록

1. 신청인에게 만나자는 내용.
2. 신청외 이◉◉, 이◎◎에게 신청인의 위치를 알려달라는 내용.
3. 그밖에 신청인 및 신청외 이◉◉, 이◎◎의 인격권 및 평온한 생활을 침해할 수 있는 내용. 끝.

제3장

가사소송 소장 작성례

제1절 가사소송의 종류

1. 가사소송법이 정한 가사사건

  가사사건은 가사소송사건과 가사비송사건으로 크게 나뉘는데, 다시 전자는 가류·나류·다류로, 후자는 라류·마류로 분류됩니다(가사소송법 제2조).

1-1. 가사소송사건

① 가류(類) 사건

  1) 혼인의 무효

  2) 이혼의 무효

  3) 인지(認知)의 무효

  4) 친생자관계 존부 확인(親生子關係 存否 確認)

  5) 입양의 무효

  6) 파양(罷養)의 무효

② 나류(類) 사건

  1) 사실상 혼인관계 존부 확인

  2) 혼인의 취소

  3) 이혼의 취소

  4) 재판상 이혼

  5) 아버지의 결정

  6) 친생부인(親生否認)

  7) 인지의 취소

  8) 인지에 대한 이의(異議)

  9) 인지청구

  10) 입양의 취소

  11) 파양의 취소

12) 재판상 파양

13) 친양자(親養子) 입양의 취소

14) 친양자의 파양

③ 다류(類) 사건

1) 약혼 해제(解除) 또는 사실혼관계 부당 파기(破棄)로 인한 손해배상청구(제3자에 대한 청구를 포함한다) 및 원상회복의 청구

2) 혼인의 무효 · 취소, 이혼의 무효 · 취소 또는 이혼을 원인으로 하는 손해배상청구(제3자에 대한 청구를 포함한다) 및 원상회복의 청구

3) 입양의 무효 · 취소, 파양의 무효 · 취소 또는 파양을 원인으로 하는 손해배상청구(제3자에 대한 청구를 포함한다) 및 원상회복의 청구

4) 「민법」 제839조의3에 따른 재산분할청구권 보전을 위한 사해행위(詐害行爲) 취소 및 원상회복의 청구

1-2. 가사비송사건

라류는 상대방이 없는 가사비송사건이고, 마류는 상대방이 있는 가사비송사건을 말합니다.

2. 다른 법령에 의한 가사사건

① 다른 법률이나 대법원규칙에서 가정법원의 권한으로 정한 사항에 대한 심리와 재판도 가정법원의 전속관할에 속합니다. 이러한 사건에 대한 절차는 법률이나 대법원규칙에 따로 정하는 경우를 제외하고는 상대방이 없는 가사비송사건의 절차에 따르고 있습니다 (가사소송법 제2조 제2항·제3항).

② 여기에는 ㉠ 부재선고 등에 관한 특별조치법 제6조에 따른 부재선고 또는 그 취소, ㉡ 입양특례법에 따른 국내외 입양의 허가·취소·파양, ㉢ 혼인신고특례법 제2조에 따른 전사자와의 혼인관계 확인, ㉣ 보호시설에 있는 미성년자의 후견직무에 관한 법률 제3조 제3항에 따른 고아 아닌 미성년자의 후견인지정 허가 등이 있

습니다.

3. 가사소송절차의 수수료

① 가류 및 나류 가사소송사건의 소의 제기의 수수료는 1건당 20,000원으로 합니다.

② 다류 가사소송사건의 소의 제기의 수수료는 「민사소송 등 인지법」 제2조에 따라 계산한 금액의 2분의 1로 합니다.

③ 항소제기의 수수료는 사건의 종류에 따라 ① 또는 ② 규정액의 1.5배액으로 하고, 상고제기의 수수료는 그 2배액으로 합니다.

④ 제1심에서의 반소제기의 수수료는 사건의 종류에 따라 ① 또는 ② 규정액으로 하고, 항소심에서의 반소제기의 수수료는 그 1.5배액으로 합니다.

⑤ 재심청구의 수수료는 사건의 종류 및 심급에 따라 ①, ②, ③ 또는 ④ 규정액으로 합니다.

제2절 각종 가사소송 소장 작성례

[작성례 ①] 이혼청구의 소(유기)

소　　　　　장

원　고　　○　○　○ (주민등록번호)
　　　　　　등록기준지 : ○○시 ○○구 ○○길 ○○
　　　　　　주소 : ○○시 ○○구 ○○길 ○○(우편번호)
피　고　　△　△　△ (주민등록번호)
　　　　　　등록기준지 : 원고와 같음
　　　　　　주소 : ○○시 ○○구 ○○길 ○○(우편번호)

이혼청구의 소

청　구　취　지

1. 원고와 피고는 이혼한다.
2. 소송비용은 피고의 부담으로 한다.
라는 판결을 구합니다.

청　구　원　인

1. 법률상 부부
　원고와 피고는 19○○. ○. ○. 혼인신고를 마친 법률상 부부
　로서 그 사이에 ○녀를 두고 있습니다. { 증거 : 갑 제1호증
　(혼인관계증명서), 갑 제2호증(가족관계증명서)

2. 재판상 이혼 사유 (악의의 유기)
　가. 피고는 원고와 혼인한 후 취업을 할 수 없는 특별한 문제가
　　　있는 것도 아닌데 처음부터 일정한 직업없이 지내면서 가
　　　족을 부양하지 않는 바람에 원고가 혼자 힘으로 자녀를 양
　　　육하고 가족의 생계를 해결해 왔습니다.

나. 원고는 세월이 흐르면 피고의 태도가 달라질 것으로 기대하였으나 나아지기는커녕 무질서한 생활로 다른 사람들로부터 사기, 횡령죄 등으로 고소당하여 피해 다니기 일쑤였고, 19○○. ○월경 또 다시 사기죄로 고소당하여 수사기관으로부터 출석요구서가 집으로 송달되자 갑자기 집을 나가서는 연락도 없이 지금까지 돌아오지 않고 있으며 최근에 그 주소지를 확인하여 주민등록등본을 발급 받아 보니 무단전출 직권말소가 되어 있었습니다.
{증거 : 갑 제3호증(주민등록 등본 -말소자 등본) }

다. 피고는 위와 같이 원고와는 소식을 끊고 있지만 광주에 있는 자신의 부모님과는 연락을 하고 있는바, 원고는 광주 시부모님으로부터 피고가 원고와의 이혼을 원하고 있지만 기소중지 상태라 협의이혼 수속을 꺼리고 있을 뿐이라는 말을 들은 사실이 있어 피고와의 무의미한 별거 생활을 청산하고 이혼하기로 마음을 굳혔습니다.

라. 위와 같은 사유에 비추어 볼 때 원고와 피고의 혼인생활은 배우자와 자녀에 대한 부양의무를 저버린 피고의 귀책사유로 인하여 회복할 수 없을 정도로 파탄되었다 할 것이고, 이는 민법 제840조 제2호 소정의 재판상 이혼 사유인 "배우자가 악의로 다른 일방을 유기한 때"에 해당한다고 할 것입니다.

3. 자녀에 대한 친권행사자 문제

원고는 현재 국민기초생활보장수급자로 지정 받아 고○, 중○인 딸 ○명을 양육하고 있으나, 더 이상 딸들의 양육을 감당하기에는 역부족입니다.

반면 시부모님이 원고보다는 경제적 형편이 나은 편이라 이혼 시 위 손녀들을 맡아 양육하기로 원고와 합의하였으며, 원고의 딸들도 엄마의 입장을 이해하고 있습니다. 피고도 자신의 본가에는 왕래가 있으므로 피고가 친권을 행사하는데 문제가 없을 것이므로 원고는 딸들에 대한 친권행사자 및 양육권 주장을 하지 않겠습니다.

4. 결론
이상의 이유로 원고는 이 건 이혼 청구에 이르렀습니다.

입 증 방 법

1. 갑 제1호증   혼인관계증명서
1. 갑 제2호증   가족관계증명서
1. 갑 제3호증   주민등록등본(말소자 등본)

첨 부 서 류

1. 소장 부본   1통
1. 위 입증 방법   각 1통
1. 납부서   1통

20○○년   ○월   ○일
위 원고   ○   ○   ○ (인)

○ ○ 가 정 법 원 귀 중

제출법원	※ 아래(1)참조	제척기간	※ 아래(2)참조
제출부수	소장원본 및 부본 각1부	관련법규	가사소송법 제22조 민법 제840조
불복절차 및 기간	· 항소(가사소송법 제19조제1항) · 판결정본이 송달된 날로부터 14일이내(가사소송법 제19조제1항)		
비 용	· 인지액 : 20,000원(☞가사소송 및 비송사건수수료표) · 송달료 : 당사자수×3,700원(우편료)×12회분		
이혼사유	1. 배우자에 부정한 행위가 있었을 때 2. 배우자가 악의로 다른 일방을 유기한 때 3. 배우자 또는 그 직계존속으로부터 심히 부당한 대우를 받았을 때 4. 자기의 직계존속이 배우자로부터 심히 부당한 대우를 받았을 때 5. 배우자의 생사가 3년 이상 분명하지 아니한 때 6. 기타 혼인을 계속하기 어려운 중대한 사유가 있을 때		

※ (1) 제 출 법 원

1. 부부가 같은 가정법원의 관할구역내에 보통재판적이 있을 때에는 그 가정법원
2. 부부가 최후의 공통의 주소지를 가졌던 가정법원의 관할구역 내에 부부 중 일방의 보통재판적이 있을 때에는 그 가정법원
3. 제1호 및 제2호에 해당되지 아니하는 경우로서 부부의 일방이 타방을 상대로 하는 때에는 상대방의 보통재판적소재지의 가정법원

※ (2) 제 척 기 간

1. 배우자의 부정한 행위가 있었을 때 : 다른 일방이 사전 동의나 사후용서를 한 때 또는 이를 안 날로부터 6월, 그 사유 있는 날로부터 2년을 경과한 때에는 이혼을 청구하지 못함.
2. 기타 혼인을 계속하기 어려운 중대한 사유가 있을 때 : 다른 일방이 이를 안 날로부터 6월, 그 사유 있는 날로부터 2년을 경과하면 이혼을 청구하지 못함.

소 장

원 고 ○ ○ ○ (○○○)
　　　　　19○○년 ○월 ○○일생
　　　　　등록기준지　○○시 ○○구 ○○길 ○○
　　　　　주소　○○시 ○○구 ○○길 ○○ (우편번호)
　　　　　전화
피 고 △ △ △ (△△△)
　　　　　19○○년 ○월 ○일생
　　　　　등록기준지　○○시 ○○구 ○○길 ○○
　　　　　주소　○○시 ○○구 ○○길 ○○ (우편번호)
　　　　　전화

혼인무효확인 등의 소

청 구 취 지

1. 원고와 피고의 혼인신고 (20○○년 ○○월 ○○일 ○○구청장 접수)는 무효임을 확인한다.
2. 피고는 원고에게 금15,000,000원 및 소장부본 송달 다음날부터 다 갚는 날까지 연 20%의 비율에 의한 금원을 지급하라
3. 소송비용은 피고가 부담한다.
4. 제2항은 가집행할 수 있다.
라는 판결을 구합니다.

청 구 원 인

1. 피고 △△△은 원고의 스토커로 2년동안 줄기차게 원고에게 구

혼을 요구하였으나 원고는 따로 결혼을 약속한 사람이 있어 피고와의 혼인을 단호히 거부하였습니다.

2. 그러나 피고는 원고의 동의 없이 20○○년 ○○월 ○○일 ○○구청에서 혼인신고를 하였습니다.

이 사실을 모르고 원고는 소외 □□□과 ○○예식장에서 20○○년 ○월 ○일 결혼식을 올리고 6월 뒤인 20○○년 ○월 ○일에 혼인신고를 하려던 차에 이미 피고와 혼인신고가 되어 있음을 이유로 소외 □□□와 말다툼 끝에 서로 헤어지는 결과를 초래하였습니다.

3. 이에 원고는 혼인무효확인을 구함과 아울러 피고의 불법행위에 대한 위자료 금15,000,000원을 청구하기에 이른 것입니다.

입 증 방 법

1. 갑 제1호증　　　　　　　　혼인관계증명서
1. 갑 제2호증　　　　　　　　주민등록등본
1. 갑 제3호증　　　　　　　　결혼식 사진
1. 갑 제4호증　　　　　　　　증언서

첨 부 서 류

1. 위 입증방법　　　　　　　각 1통
1. 소장부본　　　　　　　　　　　1통
1. 납부서　　　　　　　　　　　　1통

20○○년 ○월 ○일

원　고　○　○　○　(인)

○ ○ 가 정 법 원　귀 중

제출법원	※ 아래참조	관련법규	가사소송법 제22, 23, 24조
제기권자	(가사소송법 제23조) ①당사자 ②법정대리인 ③4촌 이내의 친족		
상 대 방	(가사소송법 제24조) · 부부의 일방이 혼인의 무효나 취소 또는 이혼무효의 소를 제기할 때에는 배우자를 상대방으로 함 · 제3자가 제1항에 규정된 소를 제기할 때에는 부부를 상대방으로 하고, 부부 중 일방이 사망한 때에는 그 생존자를 상대방으로 함 · 제1항 및 제2항의 규정에 의하여 상대방이 될 자가 사망한 때에는 검사를 상대방으로 함		
제출부수	소장원본 1부 및 피고 수만큼의 부본 제출		
불복절차 및 기간	· 항소(가사소송법 제19조제1항) · 판결정본이 송달된 날로부터 14일이내(가사소송법 제19조제1항)		
비 용	· 인지액 : 72,500원(가사소송수수료규칙 제5조제1항 - 가사소송법 제14조제1항의 규정에 의하여 수개의 가사소송청구 또는 가사소송청구와 가사비송청구를 병합청구하는 경우에는 수개의 청구 중 다액인 수수료에 의한다)		
혼인무효 사 유	(민법 제815조) 1. 당사자간에 혼인의 합의가 없는 때 2. 당사자간에 8촌 이내의 혈족(친양자의 입양전의 혈족을 포함) 3. 당사자간에 직계인척관계가 있거나 있었던 때 4. 당사자간에 양부모계의 직계혈족관계가 있었던 때		

※ 제 출 법 원(가사소송법 제22조)

1. 부부가 같은 가정법원의 관할구역 내에 보통재판적이 있을 때에는 그 가정법원
2. 부부가 최후의 공통의 주소지를 가졌던 가정법원의 관할 구역 내에 부부 중 일방의 보통재판적이 있을 때에는 그 가정법원
3. 제1호 및 제2호에 해당되지 아니하는 경우로서 부부의 일방이 타방을 상대로 하는 때에는 상대방의 보통재판적소재지, 부부의 쌍방을 상대로 하는 때에는 부부중 일방의 보통재판적소재지의 가정법원
4. 부부의 일방이 사망한 경우에는 생존한 타방의 보통재판적소재지의 가정법원
5. 부부 쌍방이 사망한 경우에는 부부 중 일방의 최후 주소지의 가정법원

소 장

원 고 ○ ○ ○(○ ○ ○)
19○○. ○. ○.생
등록기준지: ○○남도○○군○○면 ○○길 ○○
주소 : ○○시 ○○구 ○○길 ○○
피 고 △ △ △(△ △ △)
19○○. ○. ○○생
등록기준지 : ○○남도○○군○○면 ○○길 ○○
주민등록상 주소 : ○○시 ○○구 ○○길 ○○
현거소 : ○○시 ○○구 ○○길 ○○

이혼 등 청구의 소

청 구 취 지

1. 원고와 피고는 이혼한다.
2. 피고는 원고에게 재산분할로서 금 ○○○원을 지급하라.
3. 피고는 원고에게 위자료로 금 ○○○원 및 이에 대한 소장부
   본 송달 다음날부터 다 갚는 날까지 연 12%의 비율에 의한
   금원을 지급하라.
4. 소송비용은 피고의 부담으로 한다.
5. 제 2, 3항은 가집행할 수 있다.
라는 판결을 구합니다.

청 구 원 인

1. 원고와 피고는 19○○. ○.에 결혼식을 올리고 살다가 19○

○. ○. ○. 혼인신고를 한 법률상 부부로서 아들 □□□를 두고 있습니다.

2. 재판상 이혼청구사유에 관하여

가. 원고와 피고는 결혼 후 서로 믿고, 서로 도우며 행복하게 살며 어떠한 고난도 이겨 나갈 수 있는 신뢰하는 부부로 신혼의 꿈을 안고 살기 시작하였습니다. 그러나 피고는 결혼 후 얼마동안 지나면서부터 19○○년 여름부터 아무 이유없이 원고에게 시비를 걸어 사이다 상자로 원고의 얼굴을 때려 현재까지도 그 상처가 남아있습니다. 피고는 그 후로부터는 아무 이유없이 원고를 폭행하여 왔으며 때로는 식칼을 들고 원고를 죽여버리겠다고 하며 한 달이 넘어라 하고 상습적으로 원고를 구타하여 왔습니다. 그 뿐만 아니라 피고는 뭇 여성들을 사귀고 그 여자들에게 돈을 쓰며 바람이 나서 다녔고, 원고가 가정에 충실할 것을 만날 적마다 애원하였으나 피고는 원고의 위와 같은 애원도 아랑곳하지 않고, 시간만 있으면 집을 나가서 여자를 만나고, 노름을 하고, 집에 들어와서는 원고를 구타하였습니다.

그리고 애를 못 낳는다고 구박을 하여 같이 병원에 갔으나 남자에게 이상이 있다고 하여 시부모와 의논 끝에 19○○. ○.에 □□□를 데려다가 길러 출생신고를 하였습니다.

나. 그후 원고는 □□□를 위해 모든 노력을 하였으나 피고는 아랑곳하지 않고 계속하여 노름을 하고, 여자들과 어울려 다니고, 원고를 폭행할 뿐만 아니라 아들 □□□가 5살이 되자 아들에게도 상습적으로 폭행을 하고 잘못하면 어린애를 연탄방에 몇시간씩 가두어 놓고 있습니다. 그리고 19○○년에는 원고에게 돈놀이하게 돈 ○○○원만 대출해 달라고 하여 원고가 농협에서 원고의 명의로 ○○○원을 대출 받아 주었으나 돈놀이를 하다가 다 떼었다

고 하면서 한푼도 갚지 않아 농협으로부터 원고 앞으로 원금과 연체료를 갚으라는 통고가 왔습니다. 그리고 원고가 가진 고생을 하여 19○○년에 집을 사고 ○월달에 입주하여 살고 있었으나 피고는 19○○년에 이 집이 재수 없다고 하며 집을 팔아야 된다고 우겨 집을 팔아 탕진해 버렸습니다.

다. 그 후 19○○년 여름에 이번에는 틀림없으니 돈 ○○○원만 얻어달라고 하여 없다고 하자 피고는 아들의 교육보험에 가입한 사실을 알고 교육보험에서 대출해 달라고 하여 아들 교육보험에서 금 ○○○원을 대출하여 주었으나 이를 바람 피우는데 다 써버리고 갚지 않고 있습니다.

원고 명의인 교보생명 연금보험에서 ○○○만원을 대출받아 주었는데 이것도 갚지 않고 있습니다. 이와 같이 위돈을 피고가 꼭 갚아야 할 원고 명의의 채무입니다.

라. 원고는 피고가 날이 가면 가정에 충실하겠지 하고 오로지 □□□와 가정을 위해 참았으나 피고는 포악한 성격, 헤아릴 수 없는 구타, 도벽, 욕설 등을 계속하여 하였으며 모든 것을 용서하는 심정으로 참고 견디며 가정생활과 부부관계를 유지하려는 원고의 노력을 외면한 채 피고는 계속하여 방탕생활을 하고 조금도 뉘우치거나 가정에 충실치 않고 상습적으로 19○○. ○.까지 원고의 아들 □□□를 계속하여 구타하여 원고는 매를 이길 수가 없어서, 20○○. ○. ○. 아들을 집에 둔 채 집을 나왔습니다. 원고가 집을 나온 후 생계를 위하여 남에 집의 식모도 하고 모든 궂은 일을 다하여 생계를 이어오고 있습니다.

그래서 원고가 피고에게 이혼을 해 달라고 하자 피고는 가만히 있어도 자동이혼이 될텐데 열심히 돈이나 벌어라 하며 거절하였고, 피고는 원고의 배우자로서 한 가정의 가장으로서 한 가정을 이끌어 나가는데 주어진 의무를 다할 책임이 있다 하거늘 이를 무시하고 오히려 인간의 도리를 저버린 채 원고를 상습적으로 폭행하고 멸시하고 욕설하여 가정을 버렸습니다.

마. 더욱이 피고는 원고의 남편으로서 한 가정을 거느릴 의무를 저버린 채 이러한 비인간적 행동과 심히 도의에 어긋나는 상식밖의 행위를 계속함으로 부부 생활을 더 이상 계속할 수 없이 파탄에 이르게 하는 점에 대하여 인간사회에 모든 사람으로부터 비난을 면할 수 없을 것이라 생각되며 이러한 부도덕한 피고와의 부부관계를 유지하려는 노력을 계속하는 원고의 성의와는 달리 심히 부당한 대우를 하는 이상과 같은 피고의 행위는 원고로서는 인내에 한계점에 이르렀다 생각되어 차라리 이혼하고 홀로 일평생을 열심히 살아가는 것이 인간답게 사는 길이라 사료되어 이러한 결심을 하게 되었으나 피고는 현재도 어린 □□□를 상습적으로 계속하여 폭행하고 있습니다.

따라서 피고의 위에 본바와 같은 각 소위는 민법 제840조 제2,3,6호 소정의 배우자가 악의로 다른 일방을 유기한때, 배우자로부터 심히 부당한 대우를 받았을 때, 기타 혼인을 계속하기 어려운 중대한 사유가 있을 때에 각 해당한다 할 것입니다.

3. 재산분할청구에 대하여

가. 민법 제839조의2에 의하여 이혼당사자인 원고는 피고에게 다음과 같이 재산분할청구권을 가집니다. 재산분할청구권의 성질에 대하여는 우리나라 다수설인 청산 및 부양설에서는 혼인생활 중 취득한 재산은 부부의 공유이고 이것을 혼인해소시 청산하는 것이 재산분할청구권이며 이때 이혼 후 부양청구권의 의미도 함께 내포된다고 하고 있습니다. 그러므로 공동재산의 분할기준은 부부의 기여도 및 이혼후의 이혼당사자의 재산취득유무, 재혼의 가능성, 혼인중의 생활정도, 자녀의 양육권 등이 고려되어야

할 것입니다.

나. 기여도의 측면에서 볼 때, 원고는 19○○년 결혼할 당시 성동구 자양동에 있는 부엌도 없는 단칸방 월세에서 출발하여 현재의 자산수준에 도달하는데 있어서 부동산 투자를 통한 재산증식으로 부부공동재산을 형성하는데 기여하였습니다. 한편 피고는 별지목록 기재의 부동산을 소유하고 있으며(갑제 3호증) 위 부동산의 현재 시가는 금 ○○○원 상당입니다. 피고는 그밖에도 ○○○○ 콘도회원권과 승용차가 1대를 가지고 있으나 원고는 이 사건 재산분할의 대상을 피고 소유의 위 부동산으로 한정하겠습니다.

다. 그런데 위 부동산의 분할방법에 관하여 당사자 사이에 협의가 되지 아니하고 또한 협의가 불가능한 것이 현실이므로 원고는 현물분할이 아닌 금액분할을 구하는 것입니다. 나아가 분할금액은 앞서 밝힌 제반사정에 비추어 볼 때 부동산 가액의 50%인 금 ○○○원 상당이 적절한 것이나 위 부동산에 관한 시가감정을 기다려 그 금액을 확정하기로 하고 우선 일부로서 금 ○○○원의 지급을 구합니다.

4. 위자료에 대하여

피고는 결혼생활 ○○년 동안 원고에게 폭행을 가하고, 바람이 나서 돈을 헤프게 쓰는 등 피고의 귀책사유로 인하여 원, 피고가 이혼하게 되었으므로 이혼으로 인한 원고의 정신적, 육체적, 고통에 대하여도 위자하여야 할 것인바, 금액은 최소한 ○○○원 이상은 되어야 할 것입니다.

5. 위와 같은 사유로 청구취지 기재와 같은 판결을 받고자 본 청구에 이른 것입니다.

입 증 방 법

1. 갑 제1호증　　　　　　　　혼인관계증명서
1. 갑 제2호증　　　　　　　　가족관계증명서
1. 갑 제3호증의 1내지 2　　　각 주민등록등본
1. 갑 제4호증　　　　　　　　등기사항전부증명서

첨 부 서 류

1. 위 입증방법　　　　　　　각 1통
1. 소장부본　　　　　　　　　1통
1. 소송위임장　　　　　　　　1통
1. 납부서　　　　　　　　　　1통

　　　　20○○.　○.　○.
　　　　　　위 원고　○　○　○ (인)

○ ○ 가 정 법 원 귀 중

[작성례 ④] 이혼, 위자료, 친권행사자, 양육비청구의 소

소   장

원 고   ○   ○   ○ (주민등록번호)
         등록기준지 : ○○시 ○○구 ○○길 ○(우편번호)
         주소 : 등록기준지와   같음
피 고   1. 정   △   △(△ △ △) (주민등록번호)
         등록기준지 : 원고와 같음
         주소 : ○○시 ○○구 ○○길 ○○(우편번호)
       2. 이   △   △(△ △ △) (주민등록번호)
         주소 : ○○시 ○○구 ○○길 ○○(우편번호)
사건본인   □   □   □(주민등록번호)
         등록기준지 및 주소 : 원고와 같음

이혼 및 위자료 등 청구의 소

청   구   취   지

1. 원고와 피고 정△△은 이혼한다.
2. 피고들은 연대하여 원고에게 위자료로 금 ○○○원 및 이에 대한 이 사건 소장 부본 송달 다음날부터 다 갚는 날까지 연 12%의 비율로 계산한 돈을 지급하라.
3. 사건본인의 친권행사자로 원고를 지정한다.
4. 피고 정△△은 원고에게 사건본인의 양육비로 이 사건 소장 부본 송달 다음날부터 사건본인이 성년에 이르기 전날까지 월 ○○○원을 매월 말일에 지급하라.
5. 소송비용은 피고들이 부담한다.
6. 위 제2항, 제4항은 가집행 할 수 있다.
라는 판결을 구합니다.

청 구 원 인

1. 재판상 이혼청구 관련
 가. 혼인경위
　　　원고와 피고 정△△는 19○○. ○. ○. 혼인신고를 마친 법률상 부부로서 슬하에 사건본인을 두고 있습니다{갑 제1호증(혼인관계증명서), 갑 제2호증(가족관계증명서}. 원고와 피고는 「☆☆호텔」 직원 선.후배간으로 만나 사귀다가 결혼에 이르게 되었으며 전세자금융자를 위해 우선 혼인신고부터 하고 19○○. ○. ○. 결혼식을 올렸습니다.
 나. 혼인파탄 경위
　　(1) 피고 정△△는 원고와 혼인한 이후 원고에게 생활비도 제대로 주지 않고 무분별한 소비를 일삼거나 원고 모르게 과도한 채무를 부담하는 등의 사유로 가정불화를 야기하였고 결국 직장을「☆☆호텔」에서「★★호텔」로 이전하며 종전 직장의 퇴직금으로 카드대금 등의 빚을 청산할 수밖에 없었습니다.
　　(2) 그런데 피고 정△△는「★★호텔」로 이직한 이후 귀가시간이 점차 늦어졌고 특별한 이유 없이 외박을 하는 횟수도 늘어갔으며 한밤중에 위 피고의 핸드폰 벨이 울리는 경우도 많았습니다.
　　　그러다가 20○○. ○. ○.경 피고 정△△는 원고에게 아무 말도 없이 집을 나가 회사에도 출근하지 않고 완전 연락이 두절되어 원고가 20○○. ○. ○. 가출인 신고를 한 사실이 있습니다{갑 제4호증의 1(가출인신고 접수증)}.
　　(3) 피고 정△△는 가출한 후 같은 달 ○부터 같은 달 ○까지 2박 3일간 ○○도「◇◇호텔」에서 피고 이△△과 함께 투숙하여 성관계를 맺은 사실이 있으며 이 사실은 같은

달 ○일밤 피고들이 원고를 찾아와 시인하여 알게 되었으며 당시 피고 이△△으로부터 사실확인서를 받아둔 사실도 있습니다{갑 제5호증 (사실확인서), 갑 제6호증 (◇◇호텔 계산서)}.

피고 정△△과 피고 이△△은 ○○시「☆☆호텔」에서 웨이터와 웨이트리스로 함께 근무한 사실이 있어{갑 제7호증(비상연락망) } 간통사실이 발각되기 훨씬 전부터 원고 모르게 서로 사귀어왔던 것입니다{갑 제8호증(피고 이△△의 핸드폰에 피고 정△△이 남긴 음성 메시지를 원고가 기록해 둔 것임), 갑 제9호증의 1 내지 4 (피고들이 19○○. ○. ○.부터 19○○. ○. ○.까지 핸드폰을 패밀리로 같이 사용하며 긴밀한 관계를 유지해 온 증거임)}.

(4) 피고 정△△은 20○○. ○. ○. 밤에 잠깐 원고에게 왔다가 다음날 다시 나간 후 ○경 다시 돌아와 원고의 협의이혼에 응하여 협의이혼 신고서 등을 작성하고 집을 나가 지금까지 소식이 없습니다.{갑 제10호증의 1(협의이혼확인신청서), 같은 호증의 2(이혼신고서)}. 피고 정△△의 주민등록은 말소된 상태입니다{갑 제3호증 (주민등록말소자등본)}.

다. 소 결

위와 같은 사실을 종합하면 원고와 피고 정△△의 혼인관계는 피고 정△△의 부정행위 및 악의의 유기 등으로 인하여 회복할 수 없을 정도로 파탄되었다고 할 것이므로 원고는 민법 제840조 제1호, 제2호, 제6호의 재판상 이혼사유로 이유로 이 건 이혼 청구를 합니다.

2. 위자료 청구관련

가. 원고와 피고 정△△의 혼인관계는 피고 정△△이 원고 몰래 피고 이△△과 사귀면서 가정을 등한시하고 급기야 가출하여 간통까지 함으로써 파탄에 이르렀고 피고 이△△은 피

고 정△△과 한 직장에 근무한 사실이 있어 그가 유부남인 사실을 잘 알고 있으면서도 장기간의 교제와 간통 등 불륜관계를 맺으면서 원고와 피고 정△△의 이혼에 결정적인 역할을 하였으므로 피고들은 연대하여 원고가 이혼으로 인하여 입은 정신적 고통에 대한 위자료를 지급할 책임이 있다고 할 것입니다.

나. 피고 정△△은 현재 그 명의로 된 재산으로 ○○시 ○○구 ○○길 ○○소재 ○○아파트를 분양 받고 기지급한 계약금 8,000,000원이 있고「★★호텔」외식사업부에서는 20○○. ○. ○. 퇴사한 상태이나 그 이전에는 월 평균 금 ○○○원의 급여를 받고 있었으므로{갑 제11호증(갑종근로소득세 원천징수 영수증)} 앞으로 동일 업종에 취업하여 그 정도의 수입은 얻을 가능성이 높습니다.

그리고 피고 이△△은 (주)○○호텔코리아에 근무하며 연봉 ○○○원 정도의 급여 소득이 있습니다.

다. 따라서 혼인의 파탄 경위 및 책임관계, 위 피고들의 소득 및 재산상태, 신분 등 여러 사정을 고려할 때 피고들은 원고에게 적어도 위자료로 금 ○○○원을 지급할 의무가 있다고 할 것입니다.

3. 친권행사자지정 청구 및 양육비 청구

원고는 피고 정△△의 가출 이후 지금까지 혼자 사건본인을 양육하고 있고, 피고 정△△은 사건본인에 대해 애정이나 책임의식이 없으므로 사건본인의 친권행사자로 원고를 지정함이 타당하다 할 것입니다.

다만, 원고는 현재 특별한 직업이 없어 사건본인을 양육하기에 경제적으로 어려움이 많으므로 피고 정△△에게 그 양육비로 사건본인이 성년에 이르기 전날까지 월 ○○○원을 매월 말일에 지급해 줄 것을 청구합니다.

4. 결론

이상의 이유로 원고는 청구취지와 같은 판결을 구하기 위하여 이 건 소제기에 이르렀습니다.

<h2 style="text-align:center">입 증 방 법</h2>

1. 갑 제1호증　　　　　　혼인관계증명서
1. 갑 제2호증　　　　　　가족관계증명서
1. 갑 제3호증　　　　　　주민등록말소자등본
1. 갑 제4호증의 1,2　　　각 가출인신고접수증
1. 갑 제5호증　　　　　　사실확인서
1. 갑 제6호증　　　　　　◇◇호텔 계산서
1. 갑 제7호증　　　　　　비상연락망
1. 갑 제8호증　　　　　　핸드폰 음성메시지 기록
1. 갑 제9호증의 1-4　　　각 핸드폰 고객정보
1. 갑 제10호증의 1,2　　　협의이혼의사확인신청서 및 이혼
신고서
1. 갑 제11호증　　　　　갑종근로소득세원천징수영수증

<h2 style="text-align:center">첨 부 서 류</h2>

1. 소장 부본　　　　　　　2통
1. 위 각 입증방법　　　　각 1통
1. 납부서　　　　　　　　1통

20○○년　○월　○일

위 원고　○ ○ ○ (인)

○ ○ 가 정 법 원 귀 중

소 장

원 고 1. 신 ○ ○ (주민등록번호)
　　　　　등록기준지 : ○○시 ○○구 ○○길 ○○
　　　　　주소 : ○○시 ○○구 ○○길 ○○(우편번호)
　　　 2. 김 ○ ○(주민등록번호)
　　　　　등록기준지 : ○○시 ○○구 ○○길 ○○
　　　　　주소 : 원고 1과 같음
피 고 1. 박 △ △ (주민등록번호)
　　　　　등록기준지 : 서○○시 ○○구 ○○길 ○○
　　　　　주소 : ○○시 ○○구 ○○길 ○○(우편번호)
　　　 2. 서울중앙지방검찰청 검사

친생자관계존부확인청구의 소

청 구 취 지

1. 피고 박△△과 소외 망 김□□(주민등록번호)사이 및 피고 박△△과 소외 망 김◎◎(주민등록번호) 사이에는 각 친생자관계가 존재하지 아니함을 확인한다.
2. 원고 김○○와 피고 박△△사이에는 친생자관계가 존재하지 아니함을 확인한다.
3. 원고 신○○과 소외 망 김◎◎(주민등록번호) 사이에는 친생자관계가 존재함을 확인한다.
4. 소송비용중 원고들과 피고 박△△ 사이에서 생긴 부분은 피고 박△△의 부담으로 하고, 원고 신○○과 피고 검사 사이에서 생긴 부분은 국고의 부담으로 한다.
라는 판결을 구합니다.

청 구 원 인

1. 호적상의 친생자관계

   소외 망 김□□ (19○○. ○. 경 사망), 소외 망 김◎◎(19○
   ○. ○.경 사망), 원고 김○○는 호적상 소외 망 김●●을 부
   로, 피고 박△△을 모로 하여 그들 사이에 출생한 친생자로
   등재되어 있습니다.
   [갑 제1호증 (가족관계증명서), 갑 제2호증 (제적등본)]

2. 실제 친생자관계

   가. 위 망 김◎◎, 망 김□□, 원고 김○○는 호적상의 기재와
       달리 실제로는 원고 신○○이 위 망 김●●과 동거하면
       서 출산한 원고 신○○의 친생자들입니다.

   나. 피고 박△△은 위 망 김●●과 19○○. ○.경 혼인하여 법
       률상 부부가 되었고 원고 신○○은 19○○. ○월경 위
       망 김●●을 만나 같은 해 ○월부터 동거생활에 들어갔
       는데, 당시 피고 박△△은 위 망 김●●에게 이혼을 요구
       하며 가출한 상태였습니다.

   다. 원고 신○○은 피고 박△△의 가출상태에서 위 망 김●●
       과 동거를 하며 그 사이에 위 망 김□□를 출산하였고,
       위 망 김◎◎을 포태한 상태에서 피고 박△△이 귀가함
       으로써 그 때부터는 위 망 김●●이 원고 신○○과 피고
       박△△ 사이를 오가며 이중생활을 하였습니다.
       그 과정에서 원고 신○○은 19○○. ○. ○.경 위 망 김
       ◎◎을, 19○○. ○. ○.경 원고 김○○를 출산하였습니
       다.

   라. 그런데 원고 신○○은 위 망 김◎◎, 위 망 김□□, 원고
       김○○를 혼인외의 자로 만들기 싫어 호적상으로는 피고
       박△△의 친생자로 등재시켰던 것입니다. 그러나 위 망인
       들과 원고 김○○는 원고 신○○이 전적으로 양육했고

피고 박△△과는 거의 남남으로 지내왔습니다.

　마. 증거 : 갑 제3호증 (주민등록초본), 갑 제4호증의 1,2(각 주민등록 말소자 초본), 갑 제5호증 (주민등록표 등본), 갑 제6호증의 1 (출산증인확증서), 갑 제6호증의 2, (인감증명서), 갑 제7호증 (녹취서)

3. 확인의 이익 등

이 건 친생자관계부존재확인 청구는 생모 또는 당사자 본인이 호적상 잘못된 모자관계를 바로잡기 위한 것이므로 확인의 이익이 있다 할 것이고, 특히 소외 망 김◎◎의 경우에는 사망 당시 미혼이었고 그 명의로 된 연립주택(현재 원고 신○○의 주거지임) 이 있는데, 피고 박△△이 호적상 모로 되어 있는 관계로 실제 단독 상속인인 원고 신○○이 그 권리를 행사할 수 없어 더욱 확인의 필요성이 있습니다.

그리고 위 망 김◎◎의 경우에는 위 망인이 직계비속이 없이 사망하여 민법 제 857조에 의한 사망 후 인지가 불가능하므로 검사 상대로 친생자관계존재확인을 구할 실익이 있다 할 것입니다.

4. 결 론

위와 같이 소외 망 김◎◎, 소외 망 김□□, 원고 김○○ 모두 원고 신○○의 친생자임에도 불구하고 호적상으로는 피고 박△△의 친생자로 잘못 등재되어 있으므로 이를 바로잡고자 이 건 소제기에 이르렀습니다.

입 증 방 법

1. 갑 제1호증　　　　　가족관계증명서
1. 갑 제2호증　　　　　제적등본
(만일, 2008. 1. 1. 이후 사망한 경우 기본증명서)
1. 갑 제3호증　　　　　주민등록초본
1. 갑 제4호증의 1, 2　　각 주민등록 말소자 초본

1. 갑 제5호증   주민등록표 등본
1. 갑 제6호증의 1   출산증인확증서
1. 갑 제6호증의 2   인감증명서
1. 갑 제7호증   녹취서

첨 부 서 류

1. 소장 부본   2통
1. 위 각 입증방법   각 1통
1. 위임장   1통
1. 납부서   1통

20○○년 ○월 ○일
위 원고들   ○ ○ ○ (인)
○ ○ ○ (인)

○ ○ 가 정 법 원   귀 중

소 　 　 장

원　　고　○　○　○(○○○)
　　　　　　　　19○○. ○. ○.생
　　　　　　　　등록기준지 : ○○시 ○○구 ○○길 ○○
　　　　　　　　주소 : ○○시 ○○구 ○○길 ○○(우편번호)
피　　고　1. 김　△　△(△△△)
　　　　　　　　19○○. ○. ○.생
　　　　　　　　등록기준지 : ○○시 ○○구 ○○길 ○○
　　　　　　　　주소 : ○○시 ○○구 ○○길 ○○(우편번호)
　　　　　　2. 이　△　△(△△△)
　　　　　　　　19○○. ○. ○.생
　　　　　　　　등록기준지 : ○○시 ○○구 ○○길 ○○
　　　　　　　　주소 : ○○시 ○○구 ○○길 ○○(우편번호)
　　　　　　3. 박　△　△(△△△)
　　　　　　　　19○○. ○. ○.생
　　　　　　　　등록기준지 : ○○시 ○○구 ○○길 ○○
　　　　　　　　주소 : ○○시 ○○구 ○○길 ○○(우편번호)

입양취소청구의 소

청 구 취 지

1. 피고들 사이에 19○○. ○. ○. ○○ ○○구청장에게 신고하
　여 한 입양은 이를 취소한다.
2. 소송비용은 피고들의 부담으로 한다.
라는 판결을 구합니다.

청 구 원 인

1. 당사자의 지위

   피고 김△△은 소외 망 김□□, 망 이□□ 사이에 출생한 자
   로서 원고의 손자이며, 숙부인 피고 이△△과 숙모 피고 박
   △△과의 사이의 양자로 등재된 자입니다.

2. 원고는 우연히 가족관계 등록 사항에 관한 증명서를 발급 받
   아 보고서 피고 김△△이 피고 이△△ 등의 양자로 20○○.
   ○. ○.에 가족관계등록부 상 등재되어 있는 것을 알게 되었
   습니다.

3. 피고 김△△이 피고 이△△ 등의 양자가 되기 위하여는 최근
   친 직계존속인 원고의 동의를 얻어야 함에도 불구하고 이를
   얻지 않고 한 입양이었으므로 이 입양은 취소 사유에 해당되
   므로 청구취지와 같은 판결을 구하고자 본 건 청구에 이른
   것입니다.

입 증 방 법

1. 갑 제1호증의 1   가족관계증명서(본가)
1. 갑 제1호증의 2   가족관계증명서(피고 김△△)
1. 갑 제2호증   입양관계증명서
1. 갑 제3호증   주민등록초본(원고, 피고)

첨 부 서 류

1. 위 입증방법   각 1통
1. 소장부본   3통
1. 납부서   1통

20○○년   ○월   ○일

원　고　○　○　○　(인)

○○ 가 정 법 원 귀 중

소 장

원 고 ○ ○ ○(○○○)
　　　　19○○년 ○월 ○일생
　　　　등록기준지 : ○○도 ○○군 ○○면 ○○길 ○○번지
　　　　주소 : ○○시○○구○○길○○번지(○○동,○○아파트)
피 고 △ △ △(△△△)
　　　　19○○년 ○월 ○일생
　　　　등록기준지 : ○○시 ○구 ○길 ○○번지
　　　　주소 : ○○시 ○○구 ○○길 ○○번지

파양청구의 소

청 구 취 지

1. 원고와 피고 사이에 19○○. ○. ○. ○○군수에게 신고하여
   한 입양은 이를 파양한다.
2. 소송비용은 피고의 부담으로 한다.
라는 판결을 구합니다.

청 구 원 인

1. 원고는 소외 ○○○○주식회사 해외 파견 근로자로서 19○○.
   ○. ○.경부터 사우디아라비아에 파견되어 근로를 하던 사이
   처가 사망을 하였고 망 처와의 사이에 자녀가 없는 상태에서
   직무상 형편으로 후처를 맞이하지 못하던 중 국내에 돌아와
   현재의 처와 재혼을 하였으나 처의 불임으로 자식을 갖지 못
   하였는바, 원고는 과거 부모를 일찍이 여의고 형제 없이 살아
   온 이유로 남달리 가족에 대한 애착이 강하였는데, 따라서 자

식에 대한 욕심 또한 많을 수밖에 없었고 이러한 외로움을 견디지 못하여 당시 초등학교 1년인 사촌동생의 자인 피고를 양자로 맞게 되었으며 19○○. ○. ○. 입양신고를 필하고 어려운 가정형편 속에서도 피고의 양육에 정성을 다하여 그것으로 삶의 보람을 느끼며 최선을 다해 대학까지 교육시키며 오늘날 피고와 같은 장성한 한 청년으로 길러냈습니다.

2. 피고가 한때 미성년일 때 원고와 원고의 처인 소외 망 □□□ 가 친부모가 아니란 사실을 알게 되면서 가출을 하는 등 원고를 잘 따르지 않을 때도 있었으나, 피고를 양자로 맞이하게 된 원고의 뜻을 알게 되면서부터 원고의 기대에 크게 어긋나지 않게 올바른 청년으로 장성하는 듯 보였습니다. 그런데 피고는 2년전 대학을 졸업하면서 별다른 직장을 얻지 못하고 놀던 중 유학을 빙자하여 원고로부터 금 ○○○만원을 가져간 후 친구들과 어울려 경마장에서 동 금원을 탕진하고, 작년부터는 상습적으로 도박을 하면서 수차에 걸쳐 원고로부터 금 ○ ○○만원을 가져가 탕진하여 이를 타이르고 만류하던 원고에게 입에 담지 못할 욕설을 하고 폭행을 가하여 전치 12주에 이르는 상해를 입힌 사실이 있으며, 현재는 유부녀와 동거를 하면서 20○○. ○. ○. 원고를 찾아와 결혼자금으로 돈을 요구하여 잘못을 타이르는 원고에게 심한 폭언과 함께 폭행을 가하여 전치 6주의 상해를 입히는 등 전혀 원고를 어버이로 섬기지 않고 제멋대로 하고 있습니다.

피고는 위와 같은 실정이므로, 원고는 이미 피고와 양친자관계를 유지한 것을 단념하였으며 혼자서 평온하게 노후를 보내겠다는 생각에서 피고에게 양친자 관계를 종료할 것을 수차 요구하였으나 이에 응하지 않고 있어 청구취지와 같은 판결을 구하고자 이 건 청구에 이른 것입니다.

입 증 방 법

1. 갑 제1호증   상해진단서
1. 갑 제2호증   가족관계증명서(피고)
1. 갑 제3호증   입양관계증명서
1. 갑 제4호증   주민등록등본(원고, 피고)

첨 부 서 류

1. 위 입증방법   각 1통
1. 소장부본   1통
1. 납부서   1통

20○○년   ○월   ○일
원   고   ○   ○   ○ (인)

○ ○ 가 정 법 원   귀 중

소 장

원 고 정 ○ ○ (원 성명 김 ○ ○)
　　　　　　19○○년 ○월 ○일생
　　　　　　등록기준지　○○시 ○○구 ○○길 ○○
　　　　　　주소　　○○시 ○○구 ○○길 ○○ (우편번호)
　　　　　　전화　　○○○ - ○○○○
　　　　　　원고는 미성년자이므로 법정대리인
　　　　　　친권자 모 김 □ □
　　　　　　등록기준지 및 주소 : 원고와 같음
피 고 정 △ △
　　　　　　19○○년 ○월 ○일생
　　　　　　등록기준지　○○시 ○○구 ○○길 ○○
　　　　　　주소　　○○시 ○○구 ○○길 ○○ (우편번호)
　　　　　　전화　　○○○ - ○○○○

인지무효확인청구의 소

청 구 취 지

1. 피고가 20○○. ○. ○. ○○시 ○○구청장에게 신고하여 한 원
　고에 대한 인지는 무효임을 확인한다.
2. 소송비용은 피고가 부담한다.
라는 판결을 구합니다.

청 구 원 인

1. 원고는 원고의 생모인 김□□과 소외 박□□ 사이에 출생한

모의 혼인외 출생자인데 생부인 소외 박□□가 인지를 하지 않아 생모인 친권자 위 김□□의 출생신고에 의하여 모의 성과 본을 따라 성명은 김○○로 하여 모의 호적에 자로 입적된 것입니다.

2. 피고는 원고가 출생하고 나서 원고의 생모와 관계를 맺은 사실도 있었으나, 두 사람 사이에는 태어난 자녀가 없었으며 결혼을 할만한 정신적, 경제적 여유도 없었기에 원고의 생모와 피고는 헤어지기로 하였습니다.

3. 그러나 피고는 계속하여 결혼을 요구하였고, 이에 원고의 생모는 결혼할 수 없음을 설득하던 중, 피고가 원고와 원고의 생부 부지중에 20○○. ○. ○. 원고의 본래 이름인 김○○의 성을 정○○로 정정하여 원고를 자신의 호적에 자로 입적하였습니다.

4. 따라서 위 입적은 원고와 피고 사이에 친생자관계가 존재하지 않음에도 불구하고 원고의 의사에 반한 피고의 일방적인 허위의 사실에 기한 인지이므로 원고는 민법 제862조에 의하여 청구취지와 같은 판결을 구하고자 이 건 청구에 이른 것입니다.

입 증 방 법

1. 갑 제1호증   기본증명서(원고)
1. 갑 제2호증   가족관계증명서(원고)
1. 갑 제3호증   진술서(생모 김□□)

첨 부 서 류

1. 위 입증방법   각 1통
1. 소장부본   1통
1. 납 부 서   1통

20○○년   ○월   ○일

원 고 정 ○ ○의

친권자 모 김 □ □ (인)

○ ○ 가 정 법 원 귀중

양육비 직접지급명령 신청서

수입인지
2,000원

채 권 자 　　 (이름) 　　　　(주민등록번호 　　-　　　)
　　　　　　　　　　　(주소)

채 무 자 　　 (이름) 　　　(주민등록번호 　　-　　　)
　　　　　　　　　　　(주소)

소득세원천징수의무자 (이름) 　　　(주민등록번호 　　-　　　)
　　　　　　　　　　　(주소)

신 청 취 지

1. 채무자의 소득세원천징수의무자에 대한 별지 압류채권목록 기재의 채권을 압류한다.
2. 소득세원천징수의무자는 채무자에게 위 채권에 관한 지급을 하여서는 아니 된다.
3. 채무자는 위 채권의 처분과 영수를 하여서는 아니 된다.
4. 소득세원천징수의무자는 매월 　일에 위 채권에서 별지 청구 채권목록 기재의 양육비 상당액을 채권자에게 지급하라.
라는 결정을 구합니다.

청구채권 및 그 금액 : 별지 청구채권목록 기재와 같음

신 청 이 유

1. 채권자는 2000. O. O. 채무자와 재판상 이혼(OO지방법원 2010 드단 OOOO 이혼 등)을 하면서 사건본인에 대한 친권자 및 양육자로 지정되었고 2000. O. O.부터 매달 300,000원을 채무자로부터 양육비로 지급받기로 합의하였습니다. 그러나 채무자는 양육비를 전혀 지급하지 않고 있습니다.

2. 가정법원은 양육비를 정기적으로 지급할 의무가 있는 사람(이하 "양육비채무자"라 한다)이 정당한 사유 없이 2회 이상 양육비를 지급하지 아니한 경우에 정기금 양육비 채권에 관한 집행권원을 가진 채권자(이하 "양육비채권자"라 한다)의 신청에 따라 양육비채무자에 대하여 정기적 급여채무를 부담하는 소득세원천징수의무자(이하 "소득세원천징수의무자"라 한다)에게 양육비채무자의 급여에서 정기적으로 양육비를 공제하여 양육비채권자에게 직접 지급하도록 명할 수 있습니다(가사소송법 제63조의 2 제1항).

3. 이에 채권자는 양육비 지급명령을 신청하는 바입니다.

첨 부 서 류

1. 집행력 있는   정본   1통
2. 송달증명서   1통

20   .   .   .

채권자   ㉠ (서명   )
                (연락처 :   )

○○법원 귀중

(별 지)

청구채권목록

(집행권원 : ○○법원   호 사건의 조정조서정본)에 표시된 정

기금 양육비채권 중 아래 금원 및 집행비용

1. 정기금 양육비채권

    (1) 미성년자 　　　(　. 　. 　.생)에 대한 양육비 : 20 . . 부터 20 . . .까지

        월 　　원씩 매월 　　일에 지급하여야 할 양육비 중 이 사건 양육비 직접지급명령 송달 다음날 이후 지급기가 도래하는 양육비

    (2) 미성년자 　　　(　. 　. 　.생)에 대한 양육비 : 20 . . .부터 20 . . .까지

        월 　　원씩 매월 　　일에 지급하여야 할 양육비 중 이 사건 양육비 직접지급명령 송달 다음날 이후 지급기가 도래하는 양육비

2. 집행비용 : 금 　　　　　　원

    신청수수료 2,000원

    신청서 작성 및 제출비용 　　원

    송달비용 　　　　　　원

    자격증명서교부수수료 　　원

    송달증명서신청수수료 　　원 　-끝-

(별 지)

압류채권목록

양육비채무자(◇◇지점 근무)가 소득세원천징수의무자로부터 지급받는 다음의 채권으로서 별지 청구채권목록 기재 금액에 이르기까지의 금액. 다만, 별지 청구채권목록 기재 1의 (1) 및 (2)의 금액에 대하여는 그 정기금 양육비의 지급기가 도래한 후에 지급기(급여지급일)가 도래하는 다음의 채권에 한함.

다 　 음

1. 매월 수령하는 급료(본봉 및 제수당) 중 제세공과금을 뺀 잔액의 1/2씩

2. 기말수당(상여금) 중 제세공과금을 뺀 잔액의 1/2씩
※『다만, 국민기초생활보장법에 의한 최저생계비를 감안하여 민
사집행법 시행령이 정한 금액에 해당하는 경우에는 이를 제외한
나머지 금액, 표준적인 가구의 생계비를 감안하여 민사집행법
시행령이 정한 금액에 해당하는 경우에는 이를 제외한 나머지
금액』

유 아 인 도 심 판 청 구

청 구 인 ○ ○ ○
　　　　19○○년 ○월 ○일생
　　　　등록기준지 ○○시 ○○구 ○○길 ○○
　　　　주소 ○○시 ○○구 ○○길 ○○(우편번호)
　　　　전화 ○○○ - ○○○○
상 대 방 □ □ □
　　　　19○○년 ○월 ○일생
　　　　등록기준지 ○○시 ○○구 ○○길 ○○
　　　　주소 ○○시 ○○구 ○○길 ○○(우편번호)
　　　　전화 ○○○ - ○○○○
사건본인 ◇ ◇ ◇
　　　　20○○년 ○월 ○일생
　　　　등록기준지 ○○시 ○○구 ○○길 ○○
　　　　주소 ○○시 ○○구 ○○길 ○○(우편번호)
　　　　전화 ○○○ - ○○○○

청　구　취　지

　상대방 □□□은 청구인 ○○○에 대하여 사건본인 ◇◇◇을
인도하라.
라는 심판을 구합니다.

청　구　원　인

1. 청구인 ○○○과 상대방 □□□은 20○○. ○. ○. 혼인신고를
　 마친 법률상 부부로서 20○○. ○. ○. 아들인 사건본인 ◇◇

◇을 출산하였습니다.

2. 청구인과 상대방은 20○○. ○. ○. 가정법원의 조정으로 이혼하여 사건본인의 친권자를 청구인으로 정하고 청구인이 양육하기로 하였습니다.

3. 그 후 청구인이 사건본인을 양육하여 왔습니다만, 20○○년 ○월 ○일 상대방이 찾아와서 할머니 △△△가 사건본인을 보고싶어 한다며 데리고 간 후 상대방은 청구인이 재혼을 하고 그 사이에 아이를 낳았다고 하여 현실적으로 사건본인을 양육한다는 것이 곤란하다고 주장하며 아직까지 사건본인을 청구인에게 인도하지 않고 있습니다.

4. 그러나 상대방이 주장하는 사실은 터무니없는 낭설이고 사건본인뿐만 아니라 현재 재혼하여 살고 있는 남편도 같이 살기를 원하고 있으며 또한 청구인은 친권자인 동시에 양육자로서 사건본인을 양육할 충분한 능력과 자격이 있으므로 청구인에게 사건본인을 인도할 것을 구하기 위하여 청구취지와 같이 심판을 구하는 바입니다.

첨 부 서 류

1. 혼인관계증명서(청구인, 상대방)	1통
1. 가족관계증명서(사건본인)	1통
1. 기본증명서(사건본인)	1통
1. 주민등록등본(청구인, 상대방)	1통
1. 조정조서사본	1통

20○○년 ○월 ○일

위 청구인 ○ ○ ○ (인)

○○ 가 정 법 원   귀중

제4장

행정소송 소장 작성례

제1절 행정소송의 종류

1. 항고소송의 개념

① 항고소송은 행정청의 처분 등이나 부작위에 대하여 제기하는 소송을 말합니다(「행정소송법」 제3조 제1호).

② 이러한 항고소송에는 취소소송, 무효등확인소송, 부작위위법확인소송의 세 가지 유형이 있습니다(「행정소송법」 제4조).

행정소송		
항고소송	취소소송	행정청의 위법한 처분 또는 재결의 취소 또는 변경을 구하는 소송
	무효등 확인소송	행정청의 처분이나 재결의 효력유무 또는 그 존재여부를 확인하는 소송
	부작위 위법확인소송	행정청의 부작위가 위법하다는 것을 확인하는 소송
당사자소송		행정청의 처분 등을 원인으로 하는 법률관계에 관한 소송 그 밖에 공법상의 법률관계에 관한 소송으로서 그 법률관계의 한쪽 당사자를 피고로 하는 소송
민중소송		국가 또는 공공단체의 기관이 법률에 위배되는 행위를 한 때에 직접 자기의 법률상 이익과 관계없이 그 시정을 구하기 위하여 제기하는 소송
기관소송		국가나 공공단체의 기관 상호간에 있어서의 권한의 존부 또는 그 행사에 관한 다툼이 있을 때에 제기하는 소송

2. 항고소송의 유형

2-1. 취소소송

① 취소소송은 행정소송의 가장 대표적인 유형으로, 행정청의 위법한 처분 또는 재결의 취소 또는 변경을 구하는 소송을 말합니다(「행정소송법」 제4조 제1호).

② 즉, 위법한 처분에 따라 발생한 위법상태를 배제하여 원상으로 회복시키고, 그 처분으로 침해되거나 방해받은 권리와 이익을 보호·구제하려고 하는 소송입니다(대법원 1992. 4. 24. 선고 91누11131 판결).

③ 행정처분은 위법이라도 사실상 통용되는 효력을 가지고 있기 때문에 소송에 의해 그 처분의 효력을 다투기 위해서는 취소소송을 제기해야 합니다.

④ 취소소송은 처분 등의 취소를 구할 법률상 이익이 있는 사람이 처분 등을 행한 행정청을 피고로 하여 피고의 소재지를 관할하는 행정법원에 제소기간 내에 제기하면 됩니다.

2-2. 무효등확인소송

① 무효등확인소송은 행정청의 처분이나 재결의 효력유무 또는 그 존재여부를 확인하는 소송입니다(「행정소송법」 제4조 제2호).

② 무효등확인소송의 전형적인 것은 처분 등의 무효확인소송이지만 처분의 존부의 확인을 구하는 처분의 존재 또는 부존재확인소송 등이 있습니다.

③ 행정처분의 위법성이 중대하고 명백하여 당연무효인 경우 그 처분은 효력을 갖지 않기 때문에 국민으로서는 그 처분에 대해 소송을 제기할 필요도 없고 구속을 받지도 않습니다. 그러나 이러한 경우

에도 해당처분이 무효임을 확인받을 필요가 있습니다.

④ 이러한 필요성을 충족시켜주는 소송형식이 무효등확인소송이고 이 소송은 사전에 행정심판을 거칠 필요도 없고, 제소기간의 제한을 받지도 않습니다(「행정소송법」 제38조).

⑤ 따라서 처분 등의 효력 유무 또는 존재여부의 확인을 구할 법률상 이익이 있는 사람은 언제든지 처분 등을 행한 행정청을 피고로 하여 피고의 소재지를 관할하는 행정법원에 무효등확인소송을 제기할 수 있습니다.

2-3. 부작위위법확인소송

① 부작위위법확인소송은 행정청의 부작위가 위법하다는 것을 확인하는 소송입니다(「행정소송법」 제4조 제3호).

② 즉, 행정청이 상대방의 신청에 대하여 일정한 처분을 해야 할 의무가 있음에도 불구하고 이를 하지 않는 경우에 이러한 부작위가 위법한 것임을 확인하는 소송을 말합니다.

③ 부작위위법확인소송은 일정한 처분을 신청한 자로서 부작위의 위법확인을 구할 법률상 이익이 있는 자가 그 신청을 받고도 처분을 하지 않는 행정청을 피고로 하여, 부작위 상태가 계속되고 있는 한 피고의 소재지를 관할하는 행정법원에 제기할 수 있습니다.

3. 당사자소송

① 당사자소송은 행정청의 처분 등을 원인으로 하는 법률관계에 관한 소송 그 밖에 공법상의 법률관계에 관한 소송으로서 그 법률관계의 한쪽 당사자를 피고로 하는 소송을 말합니다(「행정소송법」 제3조 제2호).

② 당사자소송은 대등한 당사자 간의 권리관계를 다투는 소송으로서 민사소송과는 본질적인 차이는 없으나, 공법상 법률관계를 소송의

대상으로 하는 점에서 사법상의 법률관계를 소송의 대상으로 하는 민사소송과는 다릅니다.

③ 당사자소송에는 ㉠ 공법상 신분이나 지위의 확인에 관한 소송, ㉡ 처분 등의 무효·취소를 전제로 하는 공법상의 부당이득반환소송, ㉢ 공법상 금전지급청구에 관한 소송, ㉣ 공법상 계약에 관한 소송 등이 있습니다.

④ 당사자소송의 예

- 토지수용위원회의 수용재결에 관하여 그 보상액에 관한 부분을 토지소유자 등과 사업시행자가 각각 원·피고가 되어 다투는 소송
- 손해배상금 또는 실비보상금에 관한 통신위원회의 재정을 관계인이 각각 원·피고가 되어 다투는 소송
- 공무원·지방의회의원·국공립학교학생 등의 신분이나 지위의 확인을 구하는 소송
- 행정청에 의하여 결정된 보상금의 지급청구
- 보상금청구

⑤ 이러한 당사자소송은 공법상 법률관계에 있어 법률상 이익이 있는 사람이 국가·공공단체 그 밖의 권리주체를 피고로 하여, 피고의 소재지를 관할하는 행정법원에 제기할 수 있습니다. 다만, 개별법에서 제소기간이 정해져 있는 때에는 그 기간 내에 제기해야 합니다(「행정소송법」 제39조 및 제41조).

4. 민중소송

① 민중소송은 국가 또는 공공단체의 기관이 법률에 위배되는 행위를 한 때에 직접 자기의 법률상 이익과 관계없이 그 시정을 구하기 위하여 제기하는 소송을 말합니다(「행정소송법」 제3조 제3호).

② 즉, 민중소송은 자신의 구체적인 권리·이익의 침해와는 무관하게 행정법규의 적정한 적용을 확보하기 위해 국민이나 주민이 제기하

는 소송입니다.

③ 민중소송의 사례

  - 일반 선거인이 제기하는 선거소송(「공직선거법」 제222조)

  - 일반 투표인이 제기하는 국민투표무효소송(「국민투표법」 제92조)

  - 주민투표소송(「주민투표법」 제25조)

  - 주민소송(「지방자치법」 제22조)

④ 이러한 민중소송은 법률이 정한 경우에 법률에서 정한 사람에 한
  하여 제기할 수 있습니다(「행정소송법」 제45조).

⑤ 민중소송 중에서 ㉠ 처분 등의 취소를 구하는 소송에는 그 성질에
  반하지 않는 한 항고소송 중 취소소송에 관한 규정을 준용하고, ㉡
  처분 등의 효력유무 또는 존재여부나 부작위의 위법의 확인을 구
  하는 소송에는 그 성질에 반하지 않는 한 각각 항고소송 중 무효
  등확인소송 또는 부작위위법확인소송에 관한 규정을 준용하며, ㉢
  위 ㉠과 ㉡에 규정된 소송 외의 소송에는 그 성질에 반하지 않는
  한 당사자소송에 관한 규정을 준용합니다(「행정소송법」 제46조).

5. 기관소송

① 국가나 공공단체의 기관 상호간에 있어서의 권한의 존부 또는 그
  행사에 관한 다툼이 있을 때에 제기하는 소송을 말합니다(「행정소
  송법」 제3조 제4호).

② 다만, 「헌법재판소법」 제2조에 따라 헌법재판소의 관장사항으로
  되어 있는 국가기관 상호간의 권한쟁의, 국가기관과 지방자치단체
  간의 권한쟁의 및 지방자치단체 상호간의 권한쟁의는 기관소송(행
  정소송)의 대상에서 제외됩니다(「행정소송법」 제3조 제4호 단서).

③ 기관소송은 행정기관 상호간에 있어서의 권한의 존부 또는 행사에
  관한 분쟁은 행정권 내부의 협의나 상급기관의 판단에 따라 해결

되는 것이 원칙이지만, 예외적으로 해결이 불가능한 경우를 대비하여 허용된 소송입니다.

④ 기관소송의 사례

- 지방의회 등의 의결 무효소송(「지방자치법」 제120조, 제192조 및 「지방교육자치에 관한 법률」 제28조)
- 감독처분에 대한 이의소송(「지방자치법」 제185조 제2항 및 제189조 제6항)

⑤ 이러한 기관소송은 법률이 정한 경우에 지방자치단체의 장 등 법률에서 정한 사람이 지방의회 등 법률에서 정한 자를 피고로 하여 대법원이나 고등법원에 제기할 수 있습니다.

⑥ 기관소송 중에서 ㉠ 처분 등의 취소를 구하는 소송에는 그 성질에 반하지 않는 한 항고소송 중 취소소송에 관한 규정을 준용하고, ㉡ 처분 등의 효력유무 또는 존재여부나 부작위의 위법의 확인을 구하는 소송에는 그 성질에 반하지 않는 한 각각 항고소송 중 무효등확인소송 또는 부작위위법확인소송에 관한 규정을 준용하며, ㉢ 위 ㉠과 ㉡에 규정된 소송 외의 소송에는 그 성질에 반하지 않는 한 당사자소송에 관한 규정을 준용합니다(「행정소송법」 제46조).

6. 항고소송 상호간의 관계

6-1. 취소소송과 무효확인소송의 관계

① 취소소송과 무효확인소송은 별개의 독립한 소송형태입니다. 그러므로 행정청의 처분 등에 불복하는 사람은 제소요건을 충족하는 한, 목적을 가장 효과적으로 달성할 수 있는 항고소송 유형을 선택할 수 있습니다.

② 취소소송과 무효확인소송은 이론상 별개의 소송이기는 하지만 실제로는 영역이 겹치므로 당사자가 처분취소의 소를 제기한 경우에

도 그 처분에 무효사유가 있다고 판단하면, 처분을 취소하는 원고 전부승소의 판결(무효를 선언하는 의미의 취소판결)을 해야 하고, 반대로 처분 무효확인을 구하는 소를 제기했으나 그 처분에 단지 취소사유만 있고 취소소송의 제기에 필요한 소송요건을 갖추었다고 판단할 때에는 당사자에게 취소의 소로 청구취지를 변경하도록 한 후, 취소의 판결을 해야 합니다.

6-2. 취소소송·무효확인소송과 부작위위법확인소송의 관계

① 부작위위법확인소송은 처분취소소송·무효확인소송에 대한 관계에서 보충적인 지위에 있습니다. 따라서 처분이 존재하거나 존재하는 것으로 의제되는 경우에는 부작위위법확인소송은 소의 이익이 없어 부적합합니다.

② 예를 들어 구 「정보공개법」(2013. 8. 6. 법률 제11991호로 개정되기 전의 것) 제11조제5항과 같이 작위의무의 이행기한을 지키지 않으면 거부처분이 있는 것으로 의제하는 특별규정이 있는 경우 거부처분취소소송을 제기하지 않고 부작위위법확인소송을 고집한다면 부적법하므로 각하를 면할 수 없습니다.

7. 항고소송과 당사자소송의 관계

7-1. 취소소송과 당사자소송의 관계

① 행정처분은 비록 하자가 있더라도 당연 무효가 아닌 한 공정력이 있어 공적 기관이 취소할 때까지는 일단 유효한 것으로 취급하므로, 행정처분에 취소사유에 해당하는 흠이 있는 경우, 취소소송 이외의 방법으로는 그 효력을 부인할 수 없습니다.

② 예를 들어 위법한 과세처분에 따라 세금을 납부한 사람도 그 과세처분이 당연 무효가 아닌 이상, 과세처분 취소소송을 제기해야하며 취소소송을 제기함이 없이 납부한 세금의 반환을 구하는 소송

을 제기할 수 없습니다.

7-2. 무효확인소송과 당사자소송의 관계

① 처분이 무효인 경우에는 공정력이 없어 누구나 그 효력 없음을 전제로 당사자소송을 제기할 수 있습니다.

② 예를 들어 공무원 파면처분이 무효인 경우 항고소송으로서 파면처분 무효확인의 소가 가능할 뿐만 아니라 당사자소송으로서 파면 이후 복직시까지의 급여지급을 구하는 소송도 제기할 수 있습니다.

제2절 각종 행정소송 소장 작성례

[작성례 ①] 자동차 운전면허취소처분 취소청구의 소

소 장

원 고 ○○○(주민등록번호)
　　　　○○시 ○○구 ○○길 ○○(우편번호 ○○○○○)
　　　　전화.휴대폰번호:
　　　　팩스번호, 전자우편(e-mail)주소:
피 고 △△시 지방경찰청장
　　　　　　○○시 ○○구 ○○길 ○○ (우편번호 ○○○○○)

자동차운전면허취소처분 취소청구의 소

청 구 취 지

1. 피고가 20○○. ○. ○. 원고에 대하여 한 자동차운전면허 취소처
   분을 취소한다.
2. 소송비용은 피고가 부담한다.
라는 판결을 구합니다.

청 구 원 인

1. 처분의 경위
   원고는 20○○. ○. ○. 23:00경 ○○시 ○○구 ○○동 ○○ ☆
   ☆주유소 앞 교차로에서 서울 ○바 ○○○○호 트레일러 유조
   차를 알콜 농도 0.15%의 술에 취한 상태로 운전하였는바, 피
   고는 이러한 원고의 음주운전을 이유로 20○○. ○. ○. 원고에
   대하여 원고의 제1종 보통, 제1종 대형, 제1종 특수면허를 모

두 취소하는 내용의 처분을 하였습니다.

2. 처분의 위법

원고는 위 일시, 장소에서 술을 마신 상태에서 운전한 것은 사실입니다. 그러나원고가 운전한 트레일러는 제1종 특수면허로는 운전이 가능하지만, 제1종 보통면허나 대형면허로는 운전할 수 없으므로 원고의 제1종 보통면허나 대형면허는 위 트레일러 운전과 전혀 관련이 없다 할 것입니다.

따라서 원고의 위와 같은 운전행위는 특수면허에 대한 취소사유로는 될 수 있어도 제1종 대형면허, 제1종 보통면허의 취소사유에는 해당된다고 할 수 없으므로 원고의 제1종 보통면허 및 제1종 대형면허를 취소한 것은 위법한 처분으로서 취소되어야 할 것입니다.

입 증 방 법

1. 갑 제1호증   운전면허취소통지서
1. 갑 제2호증   차량등록증

첨 부 서 류

1. 위 입증방법   각 1통
1. 소장부본   1통
1. 납부서   1통

20○○년 ○월 ○일
원 고   ○ ○ ○ (서명 또는 날인)

○ ○ 행 정 법 원 귀중

소　　장

원　　고　　○○○(주민등록번호)
　　　　　　○○시 ○○구 ○○길 ○○(우편번호 ○○○○○)
　　　　　　전화.휴대폰번호:
　　　　　　팩스번호, 전자우편(e-mail)주소:
피　　고　　서울특별시 ◇◇구청장
　　　　　　○○시 ○○구 ○○길 ○○(우편번호 ○○○○○)
　　　　　　　소송수행자 □□□

영업정지처분 취소청구의 소

청 구 취 지

1. 피고가 20○○. ○. ○. 원고에 대하여 한 영업정지처분을 취소한다.
2. 소송비용은 피고의 부담으로 한다.
라는 판결을 구합니다.

청 구 원 인

1. 처분의 경위
　피고는 서울 ○○구 ○○길 ○○○의 ○○ 소재 건물 1층에서 "◎◎노래방"이라는 상호로 노래연습장을 경영하고 있던 원고가 20○○. ○○. ○. 접대부 ◆◆◆, △△△를 고용하였다는 이유로 20○○. ○○. ○. 원고에 대하여 3개월 간(20○○. ○○. ○○. ~ 20○○. ○. ○○) 영업정지처분을 하였습니다.
2. 처분의 위법성

가. ▲▲▲, ▽▽▽는 약 1년 전 서울 ○○구 ○○길 소재 ●● 나이트클럽에서 만나 평소 알고 지내던 ◆◆◆, △△△와 20○○. ○○. ○. ○○:○○경 위 ●●나이트클럽 앞에서 만나 ◎◎노래방에 들어갔습니다.

나. ▲▲▲ 일행이 위 ◎◎노래방 ○○호실에 입실하여 약 10분 간 저알콜 음료를 마시며 노래를 부르고 있을 때, ○○구 경찰서 ○○길 파출소 소속 단속반 7, 8명이 위 ◎◎노래방에 들어와 ▲▲▲, ▽▽▽, ◆◆◆, △△△를 서로 다른 방으로 데려가 접대부 고용 여부에 관하여 조사를 하였습니다.

다. 당시 ◆◆◆, △△△는 자신들이 접대부가 아니라며 강력히 항의하여 단속반원들이 요구하는 진술서를 작성하지 아니 하였으나, ▲▲▲, ▽▽▽는 집으로 전화를 하여 여자들과 함께 있었던 사실을 알리겠다는 단속반원들의 말에 가정불 화가 생길 것을 두려워하여, 단속반원들이 미리 작성한 "시간당 1만원씩 주기로 하고 ▲▲▲, ▽▽▽를 불렀다"는 취지의 진술서에 서명을 하였습니다.

라. 피고의 이 사건 처분은 사실을 오인한 처분으로서 위법하다 할 것입니다.

3. 결 론

이에 이 사건 처분을 취소하기 위하여 본 건 소를 제기합니다.

입 증 방 법

1. 갑 제1호증　　　　　행정처분통지서
1. 갑 제2호증　　　　　노래방등록증
1. 갑 제3호증　　　　　사업자등록증
1. 갑 제4호증　　　　　사실확인서
1. 갑 제5호증　　　　　영업소내부사진

첨 부 서 류

1. 위 입증방법   각 1통
1. 소장부본   1통
1. 송달료납부서   1통

                    20○○.   ○.   ○.
                위 원고   ○○○   (서명 또는 날인)

○○행정법원 귀중

[작성례 ③] 요양급여 불승인처분 취소청구의 소

소　　　장

원　고　○○○(주민등록번호)
　　　　　○○시 ○○구 ○○길 ○○(우편번호 ○○○○○)
　　　　　전화.휴대폰번호:
　　　　　팩스번호, 전자우편(e-mail)주소:
피　고　근로복지공단
　　　　　○○시 ○○구 ○○길 ○○ (우편번호 ○○○○○)
　　　　　대표자 이사장 △△△

요양급여불승인처분취소 청구의 소

청 구 취 지

1. 피고가 20○○. ○. ○. 원고에 대하여 한 요양급여 불승인 처분은 이를 취소한다.
2. 소송비용은 피고의 부담으로 한다.
라는 판결을 구합니다.

청 구 원 인

1. 당사자 관계
　원고는 소외 ☆☆버스 주식회사에 소속되어 근무해온 자로서 20○○. ○. ○. 위 회사에서 실시하는 정기건강 진단을 받고 옷을 갈아입다가 쓰러져 재해를 입은 자이고 소외 ☆☆버스 주식회사는 피고가 관리하는 산업재해보상보험에 가입하였습니다.
2. 전심절차

원고는 피고의 △△북부지사에 요양급여를 청구하는 등 전심절차를 적법하게
이행하여 재결서를 20○○. ○. ○. 자로 수령하였습니다.

3. 보상책임

(1) 원고는 19○○년도에 위 회사의 모체인 ☆☆버스 번영회에 입사하여 근무해오다가 위 회사가 법인으로 바뀌고 나서 원고는 20○○. ○. ○. 위 마을버스 주식회사에 재입사형식을 취하였는데 원고가 담당해 온 일은 버스세차 및 주차장 주변청소 등으로서 20○○. ○. ○. 16:40경 위 회사에서 실시하는 정기건강진단을 받고 옷을 갈아입다가 쓰러져 ★★신경외과에서 입원치료를 받고 ○○대학교 의과대학 부속병원으로 옮겨 입원치료를 해왔으나 더 이상 호전되지 않아 20○○. ○. ○. 퇴원하여 집에서 요양 중에 있습니다.

(2) 위 병원에서 진단된 원고의 병명은 고혈압성 뇌출혈, 뇌기저핵혈증(우), 좌반신마비, 뇌동맥경화증으로서, 원고의 근무기간은 08:00부터 18:00까지 였는데 오전 시간은 회사내 주차장 등 청소와 버스세차 등으로 일이 집중되고 원고 혼자서 감당하기에는 무리였으므로 오전시간에는 과로하였던 것이고 특히 위 회사의 대표이사가 김□□으로 바뀌면서 위 김□□의 성격이 까다로워서 직원들이 근무하기 힘들어했고 나이든 원고는 해고의 불안감에 스트레스를 받아왔던 것입니다.

(3) 또한 피고의 재결서에도 명시된 바와 같이 요양신청서상 주치의는 원고 병명의 업무상 인과관계 여부에 대하여 과로 및 근무중 스트레스 등에 의해 갑작스런 혈압상승에 의한 출혈을 일으켰다고 사료됨으로 되어 있습니다.

4. 결 론

(1) 대법원은 재해가 업무와 직접 관련이 없는 기존의 질병이라도 업무상 질병과 겹쳐서 질병을 악화시킨 경우에도 재

해와 업무간의 인과관계를 인정하고 있으며, 평소에 정상적인 근무가 가능한 질병이 업무의 과중으로 악화된 경우도 포함한다고 하고 있습니다. 또한, 기존질병과 업무간에 직접적인 관련이 없다고 하더라도 업무상 과로로 인하여 악화된 경우에는 업무상 재해에 해당한다는 점을 분명히 밝히고 있습니다.

(2) 따라서 원고의 재해는 위와 같이 누적된 업무상의 과로와 스트레스에 기인한 것으로 업무와 상당인과관계가 있음이 명백하므로, 피고가 원고의 재해는 기존질환으로 판단될 뿐 업무상 질병으로 인정할 만한 의학적 소견이 없다는 이유로 원고의 요양급여청구를 불승인한 처분은 위법 부당한 처분이므로 마땅히 취소되어야 할 것입니다.

입 증 방 법

1. 갑 제1호증   진단서
1. 갑 제2호증   재결서

첨 부 서 류

1. 위 입증방법   각 1통
1. 소장부본   1통
1. 납 부 서   1통

20○○.   ○.   ○.
위 원고 ○ ○ ○ (서명 또는 날인)

○ ○ 행 정 법 원 귀 중

[작성례 ④] 유족보상금 지급청구 부결처분 취소청구의 소

소　　　장

원　　고　○○○(주민등록번호)
　　　　　○○시 ○○구 ○○길 ○○(우편번호 ○○○○○)
　　　　　전화.휴대폰번호:
　　　　　팩스번호, 전자우편(e-mail)주소:
피　　고　공무원연금관리공단
　　　　　　　○○시 ○○구 ○○길 ○○ (우편번호 ○○○○○)
　　　　　대표자 이사장 △△△

유족보상금지급청구부결처분 취소청구의 소

청 구 취 지

1. 피고가 20○○. ○. ○. 원고에 대하여 한 유족보상금 지급청구 부결처분은 이를 취소한다.
2. 소송비용은 피고의 부담으로 한다.
라는 판결을 구합니다.

청 구 원 인

1. 피고는 소외 망 김□□가 19○○. ○. ○. 순경으로 임용되어 그 때부터 ☆☆경찰서에서 근무하다가 19○○. ○. ○. ★★ 경찰서로 전입하여 같은 경찰서 소속 ○○파출소 외근원으로 근무하던 중, 20○○. ○. ○. ○○:○○경 출근하여 같은 파출소장으로부터 다음날 ○○:○○경까지의 주야간 근무명령을 받고 같은 날 ○○:○○부터 ○○:○○까지 무기고 등이 있는 위 파출소 관내 도보순찰근무를 명받았으나 같은 날 ○

○:○○까지만 도보순찰근무를 하고 파출소로 돌아온 사실, 위 망인은 그 당시 순경 5호봉으로 무기고 등을 경비하는 위 파출소 내 최상급자이었음에도 불구하고 소정 시간에 파출소로 돌아와서 같은 파출소 근무 순경인 소외 이□□, 예비군 무기고 근무 방위병들인 소외 박□□, 최□□, 정□□ 등과 같이 그 곳 방위병타격대실에서 음주하였고, 술이 부족하자 위 맥주 외에도 파출소 내에 있던 맥주 6병을 추가로 나누어 마신 사실, 그런데 위 망인이 같은 날 ○○:○○경 그 곳 방위병타격대실 침상에 침구를 깔고 잠을 잘 준비를 하고 있을 때 위 이□□이 속칭 "러시안 롤렛"게임을 하자고 하면서 허리에 차고 있던 3.8구경 권총을 꺼내어 탄알집에 1발을 장전하고 탄알집을 돌리는 장난을 하다가 장전되어 있던 탄알이 발사되면서 약 0.88m 전방에 있던 위 망인의 왼쪽 쇄골직하 부위에 맞자 위 망인을 즉시 ○○시 ○길 소재 ○○병원으로 후송하였으나 같은 날 ○○:○○경 급성출혈로 사망한 사실, 위 이□□은 평소에도 "러시안 롤렛" 게임의 흉내를 내는 등 권총으로 자주 장난을 하여온 사실을 인정한 다음 위 인정사실에 의하면 위 망인으로서는 사고당시 ○○:○○까지 무기고 등이 있는 관내의 도보순찰근무를 명받고도 ○○:○○경 파출소로 돌아와서 권총을 휴대한 채 무기고 등을 경비하는 중요하고도 위험한 업무를 부여받은 소내 최상급자로서 근무자들의 음주를 방지하기는커녕 오히려 음주를 주도한 잘못이 있었다고 할 것이고, 이러한 잘못은 불가피한 사유 없이 관계 법령과 안전수칙을 위반하는 등의 중대한 과실에 해당한다고 하여 유족보상금 지급청구부결처분을 하였습니다.

2. 그러나 위 피고의 처분과 관련 살펴보면, 공무원연금법 제62조 제3항 제1항 및 같은 법 시행령 제53조에 의하면, 이 법에 의한 급여를 받을 수 있는 자가 중대한 과실에 의하여 질병·부상·폐질을 발생하게 하거나, 사망하거나 또는 그 질병·부상·폐질의 정도를 악화하게 하거나, 그 회복을 방해한 경

우에는 장해연금.장해보상금 또는 유족보상금은 그 급여액의 2분의 1을 감하여 이를 지급하도록 규정하고 있는바, 여기서 중대한 과실이라 함은 조금만 주의를 하였더라면 사고의 발생을 미리 인식하여 이를 방지할 수 있었음에도 불구하고 현저히 주의를 태만하였기 때문에 사고의 발생을 인식할 수 없었거나 이를 방지하지 못한 경우를 말한다고 할 것이고, 한편 공무원연금법의 취지나 목적 등에 비추어 보면, 같은 법 제62조 제3항 제1호 소정의 "중대한 과실"은 되도록 엄격하게 해석하여야 할 것인데도(대법원 1992. 5. 12. 선고 91누 13632 판결 참조) 피고의 위 처분은 부당하고 또한 이 사건 사고는 당시 위 망인이 이□□ 등과의 술자리를 마친 다음 잠을 자기 위하여 침상에서 침구를 깔고 있는 사이에 위 이 □□이 갑자기 직무상 휴대하고 있던 권총에 탄알 1발을 장전한 다음 탄알집을 돌리는 장난을 하다가 오발된 것이 위 망인에게 명중되어 발생한 것으로 인정되는 바, 사실관계가 이와 같다면 피고가 설시한 여러 사정을 감안하더라도 이 사건 사고의 발생에 있어서 위 망인에게 위 법조 소정의 중대한 과실이 있다고 볼 수는 없다 할 것입니다.

3. 그럼에도 불구하고 피고는 그 설시와 같은 이유로 위 망인이 위 법조 소정의 중대한 과실에 의하여 사망하였다고 판단하였으니 위 법조 소정의 중대한 과실에 관한 법리를 오해한 위법이 있다 할 것이고, 이와 같은 위법은 마땅히 취소되어야 함으로 이를 바로잡기 위하여 이 사건 청구에 이르렀습니다.

입 증 방 법

1. 갑 제1호증   수사기록대장
1. 갑 제2호증   기본증명서
1. 갑 제3호증   주민등록등본

1. 갑 제4호증   사망진단서

첨 부 서 류

1. 위 입증방법   각 1통
1. 소장부본   1통
1. 납 부 서   1통

20○○.   ○.   ○.

위   원고   ○   ○   ○ (서명 또는 날인)

○ ○ 행 정 법 원   귀중

소　　　장

원　고　　○○○(주민등록번호)
　　　　　○○시 ○○구 ○○길 ○○(우편번호 ○○○○○)
　　　　　전화.휴대폰번호:
　　　　　팩스번호, 전자우편(e-mail)주소:
피　고　　근로복지공단
　　　　　　　○○시 ○○구 ○○길 ○○ (우편번호 ○○○○○)
　　　　　대표자 이사장 △ △ △

장해등급결정처분 취소청구의 소

청 구 취 지

1. 피고가 20○○. ○. ○. 원고에 대하여 한 장애등급결정처분을
　취소한다.
2. 소송비용은 피고의 부담으로 한다.
라는 판결을 구합니다.

청 구 원 인

1. 이 사건 처분의 경위 및 전심절차의 경유
　(1) 원고가 20○○. ○. ○. ☆☆청 소속 공공근로자로 근로하던
　　　중 재해가 발생하여 상병명 뇌동맥류파열, 지주막하뇌출혈
　　　등으로 약 1년 동안 요양하다 치료 종결하고 장해보상청구
　　　를 하였으나 20○○. ○. ○. 근로복지공단 서울북부지사에
　　　서 장해등급 제5급 8호를 결정하였습니다.
　(2) 그리하여 원고는 산업재해보상보험심사위원회에 이에 불복

하여 재심사를 청구하였으나 20○○. ○. ○. 이를 기각하는 재결이 있었습니다. (갑 제1호증)

2. 원고의 장해상태에 대한 의학적 소견 및 현재상태

(1) 원고의 장해상태에 대한 국립의료원 담당의사 강□□의 장해진단서에 의하면 원고는 상병명 뇌동맥류파열, 지주막하뇌출혈 등으로 20○○. ○. ○. 뇌출혈 및 뇌동맥류 결찰술을 시행받으나 치료종결당시 장해상태는 "의식은 명료하나 판단력 저하, 행동의 퇴행소견을 보임. 상기환자는 향후 노동은 불가할 것으로 사료됨."으로 진단하고 있습니다.

(2) 원고는 뇌손상으로 인한 신경계통의 기능 또는 정신기능에 뚜렷한 장해가 남아 운동기능장해로 인하여 혼자서 보행이 곤란하여 화장실 등에 갈 때면 다른 사람의 부축을 받아야 하며 고도의 기억력 장해로 인한 실인, 실행, 실어의 행동을 보이며 감정둔마, 의욕감퇴 등의 인격변화현상이 나타나고 있습니다. 또한 시력도 저하되어 밤에는 전혀 볼 수 없을 정도의 야맹증이 생겼으며 후각도 냄새조차 분별하지 못하는 무감각상태입니다.

그리하여 현 상태로는 전혀 노무수행을 할 수 없는 상태입니다.

(3) 따라서 장해상태에 대한 국립의료원 담당의사 강□□의 의학적 소견 및 원고의 현재상태를 토대로 산업재해보상보험법 제57조 및 동법 시행령 제53조 규정에 의거 원고의 장해등급을 산정하여 보면 원고는 "신경계통의 기능 또는 정신기능에 뚜렷한 장해가 남아 평생 동안 노무에 종사할 수 없는 사람"에 해당되어 장해등급 제3급 제3호에 해당됩니다.

3. 처분의 위법성 등

(1) 뇌손상으로 인한 신경계통 및 정신기능의 장해상태는 수시로 변동되기 때문에 장기간에 걸친 치료 및 관찰로 그 장해상태를 파악하는 것이 정확한 것입니다. 따라서 원고를

1년 동안 치료하고 관찰한 주치의 의학적 소견이 제일 정확하다고 하겠습니다. 그럼에도 불구하고 근로복지공단은 주치의 의학적 소견을 무시하고 동 기관의 자문의의 5분도 안되는 원고의 면담결과의 자문소견만을 가지고 원고의 장해등급을 결정한 것은 위법한 결정이라고 하겠습니다.

(2) 원고의 장해상태에 대하여 주치의의 의학적 소견과 근로복지기관의 자문의의 자문소견이 다를 때에는 제3 의료기관에 특진 등을 의뢰하여 그 결과에 따라 보다 신중하게 장해등급을 결정하여야 함에도 이러한 절차없이 동기관 자문의의 소견만을 가지고 원고의 장해등급을 결정한 것은 위법한 결정이라고 하겠습니다.

(3) 원고의 잔존 장해가 산업재해보상보험법 시행령 별표 6 장해등급의 기준상의 장해등급 제5급 제8호에 해당되는지 아니면 보다 상위등급(제3급 3호)에 해당되는 장해인지에 대하여 처분청이나 재결청이 장해등급 제3급 제3호에 대한 해석 기준으로 삼고 있는 <장해등급 판정기준>은 행정청 내부의 사무처리준칙에 불과하여 법규로서의 효력이 없으므로 당해 처분의 적법여부는 위
<장해등급 판정기준>에 적합한 것인가의 여부에 따라 판단할 것이 아니고 산업재해보상보험법 제57조와 동법 시행령 제53조의 각 규정 및 취지에 적합한 것인가의 여부에 따라 판단하여야 합니다. (대법원 1995. 3. 15. 94누12982판결 등)
장해등급 제5급 제8호(신경계통의 기능 또는 정신기능에 뚜렷한 장해가 남아 특별히 손쉬운 노무 외에는 종사할 수 없는 사람)와 상위등급 제3급 제3호(신경계통의 기능 또는 정신기능에 뚜렷한 장해가 남아 일생동안 노무에 종사할 수 없는 사람)의 차이는 손쉬운 노무에라도 종사할 수 있는지 여부에 달려 있다고 보여지는바, 원고는 운동기능장해로 인하여 혼자서 보행이 곤란하여 화장실 등에 갈

때 타인의 도움을 받아야 하고, 고도의 기억력 장해로 인한 실언, 실행, 실어의 행동을 보이며, 감정둔마, 의욕감퇴 등의 인격변화 현상이 나타나고 있고, 시력이 저하되어 밤에는 전혀 볼 수 없을 정도의 야맹증이 생겼으며, 후각 등 냄새조차 분별하지 못하는 무감각상태이고 장기 기억력, 주의집중능력, 수리적 계산능력, 언어적 이해력 등은 심하게 손상이 되어 있으므로 현재로서는 전혀 노무를 수행할 수 없는 상태라고 보여지므로 피고의 결정은 위법한 것입니다.

(4) 가사 장해등급 제3급 3호의 해석을 피고의 내부기준인 <장해등급 판정기준>에 의한다 하더라도 "사지마비, 감각이상, 추체외로증상, 실어 등의 이른바 대뇌소증상, 인격변화 또는 기억장해 등이 고도인 경우"에는 장해등급 제3급 제3호에 해당된다고 해석되는 바, 원고에게는 현재 감각이상과 실어 등의 이른바 대뇌소증상, 인격변화 또는 기억장해 등은 나타나고 있으므로 그 증상이 고도인 경우에 해당한다고 볼 수 있으므로 피고의 처분은 위법한 것이라고 할 수 있습니다.

4. 결 어

위와 같이 사정을 고려하면 원고는 장해상태는 장해등급 제3급 제3호에 해당한다고 볼 수 있으므로 피고의 처분은 위와 같은 점을 고려하지 않은 위법한 처분이라고 할 수 있으므로 이를 취소하여 원고가 정당한 장해등급을 판정받을 수 있게 하여 주시기 바랍니다.

입 증 방 법

1. 갑제 1호증   재결
1. 갑제 2호증의 1 내지 3   각 진단서
1. 갑제 3호증   심리학적 평가보고서
1. 갑제 4호증   보험급여결정통지서

첨 부 서 류

1. 위 입증방법   각 1통
1. 소장부본   1통
1. 납 부 서   1통

20○○. ○. ○.

위 원고 ○ ○ ○ (서명 또는 날인)

○ ○ 행 정 법 원 　 귀중

소　　　장

원　　고　　○○○(주민등록번호)
　　　　　○○시 ○○구 ○○길 ○○(우편번호 ○○○○○)
　　　　　전화·휴대폰번호:
　　　　　팩스번호, 전자우편(e-mail)주소:
피　　고　　국민연금관리공단
　　　　　　　○○시 ○○구 ○○길 ○○ (우편번호 ○○○○○)
　　　　　대표자 이사장 △△△

장해연금지급거부처분 취소청구의 소

청 구 취 지

1. 피고가 20○○. ○. ○. 원고에 대하여 한 장해연금지급거부처분
   을 취소한다.
2. 소송비용은 피고의 부담으로 한다.
라는 판결을 구합니다.

청 구 원 인

1. 사건의 개요
가. 원고는 19○○. ○. ○. 최초로 국민연금에 가입하여 오던 중
　　19○○. ○. ○. 처음으로 '후두암' 진단을 받은 다음 20○
　　○. ○. ○. 후두암 수술을 받았습니다.
나. 위 수술로 인하여 원고에게 언어장애와 호흡기장애가 발생하
　　였는데, 그 중 '언어장애'에 관하여 피고로부터 2급을, 소외
　　부산 ○○구청으로부터 3급을 각 인정받았습니다[갑 제1호

증 심사청구 결정통지 - (첨부된 결정서 2면 중 4의 가. 참조), 갑 제2호증 복지카드].

다. 원고는 당시 폐와 가까운 곳에 구멍이 있어서 산소호흡기를 별도로 사용하지 않은 상태여서 약간의 활동이나 이동은 가능하나 조금만 무리하면 숨쉬기가 어려운 증상이 생겨 일상생활에 있어서 불편함은 물론이고 경제활동을 한다는 것은 상상도 할 수 없는 상태였는데, 위 수술을 받은 후 생활하던 중 목에서 피를 토하는 증상이 발생하여 가까운 병원으로 가서 진료를 받은 결과 호흡기에 문제가 있다는 진단(이하 '이 사건 상병'이라고만 합니다)을 받고 치료를 받아 왔습니다.

라. 이에 원고는 ○○대학교병원에 내원하여 진료를 받았는데, 담당의는 '기관지확장증, 폐결절우하엽, 후두암 수술후 기관절개'로 인하여 1초간 강제호기량이 9%에 불과하다는 소견 및 이로 인하여 운동 및 보행시 심한 호흡곤란이 생긴다는 원고에 대한 문진을 종합하여 '일상생활 활동능력 및 노동능력이 없'다는 판단아래 '호흡기 장애 1등급'에 해당한다는 진단을 내렸습니다(갑 제3호증 국민연금장애심사용진단서).

마. 이를 근거로 원고는 20○○. ○. ○. 피고 ○○지사에 장애연금의 지급을 청구하였으나, 동 지사는 20○○. ○. ○. 원고의 상태가 장애등급에 해당되지 않는다는 이유로 원고에게 장애연금 수급권 미해당 결정(이하 '이 사건 처분'이라고만 합니다)을 통지하였고, 원고는 그 즈음에 위 통지서를 수령하였습니다(갑 제1호증 중 결정문 1의 가,나항 참조).

2. 피고 처분의 위법성

피고는 원고의 이 사건 상병이 국민연금가입 중에 발생한 것인지 여부 및 정확한 초진인 등이 확정되지 않았고, 장애등급에도 해당되지 않는다는 이유로 이 사건 처분을 하였으나, 피고의 동 처분은 다음과 같은 이유로 위법하다 할 것입니다.

가. 장애발생시점 등에 관하여

1) 피고는 이 사건 처분 결정서에서 이 사건 상이가 국민연금 가입 중 발생한 것인지, 정확한 초진일을 사실상 확정할 수 없다고 하더라도, 장애등급에 해당하지 않음이 명백한 경우에는 자료보완을 하지 않고 장애연금 수급권을 인정하지 않을 수 있다고 주장하고 있습니다.

2) 그러나 장애등급에 해당하지 않음이 '명백하지 않음'은 아래에서 보는 바와 같고, 그에 앞서 이 사건 상이가 국민연금 가입 중 발생하였는지 여부에 관하여 보면 이 사건 상이는 20○○. ○. ○. 처음으로 후두암으로 진단을 받아 같은 해 ○. ○. 관련 수술을 받은 다음 - 특별한 사정 변화가 없는 상태에서 - 그로 인하여 생긴 질환으로 봄이 타당한데, 위에서 보는바와 같이 피고는 이미 후두암 수술로 인하여 발생한 '언어장애'에 관하여 2급을 인정한 상태이므로, 연금가입기간 중 이 사건 상이가 발생한 것인지 여부에 관하여는 언어장애와 동일하게 취급하여야 할 것입니다.

또한 원고의 경우에는 수술을 한 날이 아니라 초진일을 기준으로 판단하여야 하는데(그렇지 않을 경우 초진일과 수술일의 시간적 차이로 인하여 연금지급여부가 달라지는 불합리가 발생할 수 있습니다) 원고는 19○○. ○. ○. 최초 가입한 이래 20○○. ○. ○.부터 20○○. ○. ○.까지 가입을 한 상태였고, 위 기간 중인 20○○. ○. ○.에 초진을 받아 후두암 진단을 받았으므로 이 사건 상이는 가입 중 발생한 것으로 보아야 할 것입니다(갑 제4호증 가입내역 확인).

나. 장애등급 해당여부에 관하여

1) ○○대학교병원의 진단

원고는 ○○대학교병원에 내원하여 20○○. ○. ○. 검사를 받은 결과, ①1초시 강제호기량이 0.28(9%)로 측정되었고, ②원고는 평소 운동 및 보행시 심한 호흡곤란을 겪어왔던 점을 고려하여 호흡기 장애 1등급 진단을 받았습니다.

2) 관련 규정

그런데 ①국민연금법 시행령 [별표 2]는 "6. 위의 제1호부터 제5호까지에 규정된 자 외의 자로서 신체의 기능이 노동 불능상태이며 상시 보호가 필요한 정도의 장애가 남은 자"를 1급으로, 그 이하의 장애를 2급 내지 4급으로 각 규정하고 있고, ②'국민연금 장애심사규정'(보건복지부 고시 제2017-30호)은 보다 상세한 기준을 제시하고 있는바, 호흡기장애에 관하여 "부상이나 질병이 치유되지 아니하여 신체의 기능이 노동불능상태로서 장기간의 안정과 상시 보호 또는 감시가 필요한 정도의 장애가 있는 자 - 폐기능이나 동맥혈산소분압이 고도이상으로 안정시에도 산소요법을 받아야할 정도의 호흡곤란이 있는 자"를 1급으로, 그 이하는 그 상태에 따라 2~4급으로 규정하고 있습니다.

3) 판단 방법

위 장애심사규정은 '노동불능상태 내지 신체의 기능'을 일응의 기준으로 하면서도, 이에 덧붙여 '폐기능이나 동맥혈산소분압'을 객관적 판단기준으로 제시하고 있습니다. 여기서 ① '폐기능'의 인정요령은 1초시 강제호기량, 폐확산능, 강제폐활량 등의 측정치를 말하고, ② '동맥혈산소분압(PO2)'은 산소를 흡입하지 않으면서 평상시 대기중에서 안정시에 실시한 동맥혈 가스분석의 측정치를 말합니다(장애심사규정 제6절 호흡기의 장애. 2. 인정요령. 나. 폐기능의 검사 참조).

그런데 위 장애심사규정은 '2. 인정요령'에서 '호흡기의 장애는 호흡곤란정도, 흉부 X-선 촬영, 폐기능검사, 동맥혈가스검사 등 객관적인 검사소견에 의하여 판정'한다고 규정하고 있는바, 위 장애심사규정은 폐기능과 동맥혈산소분압을 동등한 판단방법으로 규정하고 있고, 무엇보다도 1초시 강제호기량 역시 '객관적인 검사소견'의 하나로 인정하고 있음을 알수 있습니다. 위 규정은 이에 덧붙여 호흡기 장애 판단기준으로 '호흡곤란정도'라는 당사자의 상태 역시 판단기준으로 제시하고 있습니다.

그러므로 피고의 주장, 즉 '동맥혈산소분압이 객관적인 증거이고, 1초시 강제호기량은 수검자의 상태에 따라 편차가 발생하므로 객관적인 증거라고 볼 수 없다'는 취지의 주장은 명백히 위 규정에 배치되는 것입니다. 피고는 여러 가지 판단 요소 중 원고에게 유리한 여러 가지 요소(1초시 강제호기량, 호흡곤란정도)를 배제하고, 의도적으로 불리한 요소만을 근거로 원고의 청구를 배척한 것입니다. 오히려 원고를 진단한 ○○대학교병원 전문의는 1초시 강제호기량 및 원고의 호흡곤란정도를 종합적으로 판단하여 원고가 1급에 해당한다는 진단을 내린 것이므로 위 규정에 부합한다 할 것입니다.

원고의 장애유무 및 등급은 추후 신체감정을 통하여 입증을 하도록 하겠습니다.

3. 결론

위와 같은 사실에 비추어 보면, 피고의 이 사건 처분은 위법하다 할 것이므로, 이러한 위법한 처분의 취소를 구하기 위하여 이 건 소송을 제기하기에 이르렀습니다.

입 증 방 법

1. 갑 제1호증　　　　　　심사청구 결정통지
1. 갑 제2호증　　　　　　복지카드
1. 갑 제3호증　　　　　　국민연금장애심사용진단서
1. 갑 제4호증　　　　　　가입내역 확인

첨 부 서 류

1. 위 입증방법　　　　　　　　각 2통
1. 국민연금 장애등급 판정기준　　1통
1. 법인등기사항증명서　　　　　1통
1. 납부서　　　　　　　　　　1통

1. 소장부본   1통

                       20○○.   ○.   ○.
              원   고   ○   ○   ○ (서명 또는 날인)

○ ○ 행 정 법 원 귀 중

소   장

원   고   ○○○(주민등록번호)
            ○○시 ○○구 ○○길 ○○(우편번호 ○○○○○)
            전화.휴대폰번호:
            팩스번호, 전자우편(e-mail)주소:
피   고   △ △ 시장
            ○○시 ○○구 ○○길 ○○ (우편번호 ○○○○○)

개인택시운송사업면허거부 취소청구의 소

청 구 취 지

1. 피고가 20○○. ○. ○. 원고에 대하여 개인택시 운송사업면허를
   거부한 처분을 취소한다.
2. 소송비용은 피고의 부담으로 한다.
라는 재판을 구합니다.

청 구 원 인

1. 원고는 개인택시운송사업면허를 받고자 하는 자로서 ○○시가
   20○○. ○. ○. 공고한 개인택시운송사업면허공고일정에 따라
   20○○. ○. ○. 면허신청을 한 사실이 있습니다.
2. 원고는 개인택시면허신청자동차운수사업법시행규칙 제13조 제
   1항의 규정에 의한 시설등의 기준외, 개인택시면허신청공고일
   로부터 기산하여 과거 6년간 ○○시에서 미군, 군속 및 그 가
   족 등만을 대상으로 하여 영업을 하도록 면허를 받은 택시회사
   소속 운전원으로 위 같은 기간 무사고로 운전한 경력이 있습

니다. 따라서 원고는 개인택시 운송사업 면허를 득하는데 아
무런 결격사유가 없습니다.
3. 그런데 피고는 원고가 근무하였던 위 택시회사의 운임의 결정
방법이나 처우조건이 일반택시와 다르다는 사실만으로 원고의
자격을 불리하게 산정하여, 원고는 개인택시운송사업면허를
거부당하게 되었습니다.
4. 그러나 위와 같은 ○○시 행위는 합리적인 이유가 없는 재량
권 일탈행위이므로 원고는 본 청구에 이른 것입니다.

입 증 방 법

　1. 갑 제1호증　　　　　　　　　　재직증명서

첨 부 서 류

　1. 위 입증방법　　　　　　1통
　1. 소장부본　　　　　　　　1통
　1. 납부서　　　　　　　　　1통

20○○년　○월　○일

원　　고　　○　○　○　(서명 또는 날인)

○ ○ 행 정 법 원　　귀중

소   장

원   고   ○○○(주민등록번호)
            ○○시 ○○구 ○○길 ○○(우편번호 ○○○○○)
            전화.휴대폰번호:
            팩스번호, 전자우편(e-mail)주소:
피   고   △△시 △△구청장
            ○○시 ○○구 ○○길 ○○ (우편번호 ○○○○○)

담장철거대집행계고처분 취소청구의 소

청 구 취 지

1. 피고가 20○○. ○. ○. 원고에 대하여 한 ○○시 ○○구 ○○
   동 ○○ 지상의 담장등 철거대집행 계고처분을 취소한다
2. 소송비용은 피고의 부담으로 한다.
라는 재판을 구합니다.

청 구 원 인

1. 원고는 19○○년경 ○○시 ○○구 ○○동 ○○ 대지와 그 지
   상의 주택을 매수하여 거주하였는데, 그 서쪽에 접한 소외
   정□□ 소유의 같은 동 ○○의 ○ 대지(이하 이 사건 토지라
   한다)의 일부도 위 주택의 부지로서 함께 점유 사용하였고,
   그 둘레에는 담장과 쪽문이 설치되어 있었으며, 원고의 대지
   남쪽에 접한 같은 동 ○○의 ○○ 대지의 소유자인 소외 조
   □□도 원고와 같이 이 사건 토지의 일부를 점유 사용하였습
   니다.

2. 원고는 19○○. ○. ○.경 기존의 주택을 철거하고 지하 1층, 지상 2층의 주택을 신축함에 있어 이 사건 토지를 도로로, 그 경계선으로부터 0.2m 후퇴한 선을 건축선으로 각 표시한 설계도면을 첨부하여 건축허가를 받고 이에 기하여 위 주택을 건축하였으며, 그 후 위 조□□도 기존의 주택을 철거하고 지하 1층, 지상 2층의 다가구주택을 신축하면서 위와 같이 이 사건 대지를 도로로 하여 건축허가를 받고 이에 기하여 건축하였습니다.

3. 원고와 위 정□□는 동쪽에 위치한 같은 동 ○○의 ○와 같은 동 ○○의 ○○ 대지 사이의 현황도로에 접하여 대문을 설치하고 이를 이용하여 공로에 출입하였고, 위 정□□의 대지 남쪽에 접한 같은 동 ○○의 ○○ 대지의 소유자인 소외 조□□도 동쪽의 다른 현황도로를 이용하여 출입하여 왔는데, 위 소외인들이 각기 그 대지상에 다세대주택을 신축하면서 현황도로의 대지 소유자가 도로를 폐쇄하고 담장을 설치하는 등으로 통행을 방해하고 위 현황도로가 다세대주택의 건축시 요구되는 도로로서의 요건을 충족하지 아니하자 19○○년경 피고에게 원고가 도로인 이 사건 토지 상에 담장과 가설물을 설치하여 통행을 방해한다는 이유로 이를 배제하여 달라는 민원을 제기하였으며, 이에 피고는 19○○. ○. ○. 위 담장이 약 21년 전에 설치된 것이고 가설물은 지하실 출입구의 차면용 시설로서 단속 제외대상이라고 회시하였습니다.

4. 그런데, 위 소외인들이 피고에게 위와 같은 민원을 계속 제기하자, 피고는 19○○. ○. ○. 원고에 대하여 위 담장 등이 도로인 이 사건 토지 상에 건축된 위법건축물이라는 이유로 건축법 제11조와 행정대집행법 제2조, 제3조 제1항을 적용하여 위 담장 등을 14일 이내에 자진철거할 것을 명하고, 원고가 그때까지 이 사건 건물을 자진철거하지 아니하면 행정대집행할 것임을 계고하는 처분(이하 이 사건 처분이라 한

다)을 하고, 이를 원고에게 고지하였습니다.
5. 이 사건 처분의 적법 여부
 가. 피고처분의 위법성
    피고는, 이 사건 토지가 도로용도로 분할되었고, 그후 원고
    가 주택을 신축하면서 건축법 제2조 제11호, 같은 법 시행
    령 제3조 제4항 제2호에 규정에 의한 3m의 도로폭을 확보
    하기 위하여 이 사건 토지를 도로로 인정하고 그 경계선에
    서 0.2m 후퇴한 선을 건축선으로 하여 건축허가를 받았으
    므로 이 사건 토지는 시장, 구청장 등이 지정한 건축법상
    도로에 해당함에도 원고가 그 지상에 담장 등을 설치하여
    인근주민을 방해하고 있음을 들어 이 사건 처분이 적법하
    다고 주장하고 있습니다.
    이에 대하여 원고는, 이 사건 토지가 일반주거지역의 대지
    로서 원고가 그 일부를 소유자의 승낙하에 20여년간 대지
    의 일부로서 사용하여 왔고 원고와 인근 주민들이 다른 곳
    에 개설된 사실상의 도로를 이용하여 왔으며 피고가 이를
    도로로 지정한 바가 없으므로 건축법상의 도로에 해당하지
    아니할 뿐만 아니라, 이 사건 대집행계고서상 그 목적물의
    소재지가 이 사건 토지가 아닌 원고의 대지로 기재되어 집
    행목적물이 특정되지 아니하여 그 효력이 발생할 수 없으
    므로 이 사건 처분은 어느 모로 보나 위법하여 취소되어야
    합니다
 나. 관계법령
    구 건축법(1991. 5. 31. 법률 제4381호로 전문개정되기 전
    의 것) 제2조는 이 법에서 사용하는 용어의 정의는 다음과
    같다고 하면서 제15호에서 도로라 함은 보행 및 자동차통
    행이 가능한 너비 4미터 이상의 도로(지형적 조건 또는 지
    역의 특수성으로 인하여 자동차 통행이 불가능한 도로와
    막다른 도로의 경우에는 대통령령이 정하는 구조 및 폭의
    도로)로서 다음에 게기하는 것의 하나에 해당하는 도로 또

는 그 예정도로를 말한다고 규정하고, 그 가.목은 도시계획
법 도로법 사도법 기타 관계법령에 의하여 신설 또는 변경
에 관한 고시가 된 것을, 그 나.목은 건축허가시 시장(서울
특별시장 직할시장을 포함한다, 이하 같다) 또는 군수가 그
위치를 지정한 도로를 각 들고 있고, 제30조는 건축선은
도로의 경계선으로 한다. 다만 제2조 제15호의 규정에 의
한 소요폭에 미달되는 폭의 도로인 경우에는 그 중심선으
로부터 당해 소요폭의 2분의 1에 상당하는 수평거리를 후
퇴한 선을 건축선으로 한다고 규정하며, 또한 같은 법 시
행령(1992. 5. 30. 대통령령 제13655호로 전문개정되기 전
의 것) 제64조 제1항은 법 제2조 제15호 나목의 규정에 의
하여 시장 군수가 도로를 지정하고자 하는 경우에는 당해
도로에 대하여 이해관계를 가진 자의 동의를 얻어야 하며,
도로를 지정한 때에는 그 도로의 구간 연장 폭 및 위치를
기재한 건설교통부령이 정하는 도로대장을 작성 비치하여
야 한다고 규정하고, 제62조 제1항은 법 제2조 제15호의
규정에 의한 막다른 도로의 폭은 도로의 길이가 10m 이상
35m 미만인 경우 3m 이상이어야 한다고 규정하고 있습니
다.

6. 결 론

그렇다면 이 사건 처분은 위법하다 할 것이므로 그 처분은 취소되
어야 할 것입니다.

입 증 방 법

1. 갑 제1호증   증여계약서
1. 갑 제2호증   인증서
1. 갑 제3호증   부동산등기사항전부증명서

첨 부 서 류

1. 위 입증방법   각 1통
1. 법인등기사항전부증명서   1통
1. 소장부본   1통
1. 납 부 서   1통

                20○○년 ○월 ○일
            원   고   ○ ○ ○   (서명 또는 날인)

○ ○ 행 정 법 원   귀중

소　　장

원　　고　○○○(주민등록번호)

　　　　　　○○시 ○○구 ○○길 ○○(우편번호 ○○○○○)

　　　　　　전화.휴대폰번호:

　　　　　　팩스번호, 전자우편(e-mail)주소:

피　　고　△△지방경찰청장

　　　　　　○○시 ○○구 ○○길 ○○ (우편번호 ○○○○○)

해임처분 취소청구의 소

청 구 취 지

1. 피고가 20○○. ○. ○. 원고에 대하여 한 해임처분은 이를 취소한다.
2. 소송비용은 피고의 부담으로 한다.

라는 판결을 구합니다.

청 구 원 인

1. 원고는 19○○. ○. ○. 경찰공무원으로 임용되어 19○○. ○. ○.부터 ○○지방경찰청 ○○경찰서 ○○파출소장으로 근무하여 왔는데, 피고는 원고가 ○○시 ○○구 ○○길 ○○ 소재에 있는 ☆☆주점의 업주 소외 양□□과 친분관계가 있음을 기화로 20○○. ○. ○. 위 업소가 퇴폐영업으로 단속되자 관할 파출소장인 원고에게 "사건을 잘 처리해 달라"고 청탁하였다는 이유로 원고의 이와 같은 행위는 국가공무원법 제56조, 제57조, 제63조에 위배되어 같은 법 제78조 제1항 각

호 소정의 징계사유에 해당한다고 하여 보통징계위원회의 의결을 거쳐 20○○. ○. ○. 원고를 해임처분 하였습니다.

2. 원고는 위 청탁사실은 인정하나, 원고는 ☆☆주점 업주 소외 양□□을 입건 조치하였고, 원고는 19○○. ○. ○. 순경으로 임용된 후 19○○. ○. ○. 경장으로 19○○. ○. ○. 경사로 19○○. ○. ○. 경위로 승진하는 등 경찰관으로서 약 19년 동안 성실히 근무하여 오면서 치안본부장 표창 2회 충북지방경찰청 표창 5회(이상은 경찰공무원징계양정등에관한규칙 제9조 제1항 제2호 단서에 의하여 경감 이하인 경찰공무원인 원고의 경우 징계감경사유가 될 수 있다)등을 포함하여 20여 회에 걸쳐 각종표창을 받은 사실, 원고는 재직 중인 19○○. ○.경 당시 ○○세의 나이에 ○○대학교를 입학하여 19○○. ○.경 졸업한 점 등 정상참작사유와 이 사건 행위에 이르게 된 동기와 경위, 청탁의 결과, 징계절차가 개시된 경위 등을 고려하면 위와 같은 징계사유만으로 원고를 해임한 이 사건 처분은 징계처분에 있어서 재량권의 범위를 일탈하였거나 남용한 것이라고 아니할 수 없습니다.

3. 따라서 원고는 피고가 원고에 대하여 한 20○○. ○. ○.자 해임처분의 취소를 구하기 위해 본 소에 이른 것입니다.

입 증 방 법

1. 갑 제1호증　　　　　　　　징계의결서 1통
1. 갑 제2호증　　　　　　　　표창장 7부

첨 부 서 류

1. 위 입증방법　　　　　　　　각 1통
1. 소장부본　　　　　　　　　1통
1. 납 부 서　　　　　　　　　1통

20○○.　○.　○.

원　　고　　○　○　○ (서명 또는 날인))

○ ○ 행 정 법 원　　귀중

소　　장

원　　고　　○○○(주민등록번호)
　　　　　　○○시 ○○구 ○○길 ○○(우편번호 ○○○○○)
　　　　　　전화.휴대폰번호:
　　　　　　팩스번호, 전자우편(e-mail)주소:
피　　고　　△△광역시 △△구청장
　　　　　　○○시 ○○구 ○○길 ○○ (우편번호 ○○-○○○)

행정정보공개청구거부처분 취소청구의 소

청 구 취 지

1. 원고에 대하여 피고가 20○○. ○. ○.자로 한 행정정보공개청
   구거부처분은 이를 취소한다.
2. 소송비용은 피고의 부담으로 한다.
라는 판결을 구합니다.

청 구 원 인

1. 원고의 지위
   원고는 △△지역에서 지방자치제도의 활성화와 주민들의 지방
   자치참여를 목적으로 하여 결성된 시민운동단체로서 법인격
   없는 사단입니다.
2. 원고의 정보공개청구
   원고는 20○○. ○. ○. 공공기관의 정보공개에 관한 법률(이하
   '법'이라 합니다)에 의거 피고를 상대로 행정감시를 사용목적으
   로 하여 별지목록기재 사항에 관하여 행정정보공개청구를 하

였습니다.

3. 피고의 정보공개 거부처분

그러나, 피고는 20○○. ○. ○. 자로 "첫째 업무추진비 정보에는 영수증이나 세금계산서, 신용카드 매출전표 외에도 특정인을 식별할 수 있는 개인에 대한 정보가 기록된 행사내역서 등이 포함되어 있어 법 제9조 제1항 제6호의 비공개대상정보이며, 둘째, 20○○. ○. ○. 개최된 전국 시장.군수.구청장협의회에서 대법원판결 이후에 공개하기로 하였다"는 이유로 원고의 이 사건 정보공개청구를 거부하는 처분(이하 '이 사건 거부처분'이라 합니다)을 하였습니다.

4. 피고의 이 사건 거부처분의 위법성

가. 우선 위 두 번째 이유는 법률상 정보공개거부처분의 이유가 될 수 없으므로 더 이상 언급할 가치가 없습니다.

나. 다음으로 첫 번째 이유에 관하여 살펴보겠습니다. 가사 원고가 청구한 정보속에 피고의 주장대로 특정인을 식별할 수 있는 개인에 대한 정보가 기록된 행사내역서 등이 포함되어 있어 법 제9조 제1항 제6호의 비공개대상정보에 해당되는 정보가 있다 하더라도 피고로서는 그 정보만을 제외하고 공개하여야 할 의무가 있다 할 것이므로, 원고가 청구한 정보 정부를 공개하지 아니한다는 결정을 한 원고의 처분은 위법하다 할 것입니다(참고로 △△광역시의 경우 업무추진비밀 판공비 집행내역을 공개하고, 지출결의서, 영수증 등 제반 증빙서류에 관하여는 열람만 허용한다는 결정을 한 바 있습니다).

그리고 피고의 처분이 위법함은 대개의 지출결의서나 영수증 등에 기재된 이름이나 주민등록번호만으로 개인에 관한 정보가 공개된다고 보기 어려울 뿐 아니라 이를 공개하는 것이 공익에 필요하다고 판단되는 경우가 대부분일 것이라는 점에서도 반증이 됩니다.

5. 결론

그렇다면, 원고에 대하여 피고가 20○○. ○. ○.자로 한 행정정보공개청구거부 처분은 위법하다 할 것이어서 원고는 이의 취소를 구하기 위하여 본 건 청구에 이르렀습니다.

입 증 방 법

1. 갑제1호증   정보공개청구서
1. 갑제2호증   결정통지서

첨 부 서 류

1. 소장부본   1통
1. 위 입증방법   각 1통
1. 납부서   1통

20○○.　○.　○.
원　　고　　○　○　○(서명 또는 날인)

○ ○ 지 방 법 원 귀 중

소　　　장

원　　고　　○○○(주민등록번호)
　　　　　　○○시 ○○구 ○○길 ○○(우편번호 ○○○○○)
　　　　　　전화.휴대폰번호:
　　　　　　팩스번호, 전자우편(e-mail)주소:
피　　고　　△ △ 시장
　　　　　　　　○○시 ○○구 ○○길 ○○ (우편번호 ○○○○○)

개별토지지가공시처분 취소청구의 소

청 구 취 지

1. 피고가 20○○. ○. ○. ○○시 ○○구 ○○동 ○○ 번지 임야
　○○○평방미터에 대하여 한 20○○. ○. ○. 기준의 개별토
　지 가격결정처분을 취소한다.
2. 소송비용은 피고의 부담으로 한다.
라는 판결을 구합니다.

청 구 원 인

1. 처분의 내용
　피고가 개별토지가격 합동조사지침등에 의하여 20○○년도 개별
　토지가격의 조사 및 결정을 하고 공고를 함에 있어 원고 소
　유인 청구취지기재 토지(이하 이 사건 토지라 한다.)에 대하
　여 20○○. 1. 1.을 기준으로 한 개별토지가격을 100,000원/
　㎡으로 결정하였습니다.
2. 처분의 위법

그러나 피고의 이 사건 토지에 대한 위 개별토지가격결정은 위
법하여 취소하여야 할 것입니다.

가. 부동산가격공시에 관한 법률 제10조 및 개별토지가격 합동
　　조사지침(국무총리훈령 제248호) 제7조, 제8조의 규정취
　　지를 종합하면, 개별토지가격을 산정함에 있어서는 지가
　　산정대상토지와 유사한 이용가치를 지닌다고 인정되는 하
　　나 또는 둘 이상의 표준지를 선정하고 그 표준지의 공시
　　지가를 기준으로 건설교통부장관이 제공하는 표준지와 지
　　가산정대상토지의 지가형성요건에 관한 표준적인 비교표
　　(이하 토지가격 비준표라고 한다.)를 활용하여 두 토지의
　　특성을 조사하고 상호 비교하여 가격조정율을 결정한 후
　　이를 표준지의 가격에 곱하여 토지가격을 산정하되, 이와
　　같이 산정한 가격은 실제지가에 영향을 주는 매우 많은
　　가격형성요인 중 지가산정에 편리하도록 주요한 토지 특
　　성만을 조사하도록 단순화한 것이어서 적정지가와는 차이
　　가 날 수 있으므로 지가산정대상 토지의 가격과 표준지의
　　공시지가가 균형이 유지되도록 필요하다고 인정할 때에는
　　지가산정대상 토지와 비교표준지의 개별요인 차이, 지가
　　산정대상 토지와 비교표준지와 지방세 과세시가 표준액의
　　차이와 비준표에 의한 가격조정율과의 균형 및 기타 그
　　지역의 특수한 지가형성요인등을 고려하여 지가산정의 목
　　적에 따라 가감 조정하여 지가를 확정할 수 있도록 정하
　　고 있으므로, 개발토지가격의 산정은 비교표준지 선정 자
　　체가 적정하여야 함은 물론이고, 토지가격 비준표에 의한
　　가격조정율의 적용 및 가격산정이 정확하여야 하며, 지가
　　산정대상 토지의 가격을 가감조정하는 과정에서도 인근
　　다른 유사토지와의 필지간 균형이 유지됨과 동시에 필지
　　별 전년대비 지가상승률이 토지특성의 변화, 주변여건의
　　변화, 표준지가 상승률을 고려한 적정하고 합리적인 것이
　　되도록 산정되어야 합니다.

나. 그러나 이 사건 토지의 개별토지 지가결정은 위 법률 및 개별토지가격합동조사지침이 정하는 산정방법의 취지에 따르지 않은 위법이 있어 취소를 면치 못하는 것인바, 제소기간 등의 문제로 이에 관하여는 다음에 자세히 주장하겠습니다.

첨 부 서 류

1. 개별공시지가확인서   1통
1. 소장부본   1통
1. 납 부 서   1통

20○○년 ○월 ○일
원   고   ○ ○ ○ (서명 또는 날인)

○ ○ 행 정 법 원 귀 중

소   장

원   고   ○○○ 주식회사
　　　　　　○○시 ○○구 ○○길 ○○(우편번호 ○○○○○)
　　　　　　대표이사 ○ ○ ○
피   고   △△시 △△구청장
　　　　　　○○시 ○○구 ○○길 ○○ (우편번호 ○○○○○)

등록면허세등부과처분취소 청구의 소

청 구 취 지

1. 피고가 19○○. ○. ○. 원고에 대한 한 등록면허세 ○○○원
   및 방위세 ○○○원의 부과처분은 이를 모두 취소한다.
2. 소송비용은 피고가 부담한다.
라는 판결을 구합니다.

청 구 원 인

1. 사실관계
   원고는 ○○시 ○○구 ○○동 ○○번지 대지 ○○○㎡와 위 지
   상 건물 1동을 소외 □□공사로부터 매입하여 19○○. ○.
   ○. 소유권이전등기를 하고 19○○. ○. ○. 원고의 본점소재
   지를 ○○도 ○○시 ○○동 ○○의 ○에서 ○○시 ○○구 ○○
   동 ○○으로 이전등기 하였습니다.
2. 부과처분의 내용
   피고는 이 사건 부동산의 소유권이전등기를 법인 본점의 대도
   시 내로의 전입에 따른 부동산등기로 보아 지방세법 제13조

규정에 의한 중과세율을 적용하여 원고가 이미 자진 신고 납부한 세액을 차감한 후 청구취지와 같이 추가납부 고지하였습니다.

3. 부과처분의 위법성

그러나 지방세법 제13조가 대도시 내로의 법인의 본점전입에 따른 부동산등기를 중과세하는 취지는 대도시의 인구집중을 방지하기 위한 것이므로 대로시 내로의 법인전입과 관련하여 취득하는 등기를 말하는 것이므로 단순히 본점전입과 무관하게 그 이전에 취득한 이 사건 부동산이 중과세되는 것으로 볼 수는 없습니다.

또한 가사 중과세 요건이 되더라도 과세요건의 충족은 중과세 요건이 발생한 19○○. ○. ○. 본점이전 당시를 기준으로 할 것인바 이때는 방위세가 이미 폐지되었으므로 방위세 부과는 할 수 없습니다.

4. 전심절차

(1) 납 세 고 지 - 19○○. ○. ○.

(2) 감사원 심사청구 - 19○○. ○. ○.

(3) 기 각 통 지 일 - 20○○. ○. ○.

입 증 방 법

1. 갑 제 1호증   납세고지서
1. 갑 제 2호증   부동산등기사항전부증명서

첨 부 서 류

1. 위 입증방법   각 1부
1. 법인등기사항증명서   1부
1. 소장부본   1부
1. 납부서   1부

20○○년   ○월   ○일
원   고   ○   ○   ○   (서명 또는 날인)

○   ○ 행 정 법 원   귀중

소   장

원   고   ○○종합건설 주식회사
          ○○시 ○○구 ○○길 ○○ (우편번호 ○○○○○)
          대표이사 ○ ○ ○
피   고   △△세무서장
          ○○시 ○○구 ○○길 ○○ (우편번호 ○○○○○)

법인세등부과처분취소 청구의 소

청 구 취 지

1. 피고가 20○○. ○. ○.자로 원고에 대하여 한 20○○년도 수시분 법인세 금50,000,000원 및 20○○. ○. ○.자 20○○년도 수시분 부가가치세 금 9,000,000원 합계 59,000,000의 부과처분은 이를 모두 취소한다.
2. 소송비용은 피고의 부담으로 한다.
라는 판결을 구합니다.

청 구 원 인

1. 피고의 법인세등 부과처분
피고는 원고회사가 신고한 20○○년도 법인세중 19○○. ○. ○. 지출한 금 40,000,000원, 같은 해 ○. ○. 지출한 금 42,300,000원, 같은 해 ○. ○. 지출한 금 50,000,000원 등 도합 금 132,000,000원의 외주가공비는 과대 계상된 것으로 보아 이를 대표이사에게 상여처분한 후 법인세 금 50,000,000원을, 원고가 소외 ☆☆설비 등 5개 업체로부터 외주가공비의 명목으로 받은 공급가액금80,000,000원의 세금계산서를 사실과 다른 계산서로 보아 위 금액에 해당하는 매입세액을 공제하지 않고 부가가치세 금 9,000,000원을 각 결정 부과하였습니다.

2. 전심절차

원고회사는 이건 부과처분에 불복하고 피고 및 국세청에 이건 부과처분에 대하여 20○○. ○. ○. 이의신청을, 같은 해 ○. ○. 심사청구를 같은 해 ○. ○. 심판청구를 하였으나 청구를 기각한다는 결정을 받았습니다.

3. 피고처분의 부당성

소득세법상 추계과세는 수입금액이나 과세표준결정의 근거가 되는 납세자의 장부나 증빙서류 등이 없거나 그 내용이 미비 또는 허위이어서 실질조사가 불가능한 경우에 한하여 예외적 으로 아주 제한된 범위 내에서 허용되는 것임에도 불구하고 피고는 원고가 1998년 외주공사의 인건비 등으로 지출한 금 132,000,000원의 거래장부 기재에 대한 증빙자료가 미비하고 거 래당사자들의 확인이 없으며 또한 소외 ☆☆설비등 5개업체가 원고에게 외주가공비등의 명목으로 교부한 세금계산서가 진실 로 작성되었다는 증거가 없다는 이유로 위 증빙자료 등에 관 한 실질조사 없이 부과처분 하였습니다.

4. 결 론

그러므로 피고가 원고에게 한 부과처분은 실질거래내용을 제대 로 확인하지 않고 단지 거래장부 기재에 대한 증빙자료의 미 비등을 이유로 한 실질과세원칙에 반하는 부당한 추계과세 처 분이라 할 것이므로 원고는 이의 취소를 구하기 위하기 본 소 청구에 이른 것입니다.

입 증 방 법

1. 갑 제1호증   결정서

첨 부 서 류

1. 위 입증방법   1통
1. 법인등기사항증명서   1통
1. 소장부본   1통
1. 납부서   1통

20○○년   ○월   ○일

원   고   ○○종합건설 주식회사

대표이사   ○ ○ ○ (서명 또는 날인)

○ ○ 행 정 법 원 귀 중

[작성례 ⑭] 부가가치세 부과처분 무효확인의 소(수시분)

소　　장

원　　고　　○○○(주민등록번호)
　　　　　　○○시 ○○구 ○○길 ○○(우편번호 ○○○○○)
　　　　　　전화.휴대폰번호:
　　　　　　팩스번호, 전자우편(e-mail)주소:
피　　고　　△△세무서장
　　　　　　○○시 ○○구 ○○길 ○○ (우편번호 ○○○○○)

부가가치세부과처분무효확인의 소

청 구 취 지

1. 피고가 20○○. ○. ○.자로 원고에 대하여 한 20○○년 수시
   분 부가가치세 10,234,560원의 부과처분은 무효임을 확인한
   다.
2. 소송비용은 피고의 부담으로 한다.
라는 판결을 구합니다.

청 구 원 인

1. 원고는 피고로부터 20○○. ○. ○.자로 소외 ☆☆ 주식회사의
   과점 주주임을 이유로 제2차 납세의무자로 지정되었으니 회
   사의 체납 부가가치세 10,234,560원을 납부하라는 부과처분
   을 받았습니다.
2. 그러나 피고는 소외 ☆☆주식회사에 대한 납세고지서를 그
   본점 소재지로 발송 하였다가 수취인 불명으로 반송되어 오
   자 그 대표이사인 원고 이○○의 주소지 등을 확인하여 보

지도 아니한 채 곧바로 공시 송달한 사실이 있습니다. 법인
에 대한 송달은 본점 소재지에서 그 대표이사가 이를 수령
할 수 있도록 해야하고 그와 같은 송달이 불능인 경우에는
법인등기부등본을 조사하여 본점 소재지의 이전 여부 및
대표이사의 변경 여부나 대표이사의 법인등기부상의 주소지
등 을 확인하여 그에게 송달하였는데도 그 송달이 불능인
경우에 비로소 공시송 달을 해야 할 것이므로 피고는 공시
송달의 요건을 갖추지 않은 채 송달을 하였다할 것입니다.
3. 따라서, 피고의 송달은 공시송달의 요건을 갖추지 못한 경우
   에 해당하여 위법 한 송달이라 할 것이고 이로 인한 주된
   납세의무자에 대한 납세고지의 효력이 발생되지 않는다 할
   것이므로 주된 납세의무자의 납세의무가 확정되지 않은 이상
   보충적인 제2차 납세의무자인 원고의 납세의무도 발생할 여
   지가 없다 할 것입니다.

첨 부 서 류

1. 소장부본   1부
1. 납 부 서   1부

20○○년   ○월   ○일
원   고   ○ ○ ○ (서명 또는 날인)

○ ○ 행 정 법 원 귀중

[작성례 ⑮] 상속세 부과처분 취소청구의 소(비상장주식)

<h1 style="text-align:center">소　　　장</h1>

원　　고　○○○(주민등록번호)

　　　　　○○시 ○○구 ○○길 ○○(우편번호 ○○○○○)

　　　　　전화.휴대폰번호:

　　　　　팩스번호, 전자우편(e-mail)주소:

피　　고　△△세무서장

　　　　　○○시 ○○구 ○○길 ○○(우편번호 ○○○○○)

상속세부과처분 취소청구의 소

<h2 style="text-align:center">청 구 취 지</h2>

1. 피고가 20○○. ○. ○. 원고에 대하여 한 상속세 ○○○원의 부과처분 중 상속세 ○○○원을 초과하는 부분을 취소한다.
2. 소송비용은 피고의 부담으로 한다.

라는 판결을 구합니다.

<h2 style="text-align:center">청 구 원 인</h2>

1. 사실관계

　가. 상속개시

　　망 □□□는 19○○. ○. ○. 사망하자 원고가 상속인의 지위를 취득하였습니다.

　나. 상속세 신고

　　원고는 소정의 상속세신고기간 내에 과세표준 및 세액 신고를 이행하였습니다.

2. 부과처분

　　피고는 20○○. ○. ○. 과세표준 ○○○원 산출세액 ○○○원 공제세액 ○○○원, 신고납부세액 ○○○원, 가산세 ○

○○원, 고지세액 ○○○원을 하여 납세고지를 하였습니다.
3. 부과처분의 위법성
 가. 비상장주식의 평가차이에 의한 가산세 부과부당
　　피고는 원고가 상속재산으로 신고한 비상장주식의 평가를 달리하고 금○○○원을 증액하고 이에 대한 가산세○○○원을 부과하였습니다. 그러나 평가를 과세관청과 달리 하였다하여 가산세 부과는 할 수가 없습니다. 상속세 및 증여세법 제78조 제2항에 의하면 평가가액이 차이로 인하여 납부하여야 할 세액에 미달한 금액을 가산세 부과대상에서 제외하고 있기 때문입니다.
 나. 신고세액공제
　　피고는 신고세액 공제를 함에 있어서는 평가차이로 발생하는 평가액을 기준으로 하지 않고 신고가액을 기준으로 하고 있습니다.
　　그러나 상속재산으로 신고한 이상 신고세액공제 역시 신고한 가액으로 할 것이 아니라 과세관청이 평가하여 과세하는 가액을 기준으로 하는 것이 타당합니다. 따라서 다음과 같이 신고세액공제을 추가로 금○○○원을 해 주어야 합니다.
 다. 도로에 관한 평가
　　피고는 도로에 편입되어 사실상 재산권 행사를 못하고 있는 도로에 대하여 이를 금○○○원으로 평가하여 상속재산가액에 산입하고 있습니다.
　　그러나 국세청의 기본통칙에 의하더라도 0원으로 평가하도록 되어 있는데도 불구하고 사용수익권을 포기하여 보상을 받을 수도 없는 토지를 상속재산가액에 산입한 것은 위법합니다.
 라. ○○종합금융과 ○○은행 주식
　　피고는 퇴출되어 재산적 가치가 없는 위 회사의 주식을 ○○○원을 상속가액에 산입하였으나 이는 수용할 수 없습니다.

구 분	증액평가차액	세 액	신고세액공제
근저당설정과 공시지가 적용차이	267,470,000	120,361,500	12,036,150
보상금액과 공시지가 적용차이	336,783,966	151,552,784	15,155,278
건물평가차이	5,955,626	2,698,031	269,803
비상장주식평가차이	455,066,256	204,779,818	20,477,981
			47,939,212

마. ○○○ 회원권

　　피고는 19○○. ○. ○. 고시한 ○○○회원권 기준시가 ○○
　　○원을 적용하는 것이 상당함에도 불구하고 오래 전에 고
　　시한 ○○○원을 적용하였습니다.

　　19○○. ○. ○. 고시한 기준시가는 상속개시일 19○○. ○.
　　○. 근접한 무렵에 과세당국이 시가.조사하여 19○○. ○.
　　○. 고시하였으므로 19○○. ○. ○. 고시한 가액이 시가에
　　보다 근접합니다.

4. 전심절차

　납세고지 - 19○○. ○. ○.

　심사청구 - 19○○. ○. ○.

　기 각 - 20○○. ○. ○.

　심판청구 - 20○○. ○. ○.

　기 각 - 20○○. ○. ○.

입 증 방 법

　1. 갑제1호증의 1　　　　　　　납세고지서

1. 갑제1호증의 2   세액계산명세서
1. 갑제2호증의 1   심판결정통지
1. 갑제2호증의 2   결 정 서

첨 부 서 류

1. 위 입증방법   각 1통
1. 소장부본   1통
1. 납부서   1통

20○○년　○월　○일
원　고　○　○　○ (서명 또는 날인)

○ ○ 행 정 법 원 귀중

소　　장

원　고　○○○(주민등록번호)
　　　　　○○시 ○○구 ○○길 ○○(우편번호 ○○○○○)
　　　　　전화.휴대폰번호:
　　　　　팩스번호, 전자우편(e-mail)주소:
피　고　△△세무서장
　　　　　○○시 ○○구 ○○길 ○○(우편번호 ○○○○○)

증여세부과처분취소 청구의 소

청 구 취 지

1. 피고가 원고에 대하여 한 20○○. ○. ○.자 증여세 ○○○원의 부과처분은 이를 취소한다.
2. 소송비용은 피고가 부담한다.
라는 판결을 구합니다.

청 구 원 인

1. 사건개요
　피고는 원고가 20○○. ○. ○. ○○시 ○○구 ○○동 ○○번지 대지 ○○○평방미터를 대금 ○○○원에 매수하고 같은 해 ○. ○. 그 소유권이전등기를 필한데 대해 원고의 매수자금을 남편인 소외 □□□으로부터 증여 받은 것으로 인정하여 청구취지와 같은 증여세 부과처분을 하였습니다.
2. 불복사유
　그러나 위 매수자금은 원고가 19○○. ○.경부터 ○○동 소재

○○시장에서 식당을 경영하며 얻은 수입금과 시장에서 계를 조직·운영하여 얻은 계금을 적금으로 가입하여 얻은 수익금 등을 합하여 충당한 것으로 남편으로부터 증여받은 것이 아닙니다.

3. 결 어

사안이 이와 같음에도 불구하고 피고는 원고와 소외 □□□이 남편이라는 이유로 사실조사를 하지도 아니한 채, 위 매수대금에 대하여 상속세 및 증여세법 제32조의 의제증여로 간주하여 증여세부과처분을 하였기에 이에 원고는 피고의 부당한 증여세부과처분의 취소를 구하고자 이 건 소제기에 이른 것입니다.

입 증 방 법

1. 갑 제1호증   납세고지서
1. 갑 제2호증   세액계산명세표

첨 부 서 류

1. 위 입증방법   각 1통
1. 소장부본   1통
1. 납 부 서   1통

20○○년   ○월   ○일
원   고   ○   ○   ○ (서명 또는 날인)

○ ○ 행 정 법 원 귀중

소 장

원 고 ○○○(주민등록번호)
　　　　○○시 ○○구 ○○길 ○○(우편번호 ○○○○○)
　　　　전화.휴대폰번호:
　　　　팩스번호, 전자우편(e-mail)주소:
피 고 △△시 △△구청장
　　　　○○시 ○○구 ○○길 ○○(우편번호 ○○○○○)

재산세부과처분 취소청구의 소

청 구 취 지

1. 피고가 원고에게 20○○. ○. ○.자로 부과한 20○○년도 6월 정기분 재산세 ○○○원 중 ○○○원을 초과한 부분을 취소한다.
2. 소송비용은 피고가 부담한다.
라는 판결을 구합니다.

청 구 원 인

1. 원고의 지위
　원고는 ○○시 ○○구 ○○길 ○○에 거주하는 자로서 ☆☆건설에서 분양한 ○○평형 아파트를 분양 받아 소유하고 있는 재산세납세의무자입니다.
2. 부과처분의 경위
　피고는 20○○. ○. ○. 원고에게 20○○년도 6월 정기분으로 재산세 금○○○원을 부과 처분하였습니다.
3. 부과처분 내역

이 사건 아파트 ○○평형에 해당되는 재산세의 부과내역을 검토하여 보면 다음과 같습니다.

가. ㎡기준단가 산출내역

㎡기준단가는 기준지가 × 구조지수 × 용도지수 × 위치지수 × 잔가율로 하여, 동아파트 ○○평형㎡ 가액은 160,000원(기준가액)×1(구조지수)× 1(용도지수) × 0.96(위치지수) × 0.987(잔가율) = 151,000원으로 산출하였습니다.

나. 과표산출내역

① 전용면적에 해당되는 과세표준

○○○㎡(전용면적) × 151,000원(㎡당 기준가액) × 1.4(가감산율) = ○○○원

② 공유면적에 해당되는 과세표준

○○○㎡ ×151,000원 ×1.0(가감산율) = ○○○원

③ 지하대피소에 해당되는 과세표준

○○○㎡ × 151,000원 × 0.8 = ○○○원

④ 지하차고에 해당되는 과세표준

○○○㎡ × 151,000원 × 0.5 = ○○○원

① + ② + ③ + ④를 하면 합계 금 ○○○원이 됩니다.

다. 재산세부과액(지방세법 제188조 제1항 2호(1)의 규정 참조)

① 전용면적 과세표준액(상기 ①부분)에 ○○○ × 0.07 - 1,944,000원

= ○○○원의 재산세액과

② 공유면적에 해당되는 과세표준액(상기 ②+③+④부분)인 ○○○×0.003 = ○○○원의 재산세액이 각 산출되는 바,

위 전용면적에 해당되는 세액 ○○○원과 공용면적에 해당되는 세액 ○○○원을 합하여 동 ○○평형 아파트 재산세로는 금○○○원(10원 미만은 버림)을 부과하였습니다.

4. 이 사건 부과처분의 부당성

가. 지방세법 제110조 제1항은 토지·건축물·주택에 대한 재산

세의 과세표준은 제4조제1항 및 제2항에 따른 시가표준액에 부동산 시장의 동향과 지방재정 여건 등을 고려하여 다음 각 호의 어느 하나에서 정한 범위에서 대통령령으로 정하는 공정시장가액비율을 곱하여 산정한 가액으로 한다.고 규정하고 있습니다.

나. 그리고 지방세법 제111조 제1항은 토지에 대하여 다음과 같이 규정하고 있습니다.

과세표준	세 율
6천만원 이하	1,000분의 1
6천만원 초과 1억5천만원 이하	60,000원 + 6천만원 초과금액의 1,000분의 1.5
1억5천만원 초과 3억원 이하	195,000원 + 1억5천만원 초과금액의 1,000분의 2.5
3억원 초과	570,000원 + 3억원 초과금액의 1,000분의 4

다. 위 재산세 산출근거가 되는 행자부에서 시행하는 부동산 과세시가표준액 표의 내용상 시가표준액의 산출근거를 검토하여 보더라도 건물에 대한 시가표준액은 1㎡당 기준가격 160,000원에 구조별, 용도별, 위치별 지수(이 3가지의 지수를 적용지수라 함)와 경과년수별 잔기율을 곱하여 1㎡당 금액을 결정하고 있습니다. 위 건물에 대한 시가표준액 산출시 1㎡당 기준가격 160,000에 구조별, 용도별, 위치별 지수와 경과년수별 잔가율을 곱하여 1㎡당 금액을 산출하는 것은 건물의 특성을 고려하여 1㎡당 건물의 시가표준액을 위하여 적용된 특수지수라 하더라도 이렇게 산출된 1㎡당 건물의 시가 표준액에 다시 적용하고 있는 가감산 특례를 적용하는 것이 문제가 된다 할 것입니다. 그중에서 ①특수설비가 설치되어 있는 건물중 자동 승강기와 7,560㎉이상의 에어컨(중앙소정식에 한함) 및 빌딩 자동화 시설에 대한 가산율 적용과 특수건물에

대한 가산을 적용, 호화 내.외장재 사용 건물에 대한 단
순한 가산율 적용은 건물 특수성에 따라 이미 가감하고
있는데도 또 다시 단독주택 및 공동주택에 대하여 단순
지수가 아닌 단독주택 및 공동주택의 면적에 따른 누진
가산율 적용은 이중 누진율 가산적용으로 심히 부당하다
할 것입니다.

라. 또한 지방세법 제110조 제1항은 토지·건축물·주택에 대한
재산세의 과세표준은 제4조제1항 및 제2항에 따른 시가
표준액에 부동산 시장의 동향과 지방재정 여건 등을 고
려하여 다음 각 호의 어느 하나에서 정한 범위에서 대통
령령으로 정하는 공정시장가액비율을 곱하여 산정한 가액
으로 하고 있으므로 이는 시가를 기준으로 한다는 대원
칙을 선언하고 있다고 볼 수 있습니다. 그러나, 지방세법
및 시행령, 시행규칙 부동산과세 시가표준액표 등을 검토
하더라도 이와 같은 대원칙을 반영한 경우는 찾아 볼 수
없으며 오히려 서울과 기타 지방간의 실제 재산가격을
무시한 채(이것은 지역지수를 합리적으로 반영하여야만
서울과 타지방간 재산가액의 균형을 이룰 수 있음) 보유
재산의 평수위주로 재산세과표를 산출하고 있기 때문에
서울에 있는 재산세의 세액과 지방에 있는 재산의 재산
세와 비교하면 서울에 있는 재산은 지방에 있는 재산에
비하여 상대적으로 낮게 평가되고 있고, 또한 같은 건물
이라 하더라도 일반 상가건물과는 달리 유독 주택건물에
대해서만 이중으로 누진적 가산율을 적용하는 것은 공평
과세에도 어긋날 뿐만 아니라 재량권 일탈 남용했다 할
것입니다.

마. 이처럼 조세의 종목은 지방세법 제110조에 규정하고 있고,
세율은 지방세법상 각 과세표준에 누진율을 적용하여 계
산한 금액으로 산출하도록 규정하고 있음에도 불구하고
피고가 다시금 원고들에게 단독주택 및 공동주택의 면적

에 따른 누진가산율을 적용하는 것은 이중 누진율을 적용하는 것으로서 재량권을 벗어난 것이라 할 것입니다. 따라서 위에서 본 바와 같이 법률규정에 나타난 것이라 할 것입니다. 따라서 위에서 본 바와 같이 법률규정에 나타난 누진율 적용외에 또 다시 자의적으로 누진적으로 세율을 적용한다는 것은 조세법률주의에 어긋나는 위헌적 요소가 있을 뿐만 아니라 어느 모로 보나 재량권을 일탈 남용한 것이어서 위법 부당하다 할 것입니다.

5. 결 론

결국 피고가 부동산 과세시가표준액표상 단독주택 및 공동주택에 적용된 1㎡당 주택에 규모별로 누진 가산율을 적용하여 한 이 사건 부과처분은 이미 지방세법 제188조 제1항 2호 건축물중(1)주택부문에 주택에 대한 재산세의 세액은 각 과세표준에 누진율을 적용하여 계산한 금액으로 산출하도록 규정하고 있음에도 원고들에게 이를 또 다시 이중으로 누진적 세액을 부담하도록 하는 결과를 가져왔는데, 이는 신의, 성실의 원칙에 따라 법률에 의한 세금부과를 하되 공평, 실질 과세를 하여야 할 피고가 단지 세수확보만을 목적으로 한 것이서 이 사건 부과처분은 그 재량권을 일탈 남용한 위법이 있다 할 것이므로 원고들은 이를 취소받고자 이건 소에 이르게 되었습니다.

6. 전심절차

원고들은 피고의 위와 같은 부과처분에 대하여 이의신청 및 심사청구를 경료하여 20○○. ○. ○.자 심사청구결정통지서를 같은 해 ○. ○.경 수령하였습니다.

입 증 방 법

1. 갑 제1호증의 1내지 32   납세고지서
1. 갑제 2호증   이의신청결정통지서

1. 갑제 3호증   심사청구결정통지서

첨 부 서 류

1. 위 입증방법   각 1부
1. 소장부본   1부
1. 납부서   1부

20○○년   ○월   ○일
원   고   ○   ○   ○ (서명 또는 날인)

○ ○ 행 정 법 원 귀중

소　　장

원　고　○○주식회사

　　　　　○○시 ○○구 ○○길 ○○(우편번호 ○○○○○)

　　　　대표이사　○　○　○

피　고　△△시 △△구청장

　　　　　○○시 ○○구 ○○길 ○○(우편번호 ○○○○○)

취득세부과처분 취소청구의 소

청 구 취 지

1. 피고가 20○○. ○. ○. 원고에 대하여 한 20○○년 ○월 수시분 취득세 ○○○원의 부과처분을 취소한다.
2. 소송비용은 피고가 부담한다.

라는 판결을 구합니다.

청 구 원 인

1. 원고의 지위

　원고는 ○○제조업과 이에 관련된 부대사업을 영위할 목적으로 19○○. ○. ○. 설립하였고, 자본금이 ○○○원에 불과한 소규모 중소기업체로서 주로 제품은　수출을 하고 있는 법인체입니다.

2. 조세부과처분의 위법사유

　가. 피고는 구 지방세법 제112조의 3에 대한 해석으로 법인이 토지를 취득한 후 5년 이내에 해당 토지를 매각하였을 때에는 무조건 비업무용 부동산을 매각한 것으로서 중과세

의 대상이 된다고 풀이하고 있으나, 법인이 위 토지를 5년 이내에 매각하였더라도 업무용부동산으로 사용하다가 매각한 경우 비업무용부동산이 된 것을 전제로 한 위 법조는 적용될 여지가 없음이 법문자체에 의하여 명백합니다. (대법원 1982.7.13. 선고 80누149판결 참조)

그러므로 원고가 이 사건 토지를 업무용으로 사용하다가 매각하였으므로 뒤에서 보는바와 같이 피고의 이 사건 과세처분은 위법하다 할 것입니다.

나. 법인의 비업무용토지에 대한 취득세 중과의 취지는 법인의 부동산투기를 억제하고 법인의 건실한 운영을 도모하는데 목적이 있고 아울러 법인이 그 고유의 목적에 사용할 수 있는데도 불구하고 다른 이익을 위하여 그 토지를 방치하는 경우를 제재하기 위한 것이므로 (대법원 1987.10.13 선고 87누688판결) 설령 피고가 구 지방세법 제112조의 3에 대하여 해석하는 바와 같이 5년 이내의 매각이 비업무용토지에 해당한다고 하더라도 원고의 경우는 토지, 건물을 취득하여 공장으로 사용할 목적이었고, 그 공장이 원고에게는 유일한 부동산인 점, 그 부동산소재지가 절대녹지지역으로 원래 매매가 잘 이루어지지 않는 다는 점 등을 미루어 보면 원고가 투기를 하기 위하여 취득하거나 그것을 기대한 것이 아님이 명백하다 할 것입니다.

그러므로 원고가 위 부동산을 취득하였다가 매각한 것은 부득이한 사유에 의한 것이므로 이를 중과한다는 것은 입법취지에 어긋나는 위법이 있고,

다. 원고가 위 토지를 취득한 후 아래에서 보는 바와 같이 2년 3개월만에 매각하지 않으면 안될 사유가 있었습니다.

① 원고가 위 토지를 취득하게 된 목적은 임차공장에서 자기소유공장으로 이전 하기 위한 것일 뿐 투기의 목적이 없었고,

② 공장이 아닌 건물과 그 부수토지를 취득후 공장으로 용도를

변경하기 위하여 건축물을 개조하는 작업을 하였고 기존의 임차공장을 소유주에게 반환하기로 약속하여 임차공장 소유주가 원고의 임차공장을 타인에게 임대하기로 계약까지 하였으나 피고가 원고의 공장설치계획을 불허함으로써 원고는 할 수 없이 기존임차공장을 다시 사용할 수밖에 없어 소유주의 다른 사람과의 임대차계약을 해약하게 함으로 인하여 원고가 위약금조로 일금 ○○원을 지불하였고,

③ 원고가 위 취득 부동산을 피고의 공장설치계획의 불허통보와 인근주민의 공장설치반대의 진정에 의하여 공장이전계획이 실패하자 즉시 이를 매각코져 하였으나, 절대녹지지역으로 매각조차도 어렵게 됨으로 위 부동산을 방치할 수 없이 원고의 공원기숙사, 창고 및 개발실로 사용하였고 소외 박○○을 상주시켜 취득부동산을 관리하도록 하다가 매수를 원하는 자가 있어 이를 매각하기에 이르렀습니다.

결국 원고가 위 부동산을 업무용부동산으로 취득하였다가 5년 이내에 매각할 수밖에 없는 정당한 사유가 있었으므로 이러한 경우 취득세를 중과함은 위법하므로 이 사건 부과처분은 취소되어야 할 것입니다.

입 증 방 법

1. 갑제1호증	위약금영수증
1. 갑제2호증	공장설치불허가통지
1. 갑제3호증	공장임대차계약해지합의서
1. 갑제4호증의 1	지방세이의신청 결정통지
2	심사청구기각결정
1. 갑제5호증의 1	지방세 심사청구 결정통지
2	심판청구 기각결정

첨 부 서 류

1. 위 입증방법   각 1통
1. 소장부본   1통
1. 납부서   1통

20○○년 ○월 ○일

원　고　○　○　○ (서명 또는 날인)

○ ○ 행 정 법 원 귀중

제5장

형사사건 법률문서 작성례

제1절 형사사건의 처리절차

1. 형사사건의 뜻과 처벌원칙

① 사회생활을 하다보면 사람 간에 다툼도 생기고 사고도 일어나게 됩니다. 그래서 이해관계가 얽혀 원만한 타협이 이루어지지 않게 되면 사람들은 재판을 걸어 시비를 가리게 되는데 이를 민사사건 이라 하며 모든 문제의 원칙적인 해결방법인 것입니다.

② 그러나 예를 들어 살인사건처럼 어떤 종류의 문제는 너무나 중대 하기 때문에 개인들끼리 해결을 하도록 놓아둘 수 없는 것이 있습 니다. 이런 문제는 국가가 법률로 범죄라고 규정하여 강제로 형벌 을 부과하는데 이러한 것을 형사사건이라 합니다. 즉 형법의 적용 을 받게 되는 사건을 말합니다.

③ 범죄의 성립과 처벌은 행위 시의 법률에 의하며, 범죄 후 법률의 변경에 의하여 그 행위가 범죄를 구성하지 아니하거나 형이 구법 보다 경한 때에는 신법에 의합니다.

④ 재판확정 후 법률의 변경에 의하여 그 행위가 범죄를 구성하지 아 니하는 때에는 형의 집행을 면제합니다.

2. 형벌의 종류

형법 제41조에 형벌의 종류로 ① 사형, ② 징역, ③ 금고, ④ 자 격상실, ⑤ 자격정지, ⑥ 벌금, ⑦ 구류, ⑧ 과료, ⑨몰수의 9가지를 두고 있으며, 형의 무겁고 가벼움도 이 순서에 의합니다(형법 제50 조).

2-1. 사형

① 사형은 수형자의 생명을 박탈하는 것을 내용으로 하는 생명형이

며, 가장 중한 형벌입니다. 그 집행방법은 교수형이 원칙이나 군인인 경우 총살형에 처할 수도 있습니다.

② 현행 형법상 사형을 과할 수 있는 범죄로는 여적죄를 비롯하여 내란죄, 외환죄, 간첩죄, 폭발물사용죄, 방화치사상죄, 살인죄, 강도살인·치사죄 및 해상강도살인·치사·강간죄 등입니다(형법 제87조, 제92조, 제93조, 제98조, 제119조, 제164조, 제250조, 제338조, 제340조).

③ 형벌제도로서 사형을 존치할 것인가 아니면 폐지할 것인가에 대하여 논쟁이 있으며, 사형을 폐지한 국가(포르투갈, 스위스, 독일, 오스트리아, 영국, 스페인, 프랑스 등 서구의 여러 나라, 미국의 일부 주, 남미의 여러 나라)도 많이 있습니다.

2-2. 징역

① 수형자를 형무소 내에 구치하여 정역(강제노동)에 복무하게 하는 형벌로서(형법 제67조), 수형자의 신체적 자유를 박탈하는 것을 내용으로 한다는 의미에서 금고 및 구류와 같이 자유형이라고 합니다.

② 징역에는 무기와 유기의 2종이 있고, 무기는 종신형을 말하며, 유기는 1월이상 30년 이하이고, 유기징역에 형을 가중하는 때에는 최고 50년까지로 될 수 있습니다(형법 제42조).

2-3. 금고

① 수형자를 형무소에 구치하고 자유를 박탈하는 점에서 징역과 같으나, 정역에 복무하지 않는 점에서 징역과 다릅니다. ② 금고에 있어서도 무기와 유기가 있으며, 그 기간은 징역형과 같습니다. 금고는 주로 과실범 및 정치상의 확신범과 같은 비파렴치성 범죄자에게 과하고 있습니다.

③ 금고수형자에게 징역을 과하지 않는 것은 노동경시사상에 근거를 둔 것으로 금고라는 형벌을 폐지 또는 자유형(징역, 금고, 구류)을 단일형벌로 인정하자는 주장도 있습니다.

2-4. 자격상실

① 수형자에게 일정한 형의 선고가 있으면 그 형의 효력으로서 당연히 일정한 자격이 상실되는 형벌입니다.

② 범죄인의 일정한 자격을 박탈하는 의미에서 자격정지형과 더불어 명예형 또는 자격형이라고 합니다. 형법상 자격이 상실되는 경우로써 형법 제43조 제1항에 사형, 무기징역 또는 무기금고의 판결을 받은 경우이며, 상실되는 자격은 ㉠ 공무원이 되는 자격, ㉡ 공법상의 선거권과 피선거권, ㉢ 법률로 요건을 정한 공법상의 업무에 관한 자격, ㉣ 법인의 이사, 감사 또는 지배인 기타 법인의 업무에 관한 검사역이나 재산관리인이 되는 자격입니다.

2-5. 자격정지

① 수형자의 일정한 자격을 일정한 기간 정지시키는 경우로 현행 형법상 범죄의 성질에 따라 선택형 또는 병과형으로 하고 있습니다.

② 유기징역 또는 유기금고의 판결을 받은 자는 그 형의 집행이 종료하거나 면제될 때까지 자격상실의 내용 중 ㉠, ㉡, ㉢의 자격이 당연 정지됩니다. 판결선고에 기하여 다른 형과 선택형으로 되어 있을 때 단독으로 과할 수 있고, 다른 형에 병과할 수 있는 경우 병과형으로 과할 수 있습니다.

③ 자격정지기간은 1년 이상 15년 이하로 하고 그 기산점으로 유기징역 또는 유기금고에 자격정지를 병과하였을 경우 징역 또는 금고의 집행을 종료하거나 면제된 날로부터 정지기간을 기산하고, 자격정지가 선택형인 경우(단독으로 과할 경우) 판결이 확정된 날

로부터 기산합니다.

2-6. 벌금

① 범죄인에 대하여 일정액의 금전을 박탈하는 형벌로 과료 및 몰수와 더불어 재산형이라고 합니다. 형법 제45조에 "벌금은 5만원 이상으로 한다. 다만, 감경하는 경우에는 5만원 미만으로 할 수 있다."라고 규정하고 있습니다.

② 벌금은 판결확정일로부터 30일 이내에 납입하여야 하며, 벌금을 납입하지 아니한 자는 1일 이상 3년 이하 노역장에 유치하여 작업에 복무하게 하는데 이를 환형유치라고 합니다.

2-7. 구류

① 금고와 같으나 그 기간이 1일 이상 30일 미만이라는 점이 다릅니다(형법 제46조).

② 구류는 형법에서는 아주 예외적인 경우에만 적용되며(형법 제266조 과실상해죄), 주로 경범죄에 과하고 있습니다(경범죄처벌법상의 경범죄 등). 교도소에 구치하는 것이 원칙이나 실제로는 경찰서의 유치장에 구금하는 경우가 많습니다.

2-8. 과료

벌금과 같으나 그 금액이 2천원 이상 5만원 미만으로, 판결확정일로부터 30일 이내에 납입하여야 하며, 납입하지 아니한 자는 1일 이상 30일 미만의 기간 노역장에 유치하여 작업에 복무하게 합니다.

2-9. 몰수

① 몰수는 원칙적으로 위에서 언급한 다른 형에 부가하여 과하는 형

별로서, 범죄행위와 관계있는 일정한 물건을 박탈하여 국고에 귀속시키는 처분입니다.

② 몰수에는 필요적 몰수와 임의적 몰수가 있는데 임의적 몰수가 원칙입니다. 몰수할 수 있는 물건으로는 ㉠ 범죄행위에 제공하였거나 제공하려고 한 물건, ㉡ 범죄행위로 인하여 생(生)하였거나 이로 인하여 취득한 물건, ㉢, ㉠ 또는 ㉡의 대가로 취득한 물건으로서 범인 이외의 자의 소유에 속하지 아니하거나 범죄 후 범인 이외의 자가 정을 알면서 취득한 물건의 전부 또는 일부입니다. 몰수하기 불가능한 경우 그 가액을 추징합니다(형법 제48조 제1항, 제2항).

3. 구속적부심사(拘束適否審査)

3-1. 구속적부심사란?

"구속적부심사"란, 피의자에 대한 구속의 적부를 법원이 심사하는 것을 말하며, 구속이 위법·부당하다고 인정되는 경우, 법원은 구속된 피의자의 석방을 명하게 됩니다.

3-2. 구속적부심사의 청구

① 구속된 피의자 또는 그 변호인, 법정대리인, 배우자, 직계친족, 형제자매나 가족, 동거인 또는 고용주는 관할법원에 피의자의 구속적부심사를 청구할 수 있습니다(형사소송법 제214조의2 제1항).

② 피의자를 구속한 검사 또는 사법경찰관은 구속된 피의자와 구속적부심사의 청구권자 중 피의자가 지정하는 사람에게 구속적부심사를 청구할 수 있음을 알려야 합니다(형사소송법 제214조의2 제2항).

구 속 적 부 심 사 청 구

사   건   도로교통법위반(음주측정거부) 등
피 의 자   ○ ○ ○ (주민등록번호 : 111111 - 1111111)
주   거   ○○시 ○○길 ○○
구속장소   ○○경찰서 유치장

위 피의자는 도로교통법위반 등 피의사건으로 20○○. ○. ○. 귀원에서 발부한 구속영장에 의하여 현재 ○○경찰서 유치장에 수감중이나, 피의자의 변호인은 다음과 같은 이유로 구속적부심사를 청구하오니 심리하시어 청구취지와 같은 결정을 하여 주시기 바랍니다.

청 구 취 지

"피의자 ○○○의 석방을 명한다"
라는 결정을 구합니다.

청 구 이 유

1. 구속적부심사의 요건
  가. 피의자의 이 사건 범죄사실에 관하여는 경찰 및 검찰에서 충분한 조사가   되어있으므로 죄증인멸의 여지가 전혀 없습니다.
  나. 피의자는 직업 및 주거가 일정하고 가족들과 함께 동거하고 있기 때문에 도주할 염려가 전혀 없습니다.
2. 피의자의 생활환경
  피의자는 한 가족의 가장으로 부인 및 자녀들과 함께 주거지의 주택에서 살고 있으며, ○○시 ○○길에 소재한 "○○식당"을 운영하고 있습니다.

3. 이 사건 발생 당일의 상황

가. 피의자는 ○○식당을 운영하고 있는데 사건외 □□□은 공사현장의 목수반장으로서 인부들의 식비로 피의자에게 금 1,600,000원을 주기로 하였습니다. 위 □□□은 피의자에게 우선 금 500,000원을 지급한 후 잔금 1,100,000원은 20○○. ○. ○.까지 주기로 했는데 변제기가 지나도 돈을 주지 않은 상태이었습니다.

나. 피의자는 본 건 발생 당일 오전 ○시경 □□□으로부터 잔금을 받기 위해 피의자의 처인 사건외 김□□가 운전하는 화물트럭을 타고 □□□이 있는 공사현장에 갔습니다. 피의자와 김□□는 □□□에게 대금지급을 요구하다가 김□□는 자신이 운영하는 식당영업을 위해 그곳을 떠나고 피의자는 전날 술을 많이 마신 상태이었기 때문에 공사현장에 있는 사무실 쇼파 위에서 잠이 들었습니다.

다. 당일 오전 ○○시경 사건외 황□□은 본인 소유의 본 건 전북○○다○○○○호 승용차를 타고 ○○식당 앞에 도착하였는데 그곳은 인적이 드문 곳이었기 때문에 차 열쇠를 열쇠구멍에 그대로 꽂아 놓은 상태로 주차를 해 놓았습니다. 식당안에 피의자가 없자 피의자의 처인 김□□에게 전화를 해보니 공사현장에 있다고 하여 찾아가니 피의자가 자고 있어 피의자를 깨워 피의자와 같이 ○○식당에 돌아왔습니다.

라. 위 황□□은 ○○식당의 칸막이 공사를 하고 있었고 피의자는 위 식당에서 자고 있었는데 당일 오후 ○시 ○○분경 음주운전을 하였다는 이유로 경찰에 의해 피의자가 연행된 것입니다.

4. 피의자 구속의 부당성

가. 피의자는 무면허 상태로 술에 취한 상태에서 본 건 당일 ○

○:○○경 ○○시 ○○동 ○○보쌈식당 앞에서부터 ○○동
○○직업훈련원 앞까지 약 1킬로미터 가량을 운전하였다는
혐의를 받고 있으나 이는 다음과 같은 이유로 부당합니다.

나. 피의자는 실제로 운전하다가 단속경찰에 의하여 체포된 것
이 아니고 신고를 받고 출동한 경찰에 의하여 체포된 것
입니다. 따라서 신고자의 진술외에는 피의자를 유죄로 인
정할 증거가 없습니다.

다. 그런데, 신고자는 위 □□□으로서 처음 진술할 때는 '평소
안면이 있는 ○○식당 사장이 전북○○다○○○○호 흰색
차량을 운행하는 것을 보았다'고 하였으나(수사기록 제11
면), 검찰에서 진술할 때는 '누가 운전하는지는 못 보고
차량이 비틀거리는 것만 보았다, 차량 뒷번호는 봤는데 운
전자는 안보여서 못 보았다, 경찰관에게 피의자를 지칭하
지는 않았다, 당일 ○○시 ○○분경 차가 현장 앞에 있길
래 우연히 번호판을 기억했다가 나중에 그 번호를 불러준
것이다'(위 기록 제47면) 등 진술이 일관되지 않습니다.

라. 이에 비해 피의자를 체포하였던 경찰관 고□□은 체포당시
위 □□□이 피의자를 가리키면서 차량의 운전자로 지목
했다고 진술하고 있어(위 기록 제60면) □□□의 진술과
배치되고 있습니다. 또한 □□□은 피의자가 차량을 운행
하였다는 장소에서 약 25미터 떨어진 곳에 있는 3층 건물
에서 목격하였다고 하는데 그와 같이 근거리에서 차량번
호도 전부 볼 수 있는 사람이 운전자를 보지 못했다고 하
는 것은 납득이 되지 않습니다.

마. 이에 비하면 본 건 차량은 당일 오전 ○○시 이후에 계속 위
식당 앞에 주차되어 있는 상태였고 피의자는 그 시각 이
후에 계속 잠을 자고 있었다는 황□□의 진술은 일관되고
있습니다.

바. 또한, 경찰관들이 신고를 받은 시각이 본 건 당일 ○○:○
○경이고 피의자가 체포된 시각은 같은 날 ○○:○○경인

데 그 동안에 피의자가 운전을 마치고 주차를 한 다음 잠에 깊이 빠진다는 것은 상식적으로 생각하기 힘듭니다.

5. 결어

위와 같이 피의자가 이 사건 범행을 저질렀다는 증거가 없으므로 피의자에게 석방의 은전을 베풀어주시기 바랍니다.

첨 부 서 류

1. 구속영장사본   1통
1. 변호인선임신고서   1통

20○○년   ○월   ○일
위 피의자의 변호인
변 호 사   ○   ○   ○ (인)

○ ○ 지 방 법 원 ○ ○ 지 원 귀 중

구 속 집 행 정 지 신 청

사건번호   20○○고단 ○○○호 ○○

피 고 인   ○   ○   ○

위 피고인은 20○○. ○. ○. 구속되어 현재 ○○구치소에서
수감중에 있는바, 피고인의 변호인은 다음과 같은 사유로 구속
집행정지를 신청합니다.

다   음

1. 피고인은 오래전부터 간경화증세를 보이고 있어서 병원에 매
   일 치료하러 다니다가 급기야는 1년 전에 입원하여 수술을
   하기도 했습니다. 수술 이후 증세가 나아지기는 했으나 담당
   의사의 소견에 의하면 신경을 쓰거나 환경이 급격히 바뀌면
   증세가 다시 악화될 것이라고 하였습니다.
2. 피고인이 20○○. ○. ○. 구속된 이후 구치소생활에 적응하지
   못하여 급격히 건강이 나빠지고 있고 특히 간경화증세가 수
   술하기 이전만큼 다시 악화되어 그대로 놔두면 생명이 위험
   한 상태에 있습니다.
3. 따라서 위와 같은 사실로 인하여 위 피고인에 대한 구속집행
   을 정지하여 주시기 바랍니다.

첨   부   서   류

 1. 진단서   1통

20○○년 　○월 　○일

위 피고인의 변호인

변호사 ○ 　○ 　○ (인)

○ ○ 지 방 법 원 ○ ○ 지 원 　귀 중

4. 고소(告訴)

4-1. 고소의 의미

① 「고소」란 범죄의 피해자 또는 그와 일정한 관계에 있는 고소권자가 수사기관에 대하여 범죄사실을 특정하여 신고하고, 범인의 처벌을 구하는 의사표시입니다. 수사기관에 대하여 하는 것이므로 법원에 대하여 진정서를 제출하는 것은 고소가 아닙니다. 고소는 그 주체가 피해자 등 고소권자에 한한다는 점에서 고발과 구별됩니다. 고소는 친고죄가 아닌 일반범죄에서는 단순히 수사의 단서가 됨에 불과하지만 친고죄에서는 소송조건이 됩니다.

② 인터넷 명예훼손의 피해자나 일정한 관계에 있는 고소권자는 서면이나 구술로써 검사 또는 사법경찰관에게 고소할 수 있습니다.

③ 고소는 제1심 판결선고전까지 취소할 수 있는데, 고소를 취소한 자는 다시 고소하지 못합니다.

4-2. 고소권자

① 범죄로 인한 피해자는 고소할 수 있습니다(형사소송법 제223조).

② 비피해자인 고소권자(동법 제225조, 제226조, 제236조).

  1. 피해자의 법정대리인은 독립하여 고소할 수 있습니다.

  2. 피해자가 사망한 때에는 그 배우자, 직계친족 또는 형제자매는 고소할 수 있습니다. 단, 피해자의 명시한 의사에 반하지 못합니다.

  3. 피해자의 법정대리인이 피의자이거나 법정대리인의 친족이 피의자인 때에는 피해자의 친족은 독립하여 고소할 수 있습니다.

  4. 고소는 대리인으로 하여금 하게 할 수 있습니다.

③ 수인(數人)의 고소권자

  고소할 수 있는 자가 수인인 경우에는 1인의 기간의 해태(懈怠)는 타인의 고소에 영향이 없습니다(동법 제231조).

고 소 장(예시 / 사기죄)

1. 고소인

성 명	0 0 0	주민등록번호	△△△△△△ - ××××××
주 소	서울 00구 00길 00		
직 업	상업	사무실 주소	서울 00구 00길 00빌딩 00호
전 화	(휴대폰) 010-100-0000, (사무실) 02-200-0000		
이메일	leeby@◇◇.com		
기타사항	피고소인은 고소인의 부동산 거래상대방으로서 친.인척 관계는 없음		

2. 피고소인

성 명	이 사 기	주민등록번호	△△△△△△ - ××××××
주 소	서울 00구 00길 00		
직 업		사무실 주소	
전 화	(휴대폰) 010-900-0000		
이메일	leesagi@◇◇.com		
기타사항	고소인과의 관계 : 거래상대방으로서 친.인척 관계는 없음		

3. 고소취지

고소인은 피고소인을 사기죄로 고소하오니 처벌하여 주시기 바람니다.

4. 범죄사실

○ 피고소인은 분양대행사인 (주)00부동산컨설팅 분양팀장으로 행세하는 자입니다.

○ 2013. 3. 2. 16:00경 서울 강남구 00길 00번지에 있는 00 커피숍에서, 피고소인은 서울 00구 00길 00상가를 고소인에게 분양받도록 해 줄 의사나 능력이 없음에도 고소인에게 "00상가를 급하게 팔려는 사람이 있으니 컨설팅비 1,000만원을 주면 시세보다 20%정도 싼 가격에 상가를 분양받도록 해 주겠다"고 거짓말하여 이에 속은 고소인으로부터 2013. 3. 10.경 컨설팅비로 금 1,000만원을 받아 편취하였습니다.

5. 고소이유

○ 고소인은 00주식회사 00부에서 근무 중이며, 피고소인은 고소인의 친구 강00으로부터 2013. 2.초에 소개받아 알게 되었습니다.

○ 피고소인은 자신이 (주)00부동산컨설팅 분양팀장으로 근무한다고 하면서 투자를 할 만한 좋은 부동산이 있으면 소개해 주겠다고 한 후 2013. 2.말경 고소인의 직장으로 전화를 걸어 방금 나온 좋은 매물이라면서 00상가를 추천하였습니다.

○ 이에 고소인은 2013. 3. 2. 16:00경 서울 강남구 00길 00번지에 있는 00커피숍에서 피고소인을 만났는데 그 자리에서 피고소인은 "00상가의 주인이 다른 사업자금 조달을 위해 상가 101호를 급히 매물로 내 놓았다. 컨설팅비 1,000만원을 주면 00상가를 시세보다 20%정도 싼 가격에 상가를 분양받도록 해 주고 피고소인이 근무하는 회사에서 금융기관 대출도 알선해 주겠다"고 하기에 이를 믿고 피고소인과 컨설팅계약서를 작성하였습니다.

○ 고소인은 2013. 3. 10.경 00은행에 있던 고소인의 예금 중 1,000만원을 100만원권 수표로 인출하여 그 날 14:00경 위 00커피숍에서 피고소인에게 컨설팅비조로 주었습니다.

○ 그런데 그로부터 한 달이 지나도록 연락이 없어 (주)00부동산컨설팅으로 피고소인을 찾아갔더니 그 회사에서는 피고소인이 분양팀장으로 근무한 바도 없고 전혀 모르는 사람이라고 하면서 이전에도 유사한 일로 문의전화가 여러 통 왔었다고 하였습니다.

○ 이에 고소인은 00상가 관리사무소에 들러 확인해 보니 101호는 상가 주인이 팔려고 한 사실도 없음을 확인하였고 피고소인은 그 후 연락도 되지 않고 있어 이건 고소에 이르게 되었습니다.

6. 증거자료

□ 고소인은 고소인의 진술 외에 제출할 증거가 없습니다.

■ 고소인은 고소인의 진술 외에 제출할 증거가 있습니다.

☞ **증거자료의 세부내역은 별지를 작성하여 첨부합니다.**

7. 관련사건의 수사 및 재판 여부

① 중복 고소 여부	본 고소장과 같은 내용의 고소장을 다른 검찰청 또는 경찰서에 제출하거나 제출하였던 사실이 있습니다 □ / 없습니다 ■
② 관련 형사사건 수사유무	본 고소장에 기재된 범죄사실과 관련된 사건 또는 공범에 대하여 검찰청이나 경찰서에서 수사 중에 있습니다 □ / 수사 중에 있지 않습니다 ■
③ 관련 민사소송 유무	본 고소장에 기재된 범죄사실과 관련된 사건에 대하여 법원에서 민사소송 중에 있습니다 ■ / 민사소송 중에 있지 않습니다 □

본 고소장에 기재한 내용은 고소인이 알고 있는 지식과 경험을

바탕으로 모두 사실대로 작성하였으며, 만일 허위사실을 고소하였을 때에는 형법 제156조 무고죄로 처벌받을 것임을 서약합니다.

2013년　9월　5일

고소인　<u>김　갑　동</u> (인).

○○지방검찰청 귀중

별지 : 증거자료 세부 목록

1. 인적증거

성 명	강OO	주민등록번호	6△△△△△ - ××××××	
주 소	자택 : 서울 00구 00길 00 직장 : 서울 00구 00길 00	직업	회사원	
전 화	(휴대폰) 010-100-0000 (자택) 02-200-0000 (사무실) 02-100-0000			
입증하려는 내용	강OO은 고소인의 친구이며, 피고소인이 고소인에게 컨설팅비를 요구하면서 OO상가를 싸게 분양받도록 해 주겠다는 말을 2006.3.2. 고소인과 같이 들었음			

성 명	이OO	주민등록번호	5△△△△△ - ××××××	
주 소	자택 : 서울 00구 00길 00 직장 : 서울 00구 00길 00(주)00부동산컨설팅	직업	(주)00부동산컨설팅 총무과장	
전 화	(휴대폰) 010-200-0000　(사무실) 02-600-0000			
입증하려는 내용	피고소인이 (주)00부동산컨설팅 직원도 아니면서 마치 위 회사 분양팀장으로 근무한 것처럼 거짓말한 사실			

성 명	박OO	주민등록번호	6△△△△ – ××××××		
주 소	직장 : 서울 OO구 OO길 OO상가 관리사무소		직업	OO상가 관리사무소장	
전 화	(휴대폰) 010-300-0000 (사무실) 02-200-0000				
입증하려는 내용	OO상가 101호는 상가 소유자가 팔려고 한 적도 없다는 사실				

2. 증거서류

순번	증거	작성자	제출 유무
1	컨설팅 계약서 (사본)	피고소인	■ 접수시 제출 □ 수사 중 제출
2	예금통장(사본)	고소인	■ 접수시 제출 □ 수사 중 제출
3	영수증(사본)	피고소인	■ 접수시 제출 □ 수사 중 제출

※ 예금통장 사본은 고소인이 피고소인의 컨설팅비 1,000만원을 2006. 3. 10. 수표로 인출한 사실을 입증하고자 하는 것이며 증거서류 원본은 고소인이 소지하고 있음

3. 증거물

순번	증거	소유자	제출 유무
1	피고소인의 명함(사본)	고소인	■ 접수시 제출 □ 수사 중 제출
2			□ 접수시 제출 □ 수사 중 제출

4. 기타 증거
○ 없음

고　소　장

고 소 인 : ○ ○ ○ (주민등록번호 :　　　　　-　　　　)
　　　　　　주소 : ○○시 ○○구 ○○길 ○○
　　　　　　직업 :　　　　　사무실 주소 :
　　　　　　전화번호 : (휴대폰:　　) (자택:　　) (사무실:　　　)
　　　　　　이메일 :
피고소인 : △ △ △ (주민등록번호 :　　　　　-　　　　)
　　　　　　주소 : ○○시 ○○구 ○○길 ○○
　　　　　　직업 :　　　　　사무실 주소 :
　　　　　　전화번호 : (휴대폰:　　) (자택:　　) (사무실:　　　)
　　　　　　이메일 :

고　소　요　지

피고소인은 고소인을 피고소인 주소지에 소재한 가옥에 20○○.
○. ○. ○○:○○- 20○○. ○. ○. ○○:○○까지 ○시간 ○분
동안 감금한 자이니 법에 의해 엄중히 처벌하여 주시기 바랍니
다.

고　소　내　용

1. 고소인과 피고소인과의 관계
　　피고소인은 ○○시 ○○구 ○○길 ○○번지에서 "○○양행"라
　　는 상호로 사채업을 하는 자이며 고소인은 20○○. ○. ○.
　　피고소인에게서 ○○○원을 월 ○부 이자를 주기로 하고 차
　　용한 사실이 있습니다.

2. 피고소인의 범죄사실

가. 고소인은 피고소인에게 금년 ○월까지는 이자를 지급하여 왔으나 물품대금으로 받은 어음이 부도처리되는 바람에 금년 ○월 이후부터는 이자를 지급하지 못하고 있었습니다. 그러자 피고소인이 20○○. ○. ○. ○○:○○경 고소인의 집을 찾아와 잠깐 이야기를 하자며 피고소인의 집으로 데려가 원금과 연체이자 합계 ○○○원을 모두 갚으라고 요구하였습니다.

나. 고소인은 물품대금으로 받은 어음이 부도났기 때문에 빌린 돈을 갚지 못하고 있는 형편을 이야기하며 말미를 줄 것을 사정하였으나 피고소인은 돈을 갚기 전에는 나갈 수 없다며 같은 날 ○○:○○ 고소인을 피고소인의 집 지하실에 감금하였습니다. 그리고 이 지하실은 창문도 없어 밖에서 문을 잠그면 어느 곳으로도 나갈 수 없는 장소였습니다.

다. 고소인이 피고소인과 같이 나간 후 밤 ○○시가 넘도록 돌아오지 않자 걱정이 된 고소인의 처가 경찰에 신고를 하였으며 결국 다음날인 20○○. ○. ○. ○○:○○경에야 고소인은 출동한 경찰의 도움으로 감금상태에서 풀려날 수 있었습니다.

위와 같은 피고소인의 범죄사실에 대해 고소하오니 법에 의해 엄중 처벌하여 주시기 바랍니다.

20○○년 ○월 ○일

고 소 인 ○ ○ ○ (인)

○○경찰서장(또는 ○○지방검찰청 검사장) 귀 중

고 소 장

고 소 인 : ○ ○ ○ (주민등록번호 :   -   )
　　　　　 주소 :   ○○시 ○○구 ○○길 ○○
　　　　　 직업 :   사무실 주소 :
　　　　　 전화번호 : (휴대폰:) (자택:) (사무실:)
　　　　　 이메일 :
피고소인 : △ △ △ (주민등록번호 :   -   )
　　　　　 주소 :   ○○시 ○○구 ○○길 ○○
　　　　　 직업 :   사무실 주소 :
　　　　　 전화번호 : (휴대폰:) (자택:) (사무실:)
　　　　　 이메일 :

고 소 취 지

고소인은 피고소인을 강제추행혐의로 고소하오니 철저히 조사하
여 엄벌하여 주시기를 바랍니다.

고 소 사 실

고소인은 20○○. ○. ○. ○○:○○경 ○○도 ○○군 ○○면 ○
○길 ○○ 소재 피고소인 경영의 '○○당구장'에서 피고소인 및
고소외 □□□과 같이 술을 마시던 중 고소인이 그 곳 당구장내
에 있는 화장실에 갔다가 나오자 피고소인이 갑자기 위 당구장
의 전등을 소등하고 고소인에게 다가와 손으로 고소인의 가슴부
위를 만지고 이에 놀라 뒤따라오던 고소외 □□□에게 안기자
재차 양손으로 고소인의 가슴을 만진 후 고소인을 밀어 당구대
위로 넘어뜨리고 가슴 및 음부를 수회 만져고소인은 이를 뿌리
치고 나가려고 하자 피고소인은 앞을 가로막고 나가지 못하게

하였으나 고소인이 구토증세를 보이자 어쩔 수 없이 비켜주어 위 당구장을 나오게 되었는 바 위 사고로 고소인은 인간적으로 심한 수치심과 모멸감을 느꼈고 피고소인의 이러한 행위를 법에 따라 엄벌하고자 이건 고소에 이른 것입니다.

소 명 방 법

1. 진단서　　　　　　　　　　　 1 통
1. 목격자진술서　　　　　　　　 1 통

20○○년　○월　○일

위 고소인　○　○　○ (인)

○○경찰서장(또는 ○○지방검찰청 검사장) 귀 중

[작성례 ④] 고소장(사기죄)

고 소 장

고 소 인 : ○ ○ ○ (주민등록번호 :   -   )
　　　　　주소 : ○○시 ○○구 ○○길 ○○
　　　　　직업 :　　　　사무실 주소 :
　　　　　전화번호 : (휴대폰:　　) (자택:　　) (사무실:　　)
　　　　　이메일 :
피고소인 : △ △ △ (주민등록번호 :   -   )
　　　　　주소 : ○○시 ○○구 ○○길 ○○
　　　　　직업 :　　　　사무실 주소 :
　　　　　전화번호 : (휴대폰:　　) (자택:　　) (사무실:　　)
　　　　　이메일 :

고 소 취 지

피고소인들은 고소인을 속여 고소인으로부터 금 3,000만원을 편취한 자들이므로 이를 고소하니 철저히 조사하여 법에 따라 처벌하여 주시기 바랍니다.

고 소 이 유

1. 고소인은 피고소인들과는 아무런 친.인척관계가 없으며, 피고소인 김△△는 ○○시 ○구 ○○길 ○○번지상의 주택의 소유자이고, 피고소인 이△△는 위 주택의 임차인입니다.

2. 고소인은 20○○년 ○월 ○일 ○○:○○경에 직장이전관계로 급히 주택을 임차하기 위하여 생활정보지의 광고를 보고 피고소인 김△△을 찾아가서 피고소인 이△△이 거주하던 위 주택을 둘러보고 보증금 3,000만원에 임차하기로 계약하면서 고소인이 사정이 급박한 관계로 당일 피고소인 김△△이 있

는 자리에서 피고소인 이△△에게 직접 보증금 전액을 모두 지불하고 피고소인 김△△로부터 계약서를 교부받았습니다.

3. 고소인은 위 계약을 하면서 당일이 토요일인지라 등기부상 권리관계를 확인할 수 가 없어 피고소인들에게 위 주택에 별다른 문제가 없는지 물었으나 피고소인들은 한결같이 아무런 문제가 없다고 하여 이를 믿고 보증금의 전액을 지급하였던 것입니다.

4. 고소인은 다음날 이사를 하고 직장관계로 며칠 뒤 위 주택의 등기부등본을 확인한 결과 위 주택은 이미 오래 전에 ○○은 행으로부터 경매가 들어와 ○○법원에서 경매가 진행 중이었던 관계로 곧 낙찰이 될 지경이었습니다.

   고소인이 이러한 사실을 피고소인들에게 항의하고 보증금을 반환해 달라고 하자 피고소인들은 자신들도 몰랐다고 발뺌하며 보증금을 돌려줄 수 없다고 하고 있으나 피고소인 김△△은 집주인으로서 이러한 사실을 몰랐을 리가 없으며, 피고소인 이△△은 배당금을 받기 위하여 법원에 임차인신고를 이미 해 놓았는데 이를 몰랐다는 것은 상식적으로 납득이 되지 않는 것입니다.

5. 따라서 피고소인들은 공모하여 고소인에게 거짓말을 하여 기망한 다음 고소인으로부터 보증금 3000만원을 편취한 것이 분명하므로 조사하여 법에 따라 처벌해 주시기 바랍니다.

첨 부 서 류

1. 전세계약서 사본   1통
1. 생활정보지   1통

200○○년   ○월   ○일
고 소 인   ○ ○ ○ (인)

○○경찰서장(또는 ○○지방검찰청 검사장) 귀 중

고　소　장

고 소 인 : ○ ○ ○ (주민등록번호 :　　　　　-　　　　　)
　　　　　주소 : ○○시 ○○구 ○○길 ○○
　　　　　직업 :　　　　사무실 주소 :
　　　　　전화번호 : (휴대폰:　　) (자택:　　) (사무실:　　)
　　　　　이메일 :
피고소인 : △ △ △ (주민등록번호 :　　　　　-　　　　　)
　　　　　주소 : ○○시 ○○구 ○○길 ○○
　　　　　직업 :　　　　사무실 주소 :
　　　　　전화번호 : (휴대폰:　　) (자택:　　) (사무실:　　)
　　　　　이메일 :○길 ○○번지 ○○병원

고　소　취　지

피고소인은 고소인에게 고혈압 및 편두통 치료를 하다가 업무상
과실로 뇌동맥 파열로 인한 지주막하출혈로 사지부전마비 상태
에 이르게 한 사실이 있으므로 피고소인을 철저히 수사하여 엄
벌에 처해 주시기 바랍니다.

고　소　사　실

1. 고소인은 20○○. ○.경 구토를 동반한 심한 두통으로 피고소
　인을 사용하고 있는 ○○병원에 내원하여 소화기 내과 전문의
　인 김△△로부터 진찰을 받았는데, 고혈압으로 의심한 위 의사는
　순환기 내과 의사인 A에게 협의진료를 요청하였고, 위 김△△는
　검사를 시행한 다음 혈압강하제인 ○○○을 복용토록 하였습니
　다.

2. 고소인은 위 약물을 계속 복용하였으나 한달 후인 20○○.
   ○. 중순경 계속된 통증으로 다시 위 병원에 내원 하였는데,
   당시 김△△는 고혈압, 일과성 뇌허혈, 뇌막염 의심 하에 정밀
   진단을 위하여 고소인을 입원토록 하였고 당시 고소인은 두통
   및 구토와 함께 목이 뻣뻣하고 목 뒤에서 맥박이 뛰는 듯하며,
   말이 어둔하고 전신이 쇠약한 상태였습니다.
   한편 피고 김△△는 신경학과 의사인 이△△에게 협진 의뢰를
   한 바 별다른 이상 없다는 통보를 받고 편두통 진단을 하여 최
   종적으로 만성위염, 지방간, 고혈압 진단을 내리고 이에 대한
   약물치료를 한 다음 혈압이 다소 안정되자 같은 달 말경 고소
   인을 퇴원토록 하였습니다.
3. 고소인은 위 병원에 다녀온 뒤 조금 증상이 호전되는 듯하다
   가 퇴원후 ○개월이 지난 20○○. ○. ○경 새벽 무렵 수면 도
   중 갑작스럽게 비명을 지르면서 의식을 잃고 쓰러져 즉시 응급
   실에 내원하게 되었고 이△△는 뇌 CT 촬영을 하였던바, 좌측
   뇌실 내 출혈과 함께 좌측 측두엽 끝과 좌우 내실내 출혈 소견을
   보여 일단 동정맥기형 파열과 뇌실내 출혈, 종양 출혈과 뇌실
   내 출혈, 모야모야병과 뇌실내 출혈, 고혈압성 뇌출혈과 뇌실내
   출혈로 진단하였습니다. 그러나 이△△는 고소인의 상태가 좋
   지 않아 수술예정만 잡아놓고 합병증 발생 예방 치료만을 하였
   습니다.
4. 이에 고소인은 수술날짜를 기다릴 수 없어서 다른 병원으로
   전원하였던바, 위 병원 의료진은 동맥류파열에 의한 지주막하
   출혈로 진단하고 재출혈 방지를 위한 외동맥류 경부 결찰술을
   시행하였습니다. 그러나 고소인은 수술전 이미 심한 뇌부종에
   의한 뇌세포 괴사와 뇌혈관연축에 의한 뇌경색, 뇌수두증 등으
   로 뇌손상을 입어 위 병원에서 치료를 받다가 다음 해 ○월경
   퇴원하였습니다.
5. 한편 위 병원의 진단 결과 현재의 증상(뇌동맥류 파열에 의한
   지주막하출혈)은 이미 위 피고소인이 고소인을 진찰하고 치료

할 당시인 20○○. ○. ○. 및 같은 해 ○경에 이미 나타났던 것으로 드러났습니다. 뇌동맥류 파열에 희한 지주막하출혈은 갑작스러운 두통 및 구토이외에는 뇌신경학적 증상이 없는 경우가 있으므로 이 경우 신경외과 의사인 이△△와 주치의인 김△△로서는 환자나 발병과정을 지켜본 사람에게서 자세한 병력을 들어 지주막하출혈 가능성을 추정하고 소량의 출혈시에는 반드시 뇌 CT 촬영, 뇌척수액검사 및 뇌혈관 촬영 등을 신속히 시행하여 뇌동맥류 파열로 인한 지주막하 출혈을 확인하였어야 하는 업무상 주의 의무를 위반하여 만연히 즉시 위와 같은 조치를 하지 않고 혈압강하제 만을 투약케 한 업무상 과실로 피고소인을 사지부전마비 상태에 빠뜨렸으니, 조사하여 엄히 처벌하여 주시기 바랍니다.

첨 부 서 류

1. 진단서(A병원 피고소인 작성)
1. 진단서(B병원 의사 작성)
1. 진료기록부(A병원)
1. 진료기록부(B병원)

기타 추후 제출하겠습니다.

20○○년　○년　○월

고 소 인　○　○　○ (인)

○○경찰서장(또는 ○○지방검찰청 검사장) 귀 중

고 소 장

고 소 인 : ○ ○ ○ (주민등록번호 :   -   )
　　　　　　주소 :　○○시 ○○구 ○○길 ○○
　　　　　　직업 :　　　사무실 주소 :
　　　　　　전화번호 : (휴대폰:　　) (자택:　　) (사무실:　　)
　　　　　　이메일 :
피고소인 : △ △ △ (주민등록번호 :   -   )
　　　　　　주소 :　○○시 ○○구 ○○길 ○○
　　　　　　직업 :　　　사무실 주소 :
　　　　　　전화번호 : (휴대폰:　　) (자택:　　) (사무실:　　)
　　　　　　이메일 :

고 소 사 실

고소인은 직장문제로 서울에서 20○○. ○.경 현재 살고 있는 ○○도 ○○시 ○○길 ○○번지의 단독주택으로 이사를 왔습니다. 이사온 주택은 지은 지 5년밖에 되지 않은 주택으로 대문이나 울타리가 콘크리트나 벽돌로 사람의 키만큼 높이 쌓은 담이 아니고 밖에서 울타리 안을 훤히 볼 수 있게 된 철근식 울타리이며 대문도 늘 개방되어 있는 전원주택입니다. 그런데 고소인이 이사온 지 채 한 달이 되기도 전에 옆집에 사는 중년의 피고소인은 열려진 대문으로 수시로 들어와 창문을 열고 거실을 들여다보고, 가끔은 고소인과 눈이 마주쳐 고소인이 놀라기도 했으며 아이들과 아내는 무서워 다시 이사를 가자고 합니다. 피고소인은 심지어 밤에도 위와 같은 행동을 하는 것입니다. 그래서 고소인은 수차례 주의를 주었는데도 상대방은 이를 그만두지 않아 이 건 고소를 하게 되었으니 의법 조치해 주시기 바랍니다.

입 증 방 법

피고소인은 동네에서 평판이 좋지 않고 전에도 그런 사실이 있
다는 반장의 말이 있으므로 필요하시면 참고인으로 반장을 조사
해 주시기 바랍니다.

20○○.   ○.   ○.
위 고소인   ○   ○   ○ (인)

○○경찰서장(또는 ○○지방검찰청 검사장) 귀 중

5. 고발(告發)

5-1. 고발의 의미

① 「고발」이란 고소와 마찬가지로 범죄사실을 수사기관에 신고하여 범인의 소추를 구하는 의사표시입니다. 고소와 달리 범인 및 고소권자 이외의 제3자는 누구든지 할 수 있습니다. 공무원은 그 직무를 행함에 있어서 범죄가 있다고 사료하는 때에는 고발의 의무가 있습니다.

② 고발은 고소권자가 아닌 자의 의사표시라는 점에서 고소와 구별되며 범인 본인의 의사표시가 아니라는 점에서 자수(自首)와 구별됩니다. 고발은 일반적으로 수사의 단서에 불과하나 예외적으로 관세법 또는 조세범처벌법 위반과 같이 고발이 있어야 죄를 논하게 되는 사건(필요적 고발사건)의 경우 소송조건이 됩니다.

5-2. 고발할 수 있는 사람

① 누구든지 범죄가 있다고 사료하는 때에는 고발할 수 있습니다(형사소송법 제234조제1항).

② 공무원은 그 직무를 행함에 있어 범죄가 있다고 사료하는 때에는 고발하여야 합니다(동법 제234조 제2항).

5-3. 고발의 방식

① 고발은 서면 또는 구술로써 검사 또는 사법경찰관에게 하여야 합니다(형사소송법 제237조 제1항).

② 검사 또는 사법경찰관이 구술에 의한 고발을 받은 때에는 조서를 작성하여야 합니다(동법 제237조 제2항).

고 발 장

고 발 인 : ○ ○ ○ (주민등록번호 :   -   )

　　　　　 주소 : ○○시 ○○구 ○○길 ○○

　　　　　 직업 :　　　 사무실 주소 :

　　　　　 전화번호 : (휴대폰:) (자택:) (사무실:)

　　　　　 이메일 :

피고발인 : △ △ △ (주민등록번호 :   -   )

　　　　　 주소 : ○○시 ○○구 ○○길 ○○

　　　　　 직업 :　　　 사무실 주소 :

　　　　　 전화번호 : (휴대폰:) (자택:) (사무실:)

　　　　　 이메일 :

고 발 내 용

1. 고발인은 20○○. ○. ○. ◎◎시에서 주관하는 8급공개경쟁 채용시험에 응시하였으며, 고발인은 100점만점중 92.5점을 득점하였으나 합격점인 92.6점에 미달하여 불합격된 사실이 있습니다.

2. 그런데 공무원인 피고발인은 위 시험의 출제위원으로서 출제 위원의 조카이며 응시자인 고발외 □□□에게 피고발인이 출 제를 담당하였던 영어문제지를 시험실시 하루 전에 건네준 사실이 있으며, 위 고발외 □□□은 영어과목에서 95점을 득 점하여 100점만점 중 92.6점으로 합격점에 달하여 합격처리 된 사실이 있으며, 고발인은 고발외 □□□이 피고발인으로 부터 문제지를 사전입수한 사실을 위 □□□의 친구인 ◎◎ ◎로부터 우연히 알게 되었습니다.

3. 이에 고발인은 위 □□□의 친구인 ◎◎◎로부터 □□□이

시험문제지를 피고발인으로부터 사전 입수한 사실에 대하여 증인확인서를 받고, 이를 녹음하여 속기사사무실에서 녹취록으로 작성을 하고, 위 □□□에게 사실을 확인한 바, 위 □□□은 처음에는 사실을 부인하였으나 고발인이 준비한 증인확인서와 녹취록을 보고는 사실을 시인하였으며, 위 □□□이 사실을 시인하는 자리에는 고발외 ◉◉◉도 동석하고 있었습니다.

4. 위의 사실에 의하면 피고발인은 공무상의 비밀인 시험 문제지를 사전에 유출함으로써 공무상의 비밀을 누설하였으므로 사실관계를 조사하여 엄중 처벌하여 주시기 바랍니다.

첨 부 서 류

1. 증인확인서 사본   1부
1. 녹취록   사본   1부

20○○년   ○월   ○일

위 고 발 인   ○ ○ ○ (인)

○○경찰서장(또는 ○○지방검찰청 검사장) 귀 중

고 발 장

고 발 인 　○ 　○ 　○
　　　　　　○○시 ○○구 ○○길 ○○
피고발인 　김 　△ 　△
　　　　　　○○시 ○○구 ○○길 ○○
　　　　　이 　△ 　△
　　　　　　○○시 ○○구 ○○길 ○○
　　　　　박 　△ 　△
　　　　　　○○시 ○○구 ○○길 ○○
　　　　　최 　△ 　△
　　　　　　○○시 ○○구 ○○길 ○○

고 발 사 실

1. 피고발인들은 20○○. ○.경 각자 친구들을 통하여 서로 알게 되어 20○○. ○. ○. ○○시 ○○구 ○○길 ○○모텔에서 ○○: ○○경부터 ○○:○○까지 1점당 ○○원씩 수십 회에 걸쳐 금 ○,○○○,○○○원을 걸고 고스톱을 친 사실이 있습니다.

2. 며칠 후인 20○○. ○. ○. 저녁 그들은 ○○시 ○○구 ○○ 호텔에서 다시 만나 이번에는 기왕 치는 것 화끈하게 치자며 점당 ○,○○○원씩 당일 ○○:○○부터 그 다음날 ○○:○○ 까지 수십회에 걸쳐 도합 ○○,○○○,○○○원을 걸고 고스 톱을 치고,

3. 그 다음날 같은 장소에서 같은 방법으로 점당 ○○,○○○원 씩 ○○여회에 걸쳐 도합 금 ○○,○○○,○○○원을 걸고 도 박행위를 한 사실이 있는 자들이기에 고발조치 하오니 엄밀 히 조사하여 법에 따라 엄격하게 처벌하시기 바랍니다.

입 증 방 법

추후 제출하겠습니다.

20○○년   ○월   ○일

위 고 발 인   ○ ○ ○ (인)

○○경찰서장(또는 ○○지방검찰청 검사장) 귀 중

6. 항고장, 재정신청서

6-1. 항고장

① 검사의 불기소 처분에 불복이 있는 고소인 또는 고발인은 처분결과의 통지를 받은 날부터 30일 내에 그 검사가 속하는 지방검찰청 또는 지청을 거쳐 서면으로 관할 고등검찰청 검사장에게 항고할 수 있습니다.

② 이 경우 당해 지방검찰청 또는 지청의 검사는 항고가 이유 있다고 인정하는 때에는 그 처분을 경정하여야 합니다(검찰청법 제10조 제1항).

③ 고등검찰청 검사장은 항고가 이유 있다고 인정하는 때에는 소속 검사로 하여금 지방검찰청 또는 지청검사의 불기소 처분을 경정하게 하거나(재기수사명령 등), 직접 공소제기를 할 수 있습니다.

6-2. 재정신청

① 항고를 한 자(형사소송법 제260조에 따라 재정신청을 할 수 있는 자를 제외한다)는 항고를 기각하는 처분에 불복한 경우는 항고기각 결정을 통지받은 날로부터 30일 내, 항고를 한 날로부터 항고에 대한 처분이 행하여지지 아니하고 3개월이 경과한 때에는 그 때부터 30일 내에 그 검사가 속하는 고등검찰청을 거쳐 서면으로 검찰총장에게 재항고할 수 있습니다.

② 이 경우 당해 고등검찰청 검사는 재항고가 이유 있다고 인정하는 때에는 그 처분을 경정하여야 합니다(검찰청법 제10조 제3항). 즉, 현행 형사소송법의 시행 후에 재항고는 상당히 제한되었으며, 대부분 재정신청을 하게 됩니다.

[작성례 ①] 항고장(검사의 불기소처분)

항 고 장

항 고 인(고소인) ○ ○ ○ (전화번호 ○○○ - ○○○○)
　　　　　　　　　　○○시 ○○구 ○○길 ○○번지
피고소인 △ △ △ (전화번호 ○○○ - ○○○○)
　　　　　　　　○○시 ○○구 ○○길 ○○번지

　위 피고소인에 대한 ○○지방검찰청 ○○지청 20○○형제 ○
○○호 횡령사건에 관하여 동 검찰청 지청 검사 이□□은 20○
○. ○. ○. 자로 혐의가 없다는 이유로 불기소처분결정을 하였
으나, 그 결정은 아래와 같은 이유로 부당하므로 이에 불복하여
항고를 제기합니다.
(고소인은 위 불기소처분결정통지를 20○○. ○. ○. 수령하였습
니다.)

- 아　　래 -

1. 검사의 불기소이유의 요지는 "피의자는 20○○. ○. ○. 고소
　인의 실소유물인 19톤 트럭(서울 ○○다 ○○○○호) 1대를
　강제집행 목적으로 회수하여 피의자가 ☆☆보증보험(주)를 퇴
　사하기 전까지는 위 차량을 회사의 주차장에 보관하고 있었고
　그 후 20○○. ○월경 위 회사의 성명불상 직원들이 위 차량
　을 매각이나 경매하지 않고 등록원부상 소유자로 되어 있는
　◎◎중기에 반환하여 주었던 것이므로 피의자가 위 차량을 임
　의로 운용하였다고 단정할 자료가 없다"는 것으로 파악됩니
　다.
2. 그러나 위와 같은 사실은 피고소인의 진술을 그대로 받아들인

것으로서 피고소인의 진술을 뒷받침하는 증거로는 ◎◎중기 (주) 대표이사의 동생인 김□□의 진술 및 피의자가 퇴사하기 전에 위 덤프트럭을 위 ☆☆보증보험(주)의 주차장에 주차하 여 관리하고 있음을 입증하는 차량관리대장과 주차비용지 급 기안용지 뿐인바, 위 김□□은 소유자도 아닌데 위 덤프 트럭을 인수하여 이익을 본 입장일 수도 있어 그 진술에 신 빙성이 없습니다.

3. 그리고 20○○. ○월경 ☆☆보증보험(주) 직원들이 위 덤프트 럭을 ◎◎중기(주)에 반환하였다면 ☆☆보증보험(주)에 그 근 거서류가 남아 있거나 그 사실을 누군가 알고 있어야 하는 데, 불기소이유에 의하면 ☆☆보증보험(주)의 직원인 박□□은 자신도 위 사실을 알지 못하고 그 사실을 아는 사람이 누구 인지도 모른다고 진술한 것으로 되어 있습니다.

따라서 20○○. ○월이면 피의자가 퇴사한지 2년이나 지난 후인데, 회사직원 그 누구도 모르는 사실을 어떻게 2년전에 퇴사한 피고소인만 알고 있는지 도저히 이치에 맞지 않습니 다.

4. 또한 피의자가 위 회사를 퇴사하기 전에 위 덤프트럭을 회 사의 주차장에 주차하여 관리하고 있었다는 사실이 위 회 사의 차량관리대장과 회수중기 보관에 따른 주차비용지급이 라는 제목의 기안용지에 의해 입증될 수 있는 것이라면 위 회 사가 위 덤프트럭을 20○○. ○월경 ◎◎중기(주)에 반환하기 전 까지 주차하여 관리했던 사실 및 위 트럭을 ◎◎중기(주)에 반환하였다는 사실도 위 차량관리대장과 같은 문서에 의해 근거가 남겨져 있어야만 합니다. 위 박□□이 위 사실에 대해 모르는 것으로 미루어 서류상 그러한 근거가 남아 있지 않음이 분명한 바, 그렇다면 피의자의 진술은 거짓임이 분명 합니다.

5. 그 뿐만 아니라 위 ☆☆보증보험(주) 직원들이 위 덤프트럭을 반납하였다는 ◎◎중기(주)는 위 덤프트럭의 지입회사이지 소

유자가 아니며, 20○○. ○월경 당시 이미 부도처리된 회사이
므로 부도난 회사에 위 덤프트럭을 반환하였다는 것도 이해가
가지 않습니다.

그리고 고소인은 고소인의 처인 고소외 김□□ 명의로 위 덤프트
럭을 고소외 현대자동차 (주)로부터 대금 76,000,000원에
36개월 할부로 구입하면서 그 담보로 위 ☆☆보증보험 (주)
과 할부판매보증보험계약을 체결하였고 그 후 고소인이 위
할부금 중 38,000,000원을 납부하고 나머지 대금을 연체하
자 ☆☆보증보험(주)이 위 보증보험계약에 따라 그 잔금
34,742,547원을 위 현대자동차 (주)에 대신 지급하고 주채무
자인 위 김□□와 연대보증인인 고소인에게 구상금 청구를 하
고 있던 상황에서 피의자가 채권 회수 목적으로 위 덤프트럭
을 가져갔던 것이며 지금도 위 ☆☆보증보험에서는 고소인 및
고소인의 처에게 위 구상금 변제 독촉장을 보내고 있습니다.

위와 같은 경위에 비추어 볼 때, ☆☆보증보험(주)의 직원들로
서는 위 덤프트럭이 지입회사인 ◎◎중기(주)의 소유가 아니
라 고소인 및 고소인 처의 소유라는 사실을 명백히 알고 있
었다고 하므로 위 덤프트럭을 고소인측이 아닌 ◎◎중기(주)에
반환하였다는 진술은 이치에 맞지 않습니다.

6. 또한 피의자가 위 덤프트럭을 회수해 간 후 한 동안은 위 ☆
☆보증보험(주)으로부터 위 구상금을 변제하라는 독촉장이 오
지 않다가 언제부터인가 다시 독촉장이 오기 시작하여 20○
○. 말 경 고소인이 위 ☆☆보증보험(주)으로 찾아가니 위
회사 담당직원이 "피고소인은 이미 퇴사하였고 회사로서는
위 덤프트럭이 어디 있는지 몰라 경매도 못한다"고 말한
사실이 있습니다. 이 건 불기소이유에서 인정한 사실관계에
의하면 위 덤프트럭은 계속 위 ☆☆보증보험(주) 주차장에
보관되어 있다가 20○○. ○월경 위 ◎◎중기(주)에 반환되
었다는 것이므로, 당시 위 회사 담당직원이 고소인에게 한 말
과 일치하지 않습니다.

뿐만 아니라 위 ☆☆보증보험(주) 직원들이 20○○. ○월경
위 덤프트럭을 ◎◎중기(주)에 반환하였다면 그 뒤에라도 고
소인에게 이를 알려 주었을 텐데 고소인은 위 회사 직원으로
부터 그런 통보를 받은 사실이 없습니다.
7. 위와 같은 사유로 항고하오니 고소인의 주장을 면밀히 검토하
여 재수사를 명해주시기를 간절히 바랍니다.

첨 부 서 류

1. 불기소처분 통지서　　1통
1. 공소부제기이유고지서　1통

20○○.　○.　○.
위 고소인 (항고인) ○　○　○ (인)

○ ○ 고 등 검 찰 청　　　　귀 중

재 정 신 청 서

신 청 인(고발인) ○ ○ ○
피신청인(피의자) △ △ △
                ○○시 ○구 ○○길 ○○

피신청인(피의자)에 대한 ○○지방검찰청 20○○형제 ○○○호 불법체포.감금죄 피의 사건에 있어서, 동 검찰청 소속 검사 □□□이 20○○. ○. ○. 한 불기소처분(무혐의 처분)에 대하여 신청인은 이에 불복하여 항고(200○불항○○○호)하였으나 ○○고등검찰청 검사○○○은 200○. ○○. ○○.자로 항고기각 처분하였습니다. 그러나 다음과 같은 이유로 부당하여 재정신청을 하오니 위 사건을 관할 ○○지방검찰청에서 공소제기하도록 하는 결정을 하여주시기 바랍니다.

신청인이 검사로부터 불기소처분통지를 수령한 날:20○○.○.○.

신 청 취 지

피의자 △△△에 대한 ○○지방검찰청 ○○ 형제 ○○○호 불법체포.감금 피의사건에 대하여 피의자 △△△을 ○○지방법원의 심판에 부한다.라는 재판을 바랍니다.

신 청 이 유

1. 피의자 △△△의 범죄사실
   별지기재와 같음
2. 피의자의 범죄에 관한 증거설명
   별지기재와 같음

3. 검사의 불기소 이유의 요지는 피의사실에 대한 증거가 없어 결국 범죄혐의가 없다는 것인 바, 참고인 진술과 압수한 증거물 기타 제반사정을 종합검토하면 본 건 피의사실에 대한 증거는 충분하여 그 증명이 명백함에도 불구하고 증거가 불충분하다는 이유로 불기소처분한 것은 부당하고 검사의 기소독점주의를 남용한 것이라 아니할 수 없으므로 재정신청에 이른 것입니다.

첨 부 서 류

1. 피의사실 및 증거내용   1통
2. 불기소처분통지서   1통
3. 기타 증거서류 사본   2통

20○○년   ○월   ○일
재정신청인(고발인)   ○   ○   ○ (인)

○ ○ 고 등 법 원 귀 중

7. 그 밖의 형사사건 법률문서 작성례

[작성례 ①] 합의서(교통사고)

합 의 서

가해자 성명 : ○ ○ ○
　　　주민등록번호 : ○○○○○○ - ○○○○○○○
　　　주 소 : 서울 서초구 XXX

피해자 성명 : ○ ○ ○
　　　주민등록번호 : ○○○○○○ - ○○○○○○○
　　　주 소 : 서울 동작구 사당동 XXX

가해자는 1999. 10. 15. 서울 서초구 서초동에 있는 삼풍아파트 앞길을 교대전철역 방면에서 고속버스터미널 방면을 향하여 진행하던 중 도로를 횡단하던 피해자를 치어 약 4주간의 치료를 요하는 상해를 가하였는데, 피해자는 가해자로부터 금 2,000,000만원을 위로금조로 지급받고, 가해자의 형사상 처벌을 원하지 아니합니다.

첨부서류

1.인감증명 1통

　　　　　　　　　　　　　　　　　　　1999. 12. 5.
　　　　　　　　　　　　　　　　　　가해자 ○○○ (인)
　　　　　　　　　　　　　　　　　　피해자 XXX (인)

보 석 허 가 청 구

사건번호 및 재판부 : 20○○고단 ○○○호 (제 ○단독)
사　　　건　　　명 : 교통사고처리특례법위반
피　　　고　　　인 : ○　○　○
직　　　　　　　업 : 회 사 원
생　년　월　일 : 19○○년 ○월 ○○일생

　위사건에 관하여 피고인의 변호인은 아래와 같은 이유로 보석을 청구합니다.

청 구 취 지

피고인 ○○○의 보석을 허가한다.
라는 결정을 구합니다.

청 구 이 유

1. 피고인은 형사소송법 제95조에 규정된 필요적 보석의 예외사유, 즉, 사형, 무기, 또는 10년 이상의 징역에 해당하는 범죄를 범하지 아니하였으며, 또한 피고인은 모든 범죄사실을 시인하고 있을 뿐만 아니라 이에 대하여 충분한 조사가 완료되어 증거인멸의 우려가 없습니다. 더구나 피고인은 1남 3녀를 둔 가정의 세대주로서 주거가 분명하여 도주의 우려도 없습니다.
2. 피고인의 이 사건 범죄사실은 피고인의 고의에 의한 것이 아니고, 작은 과실에서 비롯하여 악천후 속에서 이처럼 큰 결과를 가져온 것입니다. 사고 발생일인 20○○. ○. ○. 12:30경

갑자기 쏟아진 우천으로 인하여 도로가 미끄러웠을 뿐만 아니라, 전방의 시야마저 확보되지 못한 상황이었습니다. 당시 피고인은 앞서가던 봉고승합차의 뒤를 따라 진행하고 있었는데, 앞서가던 승합차가 왕복 2차선의 좁은 교량상에서 갑자기 급제동을 하는 것을 보고 추돌을 피하기 위하여 피고인도 순간적으로 급제동 조치를 취하였던 것입니다. 도로가 미끄러운 상태에서의 급제동이 위험한 것은 익히 알고 있었으나, 앞서가던 차량과의 추돌을 방지하기 위해서는 불가피한 것이었습니다. 이러한 순간적인 과실이 화근이 되어 차가 빗길에 미끄러지면서 오른쪽 다리난간을 충격하고는 바로 중앙선을 침범하여 피해자들이 타고 있던 승용차가 피고인 운전의 화물차의 측면을 들이받았던 것입니다. 더구나 당시 폭우로 인하여 반대방향에서 오던 피해차량을 발견하지 못한 것이 원인이 되기도 하였습니다. 이러한 사고 당시의 정황을 잘 살펴주시기 바랍니다.

3. 또한 피고인은 피해자의 유가족에게 피고인의 사정이 허락하는 최대한의 성의를 들여 그 유가족들 및 피해자 이◎◎와 원만히 합의하였고, 이에 피해자 이□□, 전□□의 유가족 및 위 이◎◎도 피고인의 관대한 처벌을 탄원하고 있습니다.

4. 한편 피고인 ○○○는 단 한번의 전과도 없는 초범입니다. 즉, 피고인은 아버지를 전장에서 잃은 국가유공자의 자녀(전몰군경유족)로서, 가난 속에서 어렵게 성장하였습니다. 그러나 피고인은 그 어려운 환경 속에서도 성실히 성장하여 그동안 단 한번의 처벌도 받은 사실이 없습니다.

5. 피고인 ○○○는 현재 1남3녀의 자녀를 둔 한 가정의 가장입니다. 지난 22년간 피고인은 ○○시 ○○구 ○○길 ○○에 소재한 (주)☆☆에서 근속하였고, 위 회사의 소유주가 바뀌면서 20○○. ○. ○. 현재의 근무지인 ★★제재소로 직장을 바꾸게 되었습니다. 위 ★★제재소의 운전기사로 근무하면서 ○○○원이 조금 넘는 많지 않은 급여를 가지고 1남 3녀를 양육하

는 등 근근히 가계를 이끌어 왔고, 큰 딸은 출가도 시켰습니다. 그런데 이제 이 사건으로 인하여 피해자들에게 속죄하기 위하여 그동안 피고인이 모은 재산의 대부분을 지급하였을 뿐만 아니라, 더구나 이제는 피고인의 구속이 장기화되면서 나머지 가족들의 생계마저 위협받는 상황이 되었습니다.

6. 경위야 어떻든 피고인 ○○○는 지난 40여일의 긴 구속기간동안 자신의 잘못을 깊이 뉘우치고 있을 뿐만 아니라, 다시는 자신의 생업인 운전업무에 있어서 작은 실수도 저지르지 않겠다고 다짐하고 있습니다.

이상과 같은 사실을 참작하여 상당한 보석보증금과 기타 적당한 조건을 붙여 보석을 허가하여 주시기 바랍니다.

첩　부　서　류

　1. 합의서　　　　　　　　　　　　　　1통
　1. 재산관계진술서　　　　　　　　　　1통
　1. 탄원서　　　　　　　　　　　　　　1통
　1. 탄원인명부　　　　　　　　　　　　1통
　1. 국가유공자증명서　　　　　　　　　1통

20○○.　○.　○.
위 피고인　변호인　　○ ○ ○ (인)

○ ○ 지 방 법 원 귀 중

보석허가청구서

사　　　건　　2015고단○○○ 죄명
피 고 인　　◇ ◇ ◇ (주민등록번호)
　　　　　　서울 서초구 △△대로 ▽▽▽

청 구 취 지

피고인의 보석을 허가한다.
보증금은 피고인의 처 ○○○(주민등록번호, 주소 : 서울 서초구
△△대로 ▽▽▽)가 제출하는 보석보증보험증권 첨부의 보증서로
갈음할 수 있다.
라는 결정을 구합니다.

청 구 이 유

1. 피고인은 이 사건 범행을 모두 자백하고 있으며, 이에 죄증을
   인멸할 여지가 전혀 없습니다. 주거가 일정하여 도주의 우려가
   없을 뿐만 아니라 죄증을 인멸할 염려가 없는 등, 형사소송법
   이 정한 필요적 보석의 요건을 모두 갖추고 있습니다.
2. 피고인은 주거가 일정하고, 주거지에서 가족들과 함께 거주하
   고 있어 도주의 우려가 없습니다. 또한 피고인은 피해자에게
   용서를 빌고 원만히 합의하였으며, 그동안의 구금생활을 통하
   여 깊이 반성하고 있습니다.
3. 이에 피고인이 불구속 상태에서 재판을 받을 수 있도록 피고
   인에 대한 보석을 청구하오니 허가하여 주시기 바라며, 보석보
   증금은 신청인이 보증보험회사와 체결한 보증보험증권으로 대
   체할 수 있도록 하여 주시기 바랍니다.

첨 부 서 류

1. 청구서 부본   1통
1. 재산관계진술서   1통
1. 가족관계증명서   1통
1. 주민등록표 등본   1통

2015.   .   .

피고인의 처 ○○○

○○지방법원 귀중

항 소 이 유 서

사   건   20○○노○○○호 상해
피 고 인   ○   ○   ○

위 사건에 관하여 피고인의 변호인은 다음과 같이 항소이유서를 제출합니다.

다   음

1. 피고인은 이 사건 공소사실을 모두 인정하며 자신의 잘못을 깊이 반성하고 있습니다.

2. 피고인의 이 사건 범행은 젊은 혈기에 취중에 우발적으로 저질러진 범행입니다. 피고인은 오랜만에 만난 친구인 공소외 □□□가 피해자와 시비가 붙어 피해자 일행으로부터 폭행을 당하는 것을 보고 순간적으로 격분하여 이 건 범행에 이르게 된 것으로 그 동기에 참작할 만한 점이 있습니다. 당시 피고인은 상당량의 술을 마셔 만취된 상태여서 경솔하게도 이 건 범행에 이르게 된 것입니다.

3. 피고인의 범행 정도에 비추어 제1심에서 선고된 형이 결코 중하다고는 할 수 없을 것입니다. 그러나 피고인은 이 건 범행 전에 아무런 범법행위를 저지른 바 없는 초범이고 자신의 잘못을 깊이 뉘우치고 있으며 또한 대학교에 재학 중인 학생입니다. 또한 이 건으로 피고인도 상해를 입었습니다. 피고인은 어려운 가정형편 속에서도 나름대로 성실히 살아오던 학생이었습니다. 이러한 점을 참작하시어 법이 허용하는 한 최대한의 관용을 베풀어주시기를 바랍니다.

20○○.   ○.   ○.
위 피고인의 변호인 ○ ○ ○ (인)

○ ○ 지 방 법 원 형 사 항 소 ○ 부 귀 중

상 고 장

사　　건　　20○○노 ○○○○ 교통사고처리특례법위반등
피 고 인　　○　○　○

위 사건에 관하여 ○○법원에서 20○○. ○. ○. 피고인에게 징역 ○년 ○월에 처한다는 판결을 선고 하였으나 이에 모두 불복하므로 상고를 제기 합니다.

상 고 이 유

1. 원심판결의 법령위반의 점에 관하여,
   원심판결에서는 증거능력없는 증거를 유죄의 증거로 채택한 위법을 범하여 판결에 영향을 미치고 있습니다.
 (가) 원심법원에서 피고인에 대한 공소사실을 인정하는 증거로서 증인 □□□의 피고인이 범행을 자백하더라는 취지의 증언을 인용하고 있으나, 증인 □□□의 증언은 형사소송법 제316조 제1항의 전문진술에 해당하고, 전문진술의 경우에는 그 진술이 특히 신빙할 수 있는 상태하에서 이루어졌을 때에 한하여 증거로 할 수 있는 것이고 그 특신상태의 인정 여부는 진술당시의 피고인의 상태 등이 참작되어야 하는 것입니다.
 (나) 그런데 증인 □□□은 20○○. ○. ○. 밤에 피고인이 사람을 죽였고 그때 사용한 것이라면서 칼을 꺼내 보였다는 취지의 증언을 하고 있고, 그 진술 중 사람을 칼로 죽였다는 진술부분은 원진술자가 피고인이고 증인 □□□은 피고인의 진술을 법정에서 진술한 것이어서 전문진술에 해당하는바, 피고인은 그와 같은 말을 한 사실이 없다고 부인하고 있는 데다가 그 당시 피고인이 몹시

술에 취해있었다는 점은 증인 □□□의 진술에 의해서도 인정되고 있는 바이며, 피고인이 설사 사람을 죽였더라도 그 사실을 처음 본 사람에게 함부로 말한다는 것은 우리의 경험칙상 이례에 속하는 일이라는 점 등을 종합해 보면 위 전문진술은 특신상태를 인정하기 어렵고 달리 특신상태를 인정할 만한 자료가 없는 본 사건에서 피고인이 범행을 부인하고 있는 상태에서 위 전문진술만을 근거로 범죄사실을 인정한 것은 전문진술의 증거능력에 관한 법리를 오해한 위법을 범하고 있는 것입니다.

(다) 그리고 원심에서 인용한 다른 증거를 보면, 압수조서, 압수물 등을 들고 있으나, 압수조서나 압수물은 범죄사실에 대한 직접적인 증거는 아니고 모두 간접증거일 뿐이어서 증인 □□□의 전문진술 외에는 직접증거가 전혀 없는 것이고, 위 전문진술은 유죄의 증거로 할 수 없는 것이므로, 피고인에 대한 공소사실은 전혀 증거가 없는 것임에도 불구하고 원심은 증거 없이 사실을 인정한 위법을 범하고 있는 것입니다.

이상과 같은 이유로 원심판결은 파기를 면치 못할 것입니다.

20○○.　　○.　　○.

피 고 인　　○　　○　　○ (인)

○ ○ **법 원 귀 중**

[작성례 ⑥] 답변서(검사의 상고이유에 대한)

답 변 서

사 건   20○○도 ○○○ 폭력행위등처벌에관한법률위반
피 고 인   ○   ○   ○

위 피고인에 대한 폭력행위등처벌에관한법률위반 사건에 대한 검사의 상고이유에 관하여, 피고인은 다음과 같이 답변합니다.

다 음

1. 원심법원이 채용한 반대되는 증거에 관하여
 가. ○○○의 진술부분
  (1) 검사의 상고이유
     ○○○의 진술부분에 관한 원심법원의 판단에 관하여 검사는 △△△의 진술부분은 "△△△이 파출소에서 소란을 피웠다" "△△△의 상처부위를 확인한 응급실의사가 '치과의사가 아니라 자세히 모르겠다'고 진술하였다"는 것인데 이는 피고인인 피해자에게 폭력을 행사하였다거나 행사하지 않았다는 것과는 직접 관련이 없고, 상해의 부위와 정도를 나타내거나 피해자의 상해가 원인불명이라는 것으로 피해자 △△△의 진술의 신빙성을 탄핵하기에 적절하지 못하다고 주장하고 있습니다.
  (2) ○○○의 법정진술
     그러나 이 사건을 처음 조사한 노형파출소의 ○○○의 원심에서의 법정진술 내용은 '조사당시 △△△의 얼굴 및 피고인 손등을 관찰하였지만 △△△의 입술부위, 얼굴 그리고 잇몸에 상처가 없었고 피고인의 손에도 전혀 상처가 없었다', '△△△의 상처를 확인하기 위하여 한국병원에 △△△과 함께 갔으나 피고인이 △△△의 얼굴부위를 폭

행하였다고 볼 수 있는 외상을 발견할 수 없었다', '조사 당시 △△△은 피고인으로부터 주먹으로 폭행을 당하여 치아가 손상되었다고 주장하였고 넘어져서 다친 얘기는 하지 않았다'는 내용이 그 주요부분입니다.

(3) ○○○의 수사보고서

기록에 편철된 ○○○ 작성의 수사보고서에서도 '병원에 가서 상처부위를 확인하려고 하자 △△△이 이를 거부하며 파출소에서 소란을 피웠고, 병원에 가서도 상처부위를 확인하려 하지 않고 소란을 피웠다', '파출소에서 ○○○이 △△△에게 운전기사에게 택시비는 주라고 하자 택시비를 주었는데도 △△△이 술에 취하여 진술조서 작성 과정에서 택시비는 아직 주지 않았다고 하였다', '피해부위에 대해 알아보려고 집에 전화를 하여 부인에게 피해부위에 대해 조사할 때 부인은 상황설명을 듣기보다는 잠깐 기다리라며 전혀 상황 설명을 듣지 않으려고 하였다'는 내용의 기재가 있습니다.

(4) △△△ 진술의 신빙성

위 ○○○의 진술부분은 이 사건의 초기 조사 당시 △△△이 파출소에서는 피고인에게 주먹으로 1회 구타당하여 이빨이 부러졌다고 진술하였음에도 이빨이 부러질 정도로 강하게 주먹으로 구타당하였을 때 생길 수 있는 얼굴 및 잇몸의 상처가 없는 것을 확인하였고 당시 △△△의 진술의 진위를 확인하기 위하여 병원까지 함께 동행하여 의사에게 상처부위를 확인하는 과정과 △△△의 부인에게 이전에 상처부위가 있었는지 여부를 확인하는 과정에서도 소란을 피우는 등 의심가는 부분이 있다는 내용인데 이에 의하여 △△△의 위와 같은 진술의 신빙성에 의심이 있다고 판단한 원심판결에 검사주장과 같은 채증법칙위반이 있다고 할 수 없습니다.

또한 위 ○○○의 진술부분에 의하면 △△△의 처음의 진술내용은 주먹으로 인한 구타로 이빨이 부러졌다는 것인데, 이후 △△△이 이 부분 진술을 주먹으로 구타당하고 넘어져서 이빨이 부러진 취지로 번복하였기 때문에 그 진술의 비일관성을 신빙성을 의심하는 근거로 차용한 원심에 채증법칙위반이 있다고 할 수 없습니다.

나. 상해진단서의 기재부분

(1) 검사의 상고이유

또한 검사는 원심이 상해진단서의 기재는 상해사실 자체에 대한 직접증거가 되는 것은 아니고 다른 증거에 의하여 상해행위가 인정되는 경우에 상해의 부위나 정도의 점에 대한 증거가 될 뿐이라 하여 이 사건 상해가 피고인의 구타에 의한 것인지에 대한 증거가 될 수 없다고 한 점에 관하여, ○○○의 진술부분이나 치과의사 □□□의 진술을 기재한 검찰주사보 △△△ 작성의 수사보고서에서 "△△△의 치아부분에 엑스레이 촬영 후 진단서를 발급하였으나 치아가 상한 원인에 대하여는 타인으로부터 구타당한 것인지 쓰러진 것인지 여부를 치과 의사로서 분별이 불가능하다"라는 부분은 상해의 부위와 정도의 점에 대한 증거가 될 뿐이므로 이를 상해원인의 인정여부에 대한 증거로 사용한 것은 스스로 모순된 판단을 하고 있는 것이라고 주장하고 있습니다.

(2) △△△ 진술의 신빙성

그러나 의사의 소견에 의하여 상처부위가 주먹의 가격에 인한 것인지를 조사하는 것은 주먹으로 강하게 구타당하여 이빨이 부러졌다는 △△△ 진술의 진실성의 근거에 관한 것으로서 피고인에게 유죄를 인정하기 위하여 합리적 의심이 없는 증거를 채택하여야 한다는 점에 비추어 볼 때 주먹의 가격에 의한 것인지가 불명하다는 의사의 소견을 △△△ 진술의 신빙성판단의 기준으로 삼은 것에 검사 주장과 같은 채증법칙위반이 있다고 할 수는 없을 것입니다.

2. 본 건 상해의 인정여부에 있어서의 고려요소

가. △△△의 진술부분

(1) 검사의 상고이유

검사는 상고이유에서 '△△△의 1회 진술조서 작성시 술에 취하였고, 흥분한 상태였으며 피고인을 반드시 처벌하여야 한다는 의사가 강했고, 2회 진술조서 작성시에는 진술내용을 바꾸었으나 이는 수사경찰의 질문에 따라 대답하다보니 진술의 일관성이 없어 보이는 것일뿐 오히려 일관되게 피고인의 폭행으로 상해를 입었다고 진술하고 있어 상당한 신빙성이 있다'는 취지로 주장하고 있습니다.

(2) 상해의 원인에 관한 피해자의 진술

그러나, 상해사건에 있어 본건과 같이 가해자와 피해자의 진술이 모순되고 피해자의 진술외에 달리 유력한 증거가 없는 경우에 피해자의 상해의 원인상황에 관한 진술은 과연 가해자의 행위로 인하여 피해자의 상해가 발생하였는가를 판단하는데 있어 가장 중요한 내용이라고 할 것입니다. 따라서 이 부분 진술이 일관되고 있는지의 여부가 △△△ 진술의 신빙성 판단에 중요한 기준이 되지 않을 수 없습니다. △△△은 분명히 상해의 원인에 관하여 진술을 번복하고 있는데도 오직 폭행으로 상해를 입었다는 측면에서만은 진술이 일관되고 있으므로 신빙성이 있다는 검사의 주장은 타당하지 않다고 할 것입니다. 또한 검사는 "피해자의 상해의 부위 및 정도에 관하여"라는 항목에서 △△△의 상처는 주먹으로 가격당한 것을 직접원인으로 하여 발생하였다고 보는 것이 경험칙에 부합한다고 주장하고 있으나 이는 오히려 △△△이 이후 번복한 진술내용에도 부합하지 않는 주장이라고 할 것입니다.

검사는 △△△이 당시 술에 취해있었다는 것을 하나의 이유로 들고 있으나 △△△ 자신이 작성한 진술서의 기재에 의하면 "....실랑이가 붙었다. 순간 내가 술 한잔 먹고 그냥 내렸구나 하는 생각이 들었지만 심한 욕설에 화가 났었고 그러는 와중에 기사가 때리는 주먹에...."라고 되어 있어 △△△의 진술대로라면 구타당시의 상황에 대하여 △△△이 정확히 인식하고 있었다는 것이고 그렇다면 이후 조사과정에서 이 부분 진술을 달리할 합리적 개연성이 있다고 보기 어렵다고 하여야 할 것입니다.

원심이 이 부분 △△△의 진술에 관하여 신빙성의 의심을 가지게 된 것은 △△△이 처음 조사 당시부터 피고인이 택시요금을 내라고 실랑이를 벌이는 중에 피고인이 손으로 밀쳐 △△△의 등이 택시에 부딪치게 한 사실은 있다고 스스로 인정하고 있음에도 오히려 손으로 밀쳐 몸이 밀리거나 한 사실은 전혀 없다고 강력하게 부인하면서 위 주먹으로 인한 1회구타에 의하여 이빨이 부러졌다고 주장하였으나 피고인이 △△△이 넘어진 것을 부축한 사실이 있다고 진술하고 이후의 조사에서 경찰관이 1회 구타당하여 넘어졌는지에 관한 질문을 하자 그제서야 이에 맞추어 자신의 진술을 바꾸었다는 점에서 신빙성에 의심을 두게 된 것입니다. 그렇다면 상해원인에 관한 △△△ 진술의 비일관성을 신빙성 판단의 하나의 기준으로 채용한 원심의 판결부분에 검사 주장의 채증법칙위반이 있다고는 할 수 없을 것입니다.

나. 상해의 부위 및 정도에 관한 검사의 주장

검사는 상고이유에서 '피해자의 상처는 한정된 부위에 발생하였는데, 이는 주먹의 마디 부분과 같이 돌출한 부분에 강하게 맞았을 경우에 발생하는 것이 일반적이고, 피고인 진술대로 실수로 땅에 넘어졌다면 앞니 1개가 부러지는 정도의 상처가 아니라, 적어도 2개 이상의 이가 손상을 입었을 것이므로, 피해자의 상해는 경험칙상 피고인의 주먹에 의한 가격에 의해서 발생했다고 봄이 타당하다'고 주장하고 있습니다.

그러나 치아의 손상에 관하여 잘 알고 있는 치과의사의 소견에 의해서도 그 원인이 불명하다고 판단되었으며, 일반적으로 검사주장의 위와 같은 경험법칙이 존재한다고 할 수는 없을 것입니다.

3. 결   론

그렇다면 피고인의 주먹에 의한 가격으로 인하여 상해를 입었다는 점에 관한 유력한 증거인 △△△의 진술의 신빙성에 의심이 있어 이를 유죄의 증거로 할 수 없기 때문에 피고인에게 무죄를 선고한 원심판결에 검사주장과 같이 판결에 결정적 영향을 미친 채증법칙위반이나 경험법칙위반이 있다고 할 수 없으므로 검사의 상고는 기각되어야 할 것입니다.

20○○년   ○월   ○일

위 피고인   ○ ○ ○ (인)

대 법 원 귀 중

[작성례 ⑦] 형사보상금 청구서

형 사 보 상 금 청 구

청 구 인 ○ ○ ○
　　　　　19○○년 ○월 ○일생 (주민등록번호 111111 - 1111111)
　　　　　등록기준지 : ○○시 ○○구 ○○길 ○○번지
　　　　　주거 : ○○시 ○○구 ○○길 ○○번지

청 구 취 지

청구인에게 금 ○○○원을 지급하라.
라는 결정을 구합니다.

청 구 원 인

1. 청구인은 20○○년 ○월 ○일 위증 피의사건으로 구속되어 같
   은 달 ○일 ○○지방법원 ○○지원에 기소되어, 20○○년 ○월
   ○일 동원에서 징역 ○월 처한다는 선고를 받고 불복하여 항소
   심 공판 도중 구속만기로 20○○년 ○월 ○일 석방되고, 20
   ○○년 ○월 ○일 ○○지방법원에서 무죄의 판결을 선고받았
   으며, 이에 대한 검사의 상고가 있었으나 대법원에서 20○○
   년 ○월 ○일 동 상고가 기각됨으로써 위 무죄판결은 확정되
   었습니다.
2. 그러므로 청구인은 형사보상법에 의하여 청구인이 20○○년
   ○월 ○구속되어 20○○년 ○월 ○일 석방됨으로써 ○○일 동
   안 구금되어 그 구금에 관한 보상을 청구할 수 있다 할 것이
   므로, 위 보상 금원에 대하여 보건대 청구인이 구금되기 전
   중견기업체의 사원으로서 정상적인 사회생활을 하고 있었으
   며, 이와 같이 구금당함으로 인한 막대한 재산상 손해는 물론

그 정신적 피해는 이루 말할 수 없다 할 것이므로, 동 법 소정의 보상금액의 범위내인 1일 금 50,000원의 비율에 따라 산정하면 금 ○○○(○○일×50,000원)이 되므로 청구취지와 같이 본 건 청구를 하는 바입니다.

첨 부 서 류

1. 판결등본   2통
2. 확정증명서   1통
3. 주민등록등본   1통

20○○.   ○.   ○.

청구인   ○   ○   ○ (인)

○ ○ 지 방 법 원 귀 중

소   장

원   고   ○○○ (주민등록번호)
　　　　　 ○○시 ○○구 ○○길 ○○(우편번호)
　　　　　 전화.휴대폰번호:
　　　　　 팩스번호, 전자우편(e-mail)주소:
피   고   ◇◇◇ (주민등록번호)
　　　　　 ○○시 ○○구 ○○길 ○○(우편번호)
　　　　　 전화.휴대폰번호:
　　　　　 팩스번호, 전자우편(e-mail)주소:

손해배상청구의 소

청 구 취 지

1. 피고는 원고에게 금 ○○○원 및 이에 대한 20○○. ○. ○.부터 이 사건 소장부본 송달일까지는 연 5%의, 그 다음날부터 다 갚는 날까지는 연 15%의 각 비율에 의한 돈을 지급하라.
2. 소송비용은 피고의 부담으로 한다.
3. 위 제1항은 가집행 할 수 있다.
라는 판결을 구합니다.

청 구 원 인

1. 손해배상책임의 발생
　　피고는 20○○. ○. ○. 16:00 자신의 승용차 안에서 원고에게 칼을 들이대고 말을 듣지 않으면 죽이겠다면서 가지고 있는 돈을 전부 내 놓으라고 하여 원고는 이에 두려움을 느끼고

지갑에 있던 금 ○○○원을 피고에게 교부하였고, 간신히 풀려난 뒤 병원에서 정신과적 치료를 받고 퇴원한 사실이 있으므로, 피고는 이로 인해 원고가 입은 모든 손해를 배상할 책임이 있다고 할 것입니다.

2. 손해배상책임의 범위

가. 피고의 강탈행위로 인한 재산상 손해

원고는 위 일시에 피고에게 금 ○○○원을 강탈당하는 손해를 입었습니다.

나. 치료비

원고는 위 사고 당일 병원 치료비로 금 ○○○원을 지출하는 손해를 입었습니다.

다. 위자료

원고는 위 사고로 인해 대인공포증 등으로 시달리는 등 정신적인 고통을 받았으므로 피고는 이를 금전으로나마 보상할 의무가 있다고 할 것인데, 원고의 나이, 직업, 학력, 가정적인 환경 등을 종합적으로 고려할 때 위자료로는 금 ○○○원이 상당하다고 할 것입니다.

3. 결론

따라서 원고는 피고로부터 금 ○○○원(강탈금액 금 ○○○원 + 치료비 금 ○○○원 + 위자료 금 ○○○원) 및 이에 대하여 불법행위일인 20○○. ○. ○.부터 이 사건 소장부본 송달일까지는 민법에서 정한 연 5%의, 그 다음날부터 다 갚는 날까지는 소송촉진등에관한특례법에서 정한 연 15%의 각 비율에 의한 지연손해금을 지급 받기 위하여 이 사건 청구에 이른 것입니다.

입 증 방 법

1. 갑 제1호증　　　　　고소장
1. 갑 제2호증　　　　　고소장접수증명원

1. 갑 제3호증   진단서
1. 갑 제4호증   치료비영수증

첨 부 서 류

1. 위 입증방법   각 1통
1. 소장부본   1통
1. 송달료납부서   1통

20○○. ○. ○.
위 원고   ○○○ (서명 또는 날인)

○○지방법원 귀중

배 상 명 령 신 청

사　　　건　　20○○ 고단 ○○○호 ○○
신 청 인　　○ ○ ○
　　　　　　○○시 ○○구 ○○길 ○○번지
피 고 인　　△ △ △
　　　　　　○○시 ○○구 ○○길 ○○번지

신 청 취 지

1. 피고인 △△△은 배상신청인에게 금 ○○○원을 지급하라.
2. 이 명령은 가집행 할 수 있다.
라는 배상명령을 구합니다.

신 청 원 인

피고인은 20○○. ○. ○.경 소외 □□□에게 피고인 소유의 건물 150평을 임대기간 ○년으로 하여 임대하여 동인으로 하여금 사용수익하게 하고 있었으므로 위 건물을 재차 임대하여 줄 수 없다는 사정을 잘 알면서도, 그 사실을 모르는 배상신청인에게 이를 즉시 임대하여주겠다고 거짓말을 하여 이에 속은 배상신청인과 20○○. ○. ○.경 임대차계약을 체결하여 당일 계약금 ○○○원을 수령하여 이를 편취함으로써 배상신청인에게 동액 상당의 손해를 가하였으므로 그 피해를 보상받기 위하여 본 건 신청에 이르게 된 것입니다.

첨 부 서 류

1. 전세계약서 사본
2. 영수증 사본

20○○. ○. ○.
위 배상신청인 ○ ○ ○(인)

○○지방법원 귀중

피해자 보호명령 청구서

피 해 자   ○ ○ ○ (주민등록번호)
　　　　　　　주　　　소　　○○시 ○○구　○○길 (우편번호)
　　　　　　　등록기준지　○○시 ○○○ ○○○
　　　　　　　전화 ■ 휴대폰 번호 :
　　　　　　　팩스번호, 전자우편(e-mali)주소 :
행 위 자   ○ ○ ○ (주민등록번호)
　　　　　　　주　　　소　　○○시 ○○구　○○길 (우편번호)
　　　　　　　등록기준지　○○시 ○○○ ○○○
　　　　　　　전화 ■ 휴대폰 번호 :
　　　　　　　팩스번호, 전자우편(e-mali)주소 :

청 구 취 지

　행위자는 피해자의 의사에 반하여 피해자의 주거, 직장 등에서 100미터 이내로 접근하여서는 아니된다.
라는 결정을 구합니다.

청 구 원 인

　1. 피해자와 행위자는 1996. ○. ○. 혼인신고를 마친 법률상의 부부이고, 슬하에 자녀 ○○○, ○○○을 두고 있습니다.
　2. 행위자는 결혼 초기부터 도박을 많이 하였습니다. 피해자는 ○○○년 ○○월 경 행위자가 도박으로 많은 빚을 지고 있다는 사실을 알게 되었습니다. 그리하여 집이 경매가 되고, 빚 독촉이 들어와 많은 고생을 하였습니다. 그러다가 ○○○이 초등학교 저학년 무렵부터 피해자가 행위자에게 빚 문제로

잔소리를 하면 피해자를 폭행하기 시작하였습니다.

3. ○○○. ○월 경, 행위자는 현금서비스를 받고, 카드깡을 하는 등 도박자금을 카드 빚이 많았습니다. 피해자는 다시 한 번 행위자를 믿고 가지고 있던 비상금으로 행위자의 빚을 갚아주었습니다.

4. ○○○. ○월 경, 행위자가 새벽에 들어왔길래 피해자가 잔소리를 하였더니 행위자는 피해자를 발로 차고 손으로 때리면서 욕설을 하였습니다. 그리하여 자녀들이 행위자를 말렸지만 아랑곳하지 않았고, 자녀들까지 같이 때렸습니다. 그 이후로 피해자와 행위자는 대화를 잘 하지 않았고, 행위자는 생활비를 주지 않고 술만 마시고 새벽에 집에 들어왔다가 나가는 일을 반복하였습니다. 이에 피해자가 생활비를 달라고 하자 행위자는 피해자가 다른 사람들과 약속을 하여 밖에 나다닌다는 이유로 주지 않았습니다. 행위자는 그 이후 계속해서 생활비를 주지 않고, 가요주점에서 술을 마시고 여자들과 노는 일이 많아졌습니다.

5. 이와 같은 행위자의 행동은 민법 제840조 제3호 '배우자로부터 심히 부당한 대우를 받았을 때', 동조 제6호 '기타 혼인을 계속하기 어려운 중대한 사유가 있었을 때'에 해당한다고 할 것이고 이를 이유로 피해자는 행위자를 상대로 **재판상 이혼 청구**를 한 상태입니다.

6. 현재 행위자는 집을 나가 들어오지 아니하고 있는데, 피해자 및 자녀들은 행위자가 언제 집으로 들어와 폭행, 협박을 할지 몰라 두려워 하고 있고, 특히 피해자는 행위자가 피해자가 근무하고 있는 직장에 와서 다른 사람이 보는 앞에서 행패를 부릴까봐 노심초사 하고 있습니다. 따라서 행위자에게 피해자의 의사에 반하여 피해자의 주거, 직장 등에서 100미터 이내로 접근하여서는 아니된다는 피해자보호명령을 내려주시기 바랍니다.

소 명 방 법

1. 소갑 제1호증의 1,2,3,4   각 기본증명서
1. 소갑 제2호증의 1,2   각 혼인관계증명서
1. 소갑 제3호증의 1,2,3,4   각 가족관계증명서
1. 소갑 제4호증의 1   상해진단서
1. 소갑 제4호증의 2   진단서
1. 소갑 제5호증의 1   증인진술서(○○○)
1. 소갑 제5호증의 2   인감증명서(○○○)
1. 소갑 제6호증의 1   증인진술서(○○○)
1. 소갑 제6호증의 2   신분증사본(○○○)
1. 소갑 제7호증의 1   증인진술서(○○○)
1. 소갑 제7호증의 2   인감증명서사본(○○○)

201○.   ○.   ○.
피해자 ○ ○ ○ (인)

○○가정법원 ○○지원 귀중

변 호 인 의 견 서

사　　　건　　20○○고단 ○○○○ 상해
피고인　　　　○○○

위 사건에 관하여 피고인의 변호인은 다음과 같이 의견을 개
진합니다.

다　　음

1. 공소사실의 요지
　　이 사건 공소사실의 요지는 "피고인이 ○○음식점에서 발로
　　피해자의 가슴을 차고 넘어뜨려 그 충격으로 피해자에게 8
　　주간의 치료를 요하는 좌3,4번 늑골골절상을 가하였다."는
　　것입니다.
2. 공소사실에 대한 피고인의 입장
　가. 피고인은 공소사실을 부인합니다.
　나. 사실관계
　　1) 이 사건 당일 피고인, 고소인을 비롯한 계원들 5명이 ○
　　　○음식점에서 함께 술을 마시던 중 술에 취한 고소인이
　　　계원 '갑'이 탈퇴한 것은 피고인 탓이라고 하면서 피고
　　　인에게 욕설을 하고 어깨를 치고, 손가락으로 피고인의
　　　턱을 걸어 올리고 하였습니다.
　　　이에 피고인은 "왜 그게 내 탓이냐"라고 하면서 말대꾸
　　　를 하였는데, 고소인은 일어서서 피고인의 뺨을 때리고
　　　허벅지를 걸어찼습니다. 그래서 피고인도 이에 대항하여
　　　앉은 자세로 고소인의 배 부분을 1회 찬 사실은 있습니

다. 그러나 자리에 있던 공소외 '을', '병', '정' 등이 떼어 말려 싸움은 그것으로 끝났습니다. 그러자 고소인은 자기 성질을 못이겨 옆으로 넘어지면서 가슴을 쥐어뜯고 하였으며, 물을 달라고 하여 공소외 '을'이 물을 한 컵 주었습니다.

2) 피고인은 고소인의 복부를 1회 찬 사실을 인정합니다. 그러나 고소인을 넘어뜨린 사실은 없습니다. 그리고 피고인이 고소인의 복부를 찬 사실로 고소인이 늑골골절상을 입은 사실도 인정할 수 없습니다.

위와 같은 다툼이 있고 난 후 고소인이 당시 술에 많이 취해 술을 마시지 않은 '병'이 고소인을 차에 태워 고소인의 집까지 바래다 주었는데, '병'에 의하면 고소인은 차를 타고 가면서 계속 노래방에 가자고 졸랐다는데, '병'은 고소인이 술에 많이 취해 고소인의 제의를 거절하고 고소인을 집으로 데려다 주었다는 것입니다.

그리고 고소인과 같은 동네에서 치킨집을 운영하는 공소외 A에 의하면, 고소인은 이 사건 다음 날 밤늦게까지 치킨집에서 술을 마셨고 별다른 이상을 느끼지 못하였다고 합니다.

또한 공소외 B에 의하면 고소인은 이 사건 약 1주일 후 아파트 계단(경비실 부근)에서 넘어져서 병원에 갔다고 합니다. 그리고 그 이후 병원에 입원하였다고 합니다. 따라서 피고인은 복부를 1회 찬 사실과 고소인의 상해 사이에 인과관계를 인정할 수 없습니다.

3. 입증계획

가. 증인신청

증인	연락처	입증취지
'병'	주소:생략 전화:생략	- 사건 발단의 동기, 과정, 피고인의 폭행 여부

		- 고소인을 차에 태워다 주는 과정에서, 고소인이 노래방에 가자고 한 사실
'A'	주소:생략 전화:생략	사건 다음 날 고소인이 치킨집에서 술을 마신 사실
'B'	주소:생략 전화:생략	고소인이 아파트 계단에서 넘어진 사실

나. 사실조회신청

조회할 곳	연락처	입증취지
○○병원	주소:생략 전화:생략	- 고소인의 병명, 내원 일시 - 고소인이 사건 다음 날 엑스선 촬영 결과 늑골골절이 발견되었는지 여부 - 진료기록부 송부
P병원	주소:생략 전화:생략	- 고소인의 병명, 내원 일시 - 고소인의 늑골골절이 발견된 것은 언제 촬영한 결과인지 - 진료기록부 송부

다. 감정 신청

신청할 곳	입증취지
대학병원	고소인은 00병원에서 엑스선 촬영결과 늑골골절이 발견되지 않았다고 하자, 동 병원에서 촬영한 엑스레이를 넘겨받아 P병원에서 판독한 결과 미세한 늑골골절이 있다는 자료를 수사기관에 제출하였는바, 엑스선 판독에 대하여 전문성이 있고 객관적이며 공정한 판독을 위하여 대학병원에 판독을 의뢰하고자 함.

20○○. ○○. ○○.

피고인의 변호인 변호사 ○○○ (인)

○○지방법원 형사제○○○단독 귀중

변호인 모두진술

사　　건　　20○○고단 ○○○○ 특수상해
피고인　　이○○, 최○○

위 사건에 관하여 피고인들의 변호인은 피고인들을 위하여 다음과 같이 모두진술을 합니다.

다　　음

1. 공소사실 중 다투는 부분
   공소사실은 "피고인들이 공동하여 20○○. ○. ○○. 13:00경 서울 강남구(이하 생략) ○○여관에서, 피고인 최○○은 손바닥으로 피해자의 뒤통수를 때리고, 동 이○○은 옆에 있다가 피해자의 뒤통수를 한 대 때린 후 피해자의 상의를 잡아당겨 찢고, 성명불상자 4명이 피해자에게 달려들어 주먹과 발로 2-3분가량 구타하여 피해자에게 6주간의 치료를 요하는 우측 늑골 7,8번 골절상을 가하였다"고 되어 있는 바, 당시 피고인들이 그곳에 간 적은 있으나, 위 공소사실은 모두 사실이 아닙니다.
2. 피고인의 주장(변명)요지
   가. 피고인 최○○은 문○○(피해자)에게 2,500만원의 채권이 있는데, 문○○가 자취를 감춘 후 그가 잡혔다는 소식을 듣고, 피고인들이 문○○가 잡혀 있다는 서울 강남구(이하 생략) 소재 ○○여관 ○○호실에 가보았더니, 이미 문○○는 당시 박○○의 조직원들의 통제를 받고 있었고, 그들로부터 구타당하였는지 꿇어앉은 채로 가슴에 통증을 느낀

듯 가슴을 붙잡고 있었습니다.

나. 피고인 최○○은 돈을 갚지 않고 도망간 문00을 보자 화가 나서 그에게 약간의 욕설을 하며 빌려간 돈에 대해 어떻게 할 것인지 추궁을 하였을 뿐 때린 사실은 전혀 없습니다. 당시 피고인 최○○은 박○○의 조직원들 중 한 사람을 알고 있어 그로부터 연락을 받고 그 자리에 가기는 하였으나 나머지 사람들은 모르는 사람들이고 그들에 비해 수적으로 열세였으며 문○○를 만나는 것도 그들의 허락을 받고 통제를 당한 상태에서 만났으므로 문00를 때릴 처지도 아니었습니다.

다. 당시 현장에 있었던 강○○의 검찰 진술도 피고인들의 진술과 일치합니다.

라. 피고인들은 서울 강남구 (이하 생략) ○○여관에서 문○○를 한번 본 이후에 바로 성남으로 내려왔고, 문○○는 그 후로도 수일간 박00 조직원들에 의해 인치되어 있었습니다.

마. 위와 같은 정황으로 볼 때도 피고인들이 문00에게 상해를 입혔다고 보기 어렵습니다.

바. 그런데도 피고인들이 의심을 받는 것은 문○○의 진술과 문○○를 ○○병원에 입원시켜 준 사건 때문인 것으로 보이는데, 그것만으로 피고인들을 범인으로 단정하기는 어렵다고 사료됩니다.

사. 문○○가 피고인들로부터 상해를 당하였다고 주장하는 것은 허위사실을 주장하여 채무를 면제받으려고 한 것이 아닌가 심히 의심됩니다.

3. 변론 계획

이 사건의 쟁점은 피고인들이 위 공소사실과 같이 문00에게 상해를 가하였는지 여부이므로 이를 중심으로 변론하고자 합니다.

위와 같이 모두진술을 합니다.

20○○. ○○. ○○.
피고인들의 변호인 변호사 ○○○ (인)

○○지방법원 형사제○○단독 귀중

제6장

헌법소원 법률문서 작성례

제1절 헌법소원의 종류

1. 권리구제 헌법소원

① 공권력의 행사 또는 불행사(不行使)로 인해 헌법상 보장된 기본권을 침해받은 사람은 법원의 재판을 제외하고 헌법재판소에 헌법소원심판(이하 '권리구제 헌법소원'이라 함)을 청구할 수 있습니다 (「헌법재판소법」 제68조 제1항 본문).

② 다만, 헌법재판소가 위헌으로 결정한 법령을 적용함으로써 국민의 기본권을 침해한 재판에 대해서는 헌법소원을 청구할 수 있습니다 (헌재 1997. 12. 24. 96헌마172).

③ 권리구제 헌법소원을 청구할 때 다른 구제절차가 있는 경우에는 그 절차를 모두 거친 후에 마지막으로 청구해야 합니다(「헌법재판소법」 제68조제1항 단서).

2. 헌법소원심판청구서 작성

① 권리구제 헌법소원 청구서에는 다음 사항을 기재해야 합니다(「헌법재판소법」 제71조제1항 및 「헌법재판소 심판 규칙」 제68조제1항).
  - 청구인 및 대리인의 표시
  - 피청구인 (법령에 대한 헌법소원의 경우는 제외)
  - 침해된 권리
  - 침해의 원인이 되는 공권력의 행사 또는 불행사
  - 청구 이유
  - 다른 법률에 따른 구제 절차의 경유에 관한 사항
  - 청구기간의 준수에 관한 사항

② 전자헌법재판센터에서 헌법소원 청구를 인터넷으로 할 수 있습니다.

③ 헌법소원심판청구서에는 대리인의 선임을 증명하는 서류 또는 국

선대리인 선임통지서를 첨부해야 합니다(「헌법재판소법」 제71조제
3항). 다만, 심판청구와 동시에 국선대리인을 선임하는 경우에는
선임통지서를 제출하지 않아도 됩니다(「헌법재판소 심판 규칙」 제
69조 제1항).

3. 위헌심사 헌법소원

① 법원에 신청한 위헌법률심판의 제청이 기각된 경우 그 신청을 한
당사자는 헌법재판소에 헌법소원심판을 청구할 수 있습니다.

② 이 경우 당사자는 해당 사건의 소송절차에서 동일한 사유로 다시
위헌법률심판의 제청을 신청할 수 없습니다(「헌법재판소법」 제68
조 제2항).

제2절 헌법소원 법률문서 작성례

[작성례 ①] 위헌법률심판제청신청서

위 헌 법 률 심 판 제 청 신 청

사 건 : 20○○고합○○○ 존속상해치사
피고인 : ○ ○ ○

　위 사건에 관하여 신청인의 대리인은 아래와 같이 위헌법률심판제청을 신청합니다.

신 청 취 지

형법 제259조 제2항은 헌법 제10조, 헌법 제11조, 헌법 제17조, 헌법 제36조, 헌법 제37조 제2항 등에 위반한다.

신 청 이 유

1. 형법 제259조 제2항
　형법 제259조 제1항은 "사람의 신체를 상해하여 사망에 이르게 한 자는 3년이상의 유기징역에 처한다."고 규정하고 있고 제2항은 "자기 또는 배우자의 직계존속에 대하여 전항의 죄를 범한 때에는 무기 또는 5년 이상의 징역에 처한다."고 규정하고 있습니다.
2. 재판의 전제성
　신청인은 현재 형법 제259조 제2항, 제1항의 규정에 의하여 기소되어 이 사건은 현재 ○○지방법원 ○○지원 20○○고합○○○호로 계류 중입니다. 따라서 위 법률조항의 위헌성 여부는 신청인의 선고형을 결정하는 전제가 되므로 이는 ○○지방

법원 ○○지원 20○○고합○○○호 존속상해치사사건에서의 재판의 전제가 된다고 판단됩니다.

3. 존속상해치사에 대한 가중처벌의 위헌성에 관하여

 가. 존속관련범죄의 특성

  (1) 존속관련범죄의 규정 및 가중처벌의 근거

   형법상 존속에 대한 범죄로서 가중 처벌하는 것은 형법 제250조 제2항 존속살해죄, 제257조 제2항 존속상해죄, 제258조 제3항 존속중상해죄, 제259조 제2항 존속상해치사죄, 제260조 제2항 존속폭행죄가 있습니다. 이처럼 존속관련범죄를 가중 처벌하는 근거는 패륜으로 인한 책임의 가중에 있다고 합니다.

  (2) 존속관련범죄의 현황

   (가) 가해자와 피해자의 신분관계

    존속관련범죄는 가해자에 대한 관계에서 그의 모(母), 배우자의 부모까지도 포함되지만 실제로 그 피해자가 되는 경우는 존속살해의 경우 전체의 41.7%가 부(父)이며 이는 외국의 경우 청소년에 의한 부모살해의 피해자가 모가 비중이 큰 것과는 대조됩니다. 이는 뒤에서 보는 바와 같이 존속관련범죄의 원인이 가부장제에 기초한 사회질서에 기인하는 바 크다는 것에 대한 증빙이 된다 할 것입니다.

    나아가 가해자와 피해자가 동거하고 있었던 경우는 82.7%로 이 역시 가장 빈번하게 접촉을 갖는 관계 속에 폭력적으로 분출되는 갈등의 원인이 구조화된 상태로 잠재되어 있음을 나타내는 것입니다. 실제로 피해자와 갈등관계였던 경우가 70.2%이고 갈등의 원인 중 가장 큰 비중을 차지하고 있는 것은 피해자의 가족구성원에 대한 상습적 학대(37%),입니다.

   (나) 범행의 원인

    존속살해범의 경우 주요한 범행의 원인은 피해자의 학

대(26.2%)와 정신이상(36.9%)입니다.

이욕을 원인으로 하는 경우는 7.1%에 불과하여 이와는 대조됩니다.

특히 피해자의 학대를 원인으로 하는 경우 가해자 자신에 대한 학대(8.3%)보다는 가족구성원에 대한 학대(17.8%)의 경우가 훨씬 비중이 큽니다. 또한 피해자가 모(母)인 경우에는 가해자가 정신이상상태인 경우가 대부분이고 피해자가 부(父)인 경우에는 피해자에 의한 학대가 주요한 원인입니다.

모가 피해자인 경우는 부에 비하여 가까이 지낼 시간이 더 많다는 점 때문에 가해행위에 노출될 가능성이 더 많다는 데 기인하고 특히 그 원인이 가해자의 정신이상에 있기 때문에 정신이상이라는 원인과 피해자가 모(母)인 점은 상당한 관련성을 갖습니다.

부(父)가 피해자인 경우에는 모(母)와 경우를 달리 합니다. 부(父)가 피해자인 경우 그 원인은 대부분 피해자에 의한 가족구성원에 대한 상습적인 학대이고 특히 가해자 자신에 대한 것보다는 다른 가족구성원에 대한 학대를 원인으로 하는 것이 많아 가해자 자신에 대한 학대는 참을 수 있지만 가족구성원에 대한 학대를 보고 있을 수만은 없어 그 보호를 위하여 범행을 하게 된다고 보여집니다. 부(父)에 의한 상습적 학대는 가부장제하에서 부의 권위를 기초로 구조화될 수 밖에 없으며 부(父)가 격리되지 않는 한 가족구성원들은 폭력의 굴레를 벗어날 수 없게 됩니다.

정신이상을 원인으로 하는 경우이건 피해자에 의한 상습적 학대를 원인으로 하는 경우이건 어느 것도 이를 비난할 수는 없을 것입니다. 더군다나 피해자에 의한 학대가 원인이 되는 경우 국가가 사전에 이에 개입해서 가족구성원들을 보호해주지도 않는 상태에서 효를 강요하는 것은 야만입니다.

(다) 존속상해·존속폭행과의 비교

존속상해·폭행은 존속살해와 달리 그 원인이 주로 자신의 불안정한 생활환경이나 사회에 대한 부적응, 자신의 성취욕구의 불만 등을 부모에 대한 공격성으로 발현시키거나 음주상태에서의 잘못된 음주습관으로 인하여 일어나며 많은 경우 상습적으로 발생합니다. 다만 그 빈도에 비하여 상해의 정도는 전치 2주 이하의 경미한 것이 많지만 그 원인에 있어 패륜적이며 더군다나 암수범죄가 많아 비난가능성이 크고 위하의 필요성이 많습니다.

(3) 존속관련범죄에 대한 처벌의 기준

위에서 본 바와 같이 존속살해의 경우 그 원인은 정신이상이나 피해자에 의한 상습적인 학대가 대부분이어서, 이를 패륜으로 일반화하여 비난하는 것은 부당합니다. 7.1%의 패륜적 범죄를 단죄하기 위하여 존속살해죄라는 일반적인 구성요건을 두어 가중처벌하는 것은 빈대를 잡기 위하여 초가삼간을 태우는 것입니다. 도리어 존속살해죄의 가해자들은 국가가 나서서 보호했어야 했고 보호해야 할 자들입니다. 피해자가 상습적인 학대를 가한 경우를 보자면 그 가해자를 가중처벌할 것이 아니라 도리어 감경 또는 면제하여야 할 것입니다. 오히려 존속관련범행이 저질러지기 전에 먼저 가족관계라는 평생의 굴레를 씌우고서 자신의 비속을 상습적으로 학대하는 자를 가중처벌하는 것이 옳을 것입니다.

이와 같이 존속관련범죄를 단지 피해자가 존속이라는 이유만으로 가중처벌하는 것의 부당성은 위에서 본 존속상해·폭행의 경우를 보면 더 잘 드러납니다. 존속상해·폭행죄는 존속살해죄와 달리 그 원인이 패륜성에 기인하는 경우가 많고 암수범죄로 인해 처벌의 필요성이 있습니다. 결국 존속관련범죄는 피해자의 존속성이라는 구성요건요소만을 조건으로 하여 일반적으로 가중하여 처벌할 수 없는 것입니다. 사회 도덕적인 면만을 중시하여 처벌의 구별을 둘 수 없다는 이유로 존속살해죄를 폐기한 독일의 예는 이러한 관점에서 이해되어야 할 것입니다.

실제로 존속관련범죄가 최근에 증가하여 이에 대한 경각심이 특별히 필요한 것도 아닙니다. 언론에서 부각을 시켜서 그렇지 존속살해범죄는 평균적으로 매년 40건 내외로 발생하고 있을 뿐입니다.

나. 헌법 제10조상의 인간으로서의 존엄과 가치 및 행복추구권 침해 여부

존속에 대한 범죄로 인하여 가중처벌하는 규정은 존속에 의하여 가족구성원에 대한 상습적이고 구조화된 폭력이 이루어지고 이에 대하여 국가가 어떠한 보호책도 마련하지 못한 상태에서 형벌에 의하여 그것도 가중처벌이라는 위하력에 의하여 그 폭력을 감수할 것을 강요하는 또 다른 폭력에 불과하다 할 것입니다. 따라서 이에 대한 가중처벌은 인간으로서의 존엄과 가치·행복추구권을 침해하는 것으로서 위헌이라 할 것입니다.

다. 헌법 제11조상의 평등원칙위반 여부

존·비속관계가 사회적 신분인지 자연적 신분인지는 상대적이며 결국 이에 기한 차별이 합리적인 근거가 있는지가 헌법상 평등원칙 위반인지를 가르는 핵심이라 할 것입니다.

존속관련범죄의 가중처벌은 자(子)의 친(親)에 대한 도덕적 의무에 근거를 둔 것으로 이러한 친자관계를 지배하는 도덕은 인륜의 대본이요 보편적 도덕원리로서 법과 도덕이 구별된다 할지라도 사회도덕의 유지를 위한 형법의 역할을 전적으로 부정할 수는 없으며 존속살해의 경우 그 형벌가중은 패륜으로 인한 책임가중에 근거가 있다고 하여 합헌성을 주장하는 견해가 있으나, 자(子)의 친(親)에 대한 도덕적 의무

가 친(親)에 의한 상습적 폭력에 있어서도 해당되는지 이 점에 대하여 본격적으로 효(孝)의 문제를 논의해야 한다면 이는 이미 형법의 범위를 넘어서는 것이라 할 것이므로 자가당착의 우를 범하고 있다 할 것입니다. 더군다나 위에서 본 바와 같이 존속살해의 경우 패륜적인 원인으로 인한 경우는 전체의 7.1%에 불과하다면 합헌론의 근거는 어디에서 찾을 것인지 의문입니다.

도리어 이는 발생사적으로 따져 보면 자식에 대해 가장 내지 보호자 또는 권력자시(權力者視)되어 온 어버이에 대한 반역으로서 주인을 죽인 것이라고 칭해 온 어버이의 살해에 대한 중벌의 관념에서 유래되어 오는 것을 이른바 순풍미속의 이름으로 온존시켜 온 것이고, 봉건적 반민주주의적, 반인권적 사상을 바탕으로 하고 있다 할 것입니다. 더군다나 이는 존속에 의한 상습적인 폭력에 국가가 개입하지 않고 있는 태도와 균형이 맞지 않습니다.

따라서 그 합리적 근거를 찾을 수 없는 가중처벌규정은 평등원칙에 위배되어 위헌이라 할 것입니다.

라. 헌법 제17조 사생활의 자유 침해 여부

위에서 본 바와 같이 결국 존속관련범죄의 가중처벌규정이 효의 문제로 넘어간다면 이는 별도로 살인죄의 일반규정에 의하여 처벌하는 것보다 가중처벌함으로써 개인의 윤리의 문제에 직접 개입하는 것이고 따라서 이는 사생활의 불가침 원리에 위배되는 것으로서 위헌이라 할 것입니다.

마. 헌법 제36조 위반여부

개인의 존엄과 평등원칙을 가족생활에까지 적용될 것을 명시한 헌법 제36조 제1항에 의하면 가족구성원 각각은 가정의 주체로서 존엄성이 인정되며 평등하다. 따라서 봉건적 의미의 가부장제는 설자리가 없는 것입니다. 만약 가중처벌의 위하력에 의하여 효를 강요한다면 이러한 평등한 관계에 기초한 상호존중과 사랑에 기초한 가족관계와는 공존할 수 없다 할 것입니다. 이와 함께 부(父)에 의한 상습적 폭력하에 놓인 가족구성원들을 구하기 위하여 국가가 개입하지 않는 태도 역시 이러한 헌법규정의 취지에 위배된다 할 것입니다.

제36조 제2항에서는 국가에 의한 모성의 보호의무를 규정하고 있습니다. 모성은 단순히 자식을 낳고 기르는 동물적인 관계만을 의미하는 것이 아니라 사회화과정까지도 포함하는 것입니다. 부(父)에 의한 상습적 폭력하에서는 모(母)와 자녀들 모두가 피해자가 됩니다. 부에 의한 폭력은 살인까지도 나아가는 육체적인 가해행위라는 직접적인 피해 뿐 아니라 자녀들을 탈선에 이르게 하는 계기가 되기도 합니다. 뿐만 아니라 모와 다른 형제자매들을 부에 의한 폭력으로부터 구하기 위하여 자녀가 부를 폭행, 살해하고 그로 인하여 존속관련범죄로 가중 처벌됨에 이른다면 모성은 피폐해 질대로 피폐해지는 것입니다. 존속살해의 경우 피해자의 가족들이 가해자의 처벌을 원치 않는 것은 이러한 관계를 대변합니다.

바. 헌법 제37조 제2항 과잉금지원칙 위반 여부

(1) 입법재량의 한계

형사처벌 규정이 과잉금지 원칙에 위배되지 않기 위하여는 그 입법목적이 헌법 및 법률의 체계상 정당성이 인정되고, 그 목적 달성을 위하여 그 방법이 효과적이고 적절하여야 하며, 입법권자가 선택한 기본권 제한의 조치가 입법목적 달성을 위하여 적절하다 할지라도 보다 완화된 형태나 방법을 모색함으로써 기본권의 제한이 필요한 최소한도에 그치도록 하여야 하며, 그 입법에 의하여 보호하려는 공익과 침해되는 사익을 비교형량할 때 보호되는 공익이 더 커야 합니다. 그리고 범죄의 규정 및 그에 대한 형벌의 정도는 원칙적으로 입법자가 우리의 역사와 문화, 입법당시의 시대적 상황과 국민일반의 가치관 내지 법감정, 범죄의 실태와 죄질 및 보호법익 그리고 범죄예방효과 등을 종합적으로 고려하여 결정하여야 할 국가의 입법정책에 관한 사항으로서 광범위한 입법재량 내지 형성의 자유가 인정된다고 합니다.

그러나, 재량도 그 일탈이나 남용이 있으면 위헌이라 할 것입니다.

(2) 한계일탈

그러면 친자간의 효라는 도덕을 관철하기 위하여 가중처벌의 위하력을 배경으로 하여 강제하는 것이 적절한가.

친자간의 효라는 봉건적 관념부터가 문제입니다. 앞에서 보았듯이 우리 헌법상 요청되는 가족관계는 각각의 존엄성과 평등에 기초한 가족관계입니다. 이것이 종래의 효의 개념과 같거나 다른지를 판단하는 것은 본건 신청과 아무런 관련이 없습니다. 그러나 우리 헌법상 요청되는 것이 존속관련범죄를 가중처벌하는 근거가 되는 그 효와 동일한 것이라면 유독 존속에 대한 범죄만을 가중처벌하는 것은 아무런 설명도 되지 않는 것입니다. 가족에 의한 가족에 대한 범죄를 모두 가중처벌한하면 위 헌법조항에 합치하는 규정이 될 것입니다. 그렇지 않은 현재의 가중처벌규정은 결국 봉건적인 의미의 친자관계(그것을 효라고 부르건 부르지 않건 달라질 것은 없으나 이를 효라고 부름으로써 감정적으로 호소하려 한다면 이는 국민에 대한 기만이 될 것입니다)를 강제하는 것에 다름아니라 할 것입니다. 그렇다면 이미 이 가중처벌규정은 그 목적에 있어 헌법적 정당성을 잃고 있는 것입니다.

수단의 면에 있어서도 윤리의 문제를 형벌로써 강요하는 것은 부당합니다. 다만 적어도 패륜적인 존속살해가 급격히 증가하여 이것이 가족관계를 파탄에 이르게 하여 사회질서를 흔들리게 할 지경에 이른다면 이에 대한 형사적 개입은 가능합니다. 그러나 앞에서 보았듯이 존속살해의 발생이 특별히 늘어나지도 않고 있고 패륜적이라고 불릴만한 존속범죄는 극소수에 불과하다면 형사적 개입의 근거는 없습니다. 설사 형벌규정을 둘지라도 패륜적 범죄를 별도로 구분할 수 있는 구성요건을 마련하여야지 존속이 피해자라는 이유만으로 가중처벌한다면 이는 책임에 기초하지 않은 형벌로 죄형법정주의에 위반된다 할 것입니다.

그러므로 존속관련범죄의 가중처벌규정은 과잉금지원칙에 반하여 위헌이라 할 것입니다.

4. 결어

앞에서 살펴본 바와 같이 형법 제259조 제2항은 위헌이라고 판단되므로, 신청인의 소송대리인은 귀원에 위헌법률심판을 제청해 주실 것을 신청하기에 이르렀습니다.

20○○년   ○월   ○일

신 청 인   ○ ○ ○   (인)

○ ○ **지 방 법 원** ○○**지원 귀중**

헌 법 소 원 심 판 청 구

청 구 인   ○ ○ ○(주민등록번호)
          ○○시 ○○구 ○○길 ○○ (우편번호 ○○○○○)
          대리인 변호사 ○ ○ ○
          ○○시 ○○구 ○○길 ○○ (우편번호 ○○○○○)

청 구 취 지

"○○법(2001. 12. 30. 법률 제○○○호) 제○○조는 헌법에 위반된다"라는 결정을 구합니다.

침 해 된 권 리

헌법 제 10조 행복추구권, 제11조 평등권, 제12조 신체의 자유

침 해 의 원 인

"○○법(2001. 12. 30. 법률 제○○○호) 제○○조

청 구 이 유

1. 사건의 개요
2. 위 규정의 위헌성
3. 심판청구에 이르게 된 경위
4. 청구기간의 준수여부 등

첨 부 서 류

1. 각종 입증서류
1. 소송위임장(소속변호사회 경유)

20○○년   ○월   ○일

청구인 대리인

변호사 ○ ○ ○   (인)

헌 법 재 판 소   귀중

헌 법 소 원 심 판 청 구

청 구 인　　○　○　○(주민등록번호)
　　　　　　　　○○시 ○○구 ○○길 ○○
　　　　　　　대리인 변호사 ○ ○ ○
　　　　　　　○○시 ○○구 ○○길 ○○(우편번호 : ○○○○○)

피청구인　　공정거래위원회

청 구 취 지

"피청구인이 20○○. ○. ○. ○○회사에 대하여 한 무혐의결정은
청구인의 평등권 및 재판절차진술권을 침해한 것이므로 이를 취소
한다"라는 결정 구합니다.

침 해 된 권 리

헌법 제11조 제1항 평등권, 제27조 제5항 재판절차에서의 진술
권

침 해 의 원 인

피청구인의 20○○. ○. ○. 자 ○○회사에 대한 무혐의결정

청 구 이 유

1. 사건의 개요
2. 위 처분의 위헌성

3. 심판청구에 이르게 된 경위
4. 청구기간의 준수여부 등

첨 부 서 류

1. 각종 입증서류
1. 소송위임장(소속변호사회 경유)

20○○년   ○월   ○일
청구인 대리인
변호사 ○ ○ ○   (인)

헌 법 재 판 소   귀중

헌 법 소 원 심 판 청 구

청 구 인　　○ ○ ○(주민등록번호)
　　　　　　　○○시 ○○구 ○○길 ○○
　　　　　　대리인 변호사 ○ ○ ○
　　　　　　　○○시 ○○구 ○○길 ○○(우편번호 : ○○○○○)

피청구인　　△△지방검찰청 △△지청 검사

청 구 취 지

"피청구인이 20○○. ○. ○. △△지방검찰청 △△지청 20○○년 형제○○○○호 사건에 있어서 청구인에 대하여 한 불기소처분은 청구인의 평등권 및 행복추구권을 침해한 것이므로 이를 취소한다"라는 결정을 구합니다.

침 해 된 권 리

헌법 제10조 행복추구권, 제11조 제1항 평등권

침 해 의 원 인

피청구인의 20○○. ○. ○. △△지방검찰청 △△지청 20○○년 형제○○○○호 사건의 청구인에 대한 기소유예 불기소처분

청 구 이 유

1. 사건의 개요

2. 위 처분의 위헌성
3. 심판청구에 이르게 된 경위
   - 기소유예처분 등 약술
4. 청구기간의 준수여부 등

첨 부 서 류

  1. 각종 입증서류
  1. 소송위임장(소속변호사회 경유)

        20○○년　○월　○일
        청구인 대리인
        변호사 ○ ○ ○　　(인)

헌 법 재 판 소　　　귀중

헌 법 소 원 심 판 청 구

청 구 인 ○ ○ ○(주민등록번호)
    ○○시 ○○구 ○○길 ○○
   대리인 변호사 ○ ○ ○
   ○○시 ○○구 ○○길○○(우편번호 : ○○○○○)

청 구 취 지

"○○법(2001. 12. 30. 법률 제○○○호) 제○○조는 헌법에 위반된다."라는 결정을 구합니다.
라는 결정을 구합니다.

당 해 사 건

서울고등법원 2006구○○○호 퇴직처분 무효확인
원고 ○ ○ ○, 피고 ○ ○ ○

위헌이라고 해석되는 법률 또는 법률조항

○○법 (2001. 12. 30. 법률 제○○○호) 제○○조

청 구 이 유

1. 사건의 개요
2. 재판의 전제성
3. 위헌이라고 해석되는 이유
4. 심판청구에 이르게 된 경위(청구기간의 준수 여부 등)

첨 부 서 류

1. 위헌제청신청서
2. 위헌제청신청기각 결정문 및 동결정의 송달증명서
3. 당해 사건의 판결문 등 기타 부속서류
4. 소송위임장(소속변호사회 경유)

                     20○○년 ○월 ○일
                     청구인 대리인
                     변호사 ○ ○ ○ (인)

헌 법 재 판 소 귀 중

권한쟁의심판청구서

청 구 인   서울특별시 ○○구
          대표자 구청장 ○ ○ ○
          대리인 변호사 ○ ○ ○
피청구인   ○ ○ ○ 부 장관

심판대상이 되는 피청구인의 처분 또는 부작위

피청구인이 20 . . .자 ○○○업무처리지침 중에서 ………
라고 규정한 것

침해된 청구인의 권한

헌법 및 국회법에 의하여 부여된 청구인의 예산편성 및 집행
권

청 구 취 지

피청구인이 20 . . .자 ○○○업무처리지침 중에서 ………
라고 규정한 것은 헌법 및 국회법에 의하여 부여된 청구인의
○○에 대한 예산편성 및 집행의 권한을 침해한 것이라는 확
인을 구하며, 또한 피청구인의 위 행위가 무효임을 확인하여
줄 것을 구합니다.

청 구 이 유

1. 헌법 또는 법률에 의하여 부여된 청구인의 권한의 유무 또는
범위
2. 권한다툼이 발생하여 심판청구에 이르게 된 경위
3. 피청구인의 행위에 의한 청구인의 권한의 침해
4. 피청구인의 처분이 무효로 되어야 하는 이유
5. 청구기간의 준수 여부 등

첨 부 서 류

1. 각종 입증서류
2. 소송위임장

20○○. ○○. ○○.

청구인 대리인 변호사 ○ ○ ○ (인)

헌법재판소 귀중

정당해산심판청구서

청 구 인 : 대한민국 정부
법률상 대표자 법무부장관 ○ ○ ○
피청구인 : ○ ○ 정당
주소(중앙당 소재지) : 서울 영등포구 국회대로 00
대표자 ○ ○ ○

청구취지 : ○ ○ 정당의 해산결정을 구합니다.

청구이유 : 가. 사건개요
나. 정당의 목적, 활동의 민주적 기본질서 위배 내용
다. 기타 필요사항

첨부서류 : 각종 입증서류

20○○. ○○. ○○○.
대한민국 정부
법률상 대표자 법무부장관 ○ ○ ○ (인)

헌법재판소 귀중

■ 편저: 대한법률콘텐츠연구회

□ 주요 저서
- 2023년 소법전
- 2023년 법률용어사전
- 형사사건 탄원서 작성방법
- 새로운 고소장 작성방법 고소하는 방법
- 민사소송 준비서면 작성방법
- 2023년 각종시험대비 판례법전

□ 주요 공·편저
- 자동차사고로 인한 손해배상
- 산재판례 100선
- 학교폭력 해소와 법률적 대처

각종 법률문서 작성!
이렇게 하면 됩니다.

2024년 5월 05일 2판 **인쇄**
2024년 5월 10일 2판 **발행**

편 저   대한법률콘텐츠연구회
발행인   김현호
발행처   법문북스
공급처   법률미디어

주소   서울 구로구 경인로 54길4(구로동 636-62)
전화   02)2636-2911~2, 팩스 02)2636-3012
홈페이지   www.lawb.co.kr

등록일자   1979년 8월 27일
등록번호   제5-22호

ISBN   979-11-92369-81-5 (13360)
정 가   38,000원